REGENT'S PARK

DU MÊME AUTEUR
chez le même éditeur

Un enfant pour un autre
L'Homme à la tortue
Véra va mourir
L'Été de Trapellune
La Gueule du loup
La Maison aux escaliers
L'Arbre à fièvre (nouvelles)
La Demoiselle d'honneur
Volets clos
Fausse Route
Plumes de sang (nouvelles)
Le Goût du risque
Le Journal d'Asta
L'Oiseau-crocodile
Simisola
Une mort obsédante
En toute honnêteté (nouvelles)
Noces de feu

DU MÊME AUTEUR
SOUS LE NOM DE BARBARA VINE

Ravissements
Le Tapis du roi Salomon

RUTH RENDELL

REGENT'S PARK

roman

Traduit de l'anglais
par Pierre Ménard

CALMANN-LÉVY

Titre original anglais :
THE KEYS TO THE STREET
(Première publication : Hutchinson, Londres, 1996)

ISBN 2-7021-2855-6

Pour Don

1

Des pointes de fer se dressent au sommet de toutes les grilles qui donnent accès au Parc : certaines en ont vingt-sept, d'autres dix-huit ou onze. Pour l'essentiel, le Parc lui-même est entouré par des buissons et des haies d'épineux, mais sur plusieurs centaines de mètres, les clôtures hérissées de pointes sont demeurées en place. Quelques-unes sont émoussées, comme celles qui délimitent les jardins de Gloucester Gate, d'autres sont recourbées, d'autres encore artistiquement travaillées. Sur la grande barrière dressée devant l'une des propriétés, ces pointes s'achèvent par six excroissances, repliées comme des griffes et aussi acérées que des serres. Les piliers de l'une des terrasses sont surmontés de pointes évasées, qui s'épanouissent comme des buissons d'épines. Si l'on se mettait en tête de compter toutes ces pointes, autour du Parc et dans ses parages immédiats, on dépasserait vite le million. Elles s'harmonisent parfaitement avec l'architecture géorgienne.

La nuit, le Parc est fermé au public. Les seules créatures vivantes qui se trouvent encore dans son enceinte sont, pour l'essentiel, les oiseaux aquatiques et les animaux du zoo. Les grilles hérissées de pointes sont ouvertes tous les jours de l'année à 6 heures du matin et ferment à la tombée de la nuit, c'est-à-dire à 16 h 30 en hiver, mais à plus de 21 h 30 en mai. Les deux cents hectares qui le composent forment un vaste cercle, délimité par l'anneau des rues qui l'entourent, et abritant lui-même un autre anneau à l'intérieur duquel, nettement séparés, se trouvent le triangle équilatéral du zoo de Londres, le lac avec ses trois bras et ses quatre îlots, et — tout autour des jardins d'agrément — une allée dont la forme sur la carte évoque une roue traversée par deux rayons.

La nuit, le Parc est donc désert. Telle est du moins l'intention affichée des autorités. La police du Parc y effectue des rondes entre le crépuscule et l'aube, en inspectant particulièrement les abords du restaurant, où l'on peut aisément se cacher, et les luxueuses propriétés qui y sont édifiées, à commencer par Windfield House, la résidence de l'ambassadeur des États-Unis. Aucun vagabond ne peut espérer dormir en paix à l'ombre des pavillons ou du kiosque à musique, mais la police ne peut pas fouiller chaque nuit le moindre recoin. Il est toujours possible de trouver refuge sur la berge du canal, dans les épais taillis de verdure ou, en été, sur les pelouses, à l'abri des arbres.

Au nord du Parc, derrière le zoo et Albert Road, s'étendent Primrose Hill et Saint John's Wood. C'est là que se trouvent l'église de Saint John's Wood, le terrain de cricket et, au sud-est, la mosquée de Londres. En suivant Park Road, on rejoint Baker Street et la maison de Sherlock Holmes, après avoir longé la London Business School et l'église anglicane Saint Cyprian, dont la nef blanche et dorée baigne dans les vapeurs d'encens. Viennent ensuite Marylebone Road, le planétarium, le musée de cire de Mme Tussaud, l'attraction touristique la plus populaire de Londres — il reçoit plus de visiteurs que la Tour de Londres et Buckingham Palace —, l'Académie royale de musique, puis Park Crescent et Park Square, avec leurs jardins secrets et le tunnel souterrain qui les relie, sous la chaussée. Tel est le cercle qui entoure le Parc et s'achève à cet endroit par Albany Street, qui part de la station de Great Portland Street et s'étend, aussi droite qu'une voie romaine, jusqu'à Albert Road et Gloucester Avenue. Le tracé des rues de Primrose Hill dessine une sorte de raquette de tennis, dont Gloucester Avenue serait la poignée. Les grilles se dressent de toutes parts, hérissées de leurs pointes acérées ou recourbées, émoussées ou ouvragées.

À l'inverse de la plupart des artères situées dans les parages immédiats du Parc, Albany Street n'est pas une rue retirée ni environnée de verdure : elle est au contraire large, grise, dénuée d'arbres. D'un côté, elle est principalement occupée par une caserne ; mais en face, à quelques dizaines de mètres, se trouvent les résidences les plus imposantes et les plus luxueuses du quartier — Cambridge Terrace, Chester Terrace, Cumberland Terrace — avec leurs frontons, leurs colonnades, leurs statues et leurs occupants fortunés. De l'autre côté, derrière la caserne, le quartier devient très vite beaucoup moins fréquentable, même s'il est loin de déchoir jusqu'au niveau de Somers Town, entre les gares de Euston et de Saint Pancras. Émergeant de l'une de ces rues, au niveau de Saint James Gardens, un jeune homme traversa Munster Square et se dirigea vers Albany Street.

Tout le monde l'appelait Hob, ce qui correspondait aux trois initiales de son double prénom et de son nom. En dehors de ce détail, il se distinguait du reste de ses semblables par la taille démesurée de son visage. Il avait un corps massif, épais, mais sa tête paraissait encore trop grosse pour lui. Lorsqu'il aurait atteint la cinquantaine, s'il y parvenait jamais, ses bajoues retomberaient sans doute au niveau de ses épaules. Ses cheveux blonds flottaient autour de son vaste crâne et brillaient à la lueur jaunâtre de l'éclairage artificiel. Il avait les yeux foncés — ce qui est assez peu fréquent, associé à des cheveux blonds —, d'une couleur étrange évoquant vaguement la mousse au chocolat, et des pupilles qui pouvaient tour à tour se dilater comme celles d'un chat et se réduire à la taille d'une tête d'épingle.

Hob avait un travail à accomplir, pour lequel il venait de toucher la moitié de la somme promise, qui s'élevait à cinquante livres. Bref, il avait vingt-cinq livres en poche. Avant toute chose, il comptait se servir de cet argent, ajouté au peu qui lui restait, pour s'acheter ce dont il avait impérativement besoin. Il regrettait souvent de ne pas être une femme, parce que les femmes peuvent se procurer de l'argent rapidement et, à ce qu'il lui semblait, sans avoir à fournir un effort excessif. L'un de ses oncles, le petit ami de sa mère, prétendait souvent — c'était l'une des premières remarques qu'il se souvenait avoir entendues de la bouche d'un adulte — que toutes les femmes sont en permanence assises sur un trésor.

Il avait sa crise. C'était le terme qu'il employait toujours, intérieurement, pour qualifier son état actuel. L'une de ses demi-sœurs lui avait un jour décrit ses crises de panique et cela correspondait parfaitement à ce qu'il ressentait. Sauf que dans son cas, les crises duraient plus longtemps et étaient beaucoup plus *violentes*. Elles englobaient le monde entier et lui faisaient redouter aussi bien ce que ses sens percevaient, que ce qui était invisible ou inaudible. Au fur et à mesure que la crise empirait, une immense bulle de terreur l'enveloppait et se refermait autour de lui, semblable à une sphère de verre dont il aurait voulu détruire, briser à coups de poing la paroi incurvée. Il le faisait parfois, même lorsqu'il était en pleine rue, comme en ce moment, et les gens changeaient de trottoir pour éviter ce cinglé qui lançait des coups de poing dans le vide.

Il ne ressentait pas encore de douleur, ni de nausée. Mais hormis marcher pour atteindre son but, le long de cette interminable rue grise et déserte où personne ne risquait pour l'instant de l'éviter, il aurait été incapable de faire quoi que ce soit — et certainement pas le travail pour lequel il avait déjà reçu la moitié de son salaire. Marcher était chez lui devenu mécanique. Même lorsqu'il avait sa crise, il se disait parfois qu'il aurait pu déambuler à l'infini, sans jamais s'arrêter, traverser les pelouses obscures, l'éminence de verdure et les collines du nord de Londres, jusqu'aux bois et aux champs qui s'étendaient bien au-delà.

Mais il n'avait pas besoin de parcourir des kilomètres. Il retrouverait bientôt Gupta, Carl ou Lew de l'autre côté de Cumberland Gate, dans le secteur des arbres chinois. Il traversa les ruelles et les allées, puis remonta la pente de Cumberland Terrace. Sa silhouette projetait une ombre grotesque sur le dallage irrégulier. Des taches de lumière éclaboussaient les murs, derrière les cascades de feuilles.

Le Cercle extérieur, si animé durant la journée, était désert une fois la nuit tombée, et pas une seule voiture n'était garée sur son étendue luisante. Les vastes propriétés, les grands palais sylvestres dormaient profondément derrière le rideau sombre des feuillages ; la plupart avaient déjà fermé les yeux mais çà et là, une fenêtre affichait encore une lueur orangée. Les lampadaires étaient allumés le long des trottoirs, aussi loin que portait son regard, dans l'une ou l'autre direction. Entre chacun d'eux s'étendait un halo de ténèbres. Il traversa la rue. La grille de Cumberland Gate était fermée depuis déjà près de trois heures.

Les barreaux qui la composaient étaient surmontés de pointes de fer : il y en avait exactement dix-huit sur chacun des battants. S'il avait été en forme — terme qu'il employait pour définir les moments où il n'avait pas sa crise —, il aurait escaladé la grille en moins de deux, sans le moindre effort. Mais à présent, il se hissait péniblement, avec autant de prudence et d'inquiétude qu'un vieillard, redoutant de s'écorcher les mains et de se rompre les os. De l'autre côté s'étendait une zone plongée dans une semi-pénombre — une pelouse grise, des sentiers blancs, des arbres noirs et fuselés, ces arbres chinois qui lui faisaient irrésistiblement penser à des scorpions.

Les policiers faisaient leurs rondes en voiture, à pied, à bicyclette, parfois accompagnés de chiens. Tout comme Carl, il partait du principe qu'ils ne pouvaient pas être partout à la fois — et de fait, ils se trouvaient rarement au même endroit qu'eux. Il s'engagea sous les arbres. Il évitait de faire le moindre bruit, mais lorsqu'un petit scorpion quitta le dos de son père, déploya ses ailes et se transforma en ptérodactyle — il s'agissait d'un pigeon qui s'envolait d'un toit —, il poussa un cri d'effroi.

Une main surgit derrière lui et se plaqua sur sa bouche. Il n'avait pas peur, il savait de qui il s'agissait.

— Tu es fou ? demanda Gupta.

— Je ne me sens pas bien.

Même dans l'obscurité, il distinguait fort bien les dents ensanglantées de Gupta lorsque celui-ci parlait. On aurait dit qu'il venait de mordre dans un morceau de viande crue, mais en vérité il mâchait du bétel. Hob échangea tout l'argent qu'il avait sur lui contre ce que Gupta lui tendit : un sachet en plastique contenant un petit bloc semblable à un galet mais à la surface rugueuse, irrégulière, et non pas polie par la mer. Machinalement, il songea à sa force, à la fragilité de Gupta et aux autres cailloux blancs qui se trouvaient dans le carton de yoghourt — il y avait là-dedans de quoi l'aider à tenir le coup pendant un sacré moment. Mais c'était inutile. Le châtiment serait immédiat. Il lui était déjà arrivé de leur donner un coup de main et il savait comment ils s'y prenaient. Ils commenceraient par lui briser les jambes. Il se demandait même s'il aurait le temps de donner ne fût-ce qu'un coup de poing dans le ventre plat de Gupta.

Le phénomène était étrange, mais il avait renoncé à le comprendre. Puisque la crise était si pénible, si douloureuse, pourquoi avait-il toujours envie de la faire durer ? Son oncle — le même que tout à l'heure, ou un autre — aurait sûrement prétendu qu'il obéissait à la même logique qu'un type qui se cogne la tête contre un mur : c'était tellement agréable de s'arrêter... Mais il ne ressentait pas exactement les choses ainsi. C'était plutôt comme si la douleur, le sentiment de panique et de totale absurdité que lui inspirait le monde alentour se muaient en plaisir, dès lors qu'il se savait en mesure d'y mettre un terme. La crise devenait presque agréable et il marchait à l'intérieur de sa bulle de verre en dodelinant de la tête, esquissant même un vague sourire.

S'il se dirigeait vers Chester Road et le Cercle intérieur, il risquait fort de croiser la police. Aussi fit-il demi-tour : mais au lieu d'escalader une fois de plus Cumberland Gate, il longea la pelouse obscure, à l'abri de la haie. Il avait conscience du froid à présent. La nuit était glaciale, comme elle peut l'être en avril. La sueur qui perlait sans discontinuer sur son visage et sa poitrine devenait froide et salée en séchant. Il s'en apercevait lorsqu'il passait sa langue sur sa lèvre supérieure, afin de l'humecter.

D'ici peu, si la crise se prolongeait trop, il allait se mettre à trembler, à avoir la nausée et à sentir une immense faiblesse le gagner, comme s'il vieillissait de plusieurs années en quelques minutes. Le tout était de trouver le juste milieu. Il escalada une nouvelle grille bardée de pointes — il s'agissait cette fois de Gloucester Gate — et cela se révéla encore plus difficile : il avait l'impression d'avoir vieilli depuis tout à l'heure, d'être perclus d'arthrite et de rhumatismes.

Il franchit la grille et attendit aux feux, en haut d'Albany Street. Plusieurs secondes, plus d'une minute sans doute s'écoulèrent avant qu'il ne réalise que les feux étaient passés au vert, puis revenus au rouge. Une voiture isolée s'arrêta et attendit. Il traversa, se cramponnant maintenant à la paroi du pont — les passants le prenaient sans doute pour un ivrogne — et bifurqua en titubant dans Park Village East, avant de pousser la grille du portail qui donnait sur le jardin à l'abandon.

On était en train de refaire la maison qui se dressait devant lui dans les ténèbres. On avait ôté toutes les fenêtres, dont les ouvertures noires béaient comme des puits. Les matériaux de construction — des planches, des briques — ainsi qu'une échelle gisaient en tas dans un coin. Il faillit se cogner contre une bétonnière, qui ressemblait à un grand monstre livide du zoo avec son dos énorme et sa petite tête ridicule. En bas de la pente, plongée dans les ténèbres malgré l'eau qui luisait dans ses profondeurs, se trouvait la Grotte. Il rampa jusqu'en bas, s'égratignant les mains aux ronces et essayant d'éviter les pointes des barbelés. Une fois au fond, assis sur le couronnement du mur, éclairé par la faible lueur de l'un des lampadaires du pont, il se mit à trembler et se recroquevilla, avant de farfouiller dans la poche de sa veste pour y chercher son matériel.

Il le rangeait dans un sachet en velours rouge fermé par une cordelette, le genre d'objet que les bijoutiers utilisent pour emballer un écrin contenant une bague ou un collier. Il l'avait déniché dans une poubelle de York Terrace, où les déchets sont généralement d'une qualité supérieure. Il extirpa du sachet une autre de ses découvertes, un pommeau d'arrosoir en zinc, ainsi qu'un couvercle en aluminium qui, par miracle (il lui avait fallu un certain temps pour mettre la main dessus) s'adaptait exactement à l'embout du pommeau. Vinrent ensuite le bouchon métallique d'une bouteille de vodka où l'on distinguait encore, en lettres rouges, l'inscription « Fournisseurs de la cour impériale de Russie », suivie des dates 1887-1917, une paille enveloppée dans son emballage en plastique (il l'avait prise au comptoir du débit de boissons, non loin de la Grande Allée) et enfin un briquet.

Il saisit d'abord entre le pouce et l'index la substance blanche et cristalline qu'il avait achetée à Gupta. Sa main tremblait, mais cela n'avait aucune importance puisqu'il suffisait d'émietter le produit. Il le fit ensuite glisser dans l'embout du pommeau, où il avait pratiqué deux trous, séparés d'un centimètre. Il sortit la paille de son emballage, la coupa en deux avec des ciseaux à ongles et inséra les deux moitiés dans les trous de l'embout, en les enfonçant de trois centimètres environ. Il y avait juste assez de lumière pour qu'il puisse observer ses gestes, mais il aurait aussi bien pu le faire dans l'obscurité la plus complète.

Après avoir vérifié au toucher que les deux moitiés de la paille étaient enfoncées à la bonne hauteur — ce point était très important —, il alluma le briquet et approcha la flamme des trous du pommeau d'arrosoir, où reposaient les débris du caillou. À l'instant où ils prirent feu, il mit le couvercle en place et boucha l'extrémité du pommeau, plaça les deux tiges de paille dans sa bouche et aspira profondément. À cet instant-là, en avalant la première bouffée, il poussait toujours une petite exclamation. C'était un cri de joie, de bonheur, de plaisir, cependant n'importe qui, en l'entendant, l'aurait sans doute pris pour un gémissement de détresse.

Mais personne n'était là pour l'entendre. À l'époque où il le formait pour le faire travailler avec eux, Lew lui avait dit que le crack mettait exactement dix secondes à atteindre le cerveau. Il lui avait également dit que sa personnalité en serait totalement transformée. Et c'était exact. Hob émit un grognement de plaisir. Une voiture passa sur le pont et les arbres remuèrent légèrement. La crise commençait à refluer, comme une ombre malfaisante, dans un rêve, peu à peu engloutie dans l'entrebâillement d'une porte. Elle résiste, mais la porte finit par se refermer sur elle et des ondes de chaleur la remplacent, accompagnées de chants d'espoir et de joie. Il ferma les yeux. Un jour, la première fois qu'il s'était servi du pommeau d'arrosoir, il l'avait simplement renversé pour inhaler la vapeur à travers les trous, mais il s'était aperçu qu'en procédant ainsi, il laissait échapper une bonne partie de la dose. Et le gaspillage était un crime.

Au bout d'un moment, il ôta le bouchon de vodka de l'embout, secoua le couvercle et le pommeau, fourra le tout dans son sachet de bijoutier et jeta les deux bouts de paille dans les buissons. Il commençait à se sentir fort, et intensément heureux. Et ce n'était que le début.

La circulation s'était clairsemée ; il n'y avait plus de poids lourds ni de camionnettes, seulement des voitures particulières. Comme d'habitude. Il y a toujours des gens dans Camden High Street, quelle que soit l'heure. Passé minuit, pendant quelque temps, la rumeur de Londres s'atténue, mais elle ne s'éteint pas complètement. Les éclairages artificiels diffusent dans l'obscurité leur halo blanchâtre, verdâtre ou orangé et les feux passent en silence du vert à l'orange, puis au rouge, avant de repasser au vert, à l'angle d'une rue le plus souvent déserte. Ce fut dans un décor de ce genre, alors que les feux changeaient sans raison devant une rue vide, qu'il traversa la chaussée pour rejoindre Albert Road et Parkway. Quand il était en forme, il était quelqu'un d'autre et marchait avec énergie.

L'autre, celui qu'il devenait une fois la crise terminée, était un joyeux drille, un plaisantin. Il employait un jargon particulier et tout le faisait rire. Il était fort, prêt à tout. Et parfaitement en mesure de faire le travail pour lequel il avait reçu la moitié de son salaire. À son poignet, la montre qu'il avait si souvent eu la tentation de vendre lui apprit qu'il était 1 h 12.

Le client devait débarquer à Londres par le train qui quittait Shrewsbury à 21 h 25 et arrivait à Euston Station à 1 h 14. Euston était à moins d'un mile d'ici, c'était la plus proche de toutes les gares londoniennes. Si le train était à l'heure et qu'il y avait un taxi libre, il était dans les temps pour se rendre à Saint Mark Crescent.

Il remonta Gloucester Avenue, prit l'embranchement qui mène à Regent's Park Road et obliqua encore une fois à droite. Le Parc était invisible, bien qu'il ne fût qu'à quelques mètres, derrière les murailles où se profilait l'ombre des arbres, qui frémissaient à peine. Des poubelles attendaient d'être vidées. Un chat qui passait en silence dressa l'oreille, se figea, perçut ou sentit sa présence et disparut derrière la muraille, aussi vif qu'une belette.

Il y avait encore quelques lumières allumées à l'intérieur des maisons, mais plus guère. Et aucune n'illuminait la façade de celle vers laquelle il se dirigeait, et dont le jardin mal entretenu était envahi de broussailles. Il découvrit qu'il y avait des ronces dans le tas, car elles s'accrochèrent à ses vêtements lorsqu'il s'y dissimula. Il s'entailla même la main à un églantier, dont l'épine dessina sur sa peau une fine zébrure de sang.

Il régnait un tel silence qu'il entendit le taxi arriver alors qu'il roulait encore dans Regent's Park Road. Il se sentait parfaitement calme et heureux, regrettant seulement l'absence d'un complice avec lequel il aurait pu échanger quelques plaisanteries, et peut-être même faire son numéro de dur à cuire, en imitant un acteur de télévision. Le taxi déboucha à l'angle de la rue et s'arrêta devant le jardin où il était caché. La lumière de ses phares tomba droit sur lui, il la reçut en plein dans les yeux. Il se tapit le plus près possible du sol et entendit parfaitement la conversation.

— Voici trois livres, gardez la monnaie.

— Merci, mon prince.

Le portail s'ouvrit. Le taxi redémarra, s'éloigna, entama le virage. Il ignorait comment il aurait procédé si le chauffeur avait attendu que son client atteigne la porte d'entrée. Une valise fut poussée dans l'allée. Le portail se referma derrière son propriétaire avec un léger cliquetis. Les feux du taxi s'éloignèrent, disparurent et le bruit du moteur s'estompa.

Il se releva et se rua à l'attaque, en se servant uniquement de ses mains. Il en plaqua d'abord une sur la bouche de sa victime, tout en lui tordant le bras dans le dos pour lui faire perdre l'équilibre. Lorsqu'il fut allongé au sol, les coups de pied commencèrent. Il ne le frappa pas au point de le tuer ou de l'estropier de manière définitive, mais suffisamment pour lui faire sentir sa douleur, lui briser une ou deux côtes et lui donner un bon prétexte pour se plaindre à l'avenir. Il n'était pas impossible qu'il ait également besoin de consulter un dentiste.

Il adorait cogner. Il admirait sa propre technique et surtout son habileté à pratiquer cet art en silence. Grâce à sa longue pratique et au fait de s'être uniquement servi de ses mains, pas un son n'avait jailli de cette bouche d'où s'écoulait à présent un mince filet de sang. Il s'agenouilla. On ne lui avait pas précisé s'il fallait détrousser le client mais en y réfléchissant bien, son salaire était misérable. Autant en profiter, il le méritait bien. Il insinua sa main dans la veste, fouilla dans la poche intérieure et en sortit un portefeuille. Les cartes de crédit ne lui étaient d'aucune utilité. Il n'avait qu'une seule chose à acheter et ni Carl ni Gupta n'accepteraient jamais d'être réglés en Visa. Il aperçut un billet de dix livres, un autre de vingt, un autre encore... Une douce chaleur se répandit dans tout son corps. Quatre-vingts livres... Il fourra les billets dans sa poche, à côté du sachet en velours rouge.

Puis, comme il aimait la plaisanterie et se sentait d'humeur badine, il ouvrit la valise et jeta un coup d'œil à l'intérieur. Elle était remplie de vêtements, ce qui n'avait rien de très surprenant. L'étonnant, c'est qu'il s'agissait de vêtements féminins, des sous-vêtements pour l'essentiel. Il se souvint brusquement d'une allusion qu'on avait faite devant lui, concernant les mœurs spéciales du client, mais ne se rappelait plus de quoi il s'agissait au juste.

Il se mit à suspendre les dessous dans les buissons — un slip en soie rouge, des bas résille, un soutien-gorge noir, un négligé en dentelle, également noir... On aurait dit que deux étudiantes campaient dans le jardin et avaient fait leur lessive avant d'aller dormir. Il ignorait le nom exact de ce machin transparent — une sorte de maillot une-pièce qui se boutonnait entre les cuisses — mais il l'étendit en travers de la grille et alla ensuite orner d'un porte-jarretelles le corps étendu du client.

Le faible gémissement qui s'échappa de ses lèvres entrouvertes lui fit comprendre qu'il serait dangereux de s'attarder plus longtemps. Il quitta le jardin en léchant le sang qui coulait sur le dos estafilé de sa main et se mit à marcher à vive allure, partant cette fois-ci dans la direction opposée, celle de Primrose Hill. Sa bonne humeur commençait à retomber. Lew lui avait bien dit que l'effet se faisait sentir au bout de dix secondes, mais n'avait pas précisé que la dépression revenait une demi-heure plus tard. Il était trop tard à présent. Gupta avait sûrement abandonné le secteur des arbres chinois, mais peut-être dénicherait-il encore Carl ou Lew sur la colline ou sur le pont de Macclesfield. Il partit dans cette direction, son trésor en poche.

— Du crack, du crack, murmura Hob ; puis, pour garder le moral, il se mit à chantonner : *Du crack, du crack, du crack...*

2

LA LETTRE ARRIVA le jour de son départ. Il y avait une carte postale de sa grand-mère, une facture de la compagnie des eaux et cette lettre dans une enveloppe marron, portant le sigle du Harvest Trust qui faisait penser à un champignon écarlate mais qui représentait bien sûr tout à fait autre chose. Elle remit à plus tard le moment de la lire. La carte de sa grand-mère provenait de Jokkmokk, une ville située dans le nord de la Suède. Elle disait :

> *Ma chère Mary, je serai de retour à Londres jeudi prochain, après ton installation à Park Village. Je t'appellerai. Il fait ici une chaleur inattendue, sans parler du soleil de minuit. Avec toute mon affection...*

— Tu n'oublieras pas de me faire un chèque correspondant à la moitié de cette facture, dit Alistair, sur un ton aussi maussade qu'irrité.

Mary s'abstint de lui faire remarquer qu'elle avait intégralement réglé la dernière facture d'électricité. Alistair s'était emparé de l'autre enveloppe et contemplait le sigle rouge.

— Peux-tu me rendre ma lettre, s'il te plaît ?

Il la lui tendit d'un air réticent.

— Ils ont encore besoin de tes services, je parie..., dit-il.

— C'est fort peu probable.

Elle s'efforçait de lui parler brièvement, sur le ton le plus neutre et le plus courtois possible. Le temps des disputes était terminé.

— Il s'agit sans doute du dernier rapport. Ils me tiennent au courant.

— J'espère qu'ils t'annoncent sa mort, dit Alistair d'un air hargneux.

Il était difficile de conserver son calme après une telle repartie.

— Je t'en prie, ne dis pas ça.

— Je crains qu'il n'y ait aucun autre moyen de te faire comprendre à quel point tu as perdu ton temps et esquinté ton corps.

— Je vais finir de ranger mes affaires, dit-elle.

Il la suivit dans la chambre. Il y avait deux valises ouvertes sur le lit, dont l'une était à moitié remplie de vêtements. Elle déposa la lettre et la carte postale sur un tee-shirt bleu et les recouvrit avec un pantalon, plié avec soin. Une semaine s'était écoulée depuis qu'elle avait partagé ce lit avec lui. Ces jours derniers, Alistair y avait dormi seul, tandis qu'elle utilisait le canapé du salon. Cela simplifiait la situation, car elle préférait éviter les affrontements durant le peu de temps qu'ils avaient encore à vivre ensemble. Elle trouva son chéquier dans un tiroir et lui rédigea un chèque correspondant à la moitié de la facture d'eau.

Il se contenta de hocher la tête, sans un sourire ni un remerciement, et le fourra dans sa poche.

— Si tu n'avais pas eu la possibilité de t'installer dans cette maison de rêve, tu ne serais jamais partie, pas vrai ? Imagine que tu aies dû te contenter d'une chambre meublée. Ou de retourner chez Grand-Mère...

— Nous avons déjà parlé de tout cela, Alistair.

— Et lorsqu'ils reviendront de leurs vacances prolongées, que se passera-t-il ? Lorsqu'ils t'auront mise à la porte de ce petit paradis ? Tu reviendras ici en me disant que tu as commis une erreur et en me demandant de repartager mon lit.

— Peut-être. Mais je ne le crois pas. Nous sommes censés nous séparer.

— À titre *provisoire*...

— Si tu veux. (Pourquoi se montrait-elle toujours aussi timorée, aussi conciliante ?) Nos sentiments réciproques auront peut-être changé au bout de quatre mois.

— Tu mises là-dessus, n'est-ce pas ? Tu espères que *mes* sentiments auront changé que je n'aurai plus la moindre envie de t'épouser ? Mais c'est exactement ce qui est en train de se passer, vois-tu. Et tout a commencé lorsque tu m'as caché l'affaire du Harvest Trust, à laquelle je ne suis même pas censé faire allusion. Depuis que tu as délibérément bousillé ton organisme dans le seul but de te sentir supérieure, de te faire passer pour une martyre, d'avoir « accompli ne serait-ce qu'une bonne action en ce bas monde » — c'est bien l'expression que tu as employée, non ?

— Certainement pas. (Elle sentit son sang-froid l'abandonner, s'éloigner comme un ballon lâché au sommet d'une pente et entamant sa course.) Je n'ai jamais prétendu une chose pareille. Jamais.

Dieu merci, songea-t-elle, je ne t'ai pas épousé. Les choses auraient sans doute été pires, si tel avait été le cas.

Elle referma la première valise et se mit à remplir la suivante. Il la dévisageait, sa lèvre supérieure légèrement retroussée, avec une expression bestiale qu'elle ne lui avait jamais connue durant les premiers temps de leur union.

— Si ma grand-mère téléphone, peux-tu lui communiquer ce numéro ? Je suis certaine qu'elle l'a déjà, c'est simplement au cas où.

Elle l'avait noté sur une feuille, ainsi que l'adresse : *Charlotte Cottage, Park Village West, Regent's Park, London NW 1.*

— *Cottage...*, ironisa-t-il.

— La maison était considérée comme modeste, à l'époque de sa construction.

— Quelle prétention, dit-il. On dirait le Petit Trianon.

— C'est à côté de mon travail, dit-elle. Je pourrai m'y rendre à pied.

Comme si c'était la raison de son départ, qu'elle avait décidé de s'installer là-bas à cause de la proximité du musée...

Curieusement, Alistair avait l'intuition de ce genre de choses et ne manquait jamais d'exploiter ses faiblesses. Son expression changea et il prit un air enjôleur, ce qu'il ne faisait jamais auparavant.

— Tu m'appelleras, n'est-ce pas ? En fait, je ne vois pas pour quelle raison je n'irais pas m'installer là-bas avec toi...

— Les raisons ne manquent pas, Alistair. Mais il est inutile d'en reparler.

Elle avait retrouvé son sang-froid. Il ne l'abandonnait jamais longtemps et ne risquait guère de s'échapper... Aussi timide que sa propriétaire, il avait beaucoup de mal à se débrouiller seul. Elle boucla la deuxième valise, saisit son sac et le reposa pour y fourrer sa veste.

— Tu ne penses pas sérieusement que je puisse te... (Il hésita, cherchant le terme approprié — un mot anodin, enfantin, qui ramène la violence à un simple jeu)... te redonner une petite fessée, n'est-ce pas ?

Si, elle le pensait. Non pas que ce soit arrivé très souvent. Mais cela avait suffi pour qu'elle cesse de se dire, comme n'importe quelle femme normalement constituée : « Je ne tolérerai pas qu'il relève la main sur moi », ou de se demander pourquoi les épouses maltraitées restaient avec leurs maris, et qu'elle se mette à glisser dans la catégorie des semi-consentantes, de celles qui estiment qu'il s'agissait d'un « accident », ou qui finissent même par excuser leurs bourreaux en se disant qu'il avait été « provoqué » au-delà du « tolérable ». À cela près qu'elle ne restait pas, qu'elle n'était plus disposée à consentir ou à tolérer quoi que ce soit — qu'elle s'en allait pour de bon.

Il se dressait dans l'encadrement de la porte, en travers de son chemin, bloquant l'accès du couloir. Qu'est-ce que j'avais dans la tête, se demanda-t-elle, comment ai-je pu rester ne serait-ce que cinq minutes en compagnie d'un homme qui me terrifie ? Un être déraisonnable, qui croit que je lui appartiens corps et âme...

Elle prit une valise dans chaque main et passa devant lui, tous ses muscles tendus, en retenant son souffle. Au lieu de s'écarter, il resta planté au même endroit et elle dut le bousculer pour passer. Il ne posa pas les mains sur elle. Une fois, se souvint-elle, il lui avait fait un croche-pied pour qu'elle perde l'équilibre. C'était au début de l'affaire Harvest, peu après qu'il eut découvert la vérité. Il avait tendu le pied et elle s'était étalée sur le sol. Lorsqu'elle s'était relevée, il lui avait dit : « Je n'y suis pour rien, ce sont tes os, tu les as délibérément endommagés, affaiblis, et maintenant tu ne tiens plus debout, tu vacilles comme une vieille femme. »

Mais il ne la toucha pas, cette fois-ci.

— Au revoir, Alistair, dit-elle en restant à bonne distance de lui.

Il tendit une main, puis l'autre, la tête légèrement penchée de côté.

— Un petit baiser ?

Et s'il l'attrapait, la frappait au visage, d'une main puis de l'autre, la balançait par terre, se servait de ses poings ?... Les choses n'étaient jamais allées jusque-là, mais elle se rendit compte qu'elle tremblait un peu. Elle ouvrit la porte d'entrée. Dans le couloir, quelqu'un attendait l'ascenseur. Dieu merci... Alistair lui lança, de la voix enjouée qui était la sienne autrefois : « Au revoir ma chérie. Rappelle-moi... », mais elle n'aurait su dire si la phrase s'adressait à elle ou s'il l'avait prononcée à l'intention de l'homme qui attendait l'ascenseur.

Elle avait oublié d'appeler un taxi pour se faire conduire au métro. Elle traîna ses valises jusqu'au coin de la rue, afin qu'on ne puisse pas l'apercevoir depuis les fenêtres du bâtiment, et s'assit sur la murette, devant l'agence immobilière, en attendant qu'un taxi apparaisse à l'horizon.

Parmi tous les endroits où Bean allait chercher ses chiens, c'était Devonshire Street qui était le plus au sud. Il s'agissait en l'occurrence de Ruby, le briquet. Le suivant sur la liste était Boris, le lévrier russe, qui vivait à Park Crescent. Tous deux étaient des chiens de luxe au poil superbe, racés, bien nourris, gâtés même, et nantis du certificat d'un éleveur de haut rang. Tous les chiens de Bean étaient d'ailleurs dans le même cas, sinon il ne se serait pas chargé d'eux. À ses yeux, il aurait été impensable de promener un croisé ou un bâtard.

Tenant Boris et Ruby au bout de la double laisse, il descendit la pente qui menait au tunnel des Nourrices. Ce passage relie Park Crescent Gardens, au sud, à Park Square, au nord. Il passe juste au-dessus de la ligne métropolitaine du Jubilé et au-dessous de Marylebone Road. De jour comme de nuit, la circulation est intense dans ce secteur, défilant à l'ouest en direction du Westway, puis du M 40, et à l'est en direction de Euston et de King's Cross. Elle ne cesse pratiquement jamais, même à trois ou quatre heures du matin, mais elle est particulièrement dense en début de matinée et en fin d'après-midi, c'est-à-dire au moment où Bean promenait ses chiens. Le vrombissement des voitures résonnait au-dessus de la voûte du tunnel, ébranlant cette voie souterraine dont les parois brunâtres et les dalles mouillées étaient naturellement éclairées par la lumière du jour que diffusaient les bouches d'entrée, à chaque extrémité.

Il existait bien un autre moyen de traverser la rue, mais il était difficilement praticable, quelle que soit l'heure de la journée. Le petit bonhomme vert restait allumé trop peu de temps pour permettre à quiconque d'atteindre le milieu, puis l'autre bord de la chaussée, surtout lorsqu'on était accompagné de deux chiens enclins à s'arrêter sans crier gare pour renifler autour d'eux. En tant que résident du Crown Estate, Bean possédait sa propre clef lui permettant d'accéder aux jardins et, plus loin, au tunnel. Celui-ci était jadis utilisé par les nourrices et leur progéniture, ainsi que par les amoureux qui s'y donnaient rendez-vous. Bean se demandait si, à part lui, quelqu'un l'empruntait encore de nos jours.

Son itinéraire était méticuleusement programmé, de manière que les chiens les plus costauds puissent bénéficier du trajet le plus long, tandis que les plus petits se contentaient d'un circuit restreint. Il commençait sa tournée avec le briquet, à 15 h 45, récupérait le lévrier cinq minutes plus tard et poursuivait son chemin pour aller prendre Charlie, le golden retriever, à Saint Andrews Place, puis Marietta, le caniche, à Cumberland Terrace, leur faisant traverser les allées de la propriété avant de déboucher dans Albany Street.

C'était un après-midi ensoleillé de fin avril. Il faisait plutôt frisquet, un vent glacial dispersait les nuages sur l'étendue bleue du ciel. Les arbres arboraient leurs premières feuilles printanières et les fleurs commençaient à sortir dans les bacs suspendus aux fenêtres. À soixante-dix ans, malgré sa petite taille Bean était encore solide et plein d'allant : de loin, on lui en aurait plutôt donné cinquante-cinq. En 1986, lorsqu'il avait postulé pour le dernier emploi qu'il devait jamais exercer, il avait prétendu avoir quarante-neuf ans et on l'avait cru sur parole. Il portait volontiers des tenues jeunes, sans sombrer pour autant dans le ridicule. Bien qu'ayant hérité de plusieurs costumes de feu Maurice Clitheroe — il les avait fait retoucher pour qu'ils soient à sa taille —, sa tenue hivernale consistait en une paire de blue-jeans impeccablement repassés, une vareuse à col roulé et une veste bleue confortablement doublée. En avril, ne te découvre pas d'un fil, comme disait le proverbe, et le mois n'était pas encore terminé. Il avait toujours eu les cheveux coupés court, à la militaire, mais ces derniers temps il se rasait le crâne, dans le but d'obtenir une brosse de duvet blanc et dru.

Bean stipulait toujours qu'il refusait de s'occuper de chiens trop âgés, ou trop gras, ou ayant des problèmes de santé. Il n'en promenait jamais plus de six à la fois et ils ne devaient jamais appartenir à la catégorie de ceux dont la loi exige qu'ils soient muselés. Cette activité représentait une source de revenu confortable — bien plus qu'un simple supplément à sa pension de retraite — et il s'était fixé un certain nombre de règles. Il devait se montrer strict, ainsi qu'il l'expliquait à Mrs Goldsworthy, dans Albany Street, dont il venait prendre pour la première fois le terrier écossais.

— Je demande un préavis de sept jours lorsque le chien part en vacances, madame, lui disait-il. Et d'un mois pour la résiliation du contrat. Sauf en cas de maladie, bien sûr. Et je ne vois aucun inconvénient à ce que quelqu'un d'autre aille promener l'animal, ou vous-même si l'envie vous en prend, à condition que cela ne change rien à nos arrangements, si vous voyez ce que je veux dire.

— Oh, oui, bien sûr.

— Voici donc McBride, c'est bien cela ? Braves petits chiens, ces terriers, mais un peu courts sur pattes : il fera le circuit moyen, en compagnie du Shih Tzu de Lady Blackburn-Norris. (Bean n'hésitait pas à mentionner le nom de ses employeurs, ce n'était pas mauvais pour les affaires.) Nous serons donc de retour dans trois quarts d'heure.

Grâce à toutes ces marches, Bean se portait comme un charme, de son propre aveu : son cœur était aussi vaillant que s'il avait eu trente ans de moins et il arpentait la longue rue à grandes enjambées. Il était végétarien et attendait le vendredi soir pour s'offrir une boisson plus corsée que le Coca-Cola. Soucieux de sa santé et considérant les rues comme un simple terrain d'exercice pour « ses » chiens et lui, il n'avait pas conscience de l'histoire du quartier, de son architecture ou du Parc lui-même. Il remarquait à peine ce notable édifice des années 60, l'Académie royale de médecine de Lasdun, et ne s'aperçut jamais que l'endroit où il traversait la rue était situé devant l'église danoise de Saint Katherine — reproduction un peu hasardeuse de la chapelle de King's College, à Cambridge.

Désignée — notamment par ses habitants — comme la plus belle rue de Londres, Park Village West dessine une sorte de croissant et donne sur Albany Street, à l'extrémité de Camden Town. Albany Street est une artère très fréquentée, la circulation n'y diminue que la nuit et le dimanche matin, mais Park Village West est un havre de paix et de charme rustique, à mi-chemin entre une route de campagne et l'enceinte d'une cathédrale. Au printemps, elle baigne dans le parfum des arbres en fleur, des narcisses et des giroflées.

Bean et ses chiens y bifurquèrent et s'engagèrent sous la voûte des arbres. Les « villas déconcertantes », comme on les a surnommées, ont été construites dans les années 1840 et sont considérées comme les chefs-d'œuvre de l'école de Nash. Chacune d'elles se dresse, isolée, au milieu du jardin qui l'entoure, différente de sa voisine, chacune ayant son propre style de décoration classique : fausses fenêtres, urnes historiées, bustes impériaux, médaillons à la Della Robbia, belvédères, girouettes, temples aux dieux de l'Olympe faisant aujourd'hui fonction de garages...

La demeure où il devait à présent se rendre était séparée du trottoir par un vaste jardin, puis par une murette fraîchement repeinte où figurait l'inscription « Charlotte Cottage », gravée dans le stuc. Bean fixa la poignée de la laisse à un montant; puis, après avoir ordonné à ses protégés de se tenir tranquilles, il traversa le jardin en remontant l'allée. Les tulipes rouges perdaient leurs derniers pétales, dévoilant leur calice d'un noir de suie. Les pensées et les auricules étaient sorties de terre, et les cytises ne tarderaient pas à les imiter. Une clématite dont les fleurs bleues et plates évoquaient le satin étendait ses vrilles sur la façade crème et légèrement brillante de la maison. Des colonnes cannelées étaient érigées de part et d'autre de la porte d'entrée, soutenant un fronton où les dieux et les déesses de Nash s'ébattaient, sculptés en blanc sur un fond bleu. L'une des fenêtres du rez-de-chaussée était ouverte et une femme de la génération de Bean, peut-être même plus âgée, apparut dans l'encadrement.

— Est-il déjà l'heure? demanda-t-elle. J'aurais juré qu'il était à peine 3 heures.

— Il est 4 h 16, Lady Blackburn-Norris, répondit Bean sur le ton poli dont il ne se départissait jamais, les bonnes manières ne coûtant rien.

La vieille dame s'éclipsa. Au bout de quelques instants, elle ouvrit la porte d'entrée, le Shih Tzu (ou chien-chrysanthème) dans les bras. Le pelage de Gushi — ses frondes dorées, pareilles à des pétales, lui tombaient sur les yeux — ressemblait à la chevelure aux reflets roses et blonds de sa propriétaire, dont la frange était retenue par une paire de lunettes de soleil à la monture bleue.

— Qu'est-ce que ce briquet fabrique avec le lévrier ? demanda-t-elle.

— Mieux vaut ne pas y prêter attention, madame, lui répondit Bean.

Si elle ignorait encore ce genre de choses, à son âge, ce n'était certes pas lui qui allait la mettre au courant. Il lui prit le Shih Tzu des bras, et tandis qu'il fixait à son collier l'une des extrémités libres de la laisse, tout en repoussant les avances de Ruby, un taxi déboucha au coin de la rue et s'arrêta devant Charlotte Cottage.

La jeune femme qui en descendit et alla récupérer les deux valises déposées sur le siège avant, à côté du chauffeur, était sans doute la personne qui venait garder la maison des Blackburn-Norris. Bean eut l'impression qu'elle était très jeune, mais il devait bien admettre que la plus grande partie de la population lui faisait cet effet et qu'il était incapable de deviner si telle personne avait dix-huit ou trente ans. Cette femme — ou plutôt cette jeune fille, songea-t-il — donnait une impression de fragilité, comme si le moindre coup de vent risquait de l'emporter. Elle était mince et Dieu sait pourquoi, elle lui fit penser à un lis avec son cou allongé, sa peau blanche et sa frêle beauté. À en juger par son allure, elle n'était pas du genre à entraîner Gushi dans de longues promenades, et c'était fort bien ainsi.

Il hocha la tête et la salua. Il se rendait bien compte que beaucoup de gens l'auraient trouvée séduisante, peut-être même belle, mais elle n'éveillait en lui aucun désir. Tout ce qu'il avait appris au sujet du sexe, notamment ces dernières années, lui avait semblé au mieux grotesque, au pire effrayant. Lorsque Maurice Clitheroe était mort, il avait définitivement chassé la question de son esprit, en poussant un soupir qui allait au-delà du simple soulagement. Il se dit qu'il devrait peut-être aider la jeune femme à porter ses valises jusqu'à l'entrée, mais y renonça aussitôt. Il avait les mains prises à cause des chiens. D'autre part, elle avait qu'à ne pas s'encombrer de bagages aussi lourds si elle était incapable de se débrouiller seule. Et à supposer qu'elle lui donne un pourboire, radines comme le sont généralement les femmes, il serait probablement dérisoire : vingt pence, cinquante en étant généreux.

À cet instant, les chiens se mirent à tirer sur leur laisse, impatients de se mettre en route et d'entamer pour de bon leur promenade. Bean traversa la rue, puis le Cercle extérieur, avant de pénétrer dans le Parc par Gloucester Gate. Arrivé sur la grande pelouse qui s'étend au sud du zoo, il libéra les chiens et les laissa vagabonder à leur guise.

Un peu plus loin, la femme qui promenait une douzaine de chiens, mais qui lui faisait plutôt penser à une nourrice encombrée de marmots, jouait à la balle avec trois labradors et un boxer. Bean lui adressa une de ses grimaces favorites, mais elle était trop loin pour l'apercevoir.

— Nous commencerons par le Brésil, dit Lady Blackburn-Norris, avant de nous rendre au Mexique et au Costa Rica. Puis nous irons en Californie, dans l'Utah — à cause des grands parcs nationaux, je ne sais plus comment on les appelle — et enfin en Nouvelle-Angleterre, pour profiter des couleurs de l'automne. Nous serons de retour début septembre, n'est-ce pas, mon chéri ?

Son mari avait une silhouette et un visage assez semblables à ceux du lévrier russe que Mary avait aperçu devant le portail : les mêmes jambes fuselées, les mêmes épaules tombantes, le même nez filiforme, évoquant la trompe d'un tamanoir.

— Si nous sommes encore de ce monde, répondit-il. Vous vous dites sans doute, Miss Jago, que nous sommes beaucoup trop vieux pour nous lancer dans une telle expédition. Et vous n'avez pas tort. J'ai quatre-vingt-deux ans et ma femme en a soixante-dix-neuf.

— Ma grand-mère est plus âgée que vous et elle voyage encore beaucoup, dit Mary.

— Ah, cette chère Frederica ! Si seulement elle avait pu partir avec nous ! Mais elle est encore en Suède et apparemment elle avait promis depuis longtemps aux Tratton de les accompagner en Crète le mois prochain. Je ne puis vous dire à quel point nous lui sommes reconnaissants, miss Jago, de nous avoir mis en rapport avec vous. Si nous n'avions pas trouvé une personne de confiance pour garder la maison, nous n'aurions tout bonnement pas pu partir, n'est-ce pas, mon chéri ?

De sa voix neutre et mesurée, Sir Steward Blackburn-Norris lui répondit qu'effectivement, cela n'aurait pas été possible. Au cours des dernières semaines, il avait fréquemment nourri des pensées meurtrières à l'égard de Frederica Jago, la meilleure amie de sa femme, qui avait rendu réalisable ce voyage prolongé. Bien sûr, ils auraient de toute façon prévenu la police, et ils avaient un chien — à supposer que l'on puisse qualifier Gushi de chien —, mais rien ne remplaçait une personne de confiance venant garder la maison. S'ils n'avaient pas déniché cette *personne de confiance*, son épouse elle-même aurait hésité à entreprendre un tel voyage. Quant à lui, il n'avait évidemment pas la moindre envie de partir. Et il ne s'était pas gêné pour le dire à ses proches. Il aurait préféré rester ici, se rendre tous les matins à son club de Brook Street et y déjeuner chaque jour à midi ; revenir en taxi tous les après-midi jusqu'à Park Square pour aller tailler une bavette avec son vieil ami, le directeur du Crown Estate, au cœur de son sanctuaire, une demeure aux allures de temple grec, à deux pas de l'entrée du tunnel des Nourrices ; et aller dîner trois fois par semaine chez Odette, les trois autres soirs chez Odin et le dimanche au Mumtaz.

— Le destin en a décidé autrement, dit-il à voix haute, sans s'expliquer davantage lorsque la petite-fille de Frederica le dévisagea d'un air interrogateur.

Il lui montra comment on branchait le chauffage et sa femme lui expliqua le maniement du magnétoscope. Ils lui donnèrent la liste des numéros de téléphone utiles et des services indispensables. Ils lui expliquèrent qu'il ne fallait pas promener Gushi entre 8 heures et 9 heures le matin, pas plus qu'entre 16 h 15 et 17 h 15 l'après-midi — Bean s'en chargerait — mais que le reste du temps, elle pouvait aller faire un tour avec lui, si le cœur lui en disait et si elle s'en sentait le courage.

— Je ne pense pas en avoir le temps, dit Mary. Je serai à mon travail pendant la journée.

— Ah, c'est vrai, vous travaillez, dit Sir Steward, comme si on venait juste de lui apprendre que certaines femmes — une sur mille, assurément — se livraient à cette extravagante activité, obéissant à une mystérieuse pulsion ou à une lubie saugrenue. Au musée Sherlock Holmes de Baker Street, c'est bien cela ?

Mary se mit à rire.

— Non... Il ne s'agit pas de Sherlock Holmes, mais d'Irene Adler. Je travaille au musée Irene Adler, dans Charles Lane. (Elle pensait que le nom leur dirait peut-être quelque chose, mais ce n'était visiblement pas le cas.) C'est à côté de Saint John's Wood. Je pourrai m'y rendre à pied.

Sir Steward insista pour vérifier la chose dans son atlas géographique de Londres. Il venait de calculer la distance et se demandait si le trajet n'était pas trop long pour la jeune femme, ainsi que pour n'importe qui d'ailleurs — surtout quelqu'un d'apparence aussi fragile —, lorsque Bean revint avec le chien. On fit les présentations et Bean déclara :

— Je vous verrai donc demain matin à 8 h 15, miss.

Personne, à ce jour, ne l'avait jamais appelée « miss ». Elle avait brusquement l'impression d'être la fille de la maison, dans un roman victorien. Elle caressa Gushi et lui parla gentiment : le chien s'approcha d'elle et se mit à la renifler, puis à la lécher, avant de venir se jucher dans ses bras, comme un bouquet de chrysanthèmes.

— Descends de là, satané chien, lança Sir Steward.

— Pourquoi s'appelle-t-il Gushi ? demanda Mary. Je veux dire : d'où vient ce nom ?

— Gushi Khan a régné sur le Tibet au XVIIe siècle, c'est bien cela mon chéri ?

— Dieu seul le sait, répondit Sir Steward. C'est son premier propriétaire qui l'a baptisé ainsi. Pour ma part, je l'aurais volontiers appelé Sam.

Mary déambula à travers la maison pendant que les Blackburn-Norris faisaient leurs derniers préparatifs. C'était une belle demeure, confortable et élégante, meublée avec goût et pourtant en tout point identique aux centaines de propriétés et d'appartements qui bordent le Parc : velours, rideaux à l'indienne, tapis de Wilton, porcelaine de Chine, argenterie georgienne, fleurs de pavot et plumes de paon, sièges capitonnés, chaises longues, pupitres et fauteuils Hope dont l'un, peut-être, était un authentique Duncan Phyfe... Elle connaissait tout cela par cœur et espérait parfois tomber sur un décor différent, un intérieur capable de l'émouvoir ou de la surprendre. Un jour, sans aucun doute, elle aurait sa maison à elle et pourrait la meubler à son goût.

Il y avait des volets aux fenêtres, ce qui était appréciable pour la sécurité. Aucun rideau de dentelle ne cachait les treillages ni ne bouchait la vue. Mary contempla le jardin avec ses pergolas, son bassin ornemental et au-delà, l'étendue de verdure qui sépare en deux le quartier.

À cette époque de l'année, les arbres et les bosquets étaient luxuriants. Les plantes grimpantes, maintenant qu'elles étaient en fleurs, couvraient le moindre pan de mur, dissimulant la brique sous une épaisse tapisserie de feuillage, de sorte qu'on avait de tous côtés l'impression d'être en pleine campagne. Il y avait sans doute des gratte-ciel un peu plus loin, mais les arbres couverts de feuilles, aux tons de jade et aux reflets mordorés, les cachaient entièrement. Les sillages des avions, qui dessinaient des lignes blanches et morcelées dans l'étendue bleue du ciel, auraient pu être des bandes de nuages.

Dans le jardin, un lilas blanc dressait sa tige fleurie entre celle d'un forsythia tardif et le nid immaculé d'une spirée. Dieu sait pourquoi, la beauté du décor accentua l'impression de solitude, aussi brusque qu'inattendue, qui venait d'envahir Mary. Cela faisait longtemps qu'elle n'avait pas vécu seule et, d'ici une demi-heure, elle allait se trouver livrée à elle-même. Hormis la présence de Gushi, bien sûr : mais Mary n'était pas de ceux pour qui la compagnie d'un animal équivaut à celle d'un être humain. Elle caressa la tête du chien, car cette pensée avait au fond quelque chose d'un peu déloyal.

Le taxi arriva en avance. Mary fit entrer le chauffeur. Les Blackburn-Norris étaient encore à l'étage. Dès qu'il eut entendu des voix, Sir Steward cria au chauffeur de monter pour les aider à descendre les bagages. Quelques minutes de confusion s'ensuivirent : le chauffeur maugréait et se plaignait de son dos, Lady Blackburn-Norris papillonnait de droite à gauche et tout à coup, de manière inattendue, embrassa Mary pour lui dire au revoir, tandis que Sir Steward décidait inexplicablement de lui montrer à la dernière minute comment on verrouillait les fenêtres.

Et maintenant, ils étaient partis. Le chien était allé dormir. Mary continua de regarder à travers la fenêtre bien après que le taxi eut disparu à l'horizon. Il régnait un grand calme, un profond silence, comme à la campagne, et même en tendant l'oreille elle ne percevait pas le moindre écho de la rumeur et de l'agitation de Londres. Elle pensa brusquement à Alistair et songea à ce que cela représentait d'avoir peur de quelqu'un que l'on avait jadis aimé et admiré. Il était fort probable qu'il téléphone dans la soirée. Elle se demanda ce qui se passerait si elle ne répondait pas, si elle laissait la sonnerie retentir dans le vide, et que l'appel provienne d'un ami des Blackburn-Norris.

L'idée de parler avec Alistair avait brusquement quelque chose d'effrayant. Peut-être pourrait-elle faire un tour, ou aller voir un film. Il y avait un cinéma non loin de la station de Baker Street, et deux autres dans Camden Town. Mais n'était-il pas un peu irresponsable d'abandonner la maison et le chien le soir même de son arrivée ? Elle monta à l'étage et se mit à déballer ses affaires.

Sa chambre donnait sur le jardin et sur tous ceux de Park Village West ; de l'autre côté de la voie ferrée, la vue s'étendait jusqu'à Mornington Crescent. Un ballon aux rayures jaunes et rouges flottait dans le ciel, au-dessus de Euston Station. Mary vida la première valise et suspendit ses affaires dans une armoire en acajou aux pieds de griffon. Les vêtements qui se trouvaient sur le dessus, dans la seconde valise, allèrent dans des tiroirs. Elle souleva le pantalon de son ensemble. En dessous se trouvaient la carte postale de Jokkmokk et la lettre du Harvest Trust.

Mary s'assit sur le lit et considéra pendant quelques instants l'enveloppe qu'elle tenait à la main avant de se décider à l'ouvrir. Elle réagissait toujours ainsi lorsqu'elle recevait une lettre du Trust. Elle avait envie de connaître son contenu et le redoutait en même temps. C'était pour cela qu'elle hésitait, rassemblait son courage, se préparait au pire. Mais pouvait-on vraiment s'y préparer ? La nouvelle qu'elle redoutait ne constituerait-elle pas un choc, aussi sérieusement s'y fût-elle préparée ?

Alistair lui avait déclaré qu'il espérait que l'homme qu'elle connaissait sous le sobriquet d'« Oliver » était mort. Sans doute ne le pensait-il pas vraiment — il se montrait illogique, déraisonnable pour tout ce qui concernait le don —, mais « Oliver » avait effectivement pu mourir. Et cette lettre n'était-elle pas destinée à lui annoncer l'événement ?

Depuis combien de temps n'avait-elle pas eu de nouvelles ? Elle remonta mentalement en arrière : c'était avant Noël, en octobre ou en novembre, voilà plus de six mois. Mais cela n'avait rien d'anormal, au contraire, il était naturel que les choses se passent ainsi. Elle avait demandé au Trust de l'informer de la situation au bout d'un trimestre, puis de six, neuf, douze et dix-huit mois. Il y avait plus de dix-huit mois à présent, presque vingt, que le prélèvement avait été fait.

Il était fort possible qu'il soit mort. Le pourcentage de réussite oscillait entre vingt et cinquante pour cent. En fait, sa mort était même statistiquement plus probable que sa survie. S'étant ainsi préparée — en tout cas, du mieux qu'elle le pouvait — elle ouvrit rapidement l'enveloppe en la déchirant du bout de l'ongle.

La lettre provenait de la responsable de l'intérêt des donneurs au Harvest Trust. Elle lui rappelait qu'elle avait « souhaité que son anonymat soit levé au bout d'un an et demi, si la situation évoluait favorablement ». Ainsi, sous réserve de son consentement, son nom et son adresse allaient être communiqués à « Oliver », et réciproquement. À moins qu'elle ne préfère entrer directement en contact avec « Oliver », une fois que son adresse lui aurait été transmise. Il était recommandé à l'une et l'autre des parties de s'écrire mutuellement avant de convenir d'un rendez-vous. La responsable de l'intérêt des donneurs se ferait un plaisir de lui venir en aide, sous quelque forme que ce soit. Elle espérait que « Helen » n'hésiterait pas à la consulter si le moindre problème se présentait à elle et elle terminait sa missive en signant de son nom : Deborah Cox.

Mary relut la lettre. Elle avait désormais de quoi occuper cette première soirée.

3

SI L'ON EN CROIT CONAN DOYLE, Irene Adler, la belle aventurière, ancienne maîtresse du roi de Bohême, aurait résidé à Briony Lodge, Serpentine Avenue, Saint John's Wood. Mais c'est là pure fiction, et la seule artère de Londres portant le nom de Serpentine se trouve dans le W 2, et non dans le NW 8. Aussi les fondateurs du musée qui lui est consacré ont-ils dû se contenter d'une bâtisse située à l'angle de Saint John's Wood High Street.

On n'y trouve pas le moindre objet lui ayant réellement appartenu. Comment pourrait-il en être autrement ? La seule femme que Sherlock Holmes ait jamais aimée — ou du moins admirée — n'apparaît que dans l'une de ses aventures. À peine a-t-il posé les yeux sur elle qu'elle convole avec Mr Norton et disparaît en laissant pour unique trace de son passage une photographie pieusement conservée par Holmes. Mais les objets rassemblés au musée constituent un échantillon assez représentatif de ce qu'elle aurait pu posséder : une imposante garde-robe de la fin du XIXe et du début du XXe siècle, des tableaux préraphaélites, des bibelots Art nouveau, des meubles assez proches de ceux dont les Blackburn-Norris avaient rempli leur maison, des bijoux en argent et en jais, en chrysocale, en pierre de cairngorm et en adulaire, quelques précieux exemplaires du *Yellow Book*, des volumes de Swinburne, de Watts-Dunton, de nombreux dessins de Beardsley et l'édition originale de *Zuleika Dobson*.

Mary Jago y avait été engagée peu après avoir quitté les Beaux-Arts et s'être établie à son compte comme restauratrice de costumes anciens. Cette activité ne s'était pas révélée très rémunératrice mais l'avait mise en rapport avec Dorothea Borwick, qui dirigeait le musée Irene Adler et lui avait par la suite proposé d'être sa collaboratrice. Car le musée, inconnu de la plupart des Londoniens, remportait un vif succès auprès des touristes, notamment les Américains. Mary et Dorothea se voyaient même parfois obligées de limiter les entrées et d'interrompre la vente des billets pendant une demi-heure, contemplant avec une certaine fierté la queue qui se formait devant le bâtiment et s'étendait jusqu'à l'angle de Saint John's Wood Terrace.

Dorothea ne venait jamais le lundi, et Mary prenait son jour de congé le samedi. Lorsqu'elle arriva, il était à peine 9 h 20 et Stacey, qui s'occupait de la vente des billets et de la boutique de souvenirs, n'était pas encore là. Mary avait quitté Charlotte Cottage dès que le type qui promenait les chiens lui avait ramené Gushi. Elle ignorait où se trouvaient les boîtes aux lettres dans le quartier — elle voulait poster au plus tôt sa réponse au Harvest Trust —, mais en avait déniché une à la jonction de Park Village West et d'Albany Street.

Elle avait longuement réfléchi et soupesé sa décision avant de rédiger sa lettre. Cela lui avait pris une bonne partie de la soirée et elle avait finalement dû renoncer au cinéma. Fallait-il, par exemple, qu'elle donne sa nouvelle adresse au Harvest Trust ? Était-ce vraiment nécessaire, puisqu'elle n'était que provisoire ? Les Blackburn-Norris allaient rentrer début septembre : et, à moins que ses sentiments aient évolué, qu'elle ait profondément changé et décidé de retourner vivre avec Alistair, elle allait devoir se mettre en quête d'un nouveau domicile.

Mais la réponse qu'elle attendait en retour de ce courrier serait très importante, puisqu'on allait enfin lui révéler l'identité d'« Oliver ». Elle avait presque failli les appeler, au lieu de leur écrire, mais lui communiquerait-on une telle information par téléphone ? Bien sûr que non : l'appel pouvait émaner de n'importe qui, d'un journaliste faisant une enquête, d'un espion... Et personne au Trust ne reconnaîtrait sa voix. Elle se repencha donc sur sa lettre, sur cette feuille vierge où elle n'avait pas encore inscrit la moindre adresse. Si elle indiquait Chatsworth Road, à Willesden, où elle ne vivait plus désormais, est-ce que Alistair lui transmettrait la réponse du Trust ? Ne prendrait-il pas au contraire un malin plaisir à la subtiliser ?

Le plus simple était encore de mentionner l'adresse de sa grand-mère. Mary avait la clef de sa maison ; de surcroît, Frederica devait rentrer d'un jour à l'autre. Après lui avoir répondu, le Trust n'aurait probablement plus l'occasion de lui écrire, puisque les renseignements concernant l'évolution de l'état d'« Oliver » lui seraient directement communiqués par l'intéressé lui-même. Elle inscrivit donc en haut de la feuille, dans l'angle droit : c/o Mrs F. Jago, Lamballe House, Belsize Park Gardens, London NW 3. Sa lettre consistait pour l'essentiel à demander qu'on lui transmette le véritable nom d'« Oliver », ainsi que son adresse personnelle.

De cette façon, Alistair resterait en dehors de l'affaire. Au cours des dix-huit derniers mois, son ressentiment et son irritation à l'égard de son acte n'avaient cessé de croître. Curieusement, il semblait vouloir se venger de cet homme qu'il n'avait, pas plus que Mary, jamais rencontré, et dont l'unique tort était de souffrir d'une myélo-leucémie aiguë. En traversant le Parc, après avoir franchi la Grande Allée et emprunté le sentier qui longe la limite sud du zoo, elle s'était une fois de plus interrogée sur le comportement incompréhensible d'Alistair. L'opération de Mary l'avait apparemment transformé en un être déraisonnable, parfois même cruel.

Le Harvest Trust recommandait aux donneurs potentiels de discuter avec leurs familles avant de prendre une décision définitive. Alistair et sa grand-mère constituaient sa seule famille — elle n'avait personne d'autre — mais alors que Frederica, après avoir surmonté ses inquiétudes initiales, l'avait encouragée, Alistair ne lui avait témoigné que colère, incrédulité, rejet.

Le nom même du Trust[1] lui donnait des frissons. Il avait le don de relever dans leurs brochures tous les détails qui lui paraissaient de mauvais augure.

— Une récolte... voilà comment ils qualifient leur activité. Tu ne comprends donc pas ? Ils veulent récolter la moelle de tes os.

Ou encore :

— Ils t'assurent pour deux cent cinquante mille livres. Regarde, c'est indiqué ici. Tu crois qu'ils s'en donneraient la peine s'il n'y avait aucun danger ?

1. *Harvest* signifie moisson, récolte. *(N.d.T.)*

— Je suis jeune et en bonne santé, lui répondait-elle. Ils ne me sélectionneraient pas si je ne remplissais pas toutes les conditions. J'ai peut-être l'air fragile, mais j'ai un organisme solide.

Et c'était avant que les choses ne se concrétisent, alors qu'elle avait simplement déposé sa candidature. Céder à Alistair tandis qu'il se montrait aussi déraisonnable aurait été un signe de faiblesse, et sans doute une erreur. Elle savait qu'elle appartenait à la catégorie des victimes, des êtres doux et effacés — des femmes, le plus souvent — qui se soumettent pour avoir la paix, qui font des sourires et des concessions et qui révèlent de la sorte les pires travers de ceux qui les oppriment. Il s'agissait là d'un rôle, d'un penchant auquel elle avait récemment décidé de résister. Mais lorsque le Trust l'avait relancée, en lui déclarant que sa candidature était virtuellement acceptée et en lui demandant de venir passer un examen médical, elle n'avait pas été capable de franchir le pas toute seule.

Elle n'avait rien dit à Alistair et était allée subir cet examen un jour à midi, pendant la pause du déjeuner. Bien sûr, elle avait toujours l'intention de le mettre au courant. Ironiquement, si la situation avait déjà été tendue entre eux à cette époque, elle lui en aurait probablement parlé : l'adversité l'aurait rendue plus forte. Mais leur union connaissait alors une phase paisible, heureuse — pourquoi l'aurait-elle gâchée ? Quoi qu'il en soit, elle comptait bien l'informer à l'avance de la date du prélèvement. Elle ne pouvait pas lui cacher une chose pareille, elle le savait bien.

La banque qui employait Alistair l'envoya à Hong Kong. Il devait y passer une semaine et c'était justement au cours de cette période que le prélèvement allait être fait. On l'avait informée que quelqu'un devait venir attendre les donneurs à la sortie de l'hôpital pour les raccompagner chez eux. Elle allait devoir se débrouiller seule, ou du moins sans Alistair. Dorothea pourrait venir la chercher, elle était discrète et saurait garder le secret. Peut-être Alistair ne l'apprendrait-il jamais ? Malgré tous ses efforts, sa nature profonde refaisait surface et elle avait beau se dire qu'elle se montrait aussi lâche que stupide, cela n'y changeait rien.

Mary revivait tout cela en traversant le Parc jusqu'à Monkey Gate, puis en franchissant le pont au-dessus du canal, avant de déboucher dans Charlbert Street. C'était lors d'une journée identique à celle-ci, fraîche et ensoleillée — sauf qu'on était en automne, et non pas au printemps — qu'elle s'était rendue à l'hôpital pour le prélèvement. Contrairement à ce qu'insinuait Alistair, le seul risque tenait à l'anesthésie générale, comme pour n'importe quelle opération. Elle resta « endormie » près de deux heures, au cours desquelles on lui préleva de la moelle osseuse.

En se réveillant, elle avait tout d'abord ressenti une certaine excitation. C'était fini, elle l'avait fait, elle avait été capable de mettre sa santé au service d'un autre être humain, gravement malade, et de réparer ainsi une injustice de la nature. Même si elle n'avait guère accompli d'actions méritoires à ce jour, et qu'elle s'en abstienne encore à l'avenir, elle aurait au moins fait ce geste qui justifiait son existence. Mais elle n'aurait jamais osé avouer ces pensées à quiconque. Lorsque Dorothea vint la rejoindre, elle lui dit d'un ton léger que ce n'était vraiment rien du tout, qu'on ne ressentait pas la moindre douleur. Mais au fond d'elle-même, elle éprouvait une intense satisfaction. Même si cela échouait, et que la greffe se révélait inutile, elle aurait au moins essayé et suivi le précepte de toutes les philosophies et religions : aimer notre prochain et agir dans ce sens.

Cet état d'exaltation fut de courte durée. Les mots qu'elle avait employés, même si elle ne les avait pas prononcés à voix haute, l'embarrassaient à présent. Il lui fallut bien vite remettre les pieds sur terre. Dorothea la raccompagna chez elle en taxi et prépara le repas qu'elle partagea avec elle, en lui disant de ne pas s'inquiéter, d'attendre la semaine suivante avant de reprendre son travail au musée. Mary était fatiguée, un peu lasse, mais en dehors de ça elle se sentait bien. Elle faisait trois repas par jour, allait faire de petites promenades, prenait les pilules de fer qu'on lui avait prescrites et attendait le retour d'Alistair. Il y avait un détail qu'elle n'avait jamais été en mesure de s'expliquer, y compris dans son for intérieur : pourquoi n'avait-elle pas une seule fois regardé la partie de son corps où le prélèvement avait été fait ? Elle savait fort bien à quel endroit on l'avait effectué : dans la cavité du bassin, le long de la crête iliaque. Il aurait assurément été normal, naturel, de jeter un coup d'œil aux points de suture, bien visibles sur sa peau lisse et pâle, même si on l'avait assurée qu'ils ne laisseraient aucune cicatrice. Une sorte de répulsion — cela n'avait rien à voir avec le regret, en tout cas — avait dû l'empêcher de les regarder lorsqu'elle se dévêtait ou qu'elle prenait sa douche. Une répugnance, peut-être, à constater la conséquence de son altruisme sur son corps jusqu'alors parfait, sans le moindre défaut.

Alistair vit les marques. Il les aperçut alors qu'ils étaient en train de faire l'amour, dans la chambre inondée par le soleil d'automne, dont la douce lumière dorée éclairait la nudité de Mary, la blancheur et l'unique imperfection de son corps...

Les premiers visiteurs se dirigèrent immédiatement vers la boutique où Stacey leur vendit des calendriers et des cartes postales de Lillie Langtry et d'Eleanora Duse, des rééditions reliées cuir des romans de Ada Leverson, des éventails décorés, des sacs perlés, des objets brodés et de luxueuses écharpes reproduisant des modèles de Knossos par Fortuny. Mary se mit au travail dans la pièce où étaient exposés les chapeaux, raccommodant un rebord en soie avant d'y refixer des plumes d'autruche noires. Aldous Huxley avait qualifié les femmes de l'ère victorienne de « crabes engoncés dans leurs corsets » et déclaré que leurs chapeaux à plumes étaient « dignes d'un enterrement de première classe ». Il y avait une bonne vingtaine de chapeaux de ce genre dans la pièce : tous évoquaient d'énormes pâtisseries avec leurs tons gris perle, roses, bleus, jaunes ou noirs, et leurs guirlandes de fleurs, de plumes et de rubans. Sur l'un des murs était affiché un dessin paru dans *Vogue* en 1909 et représentant une femme minuscule, disparaissant sous un chapeau aussi large qu'un parapluie où était juché un lapin en train de grignoter un chou.

Lorsqu'elle était dans cette pièce, ou dans celle consacrée aux corsets, Mary se disait souvent que la manie qu'avait Irene Adler de s'habiller en homme — comme lorsqu'elle murmure « bonsoir » à Holmes dans Baker Street — était on ne peut plus compréhensible. Les « crabes » ne devaient se sentir à l'aise qu'une fois au lit, le soir, mais sûrement jamais de jour, avec leurs corsets aux baleines en forme de S, leurs bustiers arqués et sanglés, les innombrables carapaces qui les recouvraient, sans parler de ces gigantesques chapeaux à falbalas. Aux murs, d'autres dessins montraient des femmes de l'époque edwardienne essayant tant bien que mal de grimper des escaliers, de monter dans des tramways ou d'empêcher leurs chapeaux de s'envoler au moindre coup de vent.

Les premiers visiteurs envahirent peu à peu les pièces et Mary mit son ouvrage de côté. C'étaient les Américains qui posaient le plus de questions, et ils constituaient la majorité de leur clientèle. Elle avait espéré que la journée serait calme, comme c'était généralement le cas le lundi, mais elle avait oublié que la saison touristique allait bientôt atteindre son point culminant.

— Comment se dépêtrait-on de ces robes à traîne, les jours de pluie ? demanda quelqu'un.

On lui posait fréquemment la question mais elle ne savait jamais trop comment y répondre.

— Et les femmes ordinaires, comment se débrouillaient-elles ? (Cette question, elle aussi, revenait de plus en plus souvent.) Les pauvres, celles qui n'avaient pas les moyens de se payer une femme de chambre, ni de se déplacer en voiture à cheval ? Comment faisaient-elles ?

La question la plus fréquente restait néanmoins :

— Qui était Irene Adler ?

Ils vendaient plus d'exemplaires de l'aventure de Sherlock Holmes *Un scandale en Bohême* (Irene était représentée en robe à crinoline sur la couverture et en costume masculin au dos du livre) que de toutes les autres brochures réunies. L'une des pièces les plus appréciées était la reconstitution du salon d'Irene, tel qu'il aurait pu se présenter à Briony Lodge, avec le panneau secret, près de la cheminée, où était dissimulée la photographie compromettante, et qu'on laissait volontairement ouvert afin que chacun puisse apercevoir le ressort caché. Gustav Klimt n'avait jamais fait le portrait d'Irene, puisqu'il avait réellement vécu alors qu'elle n'était qu'un personnage de fiction, mais le tableau du peintre viennois censé la représenter, couverte de perles et de paillettes devant un paravent de feuilles d'or, devait décorer un nombre appréciable d'appartements du Midwest.

Il y avait trop de monde à l'heure du déjeuner pour que Mary puisse s'absenter du musée. À un moment donné, au cours de l'après-midi, elle se demanda même s'il n'allait pas falloir suspendre la vente des billets pendant une demi-heure. Mais la foule se clairsema aux alentours de 17 heures. La boutique avait épuisé son stock de calendriers et d'écharpes de Knossos, et Stacey était en train de téléphoner à leur fournisseur pour qu'on leur en livre d'autres. Mary s'inquiétait vaguement au sujet de Charlotte Cottage. Bean avait-il pu pénétrer dans la maison à 16 h 15 pour faire sortir Gushi ? L'avait-il déjà ramené ? Avait-il bien refermé la porte derrière lui ?

Elle se demanda si elle n'allait pas prendre un taxi pour rentrer, car elle avait déjà beaucoup marché dans la journée. Mais le soleil brillait encore et le vent était tombé : sitôt qu'elle eut pénétré dans le Parc, elle oublia ses réticences, cessa de se tourmenter au sujet de Gushi et de Charlotte Cottage, et prit la direction du sud à travers la grande étendue dégagée. Curieusement, elle était rarement venue par ici lorsqu'elle habitait à Willesden ; et bien que travaillant au musée, elle n'avait quasiment jamais traversé le canal, ni même mis les pieds au sud de Prince Albert Road.

Empruntant l'allée qui mène au lac, où l'on peut faire du canotage, elle remarqua pour la première fois combien le Parc était dégagé. Il y avait relativement peu d'arbres dans sa partie centrale, ce n'était qu'une vaste étendue de verdure, bordée par les tours et les monuments de Londres : le dôme doré de la mosquée, flanquée de son minaret effilé, le bâtiment Art déco de National Abbey dans Baker Street, la tour de la Poste et, au-delà, les Mappin Terraces du zoo. En revanche, il y avait des arbres sur la rive nord du lac. Près de la berge, dans les eaux peu profondes, un essaim d'oiseaux aquatiques, milouins et canards mandarins, ainsi qu'un cygne noir, se disputaient des tranches de pain émiettées.

Elle franchit le Grand Pont et s'arrêta un instant pour contempler un héron perché sur l'un des arbres de l'île. On aurait dû pouvoir prendre à gauche et rejoindre Cumberland Gate, mais aucune voie ne permettait de passer.

Mary était en train de découvrir l'une des caractéristiques du Parc, sans doute inévitable à cause de son plan, puisqu'il est formé de deux cercles dont l'un est situé à l'intérieur de l'autre, sans qu'ils soient pour autant concentriques. Les allées menaient rarement où on le supposait et il était fréquent, surtout dans ce secteur, de se croire dans la bonne direction pour déboucher en fin de compte devant le zoo et Saint John's Wood. On se serait cru dans *De l'autre côté du miroir*, surtout dans ce passage où Alice remarque que le sentier qui semble mener directement au jardin n'y conduit nullement et où elle a peur de retraverser le miroir et de se retrouver dans sa chambre. Moi, en tout cas, je ne reviendrai pas en arrière, songea Mary, je ne retrouverai pas ma chambre et ma vie d'autrefois... Après s'être dit cela, elle rejoignit le Cercle intérieur, au niveau du théâtre de plein air.

Il ne lui restait plus guère de chemin à faire pour rejoindre la Grande Allée, en franchissant les grilles dorées et en longeant Chester Road. Les nouvelles fontaines fonctionnaient. Les fleurs débordaient des vases romains et des vasques en forme de lion. Les parterres qui formaient des rectangles parfaits de part et d'autre de l'allée étaient couverts de primevères en fleur, de pensées et de jonquilles. Tout le long du chemin, de Park Square à Chester Road — et plus loin encore, où les fleurs disparaissaient, cédant la place aux arbres et à une végétation un peu sauvage —, des bancs étaient disposés face à face, occupés pour la plupart par deux ou trois personnes. Mais sur celui qui se trouvait juste avant la jonction du sentier et de la Grande Allée, un homme était assis, seul.

Les individus de son espèce étaient toujours seuls, sauf lorsque l'un de leurs semblables les rejoignait. Personne n'aurait eu l'idée d'aller s'asseoir à côté de cet homme. En se rapprochant le long du sentier, du côté ouest, Mary se demanda, comme cela lui était déjà souvent arrivé, quel terme employer au juste. Clochard ? Vagabond ? Sans-abri ? Mendiant ne convenait pas, puisqu'il ne quémandait rien. Ni trimardeur, qui remontait au temps de sa grand-mère. Peut-être n'y avait-il aucun terme approprié et ne devrait-il jamais y en avoir.

L'homme lisait. Cela le distinguait, le différenciait déjà. Plongé dans sa lecture, il paraissait indifférent au décor et aux êtres qui l'entouraient. La poussette qui contenait ses affaires était calée contre l'accoudoir métallique du banc. Depuis le chiffon noué autour de son cou jusqu'aux bottes dont il était chaussé, il portait des vêtements élimés, usés, fripés, qu'ils soient en coton, en laine ou en synthétique. Il était emmitouflé dans une veste sombre et rembourrée. Ses cheveux étaient foncés et une barbe épaisse, broussailleuse et grisâtre lui mangeait la plus grande partie du visage. Mary eut l'impression de l'avoir déjà aperçu quelque part, sans se souvenir exactement où. Ce furent ses mains qui lui rappelèrent leur première rencontre : elles étaient longues, belles, fines et lisses bien que brunies par le soleil ; et on distinguait sur celle de gauche une alliance en or.

L'homme leva la tête lorsqu'elle passa devant lui et durant une fraction de seconde, l'espace d'un instant, leurs regards se croisèrent. Ses yeux étaient d'un bleu profond. Il les rebaissa presque aussitôt et poursuivit sa lecture, tournant la page de son livre d'un geste précis et mesuré. Essayant de se rappeler où elle l'avait aperçu la première fois — était-ce dans Baker Street ? près de chez Mme Tussaud ? Mais elle allait rarement par là-bas —, Mary suivit l'allée bordés de ginkgos, l'équivalent chinois des cheveux de Vénus, et se dirigea vers Cumberland Gate. Lui avait-il demandé de l'argent ? Peut-être vendait-il un de ces journaux réservés aux sans-abri ?

En l'entendant introduire la clef dans la serrure, Gushi poussa trois aboiements aigus. Elle l'appela par son nom et il arriva en courant. S'il était fatigué par sa promenade, il ne le manifestait guère. Elle s'accroupit et le chien sauta dans ses bras, s'y nicha et enfouit sa petite tête aux allures de chrysanthème dans le creux de son épaule.

Si Mary Jago n'était pas arrivée à se rappeler où elle avait précédemment aperçu Roman Ashton, celui-ci l'avait reconnue sur-le-champ. Il s'agissait de la jeune femme qui, arrivant avec deux heures d'avance sur l'horaire habituel au musée de Charles Lane, l'avait trouvé sur le perron au moment où il s'éveillait. Le musée Irene Adler, comme on l'appelait... L'entrée était prolongée par un porche vitré qui rejoignait le trottoir, en traversant une petite cour. Il était venu s'abriter et dormir là plusieurs jours d'affilée, mais n'y était jamais retourné depuis cet incident.

— Je suis désolée, lui avait-elle dit. (Elle n'osait pas l'enjamber, sans doute était-elle comme tant d'autres vaguement effrayée : beaucoup de gens avaient peur de lui et de ses semblables.) Je vous ai réveillé. Je ne me doutais pas que quelqu'un dormait à cet endroit.

Il s'était fixé pour règle de ne jamais communiquer avec les gens « normaux », de ne parler qu'avec ses semblables, bien qu'il eût lui aussi ses problèmes, et son propre sentiment de culpabilité. Il n'avait aucune raison d'adresser la parole aux gens. Il n'avait jamais eu besoin de mendier et lorsqu'on l'interpellait, il se contentait de hocher la tête, de hausser les épaules ou de faire comme s'il n'avait rien entendu. Mais cette jeune fille d'allure fragile, aussi frêle et délicate qu'une fée, méritait un peu plus d'égards. Elle s'était exprimée avec autant de politesse que s'il avait été un respectable citoyen. Il avait acquiescé, s'était relevé et avait enroulé sa couverture d'un geste rapide et précis, avant de s'écarter pour la laisser passer.

— Je m'excuse, avait-il dit. Je m'en vais.

Elle n'avait dû percevoir qu'un murmure, un grommellement étouffé. Elle ne pouvait pas savoir que c'étaient les premiers mots qu'il adressait à qui que ce soit, en dehors des sans-abri, depuis plus d'un an. Les premières paroles qu'il prononçait depuis qu'il avait mis la clef sous la porte pour aller vivre dans les rues. Et voilà qu'il la revoyait aujourd'hui... Durant un bref instant, il avait cru qu'elle allait lui parler et s'était demandé de quelle manière il allait lui répondre. S'il devait se comporter comme autrefois — en homme aimable, prévenant et courtois — ou tel qu'il était devenu : buté, hostile, rébarbatif. Mais elle ne lui avait rien dit, elle ne l'avait pas reconnu. Et c'était fort bien ainsi. Les conversations avec les gens ordinaires n'étaient pas pour lui ; ils ne parlaient plus le même langage.

Pendant quelques instants, il continua de lire *Les Âmes mortes*, ou tenta de le faire, mais les faits et gestes de Tchitchikov ne retenaient plus son attention. Il avait été distrait, moins par l'apparition de cette jeune fille aux beaux cheveux clairs et au pas cadencé que par l'émotion et les réflexions qu'avait soulevées l'évocation de leur première rencontre.

Il fourra le livre dans son caddy, une poussette en bois munie de quatre roues et d'une poignée qui ressemblait à un manche de sabre ; puis, poussant son engin devant lui, il se mit à errer le long d'une allée, en prenant la direction de l'ouest. Il n'avait aucune idée précise de l'endroit où il allait, comme c'était généralement le cas, car l'un des avantages de sa condition était de disposer d'une totale liberté.

Il faisait doux cet après-midi, ce qui était appréciable après les rafales de vent des dernières semaines, la fraîcheur du printemps et l'humidité d'un interminable hiver. Même si le bonheur lui était définitivement interdit, s'il était désormais réservé aux autres, il était encore capable d'éprouver du plaisir — plus intensément parfois, plus sensuellement que ceux qui bénéficient d'un toit et d'un bon lit douillet. Le simple fait de sentir le soleil et l'air chaud lui frôler le visage lui procurait une intense volupté. Cette pensée le fit presque sourire.

Une autre de ses règles consistait à ne jamais faire de plan durant l'après-midi ou la soirée concernant l'endroit où il irait passer la nuit. Car procéder ainsi aurait justement abrogé cette liberté qui était son seul bien. Tout le reste avait été emporté, balayé, il avait délibérément tiré un trait dessus. Il réfléchirait à son « abri » de la nuit une fois l'obscurité tombée, lorsque les rues se seraient vidées et la circulation clairsemée, que les pubs auraient fermé leurs portes et que les gens de son espèce prendraient possession de leur domaine.

Il traversa York Bridge et pénétra dans la partie la plus reculée du Parc, sur la rive sud du lac. Dans ce coin, les bancs étaient souvent occupés par ses semblables — Effie, chargée des sacs en plastique vert qui contenaient ses affaires, Dill et son chien, qui ne s'encombrait jamais de rien en dehors d'un sac à dos en Nylon et des deux manteaux qu'il nouait autour de sa taille... Mais aujourd'hui, il n'y avait personne. Il savait que Dill parvenait à survivre de cette façon parce qu'il disposait la plupart du temps d'un lit, à l'asile de Marylebone ou dans celui d'Edgware Road — solution que Roman s'était toujours refusé à adopter, à cause de sa culpabilité, du sentiment qu'il avait souvent d'être un imposteur. Après tout, parmi tous ses semblables, combien avaient un jour possédé une maison et l'avaient vendue, en prenant soin de placer l'argent à la banque ?

En général, Roman vivait dans le passé. C'était de sa part une décision délibérée : il s'acharnait à explorer, à revivre le temps de son bonheur. Parfois cette rêverie l'occupait plusieurs heures d'affilée, tandis qu'il arpentait le Parc et le réseau des rues qui l'entouraient, telles des brindilles hirsutes fichées sur le pourtour d'un nid. Il choisissait un événement précis de son passé et s'y replongeait. Il pouvait s'agir de la naissance de l'un de ses enfants et de la conversation qu'il avait eue avec Sally à cette occasion, mais cela pouvait aussi remonter plus loin, à l'époque où il avait fait la connaissance de sa femme, à l'université.

Jadis, il aurait été incapable de se livrer à une telle activité, il l'aurait appréhendée, cela l'aurait terrorisé. Le fait d'avoir revu cette belle et frêle jeune fille lui rappela que c'était à la suite de leur première rencontre que ce processus d'immersion dans le passé avait débuté. En la quittant, après avoir fourré sa couverture dans sa poussette, il s'était dit que le fait d'avoir adressé la parole à une personne normale, à une habitante du monde qu'il avait quitté, devait constituer une sorte de signe, et il avait aussitôt décidé de mettre un terme au long temps du refus. Le changement radical qu'il avait éprouvé, le complet bouleversement de son mode de vie, l'absolu renoncement au passé — tout cela avait eu sa raison d'être et s'était révélé nécessaire. Mais il était temps maintenant d'aller de l'avant et d'entreprendre le grand plongeon dans la douleur. Il allait arracher la croûte de la plaie et y introduire une sonde froide, implacable. Il n'avait rien à perdre. Cela devait être fait et l'heure était à présent venue de s'y mettre.

Il avait commencé par une sorte de méditation, les yeux fixés sur son alliance, symbole de ce qui avait été, et de ce qu'il avait perdu. Par la suite, dans ce monde où il avait choisi de vivre, à la fois irréel et plus tangible que toute la réalité qu'il lui avait jamais été donné de connaître, il avait revécu chaque journée de sa merveilleuse histoire, chapitre par chapitre — ou bribes de chapitres — et cela n'avait aucunement cicatrisé sa douleur, fût-ce en surface. Mais il s'était produit autre chose. Il avait maintenant conscience, plus que jamais auparavant, de ce que c'était au fond, l'existence d'un être humain — comme s'il ne l'avait jamais réellement su, du temps de son bonheur et de sa tranquillité. Et la pitié que lui inspirait sa propre condition, et qui le consumait tant, avait totalement disparu. Il était devenu un être sans illusion, à l'image peut-être de la définition idéale de l'homme, selon les existentialistes : libre, solitaire, en proie à la souffrance et maître de son destin.

Pour l'instant, il avait choisi comme thème de son voyage dans le passé un séjour que Sally, Elizabeth et lui avaient effectué en Crète et qui remontait à dix ans, presque jour pour jour. Elizabeth avait alors quatre ou cinq ans. Ils avaient choisi le mois de mai à cause des fleurs sauvages qui éclosent et recouvrent l'île à cette époque de l'année, et parce que la chaleur y est agréable, sans pour autant être accablante. Il se souvenait surtout de la couleur de la mer au cours de ces vacances — du même bleu que les yeux d'Elizabeth — ainsi que de la langueur, de la douce indolence des moments où Sally et lui faisaient l'amour. Cela ne leur avait jamais paru aussi bon, depuis leur lune de miel. Ils s'étaient sentis aussi jeunes, aussi ardents qu'ils l'étaient sept ans plus tôt, et c'était au cours de ce séjour que Daniel avait été conçu. Traversé par une douleur qui lui arracha un sanglot, Roman revit leur lit, leurs réveils le matin dans le désordre des draps — ils ne s'embarrassaient pas de pyjamas — et le corps de Sally, nue à ses côtés. Ils se sentaient semblables à des dieux, éclairés par la lumière du matin.

En quittant le Parc par Clarence Gate, il s'aperçut qu'il parvenait à exhumer de cette époque lointaine les phrases qu'ils avaient échangées, et jusqu'à l'expression du regard de Sally, la sérénité, la passion qui parfois l'animaient. Il se souvenait avoir marché sur la plage avec sa fille et l'avoir prise dans ses bras, parce que le sable était trop chaud pour la plante de ses petits pieds. « Papa, Papa, avait-elle dit en levant un pied en l'air, mon âme brûle[1] ! » C'était du moins ce qu'ils avaient cru comprendre et ils avaient éclaté de rire, Sally et lui — que savait-il alors des âmes qui se consument et du tourment des damnés ?

Il traversa Gloucester Place et s'enfonça dans les bas-fonds de Marylebone Station, dont les rues miséreuses formaient le plus parfait contraste avec les résidences et les jardins fastueux de Nash. Il descendit les marches qui mènent à Boston Place et traversa Blandford Square jusqu'à Harewood Avenue. Apercevant une boutique à l'angle d'une rue, il se rappela qu'il devait acheter de quoi manger pour la soirée. Il fallait bien s'y résoudre, à un moment ou à un autre, mais les magasins restaient ouverts très tard dans ce quartier. Il déboucha sur

1. Jeu de mots intraduisible entre « sole » (plante) et « soul » (âme). *(N.d.T.)*

Lisson Grove et prit la direction du sud, essayant de chasser de son esprit le visage d'Elizabeth, sa joie, son innocence, et comme cela lui arrivait parfois, les larmes lui montèrent aux yeux et coulèrent le long de ses joues.

Les passants n'y prêtèrent pas attention. Ils s'attendaient à ce qu'il soit différent d'eux — qu'il soit camé, aviné, détraqué ou carrément cinglé. C'était justement pour cette raison qu'il se retrouvait dans la rue alors qu'ils étaient, eux, de l'autre côté de la barrière. Seul Pharaon, adossé à la porte d'un magasin fermé pour la nuit, le dévisagea avec une expression de vague sympathie et lui tendit la bouteille dont il venait de faire usage.

— Tiens, camarade. Bois donc un coup...

Il y avait belle lurette que Roman avait cessé de s'inquiéter au sujet des saletés qu'il risquait d'attraper en buvant aux mêmes bouteilles que les autres. Bien qu'il n'en eût guère envie — Dieu sait ce qu'elle pouvait contenir... —, il accepta la bouteille et en avala une gorgée. Il devait s'agir d'un mélange de rioja et d'alcool méthylique. En s'essuyant la bouche d'un revers de manche, comme il l'avait appris auprès de Dill et d'Effie, il s'assit sur les marches de pierre et leva les yeux pour regarder Pharaon. Il n'avait pas perdu tout espoir de voir apparaître un changement, le signe d'une amélioration sur son visage, prouvant que sa folie était moins apparente, que sa lente plongée dans la démence s'était interrompue. Qu'il parviendrait à discerner une expression humaine, une lueur de bonté dans ce regard sauvage injecté de sang — que ses traits se seraient relâchés, que ses lèvres ne seraient plus retroussées ou soudées l'une à l'autre, dans une rigidité cadavérique.

Mais il ne constata pas le moindre changement, et le geste d'humanité que Pharaon avait manifesté en tendant sa bouteille à un homme en train de pleurer était chez lui d'une grande rareté. Sans doute n'en serait-il même plus capable d'ici quelque temps. Il s'accroupit et planta son regard ravagé dans celui de Roman. Sa barbe noire, bariolée à gros traits de teinture bleue, frôlait celle de Roman.

— As-tu une clef pour moi ? demanda-t-il.

Roman secoua la tête. N'importe qui, en observant de plus près Pharaon — mais on ne s'approchait jamais trop de lui — aurait aperçu les centaines de clefs qui pendaient de toutes parts à ses habits, accrochées à la corde qui lui tenait lieu de ceinture, ou retenues par des épingles de sûreté. Il y en avait de toutes sortes : en cuivre, en acier et en chrome, des Yale et des Banham, des clefs de portails ou d'arrière-cours, de valises ou de cadenas. Vu les bosses irrégulières qui déformaient ses vêtements, Roman soupçonnait que ses poches en étaient également bourrées. Lorsqu'il se déplaçait, il émettait un bruit de cliquetis et de ferraille, traînant les pieds de porche en porche, là où ses voix le guidaient, à la recherche de la clef finale.

D'où provenaient toutes ces clefs ? À qui avaient-elles appartenu ? Pharaon ne le lui avait jamais dit et Roman ne lui avait pas posé la question.

— Les clefs du royaume..., reprit Pharaon.

Il se mit à rouler des yeux. Puis il regarda autour de lui en faisant des gestes nerveux, saccadés. L'une de ses voix lui avait expliqué que lorsque le Christ avait déclaré : « Je te donnerai les clefs du royaume des cieux », il avait en fait confié à Pierre un véritable trousseau. Ces clefs avaient disparu, on avait perdu leur trace depuis deux mille ans, mais Pharaon avait pour mission de les découvrir. Il spéculait en permanence sur la nature exacte de ces clefs et l'aspect qu'elles pouvaient avoir.

— Elles doivent être en or, pas vrai ? En or massif... Seul l'or peut ouvrir les portes du Paradis.

Pharaon n'aurait jamais dû se retrouver là, à errer dans les rues. Il aurait dû être accueilli dans un établissement comme il n'en existe plus de nos jours — un endroit propre, confortable, civilisé —, où il aurait recouvré un minimum de dignité, où on l'aurait pris en charge et où des médecins, connaissant la tragédie de son existence, lui auraient administré le traitement approprié. Roman ne savait pas s'il était autiste, schizophrène ou tout simplement demeuré. Il préférait le qualifier de « fou », parce qu'il se savait fou lui-même et qu'il fallait effectivement l'être pour choisir, comme il l'avait fait, de devenir un paria et de vivre dans les rues.

Il tapota l'épaule de Pharaon. L'homme à la barbe striée de bleu le dévisagea et se recula en montrant les dents, comme un félin qui vient de recevoir un coup de baguette. Roman se releva et poursuivit son chemin vers Marylebone Road, qu'il traversa pour regagner Gloucester Place. Il se disait, en souriant intérieurement, que s'il avait jadis été abordé par

Pharaon, il aurait eu très peur. Il aurait été terrifié, sans vouloir le reconnaître, et aurait fait mine de ne pas l'entendre. Autrefois, il lui aurait paru impensable d'échanger trois mots avec un type pareil. Et aujourd'hui, il était devenu son égal, à peu de choses près.

Il obliqua dans Crawford Street et attendit avant de traverser la rue que la camionnette de livraison rouge et blanche soit passée. Qu'est-ce qu'on lui aurait répondu, à l'Express Tikka & Pizza, s'il avait appelé d'une cabine publique pour demander qu'on lui livre un poulet masala sur le troisième banc de la Grande Allée, du côté gauche en venant de Chester Road ? L'équivalent verbal, sans doute, du regard qu'on lui lança lorsqu'il demanda au comptoir un sandwich crudités-fromage.

On le regarda de travers, mais on le servit. C'était à cause de son élocution, Roman le savait : ils devaient se dire qu'ils faisaient peut-être erreur, qu'ils n'avaient pas affaire à un clochard mais à un excentrique, un professeur plus ou moins dans la lune qui oubliait de se laver. Il aurait bien voulu se débarrasser de cette intonation, si cela avait été possible, mais chaque fois qu'il avait essayé il n'avait abouti qu'à de grotesques imitations. Cela lui rappela que le lendemain il aurait intérêt à aller faire une toilette complète dans un quelconque bains-douches ouvert au public. Rester propre, ou du moins éviter de sombrer dans une saleté repoussante, était l'un des plus graves problèmes que rencontraient les sans-abri, et dont les gens « normaux » n'avaient absolument pas conscience.

Après avoir tourné dans Old Quebec Street, en se demandant où il allait s'installer pour manger son repas, il passa sous les fenêtres de Talisman, la maison d'édition spécialisée dans l'environnement. Il n'avait pas de montre mais à en juger par la lumière, le débit de la circulation et l'agitation des passants, il devait être 19 heures. Dans ce cas, les employés avaient dû quitter les lieux une heure plus tôt pour regagner leurs domiciles. Le sigle de Talisman — une feuille d'arbre à lyre — était fixé sur la porte d'entrée, suivi du nom de la maison d'édition et de son directeur, Tom Outram. Jadis, le nom de Roman y figurait aussi — mais c'était de l'histoire ancienne, comme tant d'autres détails de sa vie passée, noyés dans l'océan des souvenirs.

4

SEUL ALISTAIR pouvait appeler aussi tôt. Un coup de téléphone avant 9 heures du matin témoigne toujours d'une certaine urgence.

Bean était déjà passé prendre Gushi. Il était 8 heures et demie. Se doutant de qui il s'agissait, Mary hésita un instant avant de décrocher. Mais elle ne pouvait écarter l'hypothèse d'un appel concernant sa grand-mère. Celle-ci était vaillante et en bonne santé, mais très âgée.

— Comment se passe ton installation ?

Il ne lui avait jamais parlé sur ce ton. Il s'exprimait comme un oncle ou un parent âgé, d'une manière à la fois préoccupée, insidieuse et dépitée. Elle essaya de lui répondre d'une voix enjouée.

— Très bien. Je me porte à merveille. La maison est agréable. Je marche énormément.

Elle comprit aussitôt qu'il n'était guère malin de lui dire une chose pareille. Alistair la contra sur-le-champ en la priant de ne pas se surmener : elle était fragile, ses forces étaient limitées. Sans le formuler ouvertement, il s'arrangeait pour lui faire sentir que par sa conduite irresponsable, irréfléchie, elle avait mis sa santé en péril.

— Quand aurai-je la permission de venir te voir ?

— Alistair... Nous avons décidé de nous séparer, souviens-toi.

— À titre *provisoire*.

— Je t'ai quitté, insista-t-elle. Nous sommes séparés. Nous en avons discuté et pris la décision ensemble. Mon installation ici était censée marquer le début de notre séparation.

— Allons, dit-il, c'était une simple façon de parler. Et c'est moi qui ai eu tort d'accréditer ces sornettes. La vérité, c'est que l'absence renforce les liens du cœur, tu ne crois pas ?

À qui pensait-il en disant ça ? À elle ou à lui ? Mais la réponse allait de soi : il sous-entendait bien sûr que l'éloignement ne manquerait de raviver l'affection de Mary à son endroit. L'affection... Le terme était bien tiède, et pourtant elle en éprouvait fort peu. Quand on était fait comme elle, attentive, anxieuse de plaire — simples euphémismes, songea-t-elle, pour dire qu'elle était passive et conciliante —, il était difficile de comprendre comment d'autres pouvaient croire que l'amour triompherait à force d'intimidation. Et c'était bien ce qu'il faisait en ce moment : il cherchait à l'intimider.

— Vois-tu, Mary, tu ne peux pas m'échapper aussi facilement. Je ne suis pas de ceux qui acceptent de gâcher deux existences à cause du simple caprice d'une femme. N'ai-je pas déjà prouvé par le passé que je savais fort bien ce dont nous avions besoin, l'un et l'autre ?

Elle aurait pu réfuter cette dernière assertion, mais elle redoutait la tempête qui s'ensuivrait inéluctablement. Après tout, ne l'avait-elle pas quitté ? Elle avait franchi le pas, elle n'avait plus besoin d'apprendre à le combattre. Elle lui déclara qu'elle était pressée et qu'elle devait partir.

— Très bien. Je connais cette intonation. Inutile d'espérer t'arracher trois mots quand tu as décidé de faire la tête. Ça te passera vite. Et je viendrai te voir bientôt.

Comme si elle l'avait invité...

— Non, parvint-elle à lui dire. Je t'en prie, ne fais pas ça.

L'effort qu'elle devait faire pour refuser quelque chose l'épuisait toujours, comme si elle avait vraiment été la créature fragile qu'elle paraissait être.

— Je passerai un de ces soirs, poursuivit-il comme si elle n'avait rien dit. Nous irons dîner quelque part.

Mary retourna à la cuisine et se versa une seconde tasse de café. Leur séparation allait être plus malaisée qu'elle ne l'avait supposé. Elle allait avoir besoin de toute la volonté qu'elle était en train d'acquérir — du moins l'espérait-elle. Mais de quelle force les femmes peuvent-elles jamais se doter ? Elle ne serait jamais capable de rivaliser avec lui sur le plan physique. Tels des stigmates surgissant à la suite de certains phénomènes, elle sentit brusquement sa joue la démanger, à l'endroit où il l'avait frappée lorsqu'il avait découvert l'existence de ces points de suture. Elle se regarda dans la glace et aperçut la rougeur qui empourprait ses joues, nettement plus accentuée du côté droit. Alistair était gaucher.

Ils venaient de faire l'amour. Il s'était écarté d'elle et, tendant la main droite, il avait senti les marques sous ses doigts.

— Qu'est-ce que c'est que ça ? avait-il demandé. (Mais au ton de sa voix, elle comprit aussitôt qu'il connaissait la réponse.) Un scorpion t'a piquée ? Tu t'es écorchée sur des ronces ? Des barbelés ?

Il y a quelque chose d'affreux à voir l'atmosphère de l'étreinte amoureuse — si tendre, langoureuse, excitante à cause de sa chaleur particulière, de son élan — soudainement rompue par la rudesse d'une expression sarcastique, d'une colère à peine voilée. Rien ne s'embrase plus rapidement que le désir physique et rien ne reflue plus aisément. Elle eut l'impression de recevoir un seau d'eau glacée sur le corps.

Elle détourna les yeux.

— C'est ce prélèvement de moelle osseuse, répondit-elle. Je t'avais bien dit que je comptais le faire.

— Tu m'as trompé, lança-t-il.

Et, maintenant son visage d'une poigne de fer, les doigts enfoncés dans sa chair, il la frappa à toute volée. C'était la gifle la plus violente qu'elle eût jamais reçue. Ou plus exactement la première à ce jour.

Il ne la roua pas de coups. L'expression serait un peu exagérée puisqu'il se « contenta » de la gifler à deux reprises, de la secouer, puis de la forcer à se relever, avant de la repousser et de la faire tomber par terre. Elle avait rampé jusqu'à la salle de bains et s'y était enfermée. Le lendemain, conséquence de sa chute, elle avait un gros bleu sur la joue et un autre sur la cuisse.

Il s'était excusé, l'avait suppliée de le pardonner. Il ne savait pas ce qui l'avait pris, il jurait que cela ne se reproduirait plus. Avec une sorte de prémonition, il lui avait montré l'autre revers de l'intimidation. Il avait tenté de se justifier en rejetant la faute sur son fichu tempérament, son amour de la perfection physique, son culte de la beauté idéale.

— Tu es à ce point parfaite... Je ne supporte pas l'idée que ton corps soit endommagé, dépouillé. (Il pleurait presque.) Je ne supporte pas que l'on puisse porter atteinte à toute cette beauté.

Sauf quand c'était lui qui s'en chargeait, avait-elle songé par la suite. Il avait les larmes aux yeux en caressant sa joue tuméfiée.

Mais cela ne se reproduirait plus. Aucune scène de ce genre n'aurait plus jamais lieu, tout était terminé. Elle était partie et maintenant qu'elle vivait sous un autre toit, elle pouvait soutenir n'importe quel siège. À l'étage, elle se tamponna un peu de poudre sur la joue, comme si celle-ci portait encore l'empreinte de la main d'Alistair. Elle avait dans les yeux ce regard paniqué qu'il y avait fait naître ces derniers temps. Mais elle se força à retrouver son calme, inspira profondément : ses traits se détendirent et ses épaules se relâchèrent.

Gushi réapparut au moment où elle s'apprêtait à partir. Elle lui montra son écuelle d'eau, qu'elle venait de remplir, lui donna une brève caresse et sortit en courant, mais elle tomba nez à nez avec Bean et sa troupe, à l'angle d'Albany Street. Il y avait là Boris le lévrier, Charlie le retriever, McBride le terrier et le caniche Marietta. Seul Ruby, le briquet, manquait à l'appel.

— Il est parti en vacances à Ilfracombe, lui dit Bean. (Il portait un appareil photo autour du cou, comme un touriste.) Le Parc va lui manquer. Ces chiens ont besoin d'exercice.

— Ne pourra-t-il pas courir sur la plage ?

Bean ne répondait jamais aux questions et Mary se demanda pourquoi elle s'était donné la peine de lui poser celle-là. Sa technique consistait à répondre par une vague déclaration ou par une question de son cru, et il était aussi rodé à ce petit jeu que le premier homme politique venu sur un plateau de télévision. Ses assertions avaient parfois un rapport avec la question, mais ce n'était pas toujours le cas.

— Un chien peut courir pendant trente kilomètres sans même y penser, dit-il.

Mais les chiens peuvent-ils penser ? eut-elle envie de lui rétorquer. Au lieu de quoi, elle félicita Bean de l'aisance dont il faisait preuve en maîtrisant autant de chiens à la fois. Il acquiesça, acceptant le compliment comme s'il lui était dû, et lui répondit, sur un ton qui paraissait désobligeant mais ne l'était probablement pas :

— Je vous dis au revoir, miss. Il ne faut pas que nous vous mettions en retard.

— Au revoir.

— Prenez garde en traversant la rue. La circulation est très dangereuse par ici.

Avait-il été maître d'hôtel autrefois ? Peut-être. Il avait le comportement d'un domestique de haut rang — tels du moins qu'on les représentait dans les films des années 50. Mary n'avait aucune expérience personnelle à ce sujet. Même s'ils n'étaient pas dans le besoin, ses grands-parents — qui l'avaient élevée — avaient un train de vie modeste et se contentaient d'une employée de maison qui venait faire le ménage deux fois par semaine. Elle prit l'allée du bas, celle qui longe la pelouse de l'Abika Paul Memorial Gardens, et d'où l'on a une vue idéale sur les cerfs et les bêtes à cornes. Sa grand-mère l'emmenait parfois par ici, dans son enfance, et lui avait un jour fait visiter le zoo en compagnie d'une amie qui vivait à Primrose Hill. Elle avait bénéficié d'une enfance et d'une adolescence qu'on pouvait sans doute qualifier de protégées. Ses grands-parents avaient suffisamment d'argent de côté pour ne pas être « à la rue », comme ils disaient. Mais qu'est-ce que cela signifiait au juste, être « à la rue » ? Manquer de tout ? Ne pas manger à sa faim ?

Ils ne lui avaient jamais dit à combien se montaient leurs revenus et n'abordaient jamais les questions financières devant elle. Aujourd'hui encore, elle n'avait pas la moindre idée de ce que possédait Frederica ; si elle était réellement riche ou simplement « à l'aise ». La question avait intéressé Alistair mais sa grand-mère ne s'était jamais montrée très loquace avec lui, car elle ne l'aimait pas beaucoup. Le seul point sur lequel elle avait été d'accord avec lui, c'était pour ce prélèvement de moelle osseuse : et encore, son opposition avait été très mesurée, comparée à celle d'Alistair. Elle craignait surtout les risques d'une anesthésie « inutile », étant convaincue — en dépit de toutes les preuves inverses — que Mary était aussi fragile, aussi vulnérable qu'elle en avait l'air.

La personnalité des gens repose sur un subtil dosage de contradictions. Aussi faible, influençable et mal assurée soit-elle, elle avait persisté dans sa décision. Elle avait tenu bon. Le Trust lui avait dit que le malade était un jeune homme de vingt-deux ans, souffrant d'une myélo-leucémie aiguë. La greffe devait être effectuée à l'intérieur du territoire mais on ne lui avait pas précisé s'il s'agissait d'un citoyen britannique ou s'il était d'une autre nationalité.

Après le prélèvement, le Trust avait fait parvenir au jeune homme la carte qu'elle lui avait écrite, tout comme on avait transmis la sienne à Mary. L'une et l'autre avaient été décachetées et relues avec soin : on ne devait pas pouvoir détecter l'identité réelle du donneur et du bénéficiaire. On avait dit à Mary, avec un sourire, qu'il s'appelait Oliver, mais il était évident qu'il s'agissait d'un pseudonyme. Pour sa part, elle avait signé Helen; on avait informé le jeune homme qu'elle avait vingt-huit ans et était en parfaite santé. Elle avait choisi ce prénom parce que c'était celui de sa défunte mère et elle s'était demandé s'il avait eu, lui aussi, une raison particulière de signer « Oliver », ou si quelqu'un avait choisi le prénom à sa place.

Elle n'avait pas su quoi écrire sur cette carte et s'était contentée de l'appeler « Cher Oliver », de lui souhaiter un prompt rétablissement et de signer « cordialement vôtre, Helen ». Ce qui était passablement ridicule. Qu'est-ce que ces mots pouvaient signifier pour lui ? La lettre qu'il lui avait adressée était tapée à la machine, plutôt maladroitement. Elle était conventionnelle et d'une totale neutralité : « Chère Helen, je tiens à vous remercier de ce que vous avez fait pour moi... ». Mais à la fin, comme si l'émotion s'était emparée de lui, il avait ajouté : « Avec ma gratitude éternelle, Oliver ». Elle s'était demandé si le Trust n'avait pas un peu tiqué devant ce dernier terme, bien peu approprié, puisqu'il était vraisemblablement condamné à mourir, en dépit de cette greffe.

Vinrent ensuite les rapports du centre de transplantation où était suivi « Oliver ». Trois mois, puis six mois après l'opération, l'évolution était satisfaisante. Puis il y eut une longue interruption : elle ne reçut aucune nouvelle pendant les six mois suivants et elle était convaincue que son état avait de nouveau empiré, qu'il était mourant. Mais les rapports du neuvième et du douzième mois lui parvinrent simultanément, par le même courrier. « Oliver » était toujours en bonne santé. Elle avait caché les rapports à Alistair mais un jour, par inadvertance, elle laissa échapper que l'état d'« Oliver » s'était amélioré.

Alistair prétendait que la santé de Mary déclinait, qu'elle avait mauvaise mine depuis cette opération. Elle lui répondait qu'elle se sentait en pleine forme et qu'elle avait la même mine qu'avant. Sa grand-mère, en dépit de son opposition initiale, lui avait d'ailleurs déclaré qu'elle semblait se porter comme un charme. Peut-être était-ce le fait d'avoir mentionné le nom de Frederica qui avait mis Alistair hors de lui. Il l'avait empoignée par les épaules.

— Tu as vraiment besoin d'être secouée, avait-il dit en joignant le geste à la parole, doucement au début, puis avec une frénésie grandissante.

Elle avait perdu l'équilibre et heurté une table, renversant un vase en verre qui s'était brisé et lui avait entaillé la jambe. Alistair avait dû l'emmener à l'hôpital, aux urgences, et une fois sa blessure recousue et bandée, il avait pleuré à chaudes larmes, en se lamentant sur sa beauté perdue, depuis qu'on lui avait soutiré son « sang ».

— Pourquoi as-tu fait ce stupide sacrifice ? Pourquoi as-tu bousillé ton corps, ta santé ? Tu vois à quoi ça te mène aujourd'hui ?

Ce fut le début de la fin. Mais le pire, pour Mary, fut peut-être de réaliser à quel point elle s'était trompée. Comment avait-elle pu aimer cet homme, ou simplement croire qu'elle l'aimait ? Pourquoi n'avait-elle pas décelé cette tendance en lui auparavant ? Elle se souvint alors du léger malaise qu'elle avait toujours ressenti lorsqu'il se mettait à juger les gens sur leur simple apparence physique. Elle avait rencontré sa mère et s'était aperçu que cette femme vieillissante se comportait de la même manière. Tel Sir Walter Elliot dans *Persuasion*, Marina Winter soulignait constamment la propension de tous ceux qui l'entouraient « à perdre une bonne partie de leurs charmes une fois passée la fleur de l'âge » et faisait des remarques aussi déplacées que déplaisantes sur « les taches de rousseur, les dents de cheval, les poignets disgracieux » de telle ou telle personne.

Ayant découvert d'où Alistair tirait ce trait de caractère, Mary l'avait tout d'abord excusé. Mais par la suite, elle finit par se demander ce qui se passerait s'ils restaient ensemble, une fois qu'elle aurait vieilli à son tour et perdu une partie de ses charmes. La traiterait-il de « vieille peau », comme elle avait été choquée de l'entendre qualifier une femme âgée à deux ou trois reprises ? Et tout le reste de sa personnalité — l'intimité qu'elle partageait avec lui, leur entente sexuelle, son calme, sa douceur, ses talents artistiques — allait-il sombrer dans le néant lorsque les rides apparaîtraient sur son visage et que son corps commencerait à se flétrir ?

Elle avait découvert la réponse plus tôt qu'elle ne l'escomptait. Alistair châtiait la dégradation physique, non pas avec des paroles, mais avec des coups. À cette évocation, le sang lui monta au visage, à l'endroit où il l'avait frappée. Elle sentit la chaleur s'incruster là, et lui brûler la peau.

5

GUSHI COUCHÉ SUR SES GENOUX, Frederica Jago demanda :

— Où comptes-tu aller lorsque les Blackburn-Norris seront de retour ? (Et sans attendre sa réponse, elle ajouta :) Tu n'as qu'à revenir t'installer chez moi.

Mary éclata de rire.

— C'est une proposition irréfléchie. Je pourrais te prendre au mot.

— Tu as grandi là-bas, ma chérie. Où pourrais-tu plus naturellement habiter ?

— Dans un endroit où je me sente chez moi.

— Certes, ma maison a beau être nettement plus grande que celle-ci, elle n'a pas la même classe. Mais est-ce si important, quand on y réfléchit ? Et puis, tu pourrais y vaquer à ta guise et tu en disposerais souvent pour toi toute seule. Tu sais bien que je suis toujours en vadrouille.

C'était la vérité. Tant que le mari de Mrs Jago était encore de ce monde, ils n'avaient jamais mis les pieds plus loin que l'ouest des Cornouailles ou l'est du Suffolk, car Lucien Jago avait peur de l'avion et était toujours malade en bateau. Depuis qu'il était mort et que Mary avait quitté la maison, Frederica n'avait peut-être pas sillonné la terre entière mais elle avait profité de tous les voyages en groupe qui se présentaient : elle s'était ainsi rendue en Inde, à Tachkent, à Samarkand et dans la ville rose de Pétra, elle avait remonté le Yang-Tseu-Kiang et descendu le Nil, sans parler de ses séjours en Californie et en Nouvelle-Angleterre. Récemment, depuis qu'elle avait franchi le seuil de sa quatre-vingtième année, elle avait décidé de limiter ses déplacements et de se cantonner à l'Europe, tout en continuant à ignorer les recommandations de son agence de voyages et en allant visiter les endroits les plus reculés.

C'était une femme mince, menue, de fière allure, au visage aquilin surmonté d'une touffe de cheveux blancs et ondoyants. Elle avait les mêmes yeux verts que sa petite-fille et un jour, très vraisemblablement, Mary lui ressemblerait avec ces os saillants et ce corps miraculeusement préservé, aussi svelte que celui d'une jeune fille.

Elle était arrivée à Charlotte Cottage en taxi, apportant à Mary un souvenir du Lapland et une bouteille de champagne. Quant à Gushi, qu'elle connaissait fort bien, elle lui avait rapporté un jouet pour chiens qui, lui certifia-t-elle, était en authentique peau de renne. Elle fouilla dans son sac et en sortit l'objet, ainsi qu'une enveloppe.

— J'ai failli l'oublier, dit-elle. J'ai trouvé cette lettre à mon retour. Elle t'est destinée.

Mary s'en empara.

— J'allais te poser la question, mais je pensais qu'il était encore trop tôt.

— Trop tôt pour quoi ? (Frederica donna le jouet à Gushi, qui se roula sur le tapis en serrant l'objet entre ses pattes et en poussant des grognements.) De quoi s'agit-il ? Encore des nouvelles de ton cher malade ?

— J'espère que cette lettre me révélera son nom et son adresse. (Elle hésita, comme elle l'avait fait pour le précédent courrier du Trust, tournant l'enveloppe entre ses doigts, examinant le sigle, le timbre, le cachet de la poste.) Je vais enfin savoir. C'est un peu intimidant.

— Ne te laisse pas démonter. Veux-tu que je l'ouvre à ta place ?

— Non... Non, je ne crois pas.

— Mary, ma chérie, tu n'es pas obligée d'ouvrir cette lettre en ma présence. Si tu préfères attendre que je sois partie, je ne me sentirai pas vexée pour autant.

Mary hocha la tête.

— Je vais l'ouvrir immédiatement.

Après tout, il s'agissait de découvrir un simple patronyme, selon toute vraisemblance parfaitement banal, ainsi que le numéro et le nom d'une rue située dans une quelconque commune du territoire. On lui avait dit qu'il habitait le Royaume-Uni et qu'il était citoyen britannique. Elle n'en savait pas davantage.

Inutile, cette fois-ci, de se préparer au pire et de prendre son courage à deux mains. La timidité était hors de mise, puisque cette enveloppe ne pouvait rien contenir d'inquiétant. Frederica alla prendre sur le bureau un coupe-papier à la lame effilée et au manche en ivoire et le lui tendit. Elle avait probablement eu l'occasion de voir les Blackburn-Norris en faire usage. Mary découpa le bord supérieur de l'enveloppe et en sortit la lettre.

Elle était brève et disait :

> *Chère Mrs Jago,*
>
> *Nous avons remarqué que vous ne nous aviez pas demandé de transmettre votre nom et votre adresse à « Oliver » et en avons donc conclu que vous préfériez vous en charger vous-même. Quant à lui, il souhaite à présent la levée de son anonymat. Il s'appelle Leo Nash et habite Flat 24, Redferry House, Plangent Road, London NW 1. Je profite de ce courrier pour vous souhaiter une agréable et profitable rencontre avec Mr Nash.*
>
> *Sincèrement vôtre,*
>
> *Deborah Cox.*

Mary lut la lettre à voix haute et dit :

— Quelle étrange coïncidence... Plangent Road ne doit pas être très loin d'ici, puisque c'est également dans le NW 1.

— Peut-être, mais ce n'est pas le même genre de quartier, rétorqua un peu sèchement Frederica. C'est du côté de Somers Town. Et que sais-tu de cet individu, en dehors du fait qu'il a vingt-trois ans et qu'il est de sexe masculin ?

— Il en a vingt-quatre à présent, dit Mary. C'est curieux, voilà des mois que j'attends de faire sa connaissance et maintenant que cela est possible, je ne sais pas si j'en ai réellement envie. C'est une erreur de rencontrer les gens dans ce genre de circonstances, tu ne crois pas ? On s'expose obligatoirement à la déception.

— Ces circonstances, comme tu dis, excèdent la sphère de mon expérience. Franchement, Mary, je n'en sais rien. C'est un peu démodé de dire une chose pareille, mais je suis une vieille dame. Et il ne serait pas naturel que je réagisse autrement.

— De quoi parles-tu ?

— Je m'apprêtais à te dire — je te dis, en fait — qu'il vaut mieux faire la connaissance des gens à travers sa famille ou ses relations. Ainsi peut-être que dans le cadre de son travail, mais comme je n'ai jamais travaillé, je n'en sais trop rien. Ce jeune homme te doit beaucoup, il a une grande dette envers toi et ce n'est pas le contexte idéal pour nouer des relations amicales.

— Amicales... Si ça se trouve, il ne me répondra même pas. S'il a le sentiment d'avoir une telle dette à mon égard, il n'aura sans doute pas la moindre envie de me rencontrer.

— Ne prétend-on pas que l'on déteste ceux qui nous ont rendu service ? demanda Frederica. Si tel est bien le cas, plus grand est le service rendu, plus grande sans doute la haine que l'on ressent. Et quel plus grand service peut-on rendre à quelqu'un que de lui sauver la vie ? Il peut avoir l'impression qu'il te doit plus qu'il ne sera jamais en mesure de te rendre. Et s'il découvre de surcroît — comment formuler cela, Mary... Tu es très mignonne et... disons gracieuse, prévenante. Tu as reçu une bonne éducation, tu as du talent et tu vis dans une maison charmante. Cela ne risque-t-il pas de l'accabler davantage ? Un jeune homme dans le besoin, malade, diminué, qui vit probablement dans une HLM, derrière Euston Station...

Mary dévisagea sa grand-mère. Une légère panique commençait à la gagner.

— Je regrette que tu aies été absente, dit-elle. J'aurais préféré avoir cette conversation avec toi avant de demander qu'on me communique son adresse.

— Et si je t'avais mise en garde, aurais-tu suivi mes conseils ? Bien sûr que non.

— Il n'est pas trop tard, dit lentement Mary. Je ne suis pas encore entrée en contact avec lui. Je connais simplement son nom et son adresse. Que me conseilles-tu ?

— Tu me refiles le bébé ? dit Frederica en riant. Tu te décharges sur moi de ta responsabilité ?

— Je ne sais pas. Peut-être. J'ai l'habitude de réagir ainsi. Ou je l'avais. Donne-moi ton avis.

— Déchire cette lettre, confie-moi les morceaux et je les jetterai dans une poubelle en rentrant chez moi.

— Afin que je ne puisse plus remettre la main dessus, c'est ça ? Je crains que ce soit inutile. Je connais son nom, maintenant, et je sais déjà son adresse par cœur. Si je ne lui écris pas, je risque de le regretter toute ma vie. Mais peut-être ne me répondra-t-il pas ?

Frederica éclata de rire.

— Il répondra, ne t'inquiète pas.

Sur le perron de sa maison, dans Albany Street, Edwina Goldsworthy avertit officiellement Bean qu'elle allait partir en vacances dans dix jours à compter d'aujourd'hui et que McBride serait gardé dans un chenil durant son absence. Bean réprouvait l'usage des chenils et accueillit plutôt fraîchement la nouvelle. Mais il fut obligé de la suivre à l'intérieur afin de remplir les paperasses nécessaires, après avoir attaché ses chiens à un lampadaire, et cela le retarda.

— Ne soyez pas surprise s'il perd du poids pendant son séjour, madame, dit-il en considérant d'un œil critique les formes opulentes de Mrs Goldsworthy. Les carences affectives sont plus efficaces que n'importe quel régime, comme je le dis souvent.

Elle avait besoin de ses services et ne pouvait pas lui rétorquer grand-chose. Aucun de ses clients ne le pouvait, ils étaient en son pouvoir. Sans lui, il aurait fallu qu'ils s'extirpent de leurs lits une heure plus tôt, qu'ils fassent une croix sur leur apéritif, qu'ils se remuent les fesses et aillent maculer leurs chaussures dans la boue. Bean sourit intérieurement. Il n'avait pas eu la moindre expérience directe du pouvoir au cours des années qu'il avait passées au service de feu Anthony Maddox, puis de feu Maurice Clitheroe, mais à présent il rattrapait le temps perdu. Son honnêteté à toute épreuve, ses discours ponctués de « monsieur » et de « madame », son authentique amour des chiens, sa ponctualité méticuleuse — tout cela le rendait indispensable. Il avait horreur d'être en retard, fût-ce de cinq minutes, car cela diminuait l'emprise qu'il avait sur ses clients, et il accéléra le pas pour se diriger en compagnie de ses chiens vers Cumberland Terrace, où habitait Marietta, le caniche couleur chocolat.

L'actrice Lisl Pring n'avait pas fait attention à l'heure. Elle embrassa Marietta, qui en profita pour lécher une bonne partie de son maquillage. Bean n'avait jamais vu quelqu'un d'aussi maigre que cette femme, hormis sur des photos montrant les ravages de la famine. On prétend que les gens paraissent toujours plus gros lorsqu'ils passent à la télé, ce qui expliquait sans doute une telle minceur. Il se demanda comment elle s'y prenait. Elle devait uniquement se nourrir de salade. À moins qu'elle ne soit dans le même cas que ce top model, dont il avait lu dans un magazine que son frigo était vide, à l'exception d'un citron.

Il lui rappela sa règle du préavis de sept jours avant tout départ en vacances, mais elle se mit à pousser les hauts cris en disant qu'elle n'avait jamais le temps de souffler et ne risquait pas de partir où que ce soit. Quand elle n'était pas sur un tournage, c'étaient des répétitions à n'en plus finir, de 5 heures du matin jusqu'à minuit passé. « Vous n'avez pas idée, mon chou. » Bean acquiesça. Il ne la croyait qu'à moitié. Elle devait être riche. De l'endroit où ils se trouvaient, sur l'arrière de la terrasse, on se serait cru dans une station thermale géorgienne, Leamington ou Cheltenham, avec ce lierre et ces pierres patinées, ces fleurs qui sortaient de terre, ces fougères qui déroulaient leurs frondes et cette âpre odeur de verdure, comme à la campagne. Bean songea qu'il n'aurait guère vu d'inconvénient à habiter ici lui-même, à ceci près qu'il n'en aurait jamais les moyens, les choses étant ce qu'elles étaient. Il lui aurait fallu exercer son pouvoir sur une beaucoup plus grande échelle.

La clocharde qui trimballait ses sacs en plastique vert remontait lentement le Cercle extérieur lorsqu'il quitta Cumberland Terrace. Elle s'appelait Effie, il ne l'ignorait pas, mais il l'avait intérieurement surnommée « la grosse vache ». Boris, Charlie et les autres chiens voulaient toujours aller la renifler. Cette tendance quasi générale à préférer les gens qui puent à ceux qui se lavent était le seul reproche qu'il adressait aux chiens. Il les tira par leur laisse en simulant un frisson de dégoût. La clocharde lui dit d'aller se faire foutre et lui donna un certain nombre de conseils concernant le type d'activité sexuelle auquel il pouvait se livrer en compagnie de ses chiens. Bean songea qu'il était fort regrettable que, dans le programme d'assainissement de Londres engagé depuis trois ans, l'on ait omis l'élimination des mendiants, des sans-abri, de tous ces débris fétides qui infestaient les rues en déblatérant leurs obscénités.

Avant de le ramener chez Mr et Mrs Barker-Pryce, à Saint Andrew's Place, Bean prit une photo de Charlie, le golden retriever. C'était un chien superbe et il avait vraiment de l'allure, la tête dressée et la queue relevée, éclairé par un rayon de soleil. Le propriétaire de Charlie vint en personne ouvrir la porte, un cigare à la main. Mr Barker-Pryce était membre du Parlement, en tant que député d'une circonscription de Londres, et c'était un miracle qu'il parvienne à assister aux séances de la Chambre des communes et à se passer de ses cigares pendant deux heures d'affilée. Désormais seuls, Bean et le lévrier prirent ensuite la direction de Park Square. Arrivé là, Bean utilisa sa clef pour pénétrer dans les jardins situés au centre du square.

De la rue, ces jardins ne payaient pas de mine — un simple grillage, une haie broussailleuse (cependant infranchissable), quelques crêtes d'arbres —, mais une fois à l'intérieur on s'apercevait qu'ils constituaient un véritable parc. Avec leurs pelouses verdoyantes, leurs élégants parterres de fleurs, leurs arbres gigantesques et leurs buissons en fleurs, qui dégageaient une impression de calme et de sérénité, on aurait aisément pu y loger un vaste manoir de campagne. Bean ne remarquait jamais la beauté du décor, mais il jouissait de son exclusivité. Il adorait tout ce qui lui donnait le sentiment d'appartenir à une élite, les plaisirs et les privilèges réservés à une infime minorité de gens. Il remarqua un arbrisseau constellé de fleurs rouges, éclatantes, qui ferait une photo splendide : elle pourrait toujours servir à décorer une carte de Noël.

Le sentier menant au tunnel des Nourrices formait une courbe qui descendait en pente douce entre deux murs de brique, jusqu'au portique marquant l'entrée du tunnel. Bean eut un léger sursaut en constatant qu'il n'était pas seul. Il y avait quelqu'un, un peu plus loin, dans les profondeurs du souterrain. Il n'y aurait même pas prêté attention si l'individu avait été en train de marcher, soit dans sa direction, soit en sens inverse : mais il était adossé à la paroi du tunnel, sur la gauche, juste avant la sortie qui donne sur Park Crescent, et il portait une bouteille à ses lèvres. Un clochard. Un condisciple d'Effie. Comme beaucoup de gens, Bean avait peur des sans-abri, particulièrement lorsqu'il se retrouvait en présence de l'un d'eux dans un espace confiné. Il était de petite taille et n'était plus, loin de là, dans sa première jeunesse. Quant aux lévriers, ils ont beau être hauts sur pattes et avoir servi jadis à la chasse aux loups, leurs os sont fragiles et ils se montrent rarement agressifs.

Bean aurait pu faire demi-tour. Il suffisait de rebrousser chemin et d'aller traverser Marylebone Road au niveau des feux, près de la station de métro de Regent's Park. Mais il ne voulait pas que l'homme à la bouteille le voie agir ainsi, s'enfuir la queue entre les jambes : il n'aurait évidemment pas manqué de comprendre la raison de sa retraite. Or, Bean disposait d'un certain pouvoir, et s'il avait fait volte-face il y aurait en quelque sorte renoncé, pour le remettre entre les mains de ce déchet, de cette épave repoussante, à peine digne des égouts de Londres. Il imaginait déjà le rire rauque de l'ivrogne, répercuté par les parois humides du tunnel.

Il n'avait pas beaucoup d'argent sur lui, mais il craignait de perdre son appareil photo. C'était un Pentax qui, comme une grande partie de ce que possédait Bean, avait jadis appartenu à Maurice Clitheroe. S'il y avait pensé ne serait-ce que cinq minutes plus tôt, il aurait pu le glisser à l'intérieur de sa veste.

Comment ce type avait-il pu parvenir jusqu'ici ? Le Crown Estates ne distribuait pas ses clefs à n'importe qui. Pour en obtenir une, il fallait avoir sa résidence dans le Square, le Crescent ou dans l'une des ruelles adjacentes. Il tripota machinalement son appareil, comme s'il s'était agi d'une amulette, mais retira aussitôt sa main. Puis il s'engagea dans le tunnel, plus lentement que si l'homme à la bouteille n'avait pas été là, mais suffisamment vite pour ne pas lui montrer qu'il avait peur. Le lévrier lui emboîta le pas de sa démarche coutumière, délicate et trottinante, mais parfaitement régulière.

Grâce à la lumière qui tombait à l'autre extrémité, Bean aperçut une créature squelettique, décharnée, arborant une longue tignasse noire et une barbe striée de bleu. Pendant une fraction de seconde, Bean fut brusquement ramené soixante ans en arrière, sur les bancs d'une école de village du Hampshire, et il revit l'instituteur leur expliquer que dans un passé lointain, les habitants des îles britanniques se peignaient le corps avec de la guède. Peut-être ce cul-terreux s'était-il servi de ce produit pour dessiner les rayures de sa barbe... Bean résolut de ne pas le regarder lorsqu'il passerait à côté de lui, de continuer à marcher d'un pas régulier comme si ce type n'était pas là, ou qu'il n'avait même pas *remarqué* sa présence. Il tira sur la laisse, afin que Boris reste à sa droite, tout près de lui. Les apaches de ce genre n'hésitaient pas à molester les chiens.

L'homme tourna la tête pour le dévisager lorsque Bean arriva à sa hauteur, et il fut obligé de lui rendre son regard : il le fixa une fraction de seconde avant de détourner les yeux. Durant ce bref instant, il perçut un éclat métallique, scintillant, comme si l'homme avait été couvert de tiges de métal. Cela lui rappela irrésistiblement, et assez désagréablement, les penchants SM de Maurice Clitheroe — Bean ignorait les termes exacts qui se cachaient derrière ces initiales, mais il savait parfaitement de quoi il retournait — et l'accoutrement des « invités » qui venaient périodiquement le voir : tenues en cuir, fermetures Éclair, épingles plantées en divers points du corps (ce genre d'ornement jouissait d'une grande faveur) et toute une panoplie d'attirails métalliques, aux formes et aux contours variés, mais généralement très pointus.

En repensant à cela, flanqué du lévrier, Bean dépassa l'homme, escalada les marches et émergea en pleine lumière. Son attention avait été détournée juste quand il le fallait. Sain et sauf, ayant évité une agression et sauvé son appareil photo, il se laissa aller à ce que feu Anthony Maddox appelait *l'esprit de l'escalier*[1] et songea à la remarque qu'il aurait pu, qu'il aurait dû adresser à ce type. Quelque chose comme : « De quel droit êtes-vous dans ce tunnel ? », ou : « Qui vous a permis d'emprunter ce passage privé ? »

James Barker-Pryce, compagnon de l'ordre de Saint-Michel et Saint-George, membre du Parlement, aurait réagi de cette façon. Tout comme Bertram Cornell. Ils avaient l'intonation requise, ayant été élevés dans des établissements où l'on apprend aux gens à se considérer comme les maîtres du monde. La richesse n'était pas non plus un facteur négligeable. En quittant les jardins et en traversant la rue pour rejoindre le trottoir de Park Crescent, Bean comprit tout à coup la nature de ces objets métalliques : c'étaient des clefs. Ce type avait des clefs accrochées partout sur le corps et sans doute l'une d'elles lui permettait-elle d'accéder aux jardins. Il fallait absolument faire cesser ce scandale.

1. En français dans le texte. *(N.d.T.)*

La maison de Boris n'était pas celle dont une plaque bleue attestait qu'elle avait jadis été la demeure de Marie Tempest, mais se trouvait juste après. L'employée des Cornell procéda comme à son habitude et vint lui ouvrir la porte du sous-sol. Pourquoi n'utilisait-elle pas l'entrée principale ? Au cas où elle l'ignorait, l'époque où on le traitait comme un domestique était définitivement révolue. Ce comportement ridicule l'obligeait à contourner la maison, à passer par Portland Place et à descendre les marches de l'escalier métallique.

Le lévrier pénétra en trottinant dans la maison, ignorant l'employée et abandonnant Bean sans jeter un regard derrière lui ni manifester la moindre marque d'affection. De son museau pointu, il poussa une porte entrebâillée et disparut dans la pièce d'à côté. Ce chien n'avait aucun cœur.

— Que voulez-vous, il est d'origine russe, dit l'employée, comme si cela expliquait tout.

Bean acquiesça.

— Mr et Mrs Cornell sont absents, Valerie ?

L'employée lui répondit que ses patrons étaient en France et rentreraient le lendemain. Même eux l'appelaient miss Conway. En dehors de ses amis, il n'y avait que Bean qui s'octroyait le droit de l'appeler par son prénom. Elle aurait bien voulu trouver le courage de le lui dire en face, mais n'y était pas encore arrivée. Pour se venger, elle l'obligeait à descendre toutes ces marches ainsi, bien sûr, qu'à les remonter. Elle lui apprit qu'il y avait encore eu un cambriolage dans le Crescent, et même deux, dont un dans la maison voisine.

— Cela ne doit pas vous rassurer d'être toute seule à la maison, dit Bean.

C'était effectivement le cas, mais elle n'appréciait guère qu'on lui rappelle cette vérité.

— Il y a le chien, dit-elle.

Bean eut un petit rire et hocha la tête.

— Il ne ferait pas de mal à une mouche, dit-il. Et il y a de drôles d'individus dans le secteur. Je viens d'apercevoir un rôdeur dans le tunnel, qui ressemblait plus à un extraterrestre qu'à un être humain. Si j'étais vous, j'éviterais d'ouvrir à n'importe qui.

— Merci pour le conseil, répondit Valerie en lui claquant la porte au nez.

Bean tressaillit légèrement, afin de montrer combien il était outré, au cas où un passant aurait observé la scène. Sur le chemin du retour, il honora d'un regard la statue du père de la reine Victoria, le prince Edward, duc de Kent, dressée sur son socle à l'extrémité des jardins, en face de Portland Place. Quelqu'un avait un jour déclaré à Bean qu'il était le portrait craché du duc, et depuis lors il n'était jamais passé devant la statue sans la gratifier d'un regard.

Il habitait un peu plus loin, dans York Terrace East. En temps ordinaire, il aurait regagné son domicile en repassant par le tunnel, mais il ne tenait pas à retomber sur l'homme aux clefs. Mieux valait affronter Marylebone Road, attendre deux bonnes minutes que le feu des piétons passe au vert et se hâter de traverser avant qu'il ne revienne au rouge. C'était d'ailleurs plus facile lorsqu'il n'était pas encombré de ses chiens, qui tiraient sur leur laisse comme s'ils se croyaient dans une course de chars.

Il pénétra dans son appartement. Tout y était net, bien rangé, astiqué de fond en comble. Le mobilier était exactement le même que du temps de Maurice Clitheroe, son précédent propriétaire : des meubles massifs de la fin du XIXe, impeccablement cirés, des tapis de Turquie rouge et bleu, et au salon un canapé et deux fauteuils en cuir marron, d'introduction plus récente, qui, avec l'énorme télévision et le magnétoscope, reflétaient davantage les goûts de Bean. La cuisine était parfaitement adaptée à la culture du micro-ondes et des surgelés. Il n'y avait ni four ni casseroles. Tout cela avait disparu le jour des funérailles de Mr Clitheroe, en même temps que le piano, la collection de fouets et d'armes à feu et les deux tableaux représentant des martyrs de l'Église en train de subir des tortures particulièrement répugnantes.

Maurice Clitheroe avait légué son duplex à Bean, en signe de reconnaissance pour les services qu'il lui avait rendus. Ceux-ci s'étaient parfois révélés exorbitants, notamment dans le domaine de la punition, bien que Bean se soit toujours cantonné dans un rôle d'assistant et n'ait jamais eu à subir les moindres sévices. Il avait su établir une frontière stricte, comme lorsqu'il avait repoussé, par exemple, la proposition de Mr Clitheroe, qui voulait leur faire porter à tous deux des colliers de chien cloutés lorsqu'ils étaient seuls à la maison. Et malgré ces réserves, il avait bel et bien hérité de l'appartement, selon la promesse qui lui avait fréquemment été faite mais qu'il n'était jamais parvenu à prendre totalement au sérieux.

Tout en s'apprêtant, non sans satisfaction, à réchauffer au micro-ondes un plat végétarien de Linda McCartney, Bean songea une fois de plus qu'il n'avait qu'un regret, concernant cet appartement (il l'aimait beaucoup et le qualifiait de « maisonnette ») : il lui était impossible d'impressionner ses clients avec son adresse, en leur présentant des factures portant comme en-tête *York Terrace, NW 1*. Car, les propriétaires des chiens ne bénéficiant d'aucune déduction d'impôts sur l'argent qu'ils lui versaient, il travaillait au noir et était payé en liquide, de la main à la main. Le salaire que lui versait jadis Mr Clitheroe n'avait jamais atteint le seuil de l'imposition, puisqu'il était d'autre part nourri, logé et même blanchi. Le Trésor public estimait sans doute qu'il était mort ou, plus vraisemblablement, qu'il n'avait même jamais existé.

Il alla vérifier son appareil photo et constata qu'il restait encore trois poses sur la pellicule.

Mary fut invitée deux fois à dîner, au cours de la troisième semaine qui suivit son installation à Charlotte Cottage. Sa grand-mère organisa en son honneur une soirée passablement imposante. Frederica Jago avait préparé à l'intention de ses neuf invités du crottin de Chavignol chaud à la sauce d'airelle, de la pintade rôtie et une tarte aux pommes à la crème caillée. Un repas consistant, d'une autre époque, mais qui convenait parfaitement à toutes ces personnes âgées assises autour de la table, à l'exception de Mary et d'un homme relativement jeune, que l'on avait placé près d'elle et qui avait évidemment été invité à son intention.

Il se passa à peu près la même chose lors du second dîner. Celui-ci avait été organisé par Dorothea, à Charles Lane, dans la maison située juste à côté du musée Irene Adler où elle habitait avec son mari Gordon. Cette fois, tous les invités étaient jeunes, aussi eurent-ils droit à une salade de maïs, d'oranges et de noix, à du rouget accompagné de couscous et de feuilles de sauge sautées et à un sorbet au cherimoya arrosé d'un coulis de fruits. Il s'agissait soit de couples mariés, soit de gens qui vivaient depuis longtemps ensemble, aussi Mary comprit-elle aisément que la présence de l'unique célibataire (divorcé) de l'assemblée, assis à côté d'elle, avait été également préméditée.

Le premier de ces deux hommes — le protégé de Frederica — téléphona à Mary le lendemain pour lui demander si elle accepterait d'aller voir avec lui *La Folie du roi George*. Elle refusa. Non seulement parce qu'elle avait déjà vu le film, mais aussi parce que de toutes les activités censées rapprocher deux personnes qui viennent de faire connaissance, la soirée au cinéma est sans doute la moins efficace. On se retrouve dans le hall, on s'assoit côte à côte en silence dans le noir et on va boire un verre à la fin de la séance, avant de se séparer. Elle n'avait d'ailleurs pas spécialement envie de faire plus ample connaissance avec cet homme — et lui non plus, apparemment, car il ne lui suggéra rien d'autre. Quant au second, celui qu'elle avait vu chez Dorothea, il ne se manifesta même pas.

— C'est humiliant, dit-elle à Dorothea le lendemain, dans le salon d'Irene Adler. J'aurais préféré que tu t'abstiennes d'un tel complot. Tout comme ma grand-mère, d'ailleurs.

— Allons... Je n'ai rien comploté du tout. Ce malheureux émerge à peine du choc que lui a causé sa femme, en le plaquant pour un inspecteur des impôts. Nous l'invitons chaque fois que nous le pouvons, Gordon et moi.

— Et tu t'es dit que cette malheureuse émergeait à peine du choc que lui avait causé son petit ami en la malmenant, c'est ça ? Que nous étions faits pour nous entendre ? Eh bien, il n'était visiblement pas de cet avis. Il n'a même pas daigné se manifester. Et c'est cela qui est humiliant, Dorrie.

Presque aussi humiliant que le fait d'avoir écrit à Leo Nash et de ne pas avoir reçu de réponse... Elle était tellement sûre qu'il lui répondrait sur-le-champ. Quelle idiote elle avait été, de s'imaginer que ce type guettait anxieusement son courrier, tous les matins, dans l'espoir qu'elle se manifeste et qu'il puisse enfin faire sa connaissance !

— Ta réaction est excessive, lui dit Dorothea. (Elle se recula, en se demandant si la photographie encadrée d'Irene Adler ne ressortirait pas mieux au-dessus de la cheminée, plutôt qu'à moitié dissimulée derrière la porte entrouverte du panneau secret : la question ne cessait de la tracasser depuis que le salon avait été réorganisé de cette façon.) Sans doute est-il simplement trop abattu pour penser à qui que ce soit en ce moment.

— Oui, peut-être. Mais je ne puis m'empêcher de penser qu'il est rentré chez lui en se disant : « On ne m'aura pas aussi facilement, je ne suis pas né de la dernière pluie. » Et qu'ensuite, il m'a tout simplement oubliée.

Peut-être qu'en découvrant l'adresse de Charlotte Cottage sur son papier à lettres, Leo Nash s'était également demandé à quelle forme de « protection » il allait avoir droit ?

— Écoute, si tu es attirée par ce type nous pourrions peut-être arranger...

— Il ne m'attire pas le moins du monde. Je continuerai simplement à aller au cinéma toute seule.

Elle n'avait pas parlé de sa solitude à Dorothea. Celle-ci se serait crue obligée de l'inviter quotidiennement à venir passer la soirée à Charles Lane et d'organiser un dîner en son honneur une fois par semaine. Ses amies d'enfance, ses copines de fac se seraient probablement manifestées, si elle était restée en rapport avec elles. Sa cousine du Surrey l'avait invitée à venir passer un week-end chez elle, mais elle avait refusé à cause de Gushi. Être seule et se ronger les sangs n'était cependant pas le meilleur moyen de devenir forte et indépendante.

Le pire, c'étaient les week-end. Il n'y en avait eu que trois pour l'instant, mais ils avaient été épouvantables. Elle s'était levée tard, avait lu, promené Gushi jusqu'à ce qu'il tombe d'épuisement — elle avait même dû le porter —, avait erré dans le West End et visité le planétarium ainsi que la collection Wallace. Pendant la soirée, elle avait travaillé sur la brochure et le nouveau catalogue qu'elle préparait pour le musée.

En semaine, les soirées étaient moins déprimantes. Elle regardait la télévision ou écoutait les CD des Blackburn-Norris en compagnie de Gushi. Le soir, elle avait renoncé à enfermer le chien dans la cuisine, où se trouvait son panier : elle le laissait monter à l'étage et dormir sur son lit. La nuit venue, il se rapprochait de la tête du lit et maintenant, lorsqu'elle se réveillait le matin, elle apercevait sa petite tête hirsute sur l'oreiller. Bien souvent, elle le tenait même serré dans ses bras.

Au cours de la première semaine, chaque matin, elle avait attendu le courrier : mais il n'y avait jamais rien, en dehors des circulaires, des cartes des compagnies de taxis et des prospectus publicitaires d'une entreprise qui livrait des repas à domicile. Elle avait mentionné son numéro de téléphone dans sa lettre et chaque fois que la sonnerie retentissait, elle s'attendait à entendre une voix masculine, hésitante et tendue. Mais le seul à se manifester — et il n'y avait pas la moindre trace d'appréhension dans sa voix — était Alistair.

Après son coup de téléphone initial, de bon matin, il l'avait rappelée à trois reprises. La première fois, il lui avait annoncé qu'il allait passer la voir : il était libre le lendemain soir et l'emmènerait dîner quelque part. Elle eut beau protester, lui rappeler qu'ils étaient séparés, cela n'eut pas le moindre effet. Si elle ne pouvait pas le lendemain, lui dit-il, ils n'avaient qu'à remettre cela au jour suivant. Elle finit par céder à cette seconde suggestion et passa par les pires angoisses tout le reste de la journée, ainsi que celle du lendemain, en se demandant ce qu'elle allait bien pouvoir faire s'il décidait de la raccompagner en sortant du restaurant et de venir passer la nuit ici.

19 heures arrivèrent, puis 19 h 30. À 19 h 45, il appela pour dire qu'il avait un empêchement et ne pouvait pas venir. Elle en fut soulagée, mais en même temps elle était furieuse. Aussi furieuse contre elle-même que contre lui, pour les deux épouvantables journées qu'elle venait de passer. L'après-midi, elle était tellement distraite qu'elle avait déclaré à un touriste américain qu'Irene Adler avait vécu à Saint John's Wood Terrace et que son royal amant était l'héritier du trône de Serbie.

Alistair l'appela une troisième fois pour lui dire qu'il s'inquiétait pour sa santé et qu'il lui avait pris un rendez-vous chez leur généraliste.

— C'est à 8 heures et demie, jeudi matin.

— Alistair... Tu sais très bien que je n'ai pas de voiture. Tu ne t'imagines tout de même pas que je vais aller jusqu'à Willesden à une heure pareille ?

— Bien sûr que non, tu viendras dormir ici la veille.

— Je suis en parfaite santé. Je n'ai nullement besoin de voir un médecin.

Elle essayait de ne pas être désagréable avec lui, de se montrer polie, tout en restant ferme. Mais lorsqu'elle lui dit au revoir, la violence avec laquelle il raccrocha la fit trembler.

Tout cela l'amenait à se demander si elle avait eu raison de venir garder le chien et la maison de Charlotte Cottage. Il était bien sûr exclu qu'elle reste avec Alistair, c'était évident, mais peut-être aurait-elle mieux fait d'aller vivre chez sa grand-mère, les premiers temps, et de chercher ensuite une maison en colocation ? Ne serait-ce que pour vivre avec d'autres gens...

Il était trop tard à présent. Dehors, le soleil brillait de nouveau, la soirée était douce. Un couple passait, enlacé, en direction d'Albany Street. La solitude était plus difficile encore à supporter en de tels instants, lorsque le soleil incandescent tombe à l'horizon et que le ciel s'empourpre au-dessus d'une ville gigantesque, avant de sombrer dans l'obscurité, même si les étoiles sont encore invisibles. Elle prit Gushi sur ses genoux et regarda la télévision.

Le petit chien était déjà parti en compagnie de Bean et de sa troupe lorsque le courrier arriva, le lendemain matin. Il y avait un prospectus d'une entreprise qui vendait des trampolines, un autre de l'Express Tikka & Pizza et une enveloppe portant le cachet du NW 1. Elle décida de mettre un terme immédiat et définitif à cette manie d'hésiter avant d'ouvrir les lettres. Cela relevait de ce comportement craintif, timoré, qu'elle avait appris à surmonter. D'un pas ferme et décidé, elle se rendit au salon, saisit le coupe-papier et ouvrit l'enveloppe.

Elle regarda d'abord la photographie. C'était une simple photo d'identité, faite dans l'un de ces appareils installés dans les stations de métro et les centres commerciaux. Elle représentait un homme au visage pâle et amaigri, posant devant un rideau plissé. Mary se dit qu'il avait l'air anémique, avant de réaliser la portée de ses pensées. Évidemment qu'il était anémique. Il avait même failli en mourir... Il avait les yeux clairs, des cheveux si blonds qu'ils semblaient presque blancs et des traits réguliers, classiques : des lèvres minces, un nez droit, un front lisse et haut.

La lettre, manuscrite, provenait de Plangent Road.

Chère Mary Jago, je suis l'homme dont vous avez sauvé la vie, par votre don plus que généreux. Non seulement vous l'avez sauvée, mais vous l'avez rendue de nouveau agréable, digne d'être vécue. Je tiens à ce que vous sachiez que je me porte bien désormais, grâce à vous.

Puisque vous m'avez communiqué votre nom et votre adresse, je pense que vous souhaitez que nous nous rencontrions. J'espère ne pas faire preuve d'une présomption excessive en estimant que vous le désirez sans doute autant que moi.

Je ne veux pas vous ennuyer en vous demandant de me téléphoner ou de m'écrire à nouveau. En fait, je dois vous avouer que je n'ai pas le téléphone. C'est aujourd'hui lundi et vous recevrez cette lettre au plus tard mercredi. À moins que vous ne m'informiez entre-temps que vous ne souhaitez pas me rencontrer, je serai assis à la terrasse de La Roseraie, *le restaurant de Regent's Park — celui qui est au nord du lac — entre 17 h 30 et 18 heures, vendredi prochain.*

Je ne voudrais pas que vous vous sentiez obligée de venir, mais j'espère que vous serez là.

Cordialement vôtre,

Leo Nash.

6

LA PLUPART DES SANS-ABRI, des clochards, de tous les laissés-pour-compte, erraient et dormaient dans les rues parce qu'ils n'avaient aucun autre endroit où aller. Ils n'étaient pas locataires, et encore moins propriétaires d'une maison où ils auraient pu trouver refuge. Roman n'était pas dans le même cas puisqu'il avait jadis disposé d'un foyer, qu'il avait possédé sa propre maison. Cependant, il se retrouvait à la rue sans avoir eu plus de choix que ses congénères, parce que c'était l'unique possibilité qui se présentait à lui, s'il devait continuer à vivre.

À supposer qu'il le veuille... La véritable alternative avait été celle-là, pour lui comme pour tous les autres. En se « promenant » sur la berge du canal, il avait songé bien des fois à se laisser glisser un soir dans l'eau glaciale, après s'être bourré et abruti de cette mixture blanchâtre, à base d'eau et de méthadone, que les sans-abri appelaient du lait. Seule la religion en laquelle il ne croyait plus l'en avait empêché. Sa mère, d'origine polonaise, l'avait élevé dans la foi catholique et même si sa croyance s'était depuis longtemps dissipée, sous les assauts conjoints de la raison et de la science, il gardait au fond de lui une terreur larvée, la crainte absurde de commettre un tel péché contre le Saint-Esprit.

La rue représentait donc la seule solution. Parce qu'il ne pouvait plus vivre chez lui, que sa maison était devenue un espace désespérément vide, que rien ne pourrait plus jamais combler. Un lieu hanté, au point que la simple vue des murs lui était intolérable, qu'il devait enfouir son visage sous les draps et mordre dans son oreiller pour ne pas se mettre à hurler. Et cela ne concernait pas seulement sa propre maison, mais tous les endroits, appartements ou chambres d'hôtel, où il aurait pu envisager de s'installer.

On aurait dit qu'une forme de claustrophobie encore inconnue à ce jour s'était abattue sur lui à la suite du drame dont il avait été victime. De la même manière, il s'était peu à peu retrouvé dans l'incapacité de continuer à assumer son travail, de supporter ne serait-ce que la présence des gens ordinaires. S'il voulait survivre et ne pas régresser, redevenant semblable à un fœtus aux yeux plissés qui protège son visage derrière ses petits doigts de batracien, il n'avait pas le choix : il lui fallait renoncer à tous les aspects de la vie telle qu'il l'avait connue jusqu'alors. Seule la rue pouvait lui convenir. Ceux qu'il y rencontrerait comprendraient immédiatement qu'il était un être à part, différent, que d'une certaine manière il était fou. La solution résidait là : il devait devenir une sorte de Juif errant, ou d'Œdipe. Même s'il ne s'était pas arraché les yeux et que sa fille n'était pas à ses côtés pour le guider.

Peut-être avait-il connu un bonheur trop intense. Il le savait à présent, et à cause de toutes les pensées qu'il avait eues au début, juste après la catastrophe — il se reprochait alors d'avoir été aussi heureux et regrettait même de ne pas avoir fait un mauvais mariage, de ne pas avoir divorcé ou mis au monde des enfants difformes et demeurés —, à cause de toutes ces idées indéfendables, il s'était délibérément coupé de tout, avait chassé sa famille de ses pensées et fini par évacuer tout ce qui concernait sa vie antérieure. Il voulait que rien ne lui rappelle le passé, que tout soit différent. Ne plus avoir de toit, de travail, de relations, de vie sociale, de cadre familier autour de lui. S'il prenait la fuite — et c'était bien ce qu'il s'apprêtait à faire —, il fallait que ce soit une fuite absolue, radicale, que sa vie passée soit éradiquée sous ses moindres aspects. Telle était la ligne qu'il s'était fixée.

Jusqu'à ce que la jeune femme blonde lui adresse la parole, et qu'il lui réponde.

Il était monté à Primrose Hill, où des religieuses offraient du thé et des tartines beurrées aux sans-abri, à 5 heures de l'après-midi. Il avait découvert un jour dans un roman de Graham

Greene l'expression « un imposteur doublé d'un faussaire » et il lui arrivait souvent de se dire qu'elle s'appliquait parfaitement à lui. Car il possédait une maison, qu'il avait vendue par l'intermédiaire d'une agence. En raison de l'argent qu'il en avait tiré, il ne voulait pas avoir recours aux hospices et aux centres d'hébergement auxquels les autres avaient davantage droit que lui. Tout comme il refusait l'aumône que les passants lui faisaient parfois. Mais il n'allait pas jusqu'à s'interdire le thé des religieuses. Il but sa tasse, mangea les tartines et laissa une pièce d'une livre sur la table.

Il y avait là de nombreux Irlandais, qui vivaient dans le sinistre hospice victorien de Camden Town. Du temps où il travaillait chez Talisman Press, il avait lu quelque part que leur espérance de vie était de quarante-sept ans. Toutes les saletés qu'ils buvaient en étaient responsables, sans parler du froid et de la sous-alimentation. On en apprenait, des choses, une fois qu'on avait tout lâché ! Roman erra un moment le long de Regent's Park Road et traversa le pont Saint Mark, au-dessus du canal. Il dénombra sept péniches transformées en maisons, amarrées les unes derrière les autres dans le bassin de Cumberland. Il y en avait encore une autre devant le salon de thé chinois. Sur son toit plat, une femme en maillot de bain vert se faisait dorer au soleil.

Le minaret pointait son doigt dans le ciel bleu pâle, où de minuscules nuages tissaient leur filet. Il pensa à Omar Khayyam et à l'histoire de la tourelle du sultan, prise dans un lacet de lumière. Le soleil qui se reflétait sur le dôme de la mosquée avait un éclat presque aveuglant. Il traversa le Cercle extérieur et déboucha sur la Grande Allée. La végétation était dense et sauvage par ici, on n'apercevait ni parterres de fleurs ni pelouses soigneusement tondues.

Roman s'assit un moment sur un banc, à côté de la fontaine de Sir Cowasjee Jehangri. Une inscription lui apprit qu'elle avait été édifiée en signe de reconnaissance, suite à la grâce octroyée aux Parsis par un souverain bienveillant. Un visage de pierre surmontait la colonne où était gravée l'inscription. Depuis son érection, combien de milliers de personnes s'y étaient-elles désaltérées, combien de chevaux étaient jadis venus boire l'eau de son bassin ? Les Parsis plaçaient leurs morts dans des édifices élevés, appelés « tours du silence », afin que les vautours s'en emparent, les dépècent et emportent leurs ossements. Roman subissait un sort identique et attendait son heure dernière.

Dans le zoo, derrière lui, un animal poussa un grognement ou un rugissement retentissant. Sally et lui n'avaient jamais fait visiter le zoo à leurs enfants, mais ils les avaient emmenés dans les parcs naturels où les félins vivent en liberté, à Woburn et Longleat. Se laissant de nouveau aller à ses pensées et à l'évocation du passé, il se rappela leur visite à Longleat : il faisait un temps superbe, Elizabeth avait dessiné une lionne et ses petits dans son carnet de croquis, mais pour sa part l'excursion avait été gâchée par l'angoisse ridicule qu'il n'avait cessé d'éprouver.

Il suffisait d'appuyer sur un bouton pour ouvrir automatiquement les vitres de la voiture, contrairement à celles que l'on baisse en tournant une poignée. Il avait entendu dire que le système se détraquait parfois, que les vitres pouvaient rester bloquées, aussi bien en position ouverte que fermée. Et si cela se produisait justement aujourd'hui, que l'un des enfants ouvre sa vitre et qu'elle ne se relève plus ? Que des lions cernent la voiture, que celle-ci tombe en panne... Le soir, une fois rentrés chez eux, il avait découvert que Sally s'était fait la même réflexion, qu'elle était passée par les mêmes angoisses. Mais cela arrivait fréquemment. Ils avaient toujours tout partagé — les pressentiments, les joies, les frayeurs —, chacun déchiffrant les pensées de l'autre.

Curieusement, il n'avait jamais envisagé le drame dont avaient été victimes sa femme et ses enfants. Ses craintes étaient toujours restées de l'ordre du fantasme, ou de l'appel à une Providence en laquelle il ne croyait pas. Elles n'avaient jamais été de véritables projections d'un désastre authentique, avec toutes les questions que cela impliquait : que ferai-je si je les perds tous ? Que ressentirai-je ? Comment y survivrai-je ? Et lorsque cela arriva, il y avait un certain temps que ces angoisses avaient cessé de le hanter, en dehors des petites frayeurs quotidiennes, puisque Daniel avait déjà huit ans et Elizabeth presque quinze.

Roman évoquait rarement cette terrible journée. Il ne revivait pas les instants où il avait appris la nouvelle. D'ailleurs, il ne se souvenait quasiment plus des sentiments qui l'avaient alors agité. Une sorte d'amnésie les avait recouverts : il revoyait seulement les minutes qui avaient précédé et, non sans horreur, ce qui s'était passé douze heures plus tard. Il avait depuis longtemps cessé de reconstituer ces heures vacantes, effacées de sa mémoire.

Mais il lui arrivait de repenser — comme en ce moment, tandis qu'il se remettait en route et abandonnait la colonne de pierre, sa « tour du silence » — à ce qu'il avait éprouvé juste après, à cette effroyable, obsédante incrédulité, au sommeil dans lequel il sombrait si rapidement, si facilement, où il pouvait tout oublier mais contre lequel il était obligé de lutter : car lorsqu'il se réveillait, l'atroce vérité lui revenait avec autant de netteté, d'intensité que lorsqu'il avait appris la nouvelle. Le sommeil, qui est censé être une bénédiction, le « baume des âmes tourmentées », pouvait aussi être une malédiction. Qui se satisferait d'une drogue anesthésiant la douleur mais qui, une fois ses effets dissipés, la ravive avec plus d'acuité ?

Il en allait différemment à présent. Le temps du refus était passé et l'oubli n'était jamais venu. Il s'étendait pour dormir sous le porche d'une demeure quelconque, en sachant clairement, lucidement ce qui s'était passé : et lorsqu'il s'éveillait, c'était avec la pleine conscience de la perte de ses proches et du drame de son propre destin. L'illusion n'avait plus droit de cité. Mais dans les tout premiers temps, avant qu'il n'ait décidé de vivre dans les rues, en se réveillant le matin il se tournait vers l'oreiller d'à côté et se demandait où était Sally, pourquoi elle s'était levée si tôt. Et soudain, comme un grondement sourd qui roule et s'amplifie avant l'explosion finale, tout lui revenait à l'esprit et il éclatait en sanglots, sous le poids de son inextinguible douleur. Il pleurait, gémissait et revivait son retour à la maison ce jour-là, l'arrivée des policiers, leur gentillesse et leur totale incapacité à atténuer ce qu'ils appelaient « le choc ». C'était alors qu'il avait décidé de nier, d'évacuer, d'enfouir au plus profond de lui ce qui s'était passé.

Mais à présent, dans ce lent processus de survie, il était arrivé à un point de son parcours où il se trouvait en mesure de maîtriser ses souvenirs. Il n'était plus à la merci de ces assauts de douleur, de ces brusques effondrements qui ponctuaient autrefois sa détresse. Les faits étaient toujours les mêmes, détonateurs de sa folie, mais il n'avait plus besoin de les revivre ni d'imaginer la scène à laquelle il n'avait en réalité pas assisté : l'impact, le froissement des tôles, l'explosion, gravés au fer rouge au fond de son esprit. Il pouvait les conjurer et songer au contraire à des temps plus heureux — au dernier anniversaire de Daniel, par exemple : avec la quinzaine d'enfants invités, ils avaient mangé chez McDonald avant d'aller voir *La Belle et la Bête* au cinéma. Elizabeth était présente, ce qui était une grande concession, une marque d'affection considérable de la part d'une adolescente à l'égard d'un petit garçon...

Roman obliqua dans Chester Road et franchit les grilles dorées pour pénétrer dans le Cercle intérieur. Sally avait toujours aimé la Roseraie, mais à une époque plus tardive de l'année, un mois plus tard environ, lorsque les roses sont en bourgeons et que leur parfum flotte encore délicatement dans l'air. Elle appréciait la rigueur, l'ordre du jardin et l'extrême bon goût qui avait présidé à son arrangement. Il quitta la Roseraie par la grille située à côté du théâtre de plein air et poursuivit son chemin. En traversant le Grand Pont, qui franchit le bras situé à l'extrême nord du lac, il entendit des pas derrière lui et se retourna. C'était la jeune femme blonde. Elle courait, visiblement en retard, et il se demanda si elle avait rendez-vous avec quelqu'un.

Il fut très surpris qu'elle lui adresse la parole. C'était la troisième fois qu'ils se rencontraient et, dans n'importe quel autre contexte, cela aurait suffi pour qu'ils échangent un salut. Mais Roman avait appris que les sans-abri n'ont pas droit à la moindre reconnaissance et que ceux qui les croisent tous les jours les ignorent obstinément, en détournant les yeux. Des milliers de gens ne les remarquent pas plus qu'ils ne font attention aux détritus qui traînent partout. Aussi, lorsqu'elle lui sourit et lui lança un « Hello ! » amical, fut-il trop abasourdi pour répondre. Il se contenta de la dévisager.

— C'est une journée splendide, dit-elle.

Il retrouva soudain l'usage de la parole.

— Oui, dit-il. Oui, splendide.

Au lieu de reprendre sa marche, il s'arrêta et s'appuya au parapet du pont. Il ne voulait pas qu'elle s'imagine qu'il la suivait, et encore moins risquer de l'effrayer. Durant un bref instant, elle lui avait redonné l'impression d'être un homme « normal », ordinaire, et il n'était pas certain d'en avoir réellement envie.

On aurait pu s'imaginer, à cause de son nom, que le restaurant de la Roseraie était un endroit romantique. En réalité, le bâtiment faisait penser à un parterre de champignons, avec ses dômes minuscules serrés les uns contre les autres et sa terrasse garnie de petites tables hexagonales. Mary prit soin d'arriver par le côté où il ne s'attendait vraisemblablement pas à la voir apparaître. Elle voulait le voir la première. Elle n'avait nullement l'intention de faire demi-tour au cas où elle aurait aperçu un individu antipathique sur la terrasse, mais elle voulait se mettre en condition, se préparer à leur rencontre.

Ce qui était chez elle un réflexe conditionné. Elle se préparait avant d'ouvrir son courrier, à cause de ce qu'elle risquait d'apprendre, avant de répondre au téléphone ou de rencontrer quelqu'un pour la première fois. Elle avait besoin de rassembler son courage, de se composer un visage, un sourire, une attitude. Il pouvait fort bien y avoir plusieurs hommes seuls à la terrasse, attendant d'autres femmes. Tout ce qu'elle savait de lui se résumait à ce que lui avait appris sa photographie et au fait qu'il avait six ans de moins qu'elle.

Il s'attendait sans doute à ce qu'elle arrive par le Cercle intérieur, ou peut-être en remontant l'allée qui longe le kiosque de Holme Green. Au lieu de ça, elle était passée par les jardins. À la terrasse du restaurant, la plupart des tables étaient occupées. Elle aperçut des couples, des tablées de plusieurs personnes, deux hommes assis côte à côte, un groupe de trois femmes... Il y avait bien un homme seul, mais il avait au moins la quarantaine. Elle s'était immobilisée et son regard allait d'une table à l'autre. Et tout à coup, elle l'aperçut. Elle s'attendait à découvrir quelqu'un de jeune, mais c'était un homme qui était devant elle, même s'il s'agissait indubitablement, en chair et en os, de celui dont elle avait vu la photographie. Une chaleur inattendue envahit son visage et elle sentit le rouge lui monter aux joues. Comme elle l'avait pensé, il regardait en direction du lac en attendant qu'elle apparaisse, de l'autre côté de la route. Mais il tourna soudain la tête, comme s'il avait perçu lui aussi l'émotion qui s'était emparée d'elle. Elle se remit alors en marche et se dirigea vers sa table. Il se leva, en tendant les mains vers elle. Il était extrêmement maigre.

— Mary Jago, dit-elle.

— Leo Nash, répondit-il. Oliver...

Il avait laissé retomber son bras gauche, comme s'il s'était dit que le fait de lui prendre les mains, ainsi qu'il en avait visiblement eu l'intention, était un signe de trop grande hardiesse, ou d'excessive familiarité. Elle saisit sa main et la trouva glacée. Il paraissait plus vieux que son âge, et un peu éprouvé, ce qui était normal après avoir été victime d'une telle maladie, sans parler de l'inquiétude et des angoisses qui ne devaient pas manquer de l'accompagner. Il aurait eu un beau visage s'il n'avait été aussi pâle. Ses yeux gris clair croisèrent les siens et elle songea, non sans une certaine stupéfaction, qu'ils se ressemblaient beaucoup, l'un et l'autre : ils auraient aisément pu passer pour frère et sœur.

— Maintenant que nous sommes face à face, dit-il, je ne trouve plus rien à vous dire. C'est absolument ridicule : moi qui ai tant de fois répété cette scène... Je me suis récité intérieurement toutes les répliques possibles, destinées à vous manifester ma gratitude, mais devant vous je n'arrive pas à articuler un mot.

— Je ne serais pas aussi sévère. (Elle essaya de rire, mais elle avait la gorge serrée.) Vous vous exprimez fort distinctement.

— Mais pour dire des banalités. Puis-je au moins vous demander si vous voulez du thé ? Ou un verre de quelque chose ? Des gâteaux ? Qu'est-ce qui vous ferait plaisir ?

Il n'avait pas le téléphone, ce qui signifiait qu'il était très pauvre. Il était vêtu comme n'importe quel jeune homme : un jean, un tee-shirt, un sweat-shirt noué autour des épaules. L'uniforme banal des jeunes gens.

— Le thé me convient parfaitement, dit-elle.

Pendant qu'il passait commande, elle s'assit et le dévisagea en silence. Elle s'était attendue à tout, sauf à ce qui était en train de lui arriver. Ce n'était pas son apparence physique qui la surprenait, mais l'intensité de ses propres sentiments. Le fait de savoir que le corps de ce jeune homme fragile avait reçu la moelle de ses propres os, ce miraculeux élixir qui lui avait permis de recouvrer la santé, la troublait si profondément qu'elle se sentit presque sur le point de défaillir.

Elle se pencha en avant sur sa chaise et ferma les yeux. C'était comme si elle avait couché avec lui la veille pour la première fois... Non, c'était plus intense encore — presque comme si elle était amoureuse de lui...

— Vous sentez-vous bien ? demanda-t-il doucement.

Elle avait plaqué ses mains sur ses yeux. Elle les retira et le regarda. Il paraissait soucieux, un peu décontenancé.

— Je suis désolée, dit-elle. Vous devez me prendre pour une parfaite idiote.

Il hocha la tête.

— Vous vous attendiez à quelqu'un de différent ? demanda-t-il.

— Assez curieusement, non. Je ne prétendrais pas que je m'attendais à ce que vous soyez exactement tel que vous êtes, mais je ne suis pas réellement surprise. Vous m'aviez envoyé votre photographie. (Elle fit un effort pour se ressaisir.) Je veux dire que je m'étais préparée à cette rencontre et que j'avais une assez bonne idée de votre apparence physique. Mais vous voir en chair et en os, assis en face de moi... C'est une sensation étrange.

— Étrange, mais agréable. Du moins en ce qui me concerne.

— Pourriez-vous... voudriez-vous me dire comment les choses se sont passées, de votre côté ? Je veux parler de votre guérison. À moins que vous ne considériez cela comme une intrusion dans votre... dans votre vie privée ?

Il se mit à rire, mais gentiment. Il était difficile de détacher son regard de ces yeux gris et limpides. Le charme fut rompu par l'arrivée du thé. Il avait pour sa part commandé des gâteaux : du cake, des tartelettes aux fruits, un cornet à la crème.

— Je suis censé manger beaucoup, expliqua-t-il. Nourrissez-vous bien, me répètent sans arrêt les médecins. Je suppose qu'ils songent plutôt aux fruits et légumes qu'aux gâteaux à la crème.

Cette fois-ci, elle parvint à sourire.

— Avez-vous envie de m'en parler ? dit-elle.

— Vous voulez dire : de la greffe ?

— Oui, je crois. Enfin, de toute l'histoire : de votre maladie, de la greffe et du reste. J'aimerais en entendre parler. Par vous.

— Cela ne risque-t-il pas de paraître un peu complaisant de ma part ?

L'assurance de Mary allait croissant.

— Dites-vous que c'est pour me faire plaisir.

— D'accord. Cela me facilitera sûrement les choses.

Il hésita. Il mangeait son cornet à la crème avec un plaisir enfantin. Mary fut amusée de le voir lécher la crème qui lui collait aux doigts, avant de relever les yeux et de lui adresser un sourire franc, épanoui.

— Je venais de finir mes études à l'université, dit-il. Je cherchais du travail et je me faisais du souci pour mon avenir, j'avais peur de ne pas trouver d'emploi. Quand les douleurs ont commencé, j'ai cru que c'était... nerveux. C'est ainsi que tout a débuté, avec ces horribles douleurs. (Ses yeux se plissèrent à cette évocation.) Une douleur aiguë au ventre, sur le côté. J'ai d'abord pensé qu'elle était d'origine nerveuse, puis j'ai cru qu'il s'agissait d'une appendicite. Je suis allé voir mon généraliste, qui m'a dit que j'avais une gastro-entérite. Mais je ne voulais pas le croire, je n'en avais jamais eu auparavant. Puis la douleur est devenue intense, atroce. Avez-vous réellement envie d'entendre tout cela ?

— Évidemment.

— J'ai un frère, plus âgé que moi. Nous sommes très liés, un peu comme s'il était mon meilleur ami. Je lui en ai parlé et il m'a aussitôt emmené aux urgences. À l'hôpital, on a découvert que j'avais une rate d'une taille trois fois supérieure à la normale. Elle avait pris le relais de mes globules blancs et devait fournir un travail énorme. On a d'abord informé mon frère, avant de me mettre au courant.

— Cela a dû vous faire un choc terrible.

— J'étais sonné, comme si on m'avait assommé. Une minute auparavant, j'étais un individu normal, en bonne santé — du moins le croyais-je — et brusquement, on m'annonçait une chose pareille... On m'a opéré pour m'enlever la rate. On m'a dit que je souffrais d'une MLA — une myélo-leucémie avancée. Je n'aurais pas réagi autrement si l'on m'avait annoncé que j'étais condamné à mort.

— Et vous êtes allé voir le Harvest Trust ?

— Pas immédiatement. On m'avait dit qu'il fallait que je subisse une greffe de moelle osseuse. Entre membres de la même famille, la probabilité de correspondance du tissu organique est de vingt-cinq pour cent, et j'espérais envers et contre tous que mon frère serait dans ce cas. Il était d'accord. (Elle vit ses mains se crisper. Il parlait avec émotion.) On ne peut plus d'accord. Il n'attendait que l'occasion de me venir en aide. Nous sommes très proches l'un et l'autre.

— Mais son tissu n'était pas compatible ?

— Comme je vous l'ai dit, j'avais l'impression d'avoir été condamné à mort. Lorsqu'on m'a parlé de cette probabilité de vingt-cinq pour cent, cela a tout changé. J'étais convaincu que cela allait marcher. Après tout, si l'on vous disait que vous devez subir une opération et qu'il y a seulement une chance sur quatre pour que vous résistiez à l'anesthésie, vous auriez la certitude d'y laisser votre peau, n'est-ce pas ? Ma réaction obéissait à la même logique. J'étais absolument convaincu que le tissu organique de mon frère correspondrait au mien. Nous étions frères, nous avions les mêmes gènes, le même teint, les mêmes traits. J'étais certain que cela allait marcher. Mais il a passé les tests et son tissu ne convenait pas. Au début, je ne voulais pas le croire, je pensais qu'ils avaient fait une erreur. Mais ce n'était pas le cas. (Il poussa un soupir, puis son visage s'illumina.) Pourtant, si c'était la moelle de mon frère qu'on avait prélevée, je ne vous aurais jamais rencontrée.

— Je ne pense pas que cela vous aurait particulièrement attristé, dit Mary. Vous n'auriez même pas eu connaissance de mon existence.

Il pencha la tête de côté, comme s'il réfléchissait à la portée de sa remarque.

— Mon frère a essayé de trouver un donneur. Il a fait imprimer des prospectus et les a glissés sous des centaines de portes. Vous vous rendez compte ? La plupart des gens n'ont pas réagi, mais certains se sont présentés et ont proposé de subir les tests. L'un d'eux avait un tissu compatible mais il ne remplissait pas toutes les conditions. Je savais que j'allais mourir si on ne trouvait pas de donneur. C'est une impression extrêmement désagréable, qui vous plonge dans une sorte de panique : vous savez que la maladie peut être guérie, ou du moins enrayée ; le médicament, le sérum... enfin, la substance nécessaire se trouve quelque part, peut-être même en grande quantité, mais vous êtes incapable de mettre la main dessus.

Elle est invisible, hors d'atteinte : les gens que vous croisez dans la rue la portent peut-être en eux, mais elle vous reste inaccessible. C'est alors que l'hôpital nous a parlé du Trust.

— Continuez, je vous écoute.

Il évoqua le jour où le Harvest Trust lui avait annoncé que quelqu'un était disposé à faire ce don et le bonheur qu'il avait ressenti en apprenant la nouvelle, son excitation, l'impression qu'il avait eu ensuite d'être pour ainsi dire en sursis.

— J'avais vécu dans la hantise de ne jamais atteindre l'âge de vingt-deux ans. Ce devait être mon prochain anniversaire. Et maintenant, des tas de gens me disaient que selon toute vraisemblance, j'allais pouvoir le fêter. J'avais essayé de m'habituer au désespoir, de me résoudre à mon sort, et il fallait à présent que je réapprenne l'espoir.

Il y avait eu un retour de flamme, lorsque les médecins s'étaient demandé si son état n'avait pas empiré au point qu'il ne soit plus en mesure de supporter la transplantation. Mais il s'était apparemment stabilisé et ils avaient décidé de risquer l'opération. Durant tout ce temps, lui dit-il, il n'avait pas cessé de penser à elle.

— Je pensais à « Helen ». Peut-être ai-je vaguement le culte des héros. J'ai idolâtré mon frère, je l'adore toujours, et je vénérais maintenant cette femme, cette inconnue. Vous étiez comme le Sauveur à mes yeux, une sorte de sainte.

Mary eut honte de la facilité avec laquelle elle se mit à rougir. Jamais dans sa vie elle n'avait eu une si grande raison de le faire. Son visage s'empourpra.

— Mais ce n'était *rien*, dit-elle avec une véhémence qui la surprit elle-même. Rien du tout.

— Pour ma part, dit-il, je ne suis absolument pas certain que j'aurais pris une telle décision. Après l'opération, j'ai eu tout le loisir de réfléchir et je me suis posé la question : qu'aurais-je décidé, si j'avais été en mesure de faire un don pareil ? Et j'en suis arrivé à la conclusion que je ne m'y serais jamais risqué. J'aurais eu trop peur.

Son regard débordait d'adoration. Mal à l'aise, embarrassée, mais incapable de le quitter des yeux, elle tenta de changer de sujet, de faire dévier la conversation.

— Et votre emploi ? Vous n'avez pas pu travailler, pendant toute cette période. Comment vous en êtes-vous sorti ? (Une fois encore, elle était peut-être allée trop loin.) Excusez-moi, je n'aurais pas dû vous demander ça...

— Vous pouvez me demander tout ce que vous voulez.

Il avait prononcé ces mots avec le plus grand calme. Sa totale franchise avait presque quelque chose d'effrayant. L'intimité qui s'était établie entre eux la fit légèrement frissonner. Il y avait moins d'une demi-heure qu'ils étaient ensemble mais elle avait l'impression de le connaître depuis des années.

— Non, je suis sincèrement désolée, reprit-elle, sans trop savoir ce qui la troublait. Je n'ai nullement le droit de fureter ainsi dans votre vie privée.

— Vous pouvez me demander tout ce que vous voulez, répéta-t-il. Après tout, je vous appartiens, n'est-ce pas ?

— Qu'entendez-vous par là ?

— Rien qui doive vous inquiéter. Ne savez-vous pas que la vie d'un homme appartient à celui qui l'a sauvée ? Comme un serviteur, si vous voulez, mais au vrai sens du terme : quelqu'un qui est prêt à vous servir avec fidélité et dévotion.

Les mains de Mary étaient posées à plat sur la table et il plaça les siennes par-dessus. Ces mains qu'il avait tendues tout à l'heure, puis retirées, par souci de bienséance ou par timidité, voilà qu'il les posait à présent sur les siennes et les y laissait, en les serrant de plus en plus fort. Ce contact avait quelque chose d'extraordinairement réconfortant.

— Mon frère s'est occupé de moi, dit-il. J'ai un travail, à présent. Ce n'est qu'un emploi à temps partiel et il ne me rapporte pas grand-chose. Je travaille pour lui — pour mon frère. Ce n'est pas exactement le genre d'emploi que j'avais en tête autrefois. J'ai étudié dans une grande université, j'avais de grands espoirs pour l'avenir. Mais enfin, c'est toujours un travail. J'aurais accepté n'importe quoi lorsque j'ai su que j'étais sauvé.

Elle attendit qu'il lui explique la nature exacte de son travail, mais il ne précisa pas. La note arriva. Comme il la prenait des mains de la serveuse, Mary s'interposa :

— Non, laissez...

Cette fois, il éclata franchement de rire. La serveuse attendait à ses côtés et entendait tout ce qu'il disait, mais il ne semblait pas s'en soucier.

— Vous pensez à ce que je vous ai écrit, au fait que je n'avais pas le téléphone... Je voulais simplement dire que je n'avais pas de ligne à mon nom. Je partage l'appartement de mon frère depuis que je suis tombé malade. Je n'avais pas le choix, j'étais incapable de me débrouiller seul.

Les mains de Mary étaient froides, maintenant qu'il avait retiré les siennes. Elle se rendit compte que le soir commençait à tomber et qu'il ne faisait plus très chaud. Elle se leva.

— Puis-je vous raccompagner jusqu'à Park Village ? dit-il. Oh, ne faites pas cette mine ! Je me sens parfaitement bien. Grâce à vous, ne l'oubliez pas... Je peux faire de longues promenades, Mary.

C'était la première fois qu'il prononçait son prénom et elle fut surprise par le frisson de plaisir que cela provoqua en elle. Ils rejoignirent la Grande Allée et prirent la direction du nord. L'homme barbu qu'elle avait déjà croisé un peu plus tôt était une fois de plus assis sur l'un des bancs, toujours plongé dans sa lecture. Elle s'apprêtait à le saluer et à lui sourire, mais il ne leva pas les yeux. Leo se mit à parler de l'étrange coïncidence ayant voulu qu'ils habitent si près l'un de l'autre. Une fois encore, il l'appela Mary : la jeune femme n'avait jamais entendu personne prononcer son prénom avec autant de charme.

À un moment donné, elle se retourna pour regarder derrière elle, mais le banc était vide et l'homme était parti.

7

Il n'était même pas passé par une phase de doute, d'appréhension, à se demander où ils étaient et à échafauder des hypothèses, en se rongeant les sangs à cause de leur absence inexpliquée et du téléphone qui restait muet. Il savait, ou croyait savoir, qu'ils étaient à Woodbridge, chez sa belle-mère. On était en octobre, en période de congés scolaires, et Sally avait emmené Elizabeth et Daniel dans le Suffolk, chez sa mère qui était malade. Ils devaient tous les trois passer la nuit là-bas.

Par la suite, en proie à une sorte d'obsession maladive des chiffres et des dates, il avait essayé de calculer le nombre de fois où elle avait accompli ce trajet, au cours des quinze dernières années. Combien de fois s'étaient-ils rendus tous les quatre là-bas ? Deux cents ? Davantage ? En repensant aux années écoulées et en consultant son journal, il était même parvenu au chiffre précis de deux cent vingt-trois fois. Tout lui était bon pour s'occuper l'esprit, rester plongé — ne serait-ce que quelques minutes — dans l'aride neutralité des nombres et du calcul mental.

Et chaque fois, le trajet s'était effectué sans le moindre problème, sans qu'il se passe rien, pas même un infime incident susceptible de faire naître un frisson d'angoisse rétrospectif. Il n'avait donc pas éprouvé la moindre inquiétude. Il ne lui était même pas venu à l'esprit de décrocher le téléphone pour savoir s'ils étaient bien arrivés. Ils étaient tous les trois avec la mère de Sally : peut-être l'appelleraient-ils un peu plus tard dans la soirée, mais ce n'était pas sûr. Lorsqu'il aurait fini de manger, il pourrait toujours téléphoner à sa belle-mère et prendre de ses nouvelles.

Mais *a posteriori*, il se demandait s'il avait réellement songé à tout cela, s'il avait seulement pensé à eux. Il avait l'esprit préoccupé par autre chose, un manuscrit qui se présentait comme le journal d'un esclave en fuite ayant épousé une femme d'Havasupai : Talisman envisageait de l'acheter, à condition que son authenticité soit établie et que les droits ne soient pas exorbitants. Il en avait rapporté un exemplaire chez lui. Il était posé sur la table de la cuisine, ouvert à la page quatre. Curieusement, il était incapable à présent de se rappeler si Talisman l'avait finalement acheté.

Il était à la cuisine et se préparait à manger. Non pas une pizza surgelée, mais des flageolets à la viande et à la sauce tomate, parce qu'il préférait ouvrir une conserve que de se servir du four à micro-ondes. Il lut un autre paragraphe en dévissant la boîte. Il y avait une bouteille de Meursault au frigo, encore à moitié pleine (ou à moitié vide, si l'on adoptait un point de vue pessimiste, ce qui n'avait jamais été son genre), munie d'un de ces bouchons métalliques qui empêchent le vin de s'éventer. Il s'en était versé un verre pendant que les flageolets réchauffaient. Le journal de cet esclave était probablement un faux, une fiction pure et simple, mais peut-être était-ce après tout une excellente raison de le publier...

La sonnette de la porte d'entrée retentit à sept heures moins une. Il crut qu'il s'agissait d'une quête quelconque et alla ouvrir en cherchant son portefeuille dans la poche intérieure de sa veste.

Sur le moment, les policiers ne lui donnèrent pas la moindre précision. Ils le firent par la suite, aucun détail ne lui fut épargné. Mais là, à sept heures moins une, tandis qu'il avait encore son verre de vin blanc à la main et que les flageolets brûlaient lentement sur la cuisinière — ce fut une femme agent qui alla finalement éteindre la plaque —, ils lui demandèrent simplement de s'asseoir et lui parlèrent d'un accident, de graves conséquences, de la fatalité. Il les avait dévisagés et se souvenait leur avoir demandé de répéter ce qu'ils venaient de lui dire. Il était convaincu d'avoir mal entendu, on ne *pouvait pas* lui avoir annoncé ça, une chose pareille ne *pouvait pas* lui être arrivée.

Pendant très longtemps, il associa l'odeur de la sauce tomate brûlée à l'effondrement sa vie, à la perte de tout ce qui avait fait son bonheur. Un jour, il avait senti ces effluves dans un bar populaire, à Camden Town, et avait failli se trouver mal, comme s'il avait absorbé du poison.

Le lendemain, on lui apprit que Sally conduisait prudemment, en respectant scrupuleusement la limitation de vitesse et les règles du Code de la route. Elizabeth était assise à ses côtés, sur le siège du passager, et Daniel sur la banquette arrière. La voiture s'était arrêtée devant un passage à niveau, au pied d'une colline, sur la ligne de la Eastern Region, dans les environs d'Ipswich. Un camion était arrivé par-derrière, un vingt-deux tonnes en provenance des entrepôts de Felixstowe : ses freins étaient défectueux, il avait dévalé la pente trop vite et percuté l'arrière de la voiture, la précipitant sur la voie ferrée à travers les barrières du passage à niveau, juste au moment où le train arrivait.

Les trois passagers avaient été tués sur le coup. Le conducteur du train avait été blessé, mais tous les voyageurs étaient indemnes. Quant au chauffeur du camion, il avait une sérieuse contusion au crâne et de nombreuses fractures. À deux cent vingt-trois reprises, tout s'était parfaitement déroulé : mais à chaque nouveau trajet, le deux cent vingt-quatrième attendait son heure et se rapprochait inexorablement, avec toute la force du destin. Si l'on partageait ce genre de croyance, ce qui n'était pas le cas de Roman.

Il n'assista pas à l'enquête, mais se rendit évidemment aux funérailles. Il n'y avait d'ailleurs que lui, en dehors de la sœur de Sally et de sa mère mourante. Mais il n'avait voulu personne d'autre et avait demandé aux gens de s'abstenir de venir. Il dormit comme une masse cette nuit-là et en se réveillant, le lendemain matin, il crut que Sally s'était levée de bonne heure et réapparaîtrait bientôt, en lui apportant une tasse de thé. Lorsque la mémoire lui revint, il éprouva une telle douleur qu'il se mit à pousser des cris plaintifs.

Deux semaines plus tard, après avoir démissionné de Talisman Press, il mit sa maison en vente et partit vivre dans les rues.

Les funérailles, avec leur aspect surréaliste, furent la goutte d'eau qui fit déborder le vase et l'entraîna dans la folie. Ou dans cet état — peu importe son nom — qui avait depuis lors constitué son cadre de vie. Les trois cercueils, transportés dans l'allée centrale de ce sinistre crématorium par des hommes en habits noirs, formaient un tableau que Max Ernst, ou peut-être Magritte aurait pu peindre. Il revoyait sans arrêt la scène, comme s'il s'agissait effectivement d'un tableau suspendu quelque part, au-delà de la réalité, dans le monde des cauchemars et des hallucinations engendrées par la drogue.

Bizarrement, depuis qu'il avait accepté le passé, l'image resurgissait parfois à l'improviste, dans les circonstances les plus diverses, et se profilait à nouveau devant lui. C'était le cas en ce moment, tandis qu'il traversait Prince Albert Road et se dirigeait vers le cimetière de Saint John's Wood, qu'on désigne le plus souvent comme « le jardin de l'église ». Les voitures s'étaient arrêtées pour le laisser passer mais il les distinguait à peine. L'un des conducteurs klaxonna pour qu'il presse le pas. Devant lui défilaient les trois cercueils, portés par de robustes jeunes gens, des adolescents qu'on ne voit habillés de la sorte que pour des funérailles : leurs visages juvéniles avaient un air lugubre, leurs yeux restaient obstinément baissés.

Il n'y avait pas de fleurs. Bien sûr que non : comment aurait-on pu émettre une idée aussi grotesque ? Personne ne l'avait d'ailleurs suggéré. Sa vie intime, passée, présente et à venir, gisait à l'intérieur de ces trois caisses en bois. Il était assis sur un banc, hébété, et contemplait les cercueils tandis qu'un très jeune homme, dont la pomme d'Adam montait et descendait comme s'il avait avalé un bonbon de travers, parlait avec un accent du Staffordshire de la résurrection et de la vie éternelle.

L'image se dissipa alors qu'il atteignait le trottoir d'en face. La lumière du jour déclinait, comme l'horrible vision s'effaçait. Le cimetière allait bientôt fermer. La police faisait des rondes dans le Parc pour en chasser les vagabonds, tant avant qu'après l'heure de la clôture, mais Roman avait découvert qu'il était possible d'échapper aux recherches en venant se réfugier dans ce secteur ombragé, situé hors de son enceinte, et en s'aménageant un abri de fortune au milieu des vieilles tombes.

Il plissa les yeux et n'aperçut plus que l'étendue verte du gazon, les parterres de fleurs et les troncs des platanes, dont l'écorce s'écaillait par endroits, comme une pelure grisâtre, et laissait apparaître la chair jaune citron. Leurs feuilles, comme celles des hêtres et des alisiers, paraissaient pâles et frêles dans la lumière déclinante. Toutes les surfaces blanches brillaient d'un étrange éclat.

Roman avait déjà parcouru des kilomètres au cours de cette journée ensoleillée, mais il poursuivit sa marche. Comme chaque fois qu'il venait dans le cimetière, il alla voir la tombe de John Sell Cotman, l'aquarelliste disparu un siècle et demi plus tôt, et celle de Joanna Southcott, la religieuse visionnaire du « Box », qui était morte avant la bataille de Waterloo. Sur la plupart des pierres tombales, ternes et grises, l'écriture n'était plus déchiffrable, érodée par le temps et les intempéries. Les jacinthes étaient déjà fanées mais la bourrache imitait leur couleur et le cerfeuil sauvage brillait d'un éclat chatoyant, comme dans un chemin de campagne.

Il s'assit sur l'un des bancs, rejeta la tête en arrière et ferma les yeux. Jadis, il était très soucieux de son confort. Il choisissait ses matelas avec soin, sans lésiner sur la dépense. Les fauteuils devaient avoir de bons ressorts et être munis d'appuis pour les pieds. Mais au fil de ses errances, il avait perdu jusqu'à la notion du confort et remarquait à peine, avant de s'endormir, s'il était allongé sur des pavés ou sur une pelouse, comparativement plus luxueuse.

Au bout d'un moment, il eut conscience d'une autre présence dans le cimetière. Il ne pouvait s'agir de policiers ; ils ne marchaient pas de cette façon. C'étaient les pas d'Effie qu'il entendait. Il rouvrit les yeux. Elle se dirigea vers le banc et s'assit à l'autre extrémité, lui jeta un furtif regard en biais et détourna les yeux, sans prononcer un mot. Seul un sans-abri peut venir s'asseoir sur un banc déjà occupé par un autre sans-abri.

C'était une femme relativement jeune, plus jeune que lui en tout cas, même si au début il l'avait cru nettement plus âgée. C'était son dos voûté qui la faisait paraître plus vieille, ainsi que ses mains décharnées et les épais bandages qui enserraient ses jambes. Mais lorsqu'elle ôtait sa vieille casquette et le fichu en laine qui enveloppait sa tête, on découvrait un visage sans rides, une bouche ferme et vulnérable, et ces grands yeux de génisse qui, au dire des Grecs, étaient l'attribut d'Héra.

C'était au cours de son premier hiver qu'il l'avait rencontrée, car elle était à la rue depuis moins longtemps que lui. Le mois de mars avait été relativement clément, mais néanmoins humide, et les nuits étaient très froides. Elle était venue s'asseoir à côté de lui, dans ce cimetière précisément, mais sur un autre banc ; et tandis que l'obscurité tombait — on se serait cru en pleine nuit, mais il n'était que 18 heures —, elle avait posé la main sur le genou de Roman, remonté le long de sa cuisse et lui avait empoigné l'entrejambe. Jadis, ce geste l'aurait choqué. Il l'aurait repoussée et se serait empressé de décamper. Mais tout ce qu'il éprouva ce jour-là, ce fut un soupçon d'intérêt, de curiosité, ainsi que l'étonnement, après ce long célibat de cinq mois au cours duquel il avait banni toute pensée d'ordre sexuel, de voir sa chair répondre à l'attouchement de cette clocharde et de sentir sa main douce, étonnamment féminine, se refermer sur un organe en pleine érection.

Même à cette époque, il n'était pas entièrement débarrassé de son vieux préjugé social — du sentiment, profondément ancré en lui, d'appartenir à une élite —, et en allant s'étendre avec elle sur la couverture déroulée sur l'herbe, au sein de l'obscurité qui régnait entre les tombes, il avait eu l'impression de se montrer simplement aimable à son égard, de lui faire une faveur. C'était par générosité qu'il endurait l'odeur de terre et de marée qui émanait d'elle, et qu'il acceptait ses caresses. L'orifice inconnu, obscur et visqueux dans lequel il pénétrait était honoré par son acte : Dieu sait à quoi il s'exposait, en lui accordant cette grâce.

Mais lorsque tout fut consommé, qu'il la vit sourire pour la première fois depuis qu'il la connaissait et qu'il sentit ses bras se refermer autour de lui, il comprit brusquement que c'était *elle* qui estimait avoir été généreuse envers *lui*. C'était la fierté qui la faisait sourire et son étreinte avait presque quelque chose de maternel. Par pitié peut-être, ou par empathie, elle lui avait donné la seule chose qu'elle avait à offrir. C'était une sacrée leçon, et il eut honte de lui. Plus tard, lorsqu'elle eut quitté le cimetière en traînant ses paquets, il se souvint avec un frisson de soulagement qu'un vague pressentiment l'avait retenu, alors qu'il s'apprêtait à la payer, à lui tendre un billet de dix livres accompagné d'une phrase de remerciement.

Aujourd'hui, alors qu'Effie était à nouveau assise à côté de lui, il n'éprouvait plus rien de ce qu'il ressentait jadis, du temps de son mariage, lorsqu'il lui arrivait de rencontrer à l'improviste une femme avec qui il avait couché un soir en passant : ce sentiment de gêne, de malaise, de menace. Le fait de vivre dans la rue, au milieu des sans-abri, l'avait transformé. Les conventions et les inhibitions sociales l'avaient abandonné, ainsi que la crainte de ce que les autres pouvaient dire ou penser. Il n'avait pas l'intention d'avoir d'autres relations sexuelles avec Effie, mais il n'éprouverait pas le moindre embarras à le lui dire, ou le lui faire comprendre. Il se tourna vers elle, lui sourit, farfouilla dans sa poussette et lui demanda :

— Tu veux boire quelque chose ? Je n'ai que du Coca.

Elle secoua la tête. Elle faisait partie des gens qui ont leurs bons et — plus fréquemment — leurs mauvais jours. À la manière dont elle contemplait ses mains, les tournait et les retournait sans arrêt en marmonnant à voix basse, il avait deviné qu'elle était dans un mauvais jour. Que regardait-elle ? Des traces de sang, peut-être, une éruption, des stigmates, une crasse indélébile... Il l'ignorait. Ses mains ressemblaient à celles de n'importe quelle femme, à ceci près qu'elles étaient plus rugueuses, prématurément vieillies. Elle les tournait dans tous les sens, examinant leur dos, puis leurs paumes, avec une attention grandissante.

— Je vais me coucher, lança-t-il.

Une fois encore, elle retourna ses mains et contempla ses ongles noirs de crasse avec autant d'intérêt que si elle venait de les vernir et qu'elle admirait le résultat.

— Bonne nuit, Effie.

Il aurait été surpris qu'elle lui réponde. Elle posa ses mains sur ses genoux, puis les glissa sous elle, en donnant un coup de pied à l'un de ses paquets, comme si tout dans ce sac la dégoûtait : son poids, son affreuse couleur verdâtre, le fait de devoir le trimballer partout. Le paquet alla rouler quelques mètres plus loin, le long du sentier. Roman avait parfois l'impression que les rues n'étaient qu'un immense asile psychiatrique et qu'il en était un simple pensionnaire, au même titre que les autres.

Il se leva et déambula un moment avant de découvrir un endroit où dormir, entre deux dalles de granite dont les inscriptions étaient entièrement effacées. Par ici, le sol était constitué en proportions égales d'herbe rase et de mousse. De l'autre côté des grilles, maintenant éclairées par le halo jaunâtre des lampadaires, on distinguait un groupe d'immeubles imposants aux façades byzantines, où alternaient la pierre blanche et la terre cuite.

Le bruit de la circulation qui remontait vers Hampstead du côté du Lord évoquait celui de la marée, recouvrant peu à peu une plage de galets. Mais ici, on se serait cru dans l'enceinte d'un cimetière de village, celui de Stoke Poges par exemple, calme, serein, avec ce mélange indéfinissable de résignation, de repos, de profonde quiétude qui imprègne tous les lieux voués aux morts et aux tombeaux. Roman étendit sa couverture, ayant appris ce qu'il en coûtait de se passer d'un tel ustensile, et disposa son sac de couchage par-dessus. Il s'y glissa et s'étendit, en regardant les parois de brique rouge et de stuc blanc qui se profilaient entre les longues tiges étiques des herbes du cimetière. Comme l'endroit s'y prêtait, il se récita mentalement un passage qui lui revenait, de l'*Élégie* de Gray :

Peut-être qu'en ce lieu abandonné repose
Un cœur jadis empreint du feu céleste,
Des mains qui auraient pu tenir les rênes d'un empire
Ou faire vibrer jusqu'à l'extase les cordes de la lyre.

Il s'endormit au milieu du vers suivant.

L'obscurité ne dure jamais longtemps, au milieu du mois de mai, et l'aube se profile vers cinq heures. La lumière pointait déjà mais le soleil n'était pas encore levé lorsque Effie le réveilla en le secouant par les épaules, le visage penché au-dessus du sien. Il crut tout d'abord qu'elle était revenue lui faire des avances, bien que sa méthode fût un peu cavalière, même selon les critères de leur monde.

— Non, Effie, dit-il. Non... (Et comme toutes les excuses, tous les motifs qu'il aurait pu invoquer auraient été hypocrites ou mensongers, il ajouta :) C'était bien, une fois en passant. Restons-en là.

Pour toute réponse, elle agrippa le pull-over et le tee-shirt qui recouvraient ses épaules et lui désigna de l'autre main un point situé vers le nord, du côté de Wellington Place. C'était un geste mélodramatique, presque gothique dans son intensité. Ses traits se contractèrent. Elle avait toujours de la difficulté à parler, que ce soit en raison d'une malformation naturelle ou d'un traumatisme ultérieur, et réussit seulement à articuler :

— Les grilles ! Viens... voir les grilles !

Il pensa aussitôt au métro[1]. Elle devait faire allusion à la ligne du Jubilee, qui passait juste sous leurs pieds avant de rejoindre Saint John's Wood Station. Il se leva, étirant ses bras et ses jambes engourdis. Il était parfois agréable de dormir à la belle étoile, mais le corps s'en ressentait toujours. On se réveillait l'esprit clair, mais le dos et les membres endoloris. Il se frotta les yeux et suivit Effie le long du sentier, où elle le précédait d'un pas de plus en plus hésitant, jusqu'au moment où elle s'immobilisa tout à fait.

— Où est-ce, Effie ?

Elle secoua la tête, non pour le rabrouer, mais comme si la seule issue était de nier la réalité de ce qu'elle avait vu, et voulait lui montrer.

— Où veux-tu m'emmener ?

Elle tendit la main et tourna vers lui d'un air implorant son visage empâté, vulnérable, empreint de douleur. Son doigt pointé tremblait. Sous le coup d'une brusque impulsion, il lui prit la main et la serra fortement dans la sienne.

Le ciel s'éclaircissait mais au milieu des arbres, dans l'épaisseur des broussailles, il faisait encore sombre, et les ombres étaient plus noires qu'elle ne le sont jamais pendant la journée. Effie avait l'air de le conduire vers la lisière nord du cimetière. On n'entendait aucun bruit de circulation, le vent ne soufflait pas, seul régnait le plus épais silence. Roman avait rarement l'occasion de voir le petit jour car c'était à ce moment-là, durant les heures qui précèdent et suivent l'aube, qu'il dormait le plus profondément. Il fut ébloui par la couleur du ciel, d'un bleu immaculé, sans nuages, aussi limpide qu'une pierre précieuse.

Effie le tira par la manche et l'entraîna dans l'allée qui rejoint l'entrée principale de Wellington Place, en face de Cochrane Street. Là, au sommet des barreaux situés à gauche du portail, il aperçut ce qu'elle voulait lui montrer. Il comprenait maintenant ce qu'elle avait voulu dire en faisant allusion aux grilles.

L'homme était apparemment empalé sur les pointes des barreaux. La partie supérieure de son corps retombait, la tête

1. Le mot *rails*, en anglais, peut aussi bien signifier « barreaux » (d'une grille) que « rails » (d'une voie ferrée). *(N.d.T.)*

en bas, du côté de Wellington Place : on distinguait seulement l'une de ses mains, à moitié repliée, crispée comme une serre. La partie inférieure pendait de ce côté-ci, à l'intérieur du cimetière. Ses pieds chaussés de souliers ballottaient dans le vide et on apercevait ses chevilles osseuses, sous les ourlets déchirés d'un vieux blue-jeans crasseux. Effie se mit à pousser des sons inarticulés, en agitant les mains. Roman hésita. Son cœur battait à tout rompre. Il se dirigea néanmoins vers la grille, glissa son bras entre les barreaux et toucha les doigts glacés de l'homme. Ce fut à cet instant qu'il comprit qu'il était mort — à cause de la froideur glaciale de sa main.

Il avait l'impression de reconnaître son visage, mais il était possible qu'il se trompe. Ses vêtements, qu'il aurait mieux valu qualifier de haillons, indiquaient sans la moindre équivoque qu'il s'agissait d'un sans-abri. Ce genre de détails ne trompait pas.

Lorsqu'il vit à quel endroit la pointe avait transpercé le corps, et les taches de sang maintenant sèches et noircies qui maculaient la grille, les haillons et la plaie, il cessa de contempler cette « tour du silence » et leva les yeux vers le ciel bleu, limpide, sans remords.

8

LA PLUPART DES VISITEURS qui se présentèrent au musée Irene Adler ce jour-là, ainsi que les suivants, cherchaient avant tout à se renseigner sur le site exact du meurtre. Ils achetaient leurs billets d'entrée mais ne s'attardaient guère dans les salles. C'était la scène du crime qu'ils désiraient voir, et ils avaient hâte de s'y rendre.

— Tournez à gauche dans Saint John's Wood Terrace, puis encore à gauche dans High Street et prenez ensuite la première à droite. Vous ne pouvez pas vous tromper, vous apercevrez tout de suite les cordons de police.

Mary et Dorothea auraient pu débiter cette tirade en dormant, bien qu'elles ne se soient rendues ni l'une ni l'autre sur les lieux du crime. À défaut de mieux, cela faisait marcher les affaires. En dehors de ceux qui cherchaient ainsi leur chemin, elles eurent ce jour-là la visite d'un groupe de touristes qui venaient de Wellington Place et n'avaient pas l'intention de manquer une seule attraction du quartier : après avoir exploré les boutiques de Saint John's Wood High Street, découvert les cafés des environs et visité le musée Irene Adler, ils comptaient terminer leur rude journée de loisirs par un petit crochet sur les lieux du meurtre.

— Je vais finir par tourner de l'œil, dit Dorothea, si quelqu'un me déclare encore que ce pauvre diable a été lacéré de coups de couteau et qu'on l'a empalé sur la grille à titre purement décoratif.

Mary avait vaguement la nausée et n'appréciait guère qu'on fasse allusion devant elle à cette affaire, même indirectement, mais il ne lui était pas venu à l'idée de se sentir inquiète en traversant le Parc ou le cimetière. Les visiteurs tenaient visiblement à la terroriser.

— Seule ou accompagnée, je ne mettrai plus jamais les pieds dans le Parc, lui dit une femme dans la salle des chapeaux. Même avec mon dogue allemand. On s'expose à trop d'ennuis en prenant un tel raccourci.

— Mais le crime n'a pas eu lieu dans le Parc, répondit Mary.

— Non, pas cette fois-ci. Mais comment savoir où frappera l'assassin la prochaine fois ? (La femme se mit à examiner de plus près un immense chapeau, surmonté de longues plumes d'autruche.) Les femmes étaient plus en sécurité à cette époque, vous ne croyez pas ? On ne les laissait guère sortir, elles étaient protégées, respectées par les hommes, et ne se déplaçaient qu'en fiacre.

Sauf si elles appartenaient à la classe ouvrière, songea Mary. Sans parler de Jack l'Éventreur... Mais elle s'abstint d'en faire la remarque. Il lui paraissait improbable que l'individu qui avait tué l'un des drogués hantant les berges du canal la choisisse comme prochaine victime. Lorsqu'elle avait entendu parler du meurtre pour la première fois, elle avait aussitôt pensé à l'homme qu'elle avait croisé dans le Parc et s'était ensuite souvenu du matin où elle l'avait réveillé, sur le porche du musée. D'une manière absurde, elle s'était mise à espérer avec une énergie quasi désespérée que le cadavre empalé sur les grilles ne fût pas le sien. La photographie publiée par un quotidien du soir ne lui avait pas été d'un grand secours : rien ne ressemble davantage à un barbu qu'un autre barbu, et cette image floue ne livrait pas le moindre indice concernant l'identité de cet homme, sauf que l'on mentionnait son nom : John Dominic Cahill.

— Un Irlandais, commenta la femme qui observait à présent un chapeau noir surmonté d'une aigrette blanche, lequel semblait sur le point de prendre son envol. Mais je suppose qu'il ne faut pas avoir de préjugés.

Mary se demanda si ce n'était pas elle, ou un autre visiteur du musée, qui avait oublié — ou avait délibérément laissé traîner, dans un sinistre dessein — une feuille de papier où figurait la liste des crimes commis dans le Parc au cours des deux dernières années. Stacey l'avait trouvée sur le comptoir, à côté du présentoir des guides.

— Une agression à main armée, trois agressions légères, lut Dorothea à voix haute. Deux voies de fait sur des policiers, deux tentatives de viol, quatre délits d'exhibitionnisme — comme si nous avions besoin de le savoir... —, neuf actes de vandalisme, sept cas d'usage illégal de stupéfiants, seize vols à la tire. Pour l'année dernière, on ne mentionne aucune agression et seulement cinq actes de vandalisme, mais on relève par contre *treize* cas d'usage illégal de stupéfiants.

— Ça ne me paraît pas excessif sur l'ensemble d'une année, dit Mary.

Elle regagna son domicile en suivant son itinéraire habituel. Ce soir-là, comme la veille, elle espérait apercevoir l'homme qu'elle avait intérieurement surnommé Nicolas. Elle avait lu dans le journal, parmi de nombreuses anecdotes concernant les mendiants et les vagabonds, que les sans-abri portaient tous un surnom. Elle ignorait si cela correspondait ou non à la vérité, mais depuis lors elle avait affublé l'homme à la barbe du sobriquet de Nicolas, parce qu'il lisait *Les Âmes mortes* et que c'était le prénom de Gogol.

La voix de cet homme l'intriguait. Peut-être faisait-elle preuve de snobisme, mais elle ne s'était pas attendue à ce qu'un individu de sa condition ait une intonation et un accent pareils. Ni d'ailleurs, à bien y réfléchir, qu'il lise un livre de ce genre. Elle le chercha des yeux, sur le trajet du retour, en espérant qu'il ne s'agissait pas de ce John Dominic Cahill dont le surnom, à en croire les journaux, était Decker. Elle souhaitait de toutes ses forces que Decker et Nicolas ne soient pas une seule et même personne.

Mais elle ne l'aperçut nulle part. Elle avait pourtant pris l'itinéraire le plus long, en franchissant le grand pont et en passant par le Cercle intérieur. C'était une journée maussade et passablement venteuse, il était donc peu probable qu'il soit assis sur l'un des bancs de la Grande Allée. Elle fit un détour à travers les bosquets ombragés, au sud-est du Parc, mais il n'y était pas davantage. Elle se dit qu'elle perdait son temps, puis songea qu'elle se serait sentie un peu embarrassée s'il s'était trouvé là et qu'ils soient tout à coup tombés nez à nez, au détour d'une allée.

Leo Nash l'avait invitée à dîner. Il lui avait téléphoné deux jours plus tôt pour le lui proposer. Mary en avait été soulagée, car elle se demandait si son propre comportement, sa prudence, sa réticence, ne l'avaient pas découragé. Elle comprenait mal, du reste, l'origine de cette froideur et les raisons qui l'avaient conduite à adopter une telle attitude.

Il l'avait raccompagnée jusqu'à Park Village West, après avoir quitté le Parc par Gloucester Gate. Il semblait bien connaître les lieux et lorsqu'elle lui en avait fait la remarque, il lui avait dit qu'il avait toujours habité dans les parages du Parc : depuis sa plus tendre enfance, il aimait ces propriétés, ces bâtisses, ce lac, et la vision fugitive des bêtes sauvages derrière les grilles du zoo.

— Et vous vous appelez Nash..., avait-elle répondu.

Il l'avait regardée, sans comprendre le sens de sa remarque.

— C'est exact.

— Nash, avait-elle insisté. John Nash... C'est le nom de l'architecte qui a construit le Parc.

— Ah... Je n'avais jamais fait le rapprochement.

— Peut-être est-ce l'un de vos ancêtres ?

Il se mit à rire, mais il semblait déconcerté.

— Il y a des dizaines de Nash dans l'annuaire du téléphone.

Ils avaient dépassé la Grotte et, bien que ce chemin fût le plus long, s'étaient engagés dans le croissant de Park Village. Les lilas étaient fanés et il était encore un peu tôt pour les roses. Le parfum des giroflées jaunes et pourpres — certaines, d'origine sibérienne, étaient même orangées — embaumait l'atmosphère. Quelqu'un tondait une pelouse, le vrombissement du moteur évoquait la campagne ou les faubourgs. À cause de cette odeur, lui avait-il déclaré, il avait l'impression d'être chez un fleuriste. Comme s'il n'avait jamais mis les pieds dans un jardin et ne connaissait que les fleurs coupées, en bouquets ou en pots... Mary s'était arrêtée devant le portail de Charlotte Cottage. Le jardin alpin était couvert de fleurs blanches, jaunes ou bleues, et les premiers géraniums étaient apparus dans les bacs.

— Quel jardin splendide ! s'était-il exclamé.

— La maison n'est pas désagréable non plus.

Elle avait eu l'impression qu'il lui lançait un regard bizarre, intrigué, comme s'il était brusquement pris de court. Elle avait été sur le point de lui dire d'entrer pour prendre un verre ou une tasse de café. On est toujours plus ou moins obligé d'en passer par de tels prétextes, surtout lorsqu'on est une femme. Mais quelque chose l'avait retenue : le sentiment d'une soudaine distance entre eux. La proximité qu'elle avait ressentie jusqu'alors s'était dissipée. Elle s'était souvenue qu'il n'était après tout qu'un étranger, qu'elle ne savait rien de lui : ils venaient à peine de faire connaissance. Qu'avaient-ils en commun, hormis une certaine quantité de moelle dans les os ?

— C'était un grand plaisir de faire enfin votre connaissance, lui dit-elle, comme si la chaleur d'une telle déclaration pouvait atténuer sa propre réticence.

À peine eut-elle prononcé ces mots qu'ils lui parurent froids, distants, conventionnels. Pour ne rien arranger, elle lui tendit la main.

— J'espère que nous nous reverrons, ajouta-t-elle.

Elle se rendit compte qu'elle l'avait blessé. Il avait les lèvres pincées, comme cela arrive aux hommes lorsqu'ils ont l'impression d'avoir commis une erreur, sans savoir exactement laquelle.

— Je l'espère aussi, dit-il. Puis-je vous téléphoner ?

— Bien sûr.

— Je n'y manquerai pas.

— Merci de m'avoir raccompagnée, avait-elle lancé avant de se précipiter vers le perron. Elle s'était glissée à l'intérieur, avait saisi Gushi et l'avait serré contre elle avant même de refermer la porte.

Après une pareille scène, le coup de téléphone de Leo avait été pour elle un vrai soulagement. Elle allait pouvoir réparer sa maladresse, dissiper le malaise qui s'était instauré entre eux. Elle avait attendu son appel, mais n'aurait guère été surprise qu'il ne se manifeste pas : cela l'aurait simplement obligée à trouver un prétexte pour le recontacter. Mais il avait appelé, et suffisamment vite pour lui laisser penser qu'il ne lui en voulait pas trop. Sa voix était chaleureuse, amicale, et Mary lui avait spontanément répondu sur le même ton.

Ce coup de téléphone avait apparemment libéré Mary de la réserve qu'elle s'était jusqu'alors imposée à son sujet. Lorsque sa cousine Judith l'appela, elle fit allusion à son nouvel ami, l'homme qui avait bénéficié de son don de moelle osseuse. Elle en parla également à Dorothea, qui était curieuse de savoir s'il était « attirant », « séduisant », et quand elle comptait le revoir.

— Voilà qui va faire plaisir à ce cher Alistair...

— Nous ne nous sommes vus qu'une fois, Dorrie...

Elle en parla aussi à sa grand-mère. Frederica Jago devait partir en Crète le lendemain en compagnie des Tratton, de vieux amis qui possédaient une maison là-bas.

— Je sais qu'il ne faut jamais se vanter. N'empêche que je t'avais bien dit qu'il répondrait. Simplement, il a pris son temps. Et comment est-il ? Gentil ?

— Oui, je crois. Très gentil.

— Ce n'est pas un... comment dit-on déjà... un zonard ? Inutile de me regarder avec des yeux pareils, ma chérie. On juge aussi les gens en fonction de l'endroit où ils habitent.

— C'est un homme intelligent, cultivé, bien élevé et, me semble-t-il, d'une nature assez sensible.

— Et il t'a fallu combien de temps pour découvrir tout ça ? Une heure ?

Mary éclata de rire.

— Un peu moins. Sans doute feras-tu sa connaissance à ton retour de Crète. Il faut que je parte. Je suis restée plus longtemps que je ne l'escomptais.

Frederica insista pour appeler un taxi. Il n'était pas question qu'elle fasse le pied de grue dans la rue. Le meurtre avait eu lieu à deux pas d'ici.

— Et conduisez-la jusque chez elle, lança-t-elle au chauffeur. Déposez-la devant sa porte, ne la laissez pas à l'angle d'Albany Street.

Mary l'embrassa. Il émanait de sa grand-mère une douce odeur de vanille. Elle se retourna et lui fit un petit signe de la main tandis que le taxi s'éloignait. Le stuc et les colonnes, les bardeaux et les tuiles rouges de la grande bâtisse victorienne brillaient sous la lumière jaune des lampadaires, et la minuscule silhouette de Frederica se profilait devant la porte, sous le grand bulbe du portique.

Leo était légèrement en avance. Son taxi attendait dehors et cette fois-ci, il pénétra dans la maison, mais uniquement dans le hall, pendant que Mary allait enfermer Gushi au salon. Il portait un costume, et ce détail lui rappela Alistair, qui s'habillait généralement de manière très classique. Lorsqu'elle revint, il était en train d'observer une gravure encadrée représentant Christ Church ; plusieurs autres images de l'université d'Oxford ornaient le mur de l'entrée.

— Je connais l'endroit, dit-il. C'est tout à fait ça.

— Oui, vous m'avez dit que vous étiez tombé malade après l'obtention de votre diplôme.

Il lui sourit, ce qui dessina tout un faisceau de rides sur ses traits juvéniles. Elle se dit qu'il avait brusquement l'air malade, âgé, avec ce visage aussi blême que celui d'un vieillard.

— Vous vous sentez bien ?

— Oui, pourquoi ? Mon teint est naturellement pâle : c'est la malédiction des peaux claires.

Il l'emmena dans un restaurant italien de Paddington Street, non loin de Marylebone High Street. L'endroit lui avait été recommandé par un ami de son frère. Ils auraient aisément pu s'y rendre à pied, c'était à moins d'un kilomètre : mais était-il en mesure de couvrir une telle distance ? Elle avait très envie de lui demander comment il se sentait à présent. Son état s'était-il stabilisé ? Était-il réellement, définitivement guéri ? Elle doutait que cela soit possible.

Dès qu'ils pénétrèrent dans le modeste et minuscule restaurant, Mary eut la certitude que la nourriture serait excellente, le service efficace et discret. Le cadre était charmant, avec ses tables en bois et ses sièges confortables, au lieu des meubles branlants, en verre et en métal, qui sont le plus souvent de mise dans ce genre d'établissement. Les murs étaient couverts de miroirs et de tableaux, les tables décorées de bouquets et de bougies allumées.

Pendant le repas, il lui parla du premier donneur qui s'était présenté. Leurs tissus correspondaient, ils offraient même une compatibilité parfaite, comme entre frère et sœur. Mais l'homme n'était pas en très bonne santé et on avait découvert qu'il n'était médicalement pas en état de supporter un prélèvement de moelle osseuse.

— Ce fut une épouvantable déception. J'étais convaincu que j'allais mourir. J'essayais de me faire à cette idée, de me résigner à mon sort. J'avais même rédigé des instructions concernant mes funérailles.

— Votre mère n'était pas compatible ?

Son visage demeura impassible, mais il évita son regard.

— Ma mère n'a pas subi les tests, dit-il. Elle avait... peur de l'anesthésie, elle n'en avait jamais subi. Elle craignait d'y rester. Je la comprends.

La grand-mère de Mary avait eu la même appréhension. Peut-être était-ce une réaction banale que de redouter cette perte de conscience, cette anticipation ou cette brève expérience de la mort.

— Et vous n'aviez pas d'autres parents ?

— Des cousins. Deux d'entre eux ont passé les tests, mais en vain. Et c'est alors que vous êtes arrivée. (Il lui sourit.) Juste au bon moment.

— Si je n'avais pas été là, je suis sûre que d'autres donneurs se seraient présentés.

— Non, je ne crois pas. Vous étiez la seule au monde.

L'intensité avec laquelle il avait prononcé ces paroles et le regard dont il les accompagna l'obligèrent à détourner les yeux. Il perçut sans doute son embarras et se mit à parler de choses anodines — du travail de son frère, une vague affaire de transactions commerciales à laquelle Mary ne comprit pas grand-chose, de l'appartement qu'ils partageaient, et dont ils avaient hérité lorsque leur mère avait déménagé, et qu'il avait l'intention de quitter dès que cela serait possible. Disposer d'un toit était presque un privilège de nos jours, et on n'y renonçait pas à la légère.

Lorsque la note arriva, Mary proposa de partager l'addition. Leo lui lança un regard réprobateur, vaguement agacé.

— Non, dit-il. Et je vous en prie, ne me refaites jamais une telle proposition.

Mary eut un mouvement de recul. La sévérité de Leo était inattendue et, étant elle-même d'un naturel aimable, elle réagissait douloureusement à la brutalité d'autrui. C'était un peu comme si on l'avait giflée : elle porta la main à sa joue en se souvenant d'Alistair. Elle redoutait presque autant les assauts verbaux que les agressions physiques. Le sourire de Leo — un sourire amical, complice, presque conspirateur — restaura aussitôt l'atmosphère qui régnait jusqu'alors entre eux.

— La seule au monde..., répéta-t-il. Cela vous est peut-être indifférent, mais je ne puis m'empêcher de penser que cela crée un lien particulier entre nous.

Elle hésita, avant de lui dire doucement, tandis qu'ils sortaient du restaurant :

— Oui, je ressens cela moi aussi. Je ne vois pas comment on pourrait éviter ce genre d'impression, dans une situation comme la nôtre.

— Nous rentrons à pied ?

Ce n'était pas à elle, songea-t-elle, de lui suggérer qu'il était peut-être plus raisonnable de s'épargner un tel effort. Elle avait cru qu'il y avait à peine un kilomètre entre le restaurant et Park Village, mais elle se rendait compte à présent que la distance pouvait aisément être multipliée par deux.

— Si vous voulez...

Elle avait répondu d'une voix bourrue, en feignant la réticence, afin de lui donner l'impression que l'idée de marcher ne l'enchantait pas particulièrement. Qu'il ait ou non perçu son intention, il choisit d'ignorer sa remarque et ils se mirent en route, côte à côte, en direction de Marylebone Road et de York Gate.

À son grand soulagement, il n'avait pas fait une seule allusion au meurtre. De tous les gens avec qui elle avait parlé depuis trois jours, il était le premier à ne pas aborder le sujet. Même sa grand-mère avait évoqué le crime, en faisant ses recommandations au chauffeur de taxi. Elle interrogea Leo sur ses parents. Il lui répondit que son père était mort et que sa mère vivait en Écosse, où elle s'était remariée après son décès. Son frère Carl avait dix ans de plus que lui : c'était un homme intelligent, doué, et Leo ajouta en souriant qu'il avait contribué presque autant qu'elle à lui sauver la vie. Bien qu'il n'ait rien dit de tel, Mary eut l'impression que Carl était homosexuel. Leo avait simplement déclaré que son frère était d'un tempérament assez solitaire et qu'il ne faisait jamais allusion à sa vie privée.

En prononçant ces derniers mots, Leo tendit la main pour s'appuyer à la devanture d'une boutique. Il était difficile d'en juger, à cause de la lumière artificielle, mais Mary eut l'impression que son visage était encore plus livide. Il s'arrêta pour reprendre son souffle, avant d'aller s'asseoir sur une petite murette d'un mètre de haut.

— Nous n'aurions pas dû revenir à pied, dit-elle. C'est une trop longue distance, vous ne devriez pas marcher autant.

— Je crains que vous n'ayez raison, acquiesça-t-il. Ça ira mieux dans un instant. (Son sourire la rassura.) Cela m'arrive encore de temps en temps. On m'avait averti que ce serait le cas. (Il eut l'air de réfléchir et de se demander s'il était raisonnable de poursuivre, mais la phrase sortit d'un trait.) Je suis sous traitement chimiothérapique. C'est... (Il hésita, cherchant le terme approprié)... éprouvant.

— Nous allons prendre un taxi.

Un long moment s'écoula avant qu'il n'en apparaisse un. Il était presque 11 heures du soir et Mary, qui avait décidé cette fois-ci d'inviter Leo à venir prendre le café, avant de lui faire visiter la maison et de lui expliquer pourquoi elle y habitait ces temps-ci, comprit qu'il valait mieux remettre tout cela à leur prochaine rencontre. Il lui ouvrit la portière du taxi et elle l'entendit dire au chauffeur de passer d'abord à Park Village West, puis de le reconduire seul à Plangent Road.

— Pourrais-je vous revoir demain ? demanda-t-il. Pour me faire pardonner mon ridicule comportement de ce soir ? Mine de rien, vous m'aviez averti de ne pas entreprendre une telle balade, n'est-ce pas ?

— J'ai essayé de vous suggérer que cela ne me disait rien. Je pouvais difficilement faire mieux.

Il se détourna et dit d'une voix sourde :

— Vous faites tout à la perfection.

Elle sentit dans l'obscurité ses joues s'empourprer. Elle voulut lui dire combien elle était heureuse qu'il n'ait pas parlé du meurtre, mais le simple fait d'y faire allusion aurait réduit à néant le but même de sa remarque. Tandis que le taxi tournait dans Park Village West, il prit ses mains et les serra dans les siennes. Elles dégageaient un peu de chaleur ce soir, et leur pression n'évoquait nullement celle d'un malade.

— Alors, à demain.

— Demain nous serons samedi, dit-elle.

— C'est encore mieux. Puis-je venir le matin ? Disons, aux alentours de 10 heures ?

— Bien sûr.

Les choses semblaient se précipiter, mais après tout pourquoi pas ? Que risquait-elle ? Qu'avait-elle à perdre ?

— Prenez soin de vous, dit-elle. Reposez-vous et dormez bien.

Elle eut conscience de la fraîcheur de la nuit en restant immobile un moment devant la maison. Toutes les fleurs étaient sorties de terre et brillaient uniformément sous la lumière pâle et froide des réverbères. Il y avait de la musique dans une maison du voisinage, mais elle entendit une fenêtre se fermer, et le silence retomba.

Il faisait bon à l'intérieur de Charlotte Cottage. Elle plongea la main dans le pelage doré de Gushi, dont le contact avait la douceur d'un manchon de fourrure. Le week-end qui s'annonçait serait le premier qu'elle ne passerait pas dans la solitude et l'isolement, depuis qu'elle était installée ici. Elle emmena Gushi dans sa chambre, s'endormit avec lui et rêva de Leo Nash. Dans son rêve, elle le rencontrait dans le Parc, assis devant un chevalet. Il dessinait un plan d'architecte représentant Sussex Place, avec ses dix dômes orientaux et son enfilade de colonnes corinthiennes. Tandis qu'elle s'approchait, il détachait la feuille de son bloc et la lui tendait en disant :

— Peut-être avez-vous envie de voir à quoi ressemble un tissu compatible ?

Au toucher, la feuille de papier était glaciale et avant qu'elle ait pu contempler le dessin, elle se mit à fondre comme de la neige et à ruisseler entre ses doigts.

Dans un recoin de la maison, une horloge qu'elle n'avait pas encore localisée achevait d'égrener dix heures lorsque Leo arriva. Il tendit la main droite, comme pour un salut ordinaire, mais après avoir pris la sienne il la recouvrit de sa main gauche, d'un geste aussi chaleureux qu'intime. Le petit chien arriva en courant : il le saisit sans hésitation et le serra dans ses bras.

— Je ne suis pas surpris que vous ayez un chien pareil, dit-il.

— Pourquoi ?

— Il est petit mais robuste, affectueux et attachant, tendre comme un enfant. Je ne veux pas dire qu'il vous ressemble : mais il est à l'image de ce que vous aimez. Est-ce que je me trompe ?

— À propos de ce que j'aime, ou du fait que ce chien m'appartiendrait ?

Ils étaient allés s'asseoir dans le salon. Leo avait jeté un coup d'œil sur le travail que Mary avait effectué pour la brochure du musée et elle s'attendait à ce qu'il l'interroge à ce sujet, mais au lieu de ça il lui demanda, l'air un peu décontenancé :

— Pourquoi ? Il n'est pas à vous ?

Il esquissait un sourire, les sourcils relevés et les mains plongées dans la fourrure du chien. Elle n'avait jamais vu des yeux aussi limpides, on aurait dit de l'eau à travers un écran de verre fumé. Ce matin, il portait des jeans, une chemise à carreaux et une veste en toile. Cette tenue d'adolescent le faisait paraître plus jeune.

— Je commence à regretter que ce ne soit pas le cas, dit-elle. Je me suis attachée à lui.

— Quelqu'un vous a demandé de le garder ?

— Les propriétaires des lieux. Vous pensiez que cette maison m'appartenait, Leo ?

Il parcourut la pièce du regard. Ses yeux s'arrêtèrent sur un vase, puis sur une armoire, avant de croiser à nouveau ceux de Mary.

— Oui, dit-il, c'est ce que j'avais cru. Ce n'est pas le cas ?

— Je la garde pour un couple âgé, des amis de ma grand-mère.

— Comme on peut se tromper..., dit-il en souriant.

— Ils sont partis pour un long séjour en Amérique centrale. Ils n'ont pas d'enfants, ni personne pour s'occuper de la maison et du chien. Ma grand-mère est absente elle aussi, mais seulement pour deux semaines. Elle habite à Hampstead et il lui serait impossible de passer ici tous les jours. Elle a plus de quatre-vingts ans.

— Je suis heureux que cette maison ne soit pas à vous.

— Pourquoi ?

Il parlait d'une voix grave à présent. Deux lignes froncées s'étaient dessinées entre ses sourcils.

— Vous n'avez pas vu l'endroit où j'habite. Je pensais que vous étiez riche. Je vais vous avouer une chose : lorsque j'ai vu votre adresse sur la lettre, j'ai failli ne pas vous répondre.

— C'est pour ça qu'il vous a fallu tout ce temps ?

Cette question, elle s'en rendait compte à présent, la tracassait depuis des semaines. Pourquoi avait-il tant tardé, pourquoi l'avait-il obligée à guetter le courrier et à se précipiter sur le téléphone chaque fois que la sonnerie retentissait ? « Voilà donc l'explication ! » faillit-elle s'exclamer. Mais elle se retint de justesse.

— Je voulais vous répondre, j'avais profondément envie de vous rencontrer. Même à présent, vous ne pouvez sans doute pas concevoir l'ampleur de ma gratitude. Mais lorsque j'ai vu cette adresse, j'ai été... terriblement déçu. Ou plus exactement, interloqué. Je suis venu jusqu'ici, vous savez. Je suis passé un soir dans la rue pour voir à quoi ressemblait la maison.

— Quelle sournoiserie ! dit-elle d'un ton léger.

— J'en avais conclu que vous étiez riche, privilégiée. C'était une déduction logique. Vous étiez riche et vous ne m'étiez donc pas destinée, jamais vous ne seriez à moi.

— *À vous* ? dit-elle, tandis qu'elle se sentait rougir.

— Simple façon de parler, dit-il. Excusez-moi. Je ne puis m'empêcher de nous considérer comme proches, intimement liés. « Chair de ma chair, sang de mon sang », pour reprendre l'expression des Victoriens.

— La formule s'appliquait aux époux. C'était le concept d'une seule et même chair, tel qu'il figurait dans l'ancienne liturgie du mariage.

— Les greffes d'organes étaient inconnues à cette époque. (Son regard malicieux et son sourire en coin dissipèrent le malaise de Mary.) C'est une journée splendide, enchaîna-t-il. Où allons-nous déjeuner ?

— Il faut d'abord que vous acceptiez d'être mon invité.

— Pourquoi pas ? Cela ne me gêne plus, maintenant que je sais que vous n'êtes pas riche.

9

LES ENFANTS DE ROMAN adoraient le British Museum. Elizabeth semblait avoir transmis son engouement à Daniel, et ils y étaient allés ensemble à plusieurs reprises. Ils étaient particulièrement fascinés l'un et l'autre par les antiquités égyptiennes. À présent, c'était vers ce musée que retournait Roman lorsqu'il ressentait le besoin d'interrompre pendant quelques jours ses errances habituelles : le perron de Great Russell Street était devenu pour lui ce qui s'approchait le plus d'un foyer.

La température s'était rafraîchie et il faisait presque aussi froid qu'en hiver. Il avait passé une bonne partie de ses journées à Coram Fields, plongé dans la lecture des histoires de Bunin qu'il avait achetées d'occasion chez un libraire de Theobald's Road. Un jour, après être passé aux bains publics et s'être plus ou moins refait une beauté, il s'était rendu au musée. Une autre fois, il était même allé au cinéma. Il évitait Regent's Park depuis qu'il avait découvert le cadavre de Decker, même s'il n'avait pas réalisé sur l'instant qu'il s'agissait de lui.

Durant quelques secondes, Effie et lui étaient restés immobiles, sans regarder le corps, mais conscients de sa présence plus que de toute autre chose. Malgré lui, en dépit de la résistance qu'il croyait avoir acquise à l'école de la rue, Roman avait senti son cœur se soulever et il avait été gagné par ce brusque malaise, cette affreuse impression de faiblesse que l'on éprouve avant de vomir. Mais il avait détourné les yeux, cessant de regarder cette main aux doigts crispés, ces pieds chaussés de bottes et ces traînées de sang noir qui maculaient les grilles, pour contempler la lumière pure et froide du ciel matinal. Et peu à peu, en étreignant Effie qui se pendait à lui, il avait senti la nausée refluer. Livide et tremblante à ses côtés, cherchant son aide du regard, Effie avait elle aussi fini par se calmer. Il l'avait entendue pousser un soupir guttural.

La rue était toujours déserte, le silence régnait encore. Mais la circulation envahissait peu à peu Wellington Road et sa rumeur étouffée commençait à leur parvenir. Une camionnette passa. Son conducteur ne détourna pas les yeux de la chaussée.

— Fiche le camp, Effie, lui dit-il. Quitte ce cimetière, retourne dans le Parc. Et pas un mot là-dessus : tu n'as rien vu, tu n'étais même pas là. Surtout, n'en parle pas.

Il n'y avait guère de risque concernant ce dernier point. Effie était parfaitement capable de parler, mais elle se contentait le plus souvent de marmonner ou d'injurier les passants qui faisaient un écart pour l'éviter. Il regarda son visage, qui ne trahissait aucune expression — son nez retroussé, ses yeux ronds et exorbités, sa peau aussi rose et lisse que celle d'un enfant. L'odeur de l'écharpe en laine qui enveloppait sa tête évoquait celle d'une vieille peau de mouton mouillée.

Ses préjugés bourgeois, son éducation, sa *distinction* étaient à ce point enracinés en lui qu'il lui était impossible de se comporter de la même manière qu'avant, envers une femme avec laquelle il avait fait l'amour. Curieuse expression, pour qualifier ce qui s'était passé entre Effie et lui... Mais quelle autre employer, sans heurter justement ses préjugés bourgeois ? Les circonstances étaient certes incongrues, mais Effie et lui avaient bel et bien consommé cet acte et il en éprouverait à tout jamais une sorte de tendresse à son égard. Il ne pourrait s'empêcher de sentir l'existence d'un certain lien entre eux, même si elle n'avait pas une seule fois prononcé son prénom, qu'elle devait d'ailleurs ignorer.

Il l'enlaça et la serra contre lui, avant de la pousser gentiment vers l'allée. Puis il quitta à son tour le cimetière, ne sachant trop que faire, ni d'ailleurs s'il était nécessaire de faire quoi que ce soit. Il avait la quasi-certitude qu'hormis Effie et lui, personne n'avait aperçu le cadavre empalé sur les grilles. À l'exception, bien sûr, de l'auteur de cet horrible forfait.

Il se mit à errer le long de Saint John's Wood High Street — le sens du mot « errer » était devenu très concret pour lui, ces derniers dix-huit mois — jusqu'à ce qu'il aperçoive enfin une cabine téléphonique. Arrivé là, il réfléchit au risque qu'il prenait.

N'importe quel appel pouvait être rapidement localisé, il en était certain, mais il pouvait compter sur son intonation. Il était peu probable qu'un coup de téléphone anonyme émanant d'un individu ayant l'accent de Cambridge et de Westminster School conduise la police jusqu'à un vagabond charriant sa poussette.

Il composa le numéro et déclara qu'un cadavre était empalé sur les grilles de Wellington Place. Lorsqu'on lui demanda son nom pour la deuxième fois, il raccrocha le combiné. Il lui était arrivé, dans le passé, de dormir plusieurs nuits de suite sous le portique corinthien de Connaught Chapel, ancienne église aujourd'hui reconvertie en studio de cinéma — ô temps, ô mœurs ! —, mais l'endroit n'était guère à l'abri des regards. À Ordnance Hill, au contraire, dans le jardin de cette maison vide aux fenêtres dénuées de rideaux — mais dont la façade arborait la pancarte « Vendu » —, il installa son lit de fortune sur les marches en ciment et se glissa dans son sac de couchage. Frigorifié, brusquement affamé, il ne parvint pas à trouver le sommeil et, au bout d'une dizaine de minutes, il entendit mugir les sirènes des voitures de police.

Plus tard dans la journée, il regagna le Parc en traversant le pont de Macclesfield. À cet endroit, les voies qui longeaient le canal étaient très étroites, car les berges envahies par la végétation disparaissaient sous les arbustes et les buissons qui s'étendaient jusqu'à la rive. Des platanes, des tilleuls et des charmes poussaient là, leurs troncs ensevelis dans la verdure et les frondes blanches des cerfeuils. À peine deux ans plus tôt, il avait emmené ses enfants par ici et leur avait expliqué que l'ancien pont avait été détruit, lorsqu'un navire transportant de la poudre avait explosé sous ses arches, en 1874. Il se trouvait à présent au milieu du pont et regardait l'étroite voie pavée, où la police était en train d'interroger un groupe de sans-abri. Ils n'étaient pas en uniforme, mais il savait qu'il s'agissait de policiers. Leurs pantalons en toile étaient impeccablement repassés et le cuir de leurs vestes n'était pas élimé ; ils mangeaient à leur faim et ne mourraient pas à l'âge de quarante-sept ans.

Roman estimait qu'il était absurde de ridiculiser ou de dénigrer la police, mais il ne la portait pas pour autant dans son cœur. Le fait de se retrouver à la rue l'avait séparé de tous ceux qui respectent l'ordre établi et dont la police est chargée de défendre les lois, pour le plonger dans la société des parias, dont elle est l'éternelle ennemie. Il observa l'un des sans-abri, un individu squelettique au visage grisâtre, originaire de l'Ulster, avec qui il lui était arrivé de parler à une ou deux reprises, et qui suivait lentement deux policiers jusqu'à leur véhicule, garé un peu plus haut dans Albert Road. Afin de répondre à leurs questions, sans aucun doute, de les aider dans leur enquête, jusqu'à ce que son cerveau ravagé par les drogues ne lui permette plus de tenir que des propos incohérents.

Si jamais ils s'adressaient à Roman, ils sauraient aussitôt qu'ils avaient affaire à quelqu'un de différent — à un original, un marginal, par-là même d'autant plus suspect. Son accent trahirait son excentricité, tandis que ses vêtements et son barda révéleraient son statut de vagabond. Il poursuivit sa route, traversant le Parc en direction du sud avant de déboucher à l'autre extrémité dans Marylebone Road. Il traversa la chaussée et s'engagea dans ce que Dickens avait désigné — il s'en souvenait — comme « l'affreuse perspective de Wimpole Street, de Harley Street et autres secteurs tout aussi hideux ». D'ici quatre ou cinq jours, les choses se seraient tassées et il pourrait revenir dans les parages. Le ciel était gris, tout comme les enceintes des grandes demeures georgiennes. Il n'y avait pas un seul arbre en vue, la circulation s'écoulait vers Cavendish Square comme une rivière de métal en fusion.

Le samedi suivant, il retourna au Parc. Sous le soleil des premiers jours de juin, il passa par York Gate, obliqua aussitôt sur la gauche et se dirigea vers les berges envahies par les canards, les pelouses ombragées par le feuillage et les bancs où Effie venait parfois s'asseoir. Mais elle n'y était pas, ce matin-là. Il n'y avait personne à l'horizon, en dehors du type qui promenait ses chiens — un lévrier, un briquet et un golden retriever, qui tirait frénétiquement sur la laisse.

Ils étaient sortis et étaient allés déjeuner. Il l'avait laissée régler l'addition, en répétant que cela ne le dérangeait plus, maintenant qu'il savait qu'elle n'était pas riche. Après cela, ils étaient redescendus sous un beau soleil jusqu'à Covent Garden et avaient écouté un groupe d'étudiants qui jouait un morceau de Mozart. Il s'agissait du *Concerto pour flûte et harpe,* lui avait dit Leo, le seul que Mozart ait jamais composé pour ces deux instruments, à l'intention d'un riche mécène et de sa fille, qui voulaient l'interpréter ensemble. Lorsque le morceau avait pris fin et que les musiciens commençaient à remballer leurs instruments, il lui avait pris la main, sans la serrer, mais en la soulevant doucement, comme s'il avait voulu la porter à ses lèvres.

Elle l'avait regardé, droit dans les yeux, en se demandant avec un petit frisson d'excitation : et maintenant ? Que va-t-il se passer ? Que va-t-il déclarer ? Quelle sera la prochaine étape ?

Il étreignit sa main, puis la laissa retomber.

— Je vais vous laisser ici.

Elle crut presque avoir mal entendu.

— Il faut que je parte, dit-il. Je dois rejoindre mon frère.

Que sous-entendait-il ? Devait-elle l'accompagner ?

— Si vous voulez, nous pouvons prendre le métro, dit-elle.

— Non, je croyais vous l'avoir dit. Je dois retrouver mon frère. Seul. (Elle décela un soupçon d'impatience dans sa voix. Puis il ajouta, un peu tardivement :) Cela ne vous ennuie pas ?

— Bien sûr que non.

La déception survint plus tard. Au début, elle avait simplement été abasourdie par ce brusque départ. Elle s'était attendue à ce qu'il l'embrasse sur la joue en la quittant, mais cela n'avait pas été le cas. Elle avait regardé sa silhouette dégingandée se diriger vers la station de métro de Floral Street. Sa maigreur était telle que ses os saillaient, bien visibles sous ses vêtements. Sa chevelure blonde avait disparu dans la foule. Il ne s'était pas retourné pour lui adresser un petit signe de la main.

Elle n'avait plus qu'à rentrer chez elle par ses propres moyens, au pire moment de la semaine pour se retrouver seul : un samedi, à cinq heures de l'après-midi. Revenant sur ses pas et s'engouffrant à son tour dans le métro, elle songea brusquement qu'il n'avait fait aucune allusion à leur prochaine rencontre, qu'il n'avait même pas parlé de la revoir ou de lui téléphoner. Et en un temps où les gens se font la bise dès leur deuxième rencontre, même s'ils n'ont que de vagues relations professionnelles, il ne l'avait même pas embrassée.

Elle se demanda ce qu'elle avait bien pu dire, ou faire, ou suggérer — mais elle ne voyait vraiment pas de quelle manière elle pouvait l'avoir offensé.

Je l'ignorais jusqu'à présent, songea-t-elle, mais j'aimerais beaucoup le revoir. J'en ai même terriblement envie.

10

JUSQU'À CE JOUR, jamais un homme ne lui avait offert de fleurs. Elle avait toujours pensé qu'il s'agissait d'une coutume périmée. Pourquoi fallait-il qu'Alistair soit justement le premier ? Il s'agissait d'un bouquet d'œillets, et de cette espèce aux multiples petits pétales blancs dont elle oubliait régulièrement le nom.

Alistair avait débarqué sans prévenir. Il ne l'avait pas rappelée. Elle avait même fini par espérer qu'il ne se manifesterait plus. Elle s'était dit qu'il avait abandonné la partie. Peut-être avait-il rencontré quelqu'un d'autre.

— Il faut vraiment qu'un homme vous sorte par les yeux, lui avait dit Dorothea, qu'on ne puisse plus le supporter ni le voir en peinture, pour en arriver à espérer qu'il ait rencontré quelqu'un d'autre.

— Ce serait tout simplement un soulagement. Je ne crois pas que je le regretterais un seul instant.

En traversant le Parc, elle avait essayé de se représenter la nouvelle conquête d'Alistair : une femme de tempérament, belle et séduisante, mais sans afféterie, capable de se moquer de lui et de lui tenir tête. Le plus difficile était d'imaginer la réaction d'Alistair. La triste vérité n'était-elle pas que ce dernier était une brute, un tyran qui ne recherchait nullement un adversaire à sa taille, mais une simple victime ?

Elle pensait donc à lui en approchant de la maison et lorsqu'elle l'aperçut sur le perron, en train de regarder par la fente de la boîte aux lettres comme s'il s'imaginait qu'elle se terrait quelque part et refusait de lui ouvrir, elle eut la désagréable impression que ses pensées avaient pris forme et s'étaient concrétisées. Avec son bouquet de fleurs et ses cheveux coupés à ras, l'air engoncé dans son costume sombre, on aurait dit qu'il sortait d'un livre de P. G. Wodehouse.

— As-tu l'intention de nous laisser moisir à l'extérieur ? lui lança-t-il.

— Oh, Alistair...

Elle avait l'esprit ailleurs et ne savait trop quoi lui dire.

Elle avait espéré que ce serait Leo qui viendrait ce soir. Elle avait pensé à Alistair, mais c'était Leo qu'elle avait envie de voir — Leo qui n'avait pas donné le moindre signe de vie depuis samedi dernier. En dépit de son silence, elle s'était à moitié attendue à le voir débarquer et elle espérait encore sa venue. Il était impossible que cet homme lui ait tenu de tels propos et l'ait regardée comme il l'avait fait pour disparaître ensuite de sa vie, après une brève poignée de main.

Il fallait bien qu'elle laisse entrer Alistair, elle n'avait guère le choix. La femme qu'elle avait imaginée lui aurait peut-être claqué la porte au nez, mais ce n'était pas son genre à elle. Elle prit le bouquet de fleurs et s'effaça pour le laisser passer.

— Tu aurais pu téléphoner, réussit-elle à dire.

— Est-il vraiment nécessaire de se téléphoner et de se donner rendez-vous dans notre situation ?

Quelle situation ? aurait-elle voulu rétorquer. Nous n'avons plus rien en commun. Nous sommes séparés, un point c'est tout. Et si nous avions cru bon d'ajouter « à titre provisoire », c'était uniquement pour mieux faire passer la pilule. Mais elle garda ses pensées pour elle. Alistair contemplait le décor de l'entrée ; son regard se porta ensuite vers l'escalier, puis le salon, et il haussa les sourcils.

— Entre, dit-elle. Je vais chercher de l'eau pour les fleurs.

Parmi tous ces vases, lesquels servaient vraiment ? La plupart étaient sans doute purement décoratifs. Les poteries chinoises avaient l'air coûteuses et fragiles. Elle fouilla dans les armoires, dénicha une coupe en céramique et un vase en cristal et tenta d'y disposer les fleurs. Irene Adler aurait probablement su comment s'y prendre, mais l'art des bouquets s'était perdu. Elle ramena ensuite la coupe et le vase au salon.

Alistair était assis sur le canapé et tentait de repousser les avances de Gushi, du bout de sa chaussure. La scène était si classique — l'ancien amant dans le rôle du méchant, qui révèle sa véritable nature en maltraitant le chien de sa bien-aimée — qu'elle ne put s'empêcher de rire. Gushi avait à peine été frôlé par la semelle d'Alistair. Elle savait pertinemment que celui-ci détestait les chiens. Mais elle riait, en songeant à Leo qui avait immédiatement conquis les faveurs de Gushi, et ce spectacle raviva brièvement en elle un soupçon de tendresse à l'égard d'Alistair.

— Qu'est-ce qui te fait rire ? demanda-t-il.

— Rien. Pauvre Gushi... Veux-tu que je le fasse sortir ?

Il haussa les épaules.

— Plutôt cossu, ton nouveau logement..., dit-il.

— Je ne suis pas chez moi, Alistair. Les propriétaires seront de retour en septembre.

— Ils n'ont pas d'enfants, c'est bien ça ? Ni de famille proche ?

— C'est ce que j'ai cru comprendre. (Le bref élan de tendresse qu'elle avait ressenti se dissipait déjà.) Veux-tu boire quelque chose ?

— Je pensais t'emmener dîner quelque part, dit-il d'un air maussade.

Un dilemme se présentait à elle. L'idée de passer la soirée au restaurant avec Alistair ne lui disait pas grand-chose. D'un autre côté, elle n'avait guère envie que Leo téléphone pendant qu'Alistair était ici. S'il appelait, il risquait de lui proposer de venir. Elle ne redoutait pas tant un problème de rivalité masculine — après tout, Leo n'était qu'un ami, il lui avait à peine effleuré la main de tout le week-end — que l'horrible perspective de devoir le présenter à Alistair et de lui révéler qu'il s'agissait d'« Oliver », le bénéficiaire de la greffe. Comment Alistair allait-il réagir ? En humiliant Leo ? En l'injuriant ? En le *frappant* ?

— Je vais réserver une table par téléphone, dit Alistair. Tu as une idée, pour le restaurant ? C'est toi qui habites le quartier.

Il fallait prendre une décision sur-le-champ. Inutile de tergiverser ou de raconter des histoires. Il suffisait qu'elle dise la vérité, elle n'avait rien à cacher. Ne serait-ce pas merveilleux si Leo arrivait à l'improviste, même s'il y avait quelqu'un d'autre à la maison, et quelles qu'en soient les conséquences ? Et il était ridicule de penser qu'Alistair puisse frapper qui que ce soit. Elle avait transformé un simple coup de sang en une tendance permanente à la violence et à l'agressivité.

— Nous n'avons qu'à rester ici, dit-elle. Je vais préparer quelque chose.

Alistair reposa le combiné.

— J'espérais cette réaction, dit-il. Je veux dire, que tu me proposes de rester ici. Quant au repas, peu m'importe. Je me contenterai de quelques tranches de pain et d'un peu de fromage. Et nous pouvons déboucher une bouteille. Je suppose que tu as du vin ?

Elle acquiesça. Tout à coup, elle ne savait plus quoi lui dire. Aucun sujet de conversation ne lui venait à l'esprit. L'idée de passer une soirée avec lui était tout simplement consternante, comme s'ils étaient des étrangers, alors qu'ils avaient vécu ensemble pendant près de trois ans. De quoi avaient-ils pu parler ? Comment avaient-ils réussi à occuper un bon millier de soirées ? Elle le dévisagea soudain avec un désespoir, une détresse qui ne devaient pas transparaître sur son visage, car il lui déclara d'une voix enjouée :

— Tu ne sais pas à quel point tu m'as manqué. Cet appartement de Willesden est tout simplement sinistre. (Il s'exprimait comme s'il s'agissait d'un endroit dont il avait entendu parler, et non du lieu où ils avaient si longtemps vécu ensemble.) Tu ne peux pas savoir combien il me déprime. Bien sûr, c'est encore pire depuis que tu n'es plus là.

— S'il te déplaît tant, tu n'as qu'à déménager.

Elle s'était exprimée avec la même vivacité que sa grand-mère et en fut secrètement enchantée.

— Oui, dit-il. Oui, tu as raison. À dire la vérité, ma chérie, j'ai bien l'intention d'en revenir à la solution que j'aurais dû te convaincre d'adopter depuis le début...

— Je vais chercher cette bouteille, dit-elle. J'ai une salade déjà préparée et un reste de saumon. Le vin te convient, ou bien préfères-tu du gin ? Ou autre chose ?

— J'aurais dû te convaincre, poursuivit-il comme si elle n'avait pas ouvert la bouche, que le mieux était encore que je vienne m'installer ici.

La confrontation qu'elle espérait éviter approchait, elle avait même déjà quasiment commencé.

— Je préfère ne pas aborder ce sujet, dit-elle. Je vais chercher le vin.

Elle déboucha la bouteille à la cuisine, pour éviter qu'il ne lui prenne le tire-bouchon des mains dans le but de lui démontrer sa dextérité masculine. Elle repensa brusquement à Leo, qui avait justement débouché une bouteille identique à celle-ci samedi dernier, pour l'apéritif, avant qu'ils n'aillent déjeuner. Il avait rempli leurs deux verres et avait levé le sien en disant : « À vous ! » Elle ne parvenait pas à comprendre comment ce comportement si chaleureux avait brusquement pu se muer en indifférence, pour quelle raison il avait visiblement éprouvé le besoin impératif de s'éloigner d'elle, de la quitter. Qu'est-ce qui relevait de son imagination, dans toute cette affaire, et qu'est-ce qui était réel ? Chaque fois que le téléphone sonnait, elle se disait qu'il s'agissait de lui. Mais la sonnerie retentissait rarement et à une ou deux reprises, elle s'était surprise à espérer qu'elle vienne troubler ce silence oppressant.

Elle disposa la bouteille et les verres sur un plateau, sortit la nourriture du frigo, remplit d'eau l'écuelle de Gushi et se lava les mains. Alistair, explorant la pièce, était en train d'examiner les porcelaines des Blackburn-Norris.

— Qu'est-ce que tu fabriquais ? lança-t-il. Tu es descendue à la cave pour choisir un grand cru classé ?

— J'achète mon vin. Je ne bois pas le leur.

Alistair avait le don de la rendre hargneuse. Il réveillait le pire côté de sa personnalité. Elle lui tendit son verre en se forçant à sourire. Il le leva et dit :

— À nous deux !

Il n'y a plus de « nous deux », songea-t-elle. Mais elle garda sa repartie pour elle et se contenta de boire une gorgée en silence. Leo avait dit « À vous ! », mais au fond, son vœu avait-il plus de sens que celui d'Alistair...

— Pour commencer, dit-il, je n'aime pas trop te savoir seule dans cette maison, alors que des gens se font assassiner à deux pas d'ici.

— Il n'y a eu qu'une seule victime. Un homme, un pauvre miséreux. Et Saint John's Wood n'est tout de même pas « à deux pas d'ici ». (Il fallait qu'elle cesse de se montrer prudente, conciliante, timorée. Ce n'était pas facile, mais il fallait bien se lancer.) Ce n'est qu'un prétexte, Alistair. Pourquoi ne dis-tu pas franchement ta pensée ? Tu as envie que nous reprenions notre vie commune. Eh bien, je crains que cela ne me dise rien du tout, pour ma part.

Il la regardait d'un air dubitatif. Il ne paraissait ni blessé ni fâché, mais tout simplement incrédule.

— Dans ce cas, pourquoi l'as-tu accepté autrefois ?

— C'était il y a trois ans, dit-elle. Les gens changent. J'ai changé. Je ne sais pas si c'est ton cas. Il me semble que oui, mais il se peut que je n'aie jamais connu ta véritable nature. Et vice versa.

Sa réponse fut interrompue par la sonnerie du téléphone.

Mary sursauta. Elle s'était attendue à réagir ainsi dans une telle éventualité, mais ne parvint pas à se contrôler. Son cœur se mit à battre. Il devait s'agir de Leo. Leo, qui ne l'avait pas recontactée depuis samedi, l'appelait pour l'inviter à dîner ou pour lui annoncer qu'il était déjà en route et arriverait d'ici peu à Park Village. Alistair s'était levé. Il tendit la main pour décrocher l'appareil.

— Non !

De tout le temps de leur vie commune, elle ne lui avait jamais lancé une réplique aussi cinglante. En fait, elle n'avait quasiment jamais parlé à personne de manière aussi péremptoire. Stupéfait, Alistair suspendit son geste et se tourna vers elle, l'air choqué.

Elle décrocha le combiné et lança un paisible « Allô », avant de décliner le numéro.

Il ne s'agissait pas de Leo mais d'une dame apparemment âgée, qui s'exprimait d'une voix douce et polie. Mary n'éprouva tout d'abord qu'une immense déception, qui faillit lui faire pousser un cri de dépit. Elle ne voyait pas de qui il s'agissait. Le nom de Celia Tratton ne lui disait strictement rien.

— Nous nous sommes rencontrées, il y a quelques années. Chez Frederica... Chez votre grand-mère...

— Mais oui, bien sûr. (Elle reprit rapidement ses esprits.) Je me souviens. Excusez-moi... Ma grand-mère séjourne chez vous, c'est cela ?

— Mary, j'ai une très mauvaise nouvelle à vous annoncer. Je suis désolée...

— Une mauvaise nouvelle ? Elle est tombée malade ?

— Eh bien, oui, elle... je suppose qu'elle était malade.

— Elle est morte, dit Mary d'une voix blanche.

— Oui. Cet après-midi. Elle ne s'est probablement pas rendu compte de ce qui lui arrivait. Nous étions assis à l'ombre, sur la terrasse. Elle était en train de discuter avec nous et une fraction de seconde plus tard, elle était morte. Une crise cardiaque. Ça c'est passé si brusquement, le choc a été terrible...

Frederica avait été comme une mère pour elle. Mary prononça machinalement les formules de circonstance et reposa le combiné avec une lenteur délibérée, avant de s'assurer qu'elle l'avait correctement raccroché. Son esprit était vide et elle avait froid. Elle se rendit compte qu'Alistair avait passé un bras autour de ses épaules et sentit le contact de sa joue contre la sienne. Gushi les rejoignit et s'assit à ses pieds, en se collant à son mollet. Alistair voulut le chasser d'un coup de pied.

— Arrête ! s'écria Mary. Fiche-lui la paix ! Pourquoi faut-il toujours que tu te comportes comme si tu jouais un rôle ?

Elle se mit à rire et à pleurer en même temps. Elle s'attendait à ce qu'il la gifle, mais ce ne fut pas le cas.

— Je suis désolé, dit-il. Je ne voulais pas qu'il t'embête.

— Ma grand-mère est morte. Tu n'as donc pas compris ?

— Bien sûr que si.

Elle écarta son visage du sien et ôta son bras de ses épaules.

— Ma chérie, dit-il, elle était âgée. Elle a bien profité de la vie. Sa mort était inévitable, à plus ou moins brève échéance.

Je devrais me lever, songea Mary, et lui dire de prendre la porte, de décamper d'ici. J'aimerais avoir la force et le courage d'agir ainsi. Au lieu de ça, elle s'adossa au mur, ferma les yeux et revit sa grand-mère avec autant de précision que si elle avait été devant elle, avec son beau visage ridé, ses yeux verts et perçants, encore pleins de jeunesse. Elle ne peut pas être morte, se dit-elle. C'est impossible, il doit y avoir une erreur.

— Elle n'avait pas loin de quatre-vingt-cinq ans, poursuivit Alistair, qui essayait encore de la consoler. Elle n'a pas souffert. Elle s'est éteinte comme une bougie qu'on souffle. Espérons que nous aurons autant de chance quand notre tour viendra.

— D'accord, tu as raison.

— Imagine ce qui se serait passé si elle avait traîné pendant des mois. Songe à ce que tu aurais dû endurer, en assistant à tout cela et en devant t'occuper d'elle. Il aurait bien fallu que tu t'en charges, elle n'avait que toi au monde...

— D'accord, Alistair. Je le sais parfaitement.

— Sa vie a été belle, et beaucoup de gens te diraient qu'elle a eu une fin heureuse.

Je suis une femme douce et fragile, se dit Mary, et j'aime les êtres qui me ressemblent, qui font preuve de douceur, de calme, de tendresse. J'aimais, *j'adorais* ma grand-mère, qui se comportait avec ses interlocuteurs, hommes ou femmes, comme si leurs sentiments avaient la fragilité du cristal et qu'il fallait les manipuler avec d'infinies précautions. J'aime les gens qui prennent leur temps, qui réfléchissent, qui font preuve de discrétion et de discernement dans le choix de leurs expressions, les gens qui ne heurtent personne et ne cherchent pas à piétiner les rêves d'autrui. Le mot que je préfère est « civilisé ». Les choses étant ainsi, comment ai-je pu partager pendant des années la vie de cet individu ? Et pourquoi suis-je incapable de lui dire de s'en aller ?

Alistair alla lui chercher un verre de vin et elle en but une gorgée. Il lui dit qu'elle ferait mieux de manger quelque chose et comme elle lui répondait qu'elle en était incapable, il ajouta qu'il n'avait pas l'intention, pour sa part, de sauter un repas.

— J'ai faim, et je n'ai aucune honte à l'admettre. Il faut bien que la vie continue.

Il alla se servir une assiette de salade et de saumon, ainsi qu'un gros quignon de pain complet. Tout en mangeant, il lui raconta sa journée de travail, afin de la « distraire ». Sans écouter ce qu'il disait, elle essayait de se représenter l'attitude que Leo aurait eue à sa place, les propos qu'il aurait tenus : elle se doutait bien qu'il aurait fait preuve de sensibilité, sans trop savoir la forme que celle-ci aurait prise.

Au bout d'un moment, elle s'excusa et monta dans sa chambre. La porte était munie d'un verrou : elle le tira, au cas où Alistair aurait décidé de venir la rejoindre. Mais elle finit par le repousser, en se disant qu'il était absurde de s'enfermer. Elle s'allongea sur le lit. J'aimerais que Dorothea soit là, se dit-elle. Ou Judith. Je voudrais simplement qu'il y ait quelqu'un à mes côtés. Leo, par exemple. Je le connais à peine, je n'ai passé que quelques heures avec lui, mais j'aimerais qu'il soit là, en ce moment. N'importe qui plutôt qu'Alistair. Pourquoi a-t-il fallu qu'il soit précisément là ?

Elle ne peut pas être morte, c'est impossible. Mais c'était évidemment on ne peut plus possible. Elle était âgée, très âgée. L'âge d'une personne qui vient de mourir importe peu aux yeux de ceux qui restent. La perte d'un proche est toujours une terrible épreuve, qu'il ait quatre-vingt-cinq, quarante-cinq ou vingt-cinq ans. Leo aurait compris cela. Il avait côtoyé la mort de près et Mary avait besoin de quelqu'un qui ait cette expérience. Lorsqu'elle regagna le rez-de-chaussée, Alistair regardait la télévision. Il tourna la tête.

— Ça va un peu mieux ?

Elle acquiesça, bien que ce geste n'eût pas la moindre signification.

— Tu n'as plus rien à faire, ajouta-t-il. J'ai lavé mon assiette et nos verres.

Elle dut faire un effort pour se retenir de le remercier, mais elle y parvint.

— Je vais passer la nuit ici, Mary. Tu ne peux pas rester toute seule.

— Sincèrement, Alistair, ce n'est pas nécessaire.

— Je vais passer la nuit ici, répéta-t-il. Si je t'abandonnais, je ne me le pardonnerais jamais. (Et sur le ton de quelqu'un qui s'attend à ce qu'on lui réponde que ce n'est pas la peine, que le lit de la maîtresse de maison lui est grand ouvert, il ajouta d'un air malicieux :) Il y a sans doute quelque part une chambre d'ami qui ne demande qu'à m'accueillir...

Mary se souvint brusquement avoir dit à sa grand-mère qu'elle lui présenterait Leo à son retour de vacances. Les larmes lui montèrent aux yeux. Elle lui souhaita bonne nuit, s'empara de Gushi et l'emmena dans sa chambre pour qu'il dorme avec elle. Elle tira le verrou et le laissa en place, cette fois-ci. Au bout d'un moment, elle entendit Alistair déambuler dans les pièces, à la recherche d'une armoire contenant de la literie, puis brasser pour en extraire des draps et des couvertures.

La nuit fut longue, mais elle finit par s'endormir.

11

À L'ÉPOQUE OÙ IL VIVAIT à Bryanston Square, en tant que domestique de feu Anthony Maddox, Bean avait fini par haïr son employeur. Celui-ci possédait un chien, un épagneul qu'il n'avait jamais traité avec beaucoup de douceur alors qu'il s'agissait d'une bête affectueuse. Un jour, suite à ses tracasseries, le chien l'avait mordu et Maddox avait demandé à Bean d'aller le faire piquer chez un vétérinaire.

Généralement, Bean n'était guère sujet aux remords mais en la circonstance, il s'était bien souvent reproché d'avoir obéi à Maddox. Il aurait dû refuser. Il aurait mieux fait de lui donner son congé plutôt que de conduire ainsi Philidor à la mort. Avec résignation, mais aussi avec beaucoup de tristesse, il avait emmené l'épagneul chez le vétérinaire et avait demandé à celui-ci d'exécuter la sentence. Cependant, à la suite de ça, il avait échafaudé une lente vengeance qui, pour l'essentiel, était demeurée invisible et cachée. Sans que Maddox le soupçonne un seul instant jusqu'à la veille de sa mort, il s'était arrangé pour lui rendre la vie infernale.

Son employeur ne se serait jamais douté que Bean crachait scrupuleusement dans chaque bol de soupe qu'il lui apportait. Ni qu'il ajoutait une cuillerée de sa propre urine dans toutes ses tasses de thé ou de café. Il apercevait bien les chenilles que Bean allait patiemment récolter dans le Parc (et pour lesquelles Maddox éprouvait une sorte de phobie), mais quand il lui en faisait la remarque, le domestique se contentait de lui répondre que sa vue baissait et qu'il n'arrivait plus à trier correctement la salade. Maddox était un grand amateur de laitue, mais il se vit contraint d'y renoncer. Il reçut à trois reprises la visite d'un huissier parce qu'il n'avait pas réglé certaines factures, Bean ayant subtilisé à son insu les lettres de rappel, qui ne lui étaient donc pas parvenues.

Maddox garait sa voiture sur le parking des résidents du district de Westminster, auquel il avait accès, mais très souvent, la nuit, Bean allait la déplacer et l'abandonnait sur un stationnement interdit. Les livres de valeur qu'il empruntait à la bibliothèque municipale disparaissaient mystérieusement. Un jour, sa couverture chauffante prit feu. Une autre fois, Bean mélangea à son pâté de foie de volaille une décoction de son cru, fabriquée à partir d'une gaufre au fromage et au jambon qu'il avait repêchée dans une poubelle du Parc. Maddox eut une gastro-entérite. Le médecin crut tout d'abord qu'il s'agissait d'un cas de salmonellose, ce qui contraignit Bean à abandonner ses recettes. Il ne tenait pas à tuer son patron et à être inculpé pour meurtre.

Le jour de son soixante-sixième anniversaire, Anthony Maddox eut une crise cardiaque qui affecta considérablement ses capacités d'élocution. Bean s'occupa de lui avec dévouement, mais la veille du jour où Maddox devait être définitivement transféré dans une maison de santé, il vida son sac et révéla toute la vérité à son employeur.

Maddox était en train de déjeuner. Ou plus exactement, c'était l'heure de son repas et Bean le nourrissait, s'apprêtant à lui faire avaler le contenu d'un bol de soupe et un yoghourt aux pêches. Le potage était un mélange d'un vert délicat que Bean avait préparé lui-même, à base d'asperges, de crème et de bouillon de poule. Il avait parfaitement conscience de l'incongruité que constituait l'adjonction du quatrième élément. C'était de ce genre de décalage qu'il tirait son plaisir : cela relevait de ce qu'il considérait comme son sens de l'humour.

Une nappe damassée, lavée, empesée et repassée par Bean était étendue en travers de la gorge ridée, de la poitrine creuse et du ventre proéminent d'Anthony Maddox. Les lèvres du vieil homme pendouillaient sur le côté et ses yeux exorbités semblaient considérer — mais c'était bien sûr illusoire — le paysage grandiose qui se découpait à travers la vaste fenêtre georgienne : l'église de Sir Robert Smirke, celle de Saint Mary, le fronton et les colonnades de la Tower of the Winds, sur

Wyndham Place. Le soleil illuminait sa coupole, donnant à la pierre brune des reflets d'or cuivrés.

En portant la cuillère aux lèvres béantes de son employeur — elles l'étaient en permanence ces temps-ci —, Bean déclara :

— J'ai pris soin de cracher dans cette soupe pendant que je la préparais, monsieur. C'est une habitude dont je ne me suis jamais départi au cours des quinze dernières années.

Les yeux de Maddox s'écarquillèrent davantage et il éloigna son menton de la cuillère, en essayant vainement d'articuler un son.

— Certains matins j'avais beaucoup de glaires, monsieur, et elles sont également venues enrichir votre potage. (Bean s'exprimait sur le ton déférent qui lui était coutumier : l'un des amis de Maddox l'avait surnommé « le Flagorneur ».) De la même manière, j'ai consciencieusement pissé dans votre thé et votre café. Pas dans toutes les tasses que je vous servais, mais dans une sur trois environ. Vous faisiez une grande consommation de ces breuvages, monsieur, et je ne pouvais pas soutenir un rythme pareil.

Maddox rejeta la soupe qu'il avait déjà absorbée. Son visage était devenu blanc comme un linge. Bean fut aux petits soins pour lui : il l'enveloppa dans un drap de bain, le borda du mieux possible, mais Maddox eut une crise cardiaque et mourut au cours de la nuit.

Peu de gens employaient un domestique à demeure dans les années 80. Les célibataires qui vivaient seuls demandaient à une femme de ménage de passer tous les quinze jours, se nourrissaient de plats à emporter ou réchauffés au micro-ondes, confiaient leur linge sale à la laverie ambulante et n'avaient nullement besoin qu'on fasse leurs lits, puisqu'ils utilisaient des couettes. Bean resta plusieurs mois sur la liste des demandeurs d'emploi. Il vivait sur l'argent qu'il avait mis de côté et avait loué une chambre dans Lisson Grove, au-dessus d'une boutique de journaux. Dans son testament, Anthony Maddox ne lui avait pas légué un centime, et Bean se félicitait d'autant plus de lui avoir révélé la vérité concernant l'usage qu'il faisait de son urine et de ses glaires.

Un jour, il eut enfin une proposition d'embauche. L'homme qui le reçut était parfaitement « hideux », pour reprendre l'expression de Bean. Il était chauve et rondouillard. Une étroite ligne de cheveux roux auréolait son crâne luisant. Bien qu'il fût à peine dix heures du matin, il portait un costume de soie noir sur une chemise blanche ornée d'un jabot froncé. Les murs de son appartement — de son duplex plutôt, car il occupait deux étages — disparaissaient sous une collection d'armes, des fouets pour l'essentiel, mais aussi des fusils et des pistolets aux crosses incrustées. Il y avait également deux tableaux : le premier représentait un jeune homme surmonté d'une auréole, dont le corps à demi nu était criblé de flèches ; le second un autre martyr, que ses bourreaux faisaient griller comme un beefsteak. Bean, pour sa part, ne mangeait jamais de steak, mais il lui était arrivé d'en préparer — en y ajoutant bien sûr quelques glaires — pour Anthony Maddox.

L'homme qui l'avait convoqué s'appelait Maurice Clitheroe et exerçait la profession d'agent de change, bien qu'il ne l'eût pas révélé à Bean au cours de cette première rencontre. Il avait une voix de fausset et s'exprimait d'une manière qui ne manqua pas d'intriguer Bean, car il semblait que la moindre chose lui était une « torture » et qu'il « souffrait » énormément.

— Je suis *douloureusement* conscient de la *dépendance* où je me trouve, lui dit-il. Je sais évidemment que vous allez contribuer à mes *souffrances*, mais je suis capable de les *endurer* sinon avec sérénité, du moins avec *soumission*. Je crains que vous ne réalisiez assez vite toute la *cruauté* de ma situation.

Bean n'avait pas la moindre idée de ce qu'il entendait par là, mais il accepta le poste. Quand on est en position de demandeur, on n'a pas vraiment le choix. Et depuis qu'il vivait à Lisson Grove, il croisait de nombreux mendiants. Les jours de déprime, il se voyait, contraint de partager leur sort, assis sous un porche, une casquette à ses pieds, avec un chien, peut-être, pour lui tenir compagnie et lui remonter le moral. Au début, il avait regretté que Maurice Clitheroe n'ait pas de chien. Mais par la suite, lorsqu'il eut compris la destination de ces fouets, le rôle des visiteurs qui défilaient régulièrement chez lui et le sens des curieux discours de Clitheroe, il en fut soulagé. Dieu sait comment un chien aurait pu réagir au milieu de la frénésie qui était souvent leur lot quotidien, à York Terrace.

Les jeunes gens qui se présentaient ne lésinaient pas sur les raclées, et certains avaient à peine conscience de leur force. Plusieurs fois, Bean avait dû transporter Clitheroe dans son lit, après avoir enduit ses bleus d'arnica et passé de la crème à la cortisone sur les zébrures de fouet. Les jeunes femmes étaient plus raffinées, elles chevauchaient Clitheroe après l'avoir équipé d'une selle, d'une bride et d'un mors, puis lui faisaient monter les escaliers et traverser les chambres dans cet accoutrement. Depuis que son employeur avait eu la bonne idée de mourir et qu'il avait empoché l'héritage, Bean avait une ou deux fois croisé l'un de ces visiteurs dans la rue. Comme il était souvent dehors, c'était inévitable.

La fille faisait le trottoir dans Baker Street, revêtue de cuissardes de piètre qualité et d'une minijupe à la fermeture Éclair déchirée. Bean portait son nouveau blouson d'aviateur et une casquette de base-ball. Le prenant pour un Américain, elle lui demanda avec un accent d'outre-Atlantique si cela lui dirait de lui offrir un verre. Pour toute réponse, il lui adressa sa grimace favorite, la toisant de haut avant de retrousser les lèvres en lui montrant les dents. Elle recula d'un pas et lui dit d'aller se faire foutre. Cette mimique prenait toujours les gens au dépourvu et la plupart ne réagissaient pas avec autant de vivacité que cette fille.

Il se rendit chez Europa Foods, qui restait ouvert tard, et acheta un sachet de nouilles, un pot de tomates en poudre, des champignons frais, du yoghourt maigre aux myrtilles et aux amandes et une cannette de Sprite. En regagnant son domicile, la seule personne de sa connaissance qu'il rencontra fut l'employée des Cornell, en compagnie d'un ami de sexe masculin. Ils se rendaient apparemment au cinéma de Baker Street pour la séance de 20 h 15. Se rappelant comment elle l'avait obligé à monter et à descendre ces escaliers à deux reprises au cours de la journée, il lui lança d'une voix de stentor :

— Bonsoir, Valerie. Amusez-vous bien.

Il acheta l'*Evening Standard* au stand d'un marchand de journaux installé sur le trottoir de Marylebone Road, en face de la station de métro. Il n'était pas un grand lecteur de quotidiens, ni d'ailleurs un grand lecteur tout court, mais les nouvelles défilaient si vite à la télé qu'on ne saisissait pas toujours très bien les détails. L'affaire de ce type empalé sur les grilles du cimetière était maintenant reléguée dans les pages intérieures. L'enquête avait établi que la mort de John Dominic Cahill, plus connu sous le sobriquet de Decker, avait été provoquée par de nombreux coups de couteau dont l'un, notamment, avait transpercé le ventricule gauche. L'empalement du cadavre sur les pointes des grilles était une simple touche « artistique », prouvant selon les termes du coroner le « sens de l'humour diabolique et pervers » de l'auteur du crime.

Bean lut l'article pendant que ses nouilles à la tomate et aux champignons cuisaient dans le micro-ondes. L'enquête concluait au meurtre. Au moins, se dit Bean, on n'avait pas cherché à noyer le poisson en parlant d'« homicide involontaire » ou de « coups et blessures ayant entraîné la mort sans intention de la donner ». Pour sa part, il était résolument partisan de la peine de mort. Si cela n'avait tenu qu'à lui, les exécutions auraient été publiques ; et il aurait volontiers rétabli l'usage du pilori pour les délits mineurs.

En buvant son Sprite, qu'il avait laissé rafraîchir cinq minutes au congélateur, il lut une interview de la sœur de Cahill, une certaine Bernadette Casey, de County Offaly. Tout en reconnaissant que son frère et elle ne s'étaient pas revus et n'avaient même pas échangé un mot depuis vingt-huit ans, elle le décrivait comme « un type adorable » dont la mort l'avait bouleversée, ainsi que ses huit autres frères et sœurs. Elle ne parvenait pas à croire que Johnny en ait été réduit à errer dans les rues de Londres et elle espérait encore qu'il s'agissait d'une erreur.

La police n'avait guère avancé dans son enquête, cela se devinait entre les lignes. Bien sûr, à l'instar de Bean et de n'importe quel citoyen respectueux des lois, il était fort possible qu'ils se fichent comme d'une guigne de l'identité du coupable. Après tout, la victime n'était-elle pas un de ces déchets humains, qu'on avait balayé et éliminé comme un vulgaire paquet d'ordures ?

Bean alluma la télévision. C'était l'heure du journal, mais le meurtre n'était déjà plus digne de figurer au sommaire des informations nationales. Il se rejeta dans son fauteuil et se mit à rêvasser, songeant au chien qu'il comptait acquérir un jour, lorsqu'il aurait les moyens de s'offrir un animal à pedigree et se serait décidé sur la race. Ce qui l'amena à se demander s'il n'existait pas un moyen d'augmenter ses revenus. Ne pouvait-il pas envisager de faire faire une troisième promenade quotidienne à ses chiens ?

Parvenues à ce stade, ses pensées se tournèrent vers ses clients : les Barker-Pryce, les Blackburn-Norris, Mrs Goldsworthy, Lisl Pring et les autres. Au début, lorsqu'il s'était mis à promener les chiens de tous ces gens, il avait espéré découvrir quelques secrets concernant leur passé, des anecdotes qu'ils n'auraient pas aimé voir divulguer, préférant acheter son silence. Mais ils le laissaient à peine entrer chez eux, ne se confiaient jamais à lui et arboraient toujours une façade neutre, irréprochable. Il se demandait parfois si les huit années qu'il avait passées au service de Maurice Clitheroe ne lui avaient pas donné une idée exagérément déformée de la vie privée courante des habitants du West End. Peut-être s'agissait-il en fait de citoyens sans histoires, chastes et incorruptibles, heureux en mariage (ou dans leur célibat).

Quant aux secrets dont il avait connaissance — si l'on pouvait les qualifier ainsi —, ils étaient difficilement monnayables. Inutile de songer à aller trouver la fille qui l'avait abordé dans Baker Street en la menaçant de révéler ce qu'il savait : elle considérerait probablement cela comme une excellente publicité ; et de toute manière, elle n'avait pas d'argent. Il retrouva un peu d'entrain en se disant que Lisl Pring était peut-être boulimique. Maintenant qu'elle figurait dans une émission à succès, elle ne serait sans doute guère ravie de voir le *Sun* publier un article racontant comment elle se bourrait de nourriture, avant de se forcer à vomir en se fourrant les doigts dans la gorge...

Bean alla chercher son yoghourt à la cuisine. La prochaine fois qu'il irait prendre Marietta, il faudrait qu'il pense à renifler dans les parages pour dépister d'éventuels relents de vomi.

Le débit de hamburgers installé à côté de chez Mme Tussaud dégageait une odeur qui n'était pas sans évoquer la sueur humaine. Une sueur très prégnante, même... Bean en savait long sur le sujet. Il avait bien souvent dû subir l'assaut de cette odeur du temps de Maurice Clitheroe, notamment lorsque celui-ci recevait l'un de ses visiteurs. Ce débit de hamburgers lui était doublement odieux : d'une part pour cette raison, mais aussi à cause des effluves de viande qui s'y mélangeaient. Il se demanda pourquoi il était venu par ici, au lieu de passer par York Gate ou Park Square. En se frayant un passage au milieu de la foule d'adolescents originaires des quatre coins de l'Europe qui s'agglutinaient devant la boutique, il sortit un mouchoir et le plaça ostensiblement sur son nez. Personne n'y prêta attention. Ou si ce fut le cas, on crut sans doute qu'il se protégeait contre la pollution due à la circulation qui paralysait Marylebone Road.

Des figures de cire... Bean ne voyait pas l'intérêt de la chose. Il y était allé un jour pour accompagner Maurice Clitheroe, qui s'était attardé — cela va sans dire — dans la chambre des Horreurs, contemplant longuement un cadavre pendu à un crochet, ainsi que ce Français qui avait été assassiné dans sa baignoire, lardé de coups de couteau. Maurice Clitheroe appréciait ce genre de spectacle et visitait régulièrement le musée. Bean avait le souvenir que le public était nettement moins nombreux, sept ou huit ans plus tôt. Mais aujourd'hui, il était pratiquement impossible de se frayer un chemin sur le trottoir : comme il se refusait à marcher sur la chaussée, il lui fallut jouer des coudes. Une jeune femme qui arborait trois anneaux à l'oreille gauche — et deux à la droite — tenta de lui vendre un exemplaire de *Big Issue*, mais eut un mouvement de recul en apercevant le regard et la grimace qu'il lui adressa.

Le mendiant au chien — Bean le désignait ainsi — était assis à sa place habituelle, à mi-chemin entre le musée de Mme Tussaud et York Gate. Une boîte en plastique ayant jadis contenu une cassette vidéo était posée à ses pieds, sur le trottoir, pour recevoir les aumônes. Le chien était assis sur les genoux de l'homme : il dormait, pelotonné, le museau enfoui dans une poche de sa veste. L'œil expert de Bean n'eut aucun mal à reconnaître un briquet, au pelage jaune et blanc ; il s'agissait sans l'ombre d'un doute d'un animal à pedigree.

Il retroussa les lèvres et montra également les dents au mendiant. Sa grimace produisait immanquablement son effet, peut-être en raison de son caractère inattendu : les gens avaient toujours un mouvement de recul en l'apercevant. Muni comme à l'accoutumée de son appareil photo, il s'arrêta au bord du trottoir et prit un cliché. Le mendiant leva la main pour cacher son visage, mais il était trop tard.

Il passa d'abord prendre Boris, le lévrier. Comme d'habitude, Valerie Conway l'obligea à emprunter ce maudit escalier. Elle avait un message à lui transmettre, lui dit-elle, de la part de Mr et Mrs Cornell : on lui recommandait de redoubler de vigilance, car il y avait actuellement une véritable épidémie de vols de chiens.

— Ce sont tous ces clochards qui les enlèvent, poursuivit Valerie. Ils leur tiennent chaud la nuit, sans parler du facteur psychologique.

— Je vous demande pardon ? dit Bean.

— Les Anglais éprouvent plus d'affection pour leurs chiens que pour leurs semblables, c'est bien connu.

Bean enregistrait toutes les informations qui lui parvenaient, surtout lorsqu'elles pouvaient se révéler utiles, et quand il se présenta à l'appartement de Portland Place pour prendre Ruby, le briquet, il transmit la nouvelle à Erna Morosini :

— Les briquets sont particulièrement recherchés, lui dit-il. Ce clochard, par exemple, qui est assis devant le musée de Mme Tussaud, en possède un. J'ai même aperçu la plaque du Kennel Club. (Son imagination prenait la relève.) Ils les bourrent de médicaments pour qu'ils se tiennent tranquilles. Le Valium vient largement en tête, mais le Largactil n'est pas loin derrière.

— J'aurais préféré que vous vous absteniez de me révéler ça, dit Mrs Morosini.

— Nous sommes bien obligés de regarder la vérité en face, n'est-ce pas, madame ? Je ferai des photos de Ruby au cours de la semaine. Si cela vous intéresse, mes tarifs sont très raisonnables.

Le regard du duc de Kent croisa le sien tandis qu'il rejoignait Park Crescent, et Bean redressa les épaules pour imiter son attitude altière. Il pénétra dans les jardins et s'engagea en compagnie des deux chiens dans le sentier en pente qui rejoignait le tunnel des Nourrices. Cet après-midi — le soleil était voilé par un rideau de brume —, l'endroit semblait aussi désert qu'à l'ordinaire, et il n'aperçut pas la moindre trace de l'homme aux clefs. Les jardins de Park Square étaient tout aussi vides, à l'exception des pigeons et des moineaux qui sautillaient sur l'herbe, au soleil, et d'un écureuil qui descendit à toute allure d'un immense arbre vert avant d'aller escalader un tronc voisin. Comme on était samedi, il y aurait foule dans le Parc lui-même.

Bean raconta à Mr Barker-Pryce l'affaire des clochards voleurs de chiens, remplaçant dans cette version les briquets par les golden retrievers. Barker-Pryce lui répondit sèchement que puisque Charlie ne sortait que deux fois par jour, et toujours en sa compagnie, c'était à lui de veiller à ce qu'un tel enlèvement ne se produise pas.

— Vous avez raison, monsieur, répondit Bean.

Mais intérieurement, il bouillait de colère, et il s'abstint de faire allusion aux photos de Charlie qu'il avait prises. Visiblement, ce n'était pas non plus le moment idéal pour parler à Lisl Pring d'éventuelles photos de Marietta. Il lui avait dit que les caniches étaient actuellement la cible préférée des mendiants, mais l'actrice avait réagi de manière inattendue :

— Je leur abandonne volontiers cette petite peste. Elle vient de chier sur mon tapis.

— Vous ne parlez pas sérieusement, miss Pring.

Bean était choqué, tant par la réaction que par le langage de l'actrice.

En attendant dans l'entrée qu'elle soit allée chercher Marietta, il renifla de droite à gauche, à la recherche d'une odeur suspecte, et ouvrit une porte qui aurait pu être celle des toilettes mais qui abritait en fait une simple penderie. Intrigué, il aperçut une robe longue couverte de broderies, disposée sur un mannequin, et une armure qui se dressait comme si quelqu'un était caché à l'intérieur. Il referma doucement la porte. Se rappelant la réaction de Lisl Pring, il renonça à prévenir Mrs Goldsworthy que les terriers écossais étaient les plus recherchés, pour la chaleur de leur pelage, sans parler du facteur psychologique.

En remontant vers Albany Street, il croisa le grand clochard barbu à l'accent d'Oxford. Celui-là, au moins, ne puait pas. Un matin, pris de court, Bean avait dû attacher ses chiens aux grilles et se précipiter dans les toilettes publiques, à quelques mètres de la Grande Allée. Ce grand type était là, en train de se débarbouiller et de se frictionner les cheveux sous l'un des séchoirs à mains. Bean ne lui avait pas adressé la parole, pas plus qu'aujourd'hui. Il détourna les yeux. Toutes ces créatures étaient des foyers de microbes. Dieu sait pour quelle raison ce type avait été *contraint* de se laver ce jour-là...

La jeune femme qui gardait Charlotte Cottage paraissait un peu abattue cet après-midi. Elle était habillée en noir, ce qui ne signifiait pas grand-chose en soi, mais elle avait un visiteur que Bean identifia immédiatement comme l'un des employés d'une entreprise de pompes funèbres, située dans Marylebone Road. Sa curiosité toujours sur le qui-vive fut aussitôt éveillée.

En s'emparant de Gushi, il lui demanda de son air le plus respectueux :

— J'espère que vous n'avez pas reçu de mauvaises nouvelles concernant Sir Steward et Lady Blackburn-Norris, miss ?

Elle n'était pas du genre à remettre les gens à leur place, et Bean la méprisait un peu en raison de sa gentillesse.

— Oh non, non, dit-elle d'une voix triste, l'esprit visiblement ailleurs. Je suis sûre qu'ils se portent à merveille. Ils viennent de m'envoyer une carte du Costa Rica.

Bean jugea préférable de ne pas insister. Les drames privés de la jeune femme ne l'intéressaient pas. Il conduisit les chiens jusqu'à Gloucester Gate et les lâcha sur les grandes pelouses, après avoir passé la fontaine des Parsis. Comme il s'y était attendu, le Parc était noir de monde. Des jeunes gens à des stades de nudité divers se prélassaient sur l'herbe, bien que la température n'eût rien d'estival et que le soleil fût encore voilé. De tous ses chiens, Charlie était le plus dévergondé et Bean s'amusa beaucoup en le voyant se mêler à certains couples qui se pelotaient, fourrant son museau entre leurs cuisses ou leurs derrières. Les gens poussaient des cris et l'envoyaient promener. Gushi et Marietta se faufilèrent au milieu d'un groupe qui pique-niquait et le caniche repartit ventre à terre dans les buissons, une bonne part de gâteau entre les dents. De manière générale, Bean préférait le Parc lorsqu'il était désert, mais ce genre de contexte venait en second sur sa liste : une véritable foule, où tout le monde ou presque paraissait importuné, irrité ou excédé par les allées et venues des chiens.

Il aperçut la femme qui promenait en rang d'oignons sa colonie de chiens sur l'interminable sentier qui traverse le Parc, mais ce spectacle lui-même ne parvint pas à dissiper son humeur enjouée. C'était le jour de la paye. Comme chaque samedi, ses clients allaient lui régler ses honoraires lorsqu'il ramènerait les bêtes.

L'employé des pompes funèbres n'était plus là lorsqu'il déposa Gushi. La jeune femme avait les yeux rouges : soit elle venait de pleurer, soit elle avait une conjonctivite. Il lui rappela qu'elle devait lui régler son salaire hebdomadaire et elle alla jusqu'à s'excuser en lui tendant les billets. Mrs Goldsworthy donna une petite tape à McBride pour le faire entrer dans la maison, tout en tendant d'une main nerveuse son argent à Bean. Celui-ci eut l'impression qu'elle avait des invités et que l'apéritif avait déjà été servi, ce qu'il considéra comme décadent, à cinq heures et quart de l'après-midi. Il aurait volontiers fait sa grimace favorite à Lisl Pring s'il n'avait pas compté sur sa pratique et sur l'argent qu'elle lui devait. Elle vint lui ouvrir la porte en short et en maillot de corps, le nombril à l'air comme au jour de sa naissance ; derrière elle, un type également en short lui enlaçait la taille.

Mr Barker-Pryce dégageait une odeur de cigare si infecte que son chien lui-même se raidit. Il compta très lentement l'argent qu'il destinait à Bean, à plusieurs reprises, comme un caissier de banque. Il fallut presque que Bean lui arrache les billets des mains pour les soustraire de ses doigts maculés de nicotine.

— Merci beaucoup, monsieur, dit-il tandis qu'on lui claquait la porte au nez.

Après avoir extirpé la clé, enfouie sous cette liasse de billets toute fraîche, il pénétra dans les jardins de Park Square. Un écureuil traversa le sentier, un mètre à peine devant lui, et Ruby le briquet tira violemment sur la laisse pour se lancer à sa poursuite. Bean faillit s'étaler par terre. Le lévrier se mit à grogner et retroussa les babines, un peu comme Bean le faisait lorsque quelque chose ou quelqu'un lui déplaisait.

Malgré le nombre élevé de clefs donnant accès aux jardins qui étaient sans doute en circulation, les pelouses et les allées étaient désertes ; pas un banc n'était occupé. Le vent était tombé, à moins que ce secteur ensoleillé ne fût abrité par le rideau des arbres. Le parfum des fleurs, que Bean était incapable d'identifier, embaumait l'atmosphère et parvenait presque à masquer la puanteur des gaz d'échappement qui émanait de Marylebone Road. Un merle se mit à siffler.

L'herbe n'avait pas été piétinée par d'innombrables promeneurs, les détritus ne débordaient pas des poubelles et n'enlaidissaient pas les allées. Dommage que les chiens n'aient pas le droit d'être laissés en liberté par ici. Si tel avait été le cas, Bean n'aurait plus jamais remis les pieds au Parc. Il s'engagea dans le sentier qui descendait jusqu'au tunnel, entre les deux murs de brique. Boris et Ruby trottinaient côte à côte devant lui.

Il n'empruntait plus ce passage sans un frisson d'appréhension. Ses muscles se raidirent, et il dut faire un effort pour éviter que ses mains ne se crispent. Mais l'homme aux clefs était hors de vue. Le tunnel était vide, comme presque toujours. Et il n'était pas plongé dans les ténèbres à cette heure, même en son milieu, bénéficiant au contraire de la lumière naturelle qui l'éclairait à chaque extrémité. Un horrible soupçon le traversa soudain : l'homme aux clefs pouvait fort bien s'être planqué, un peu en retrait, à la sortie du tunnel, et attendre qu'il arrive à sa hauteur pour se montrer, surgissant brusquement dans son costume cliquetant et scintillant.

Pas une seconde il ne songea à ce qui pouvait se produire derrière lui. Il avait presque atteint la sortie du tunnel, sans avoir entendu un seul bruit de pas, le moindre souffle de respiration, lorsque quelque chose vint heurter l'arrière de son crâne. Le choc fut aussi violent que s'il s'était cogné à la voûte d'une cave ou au linteau d'une porte. Pire même, car il tituba et perdit l'équilibre, tombant d'abord à genoux avant de s'affaler sur le dos. Il perdit un instant connaissance, plongé dans des ténèbres trouées d'étoiles, de comètes et de satellites qui traversaient le ciel en sifflant, et ce fut sans doute à ce moment-là qu'il lâcha la laisse.

Il eut l'impression qu'une main fouillait la poche de son blouson. Il grommela et remua faiblement. Puis il entendit un bruit de pas qui s'éloignaient en courant dans la direction de Park Square. Bean s'assit. Sa casquette de base-ball était tombée à terre mais il l'avait encore sur la tête lorsqu'on l'avait frappé — ce qui, il en était convaincu, avait amorti le choc, lui épargnant de plus graves ennuis. Prudemment, il se palpa le crâne, puis regarda ses doigts : il n'y avait aucune trace de sang. Il redoutait beaucoup les chutes et se demanda s'il ne s'était pas cassé quelque chose. L'ostéoporose n'était pas réservée aux vieilles dames, ainsi qu'il l'avait lu dans un magazine médical.

Son appareil photo... Il avait disparu ! Il se demanda un instant s'il ne l'avait pas laissé chez lui, mais il se souvenait fort bien qu'il l'avait autour du cou lorsque Barker-Pryce lui avait réglé ses honoraires. Quant à ses clefs... Elles étaient dans la poche de son jean : celle de York Terrace, bien sûr, mais aussi celles de Charlotte Cottage et de la propriété de Lisl Pring, sans parler de celle qui donnait accès aux jardins. Il tâta sa cuisse en essayant de sentir leurs contours métalliques, puis glissa la main dans sa poche. Les clefs étaient bien là, mais la poche de son blouson était vide : la liasse des billets que quatre de ses clients venaient de lui remettre avait disparu, ainsi que l'essentiel de sa dernière pension de retraite. Bean sentit son estomac se retourner, comme s'il avait fait une pirouette dans son ventre et s'était retrouvé à l'envers.

Au moins parvenait-il à tenir debout. Il ne s'était pas cassé la jambe. Et il voyait normalement. Le choc n'avait pas provoqué de décollement de rétine, comme cela aurait pu se produire — autre détail que lui avaient révélé ses lectures médicales. Les deux chiens avaient disparu. Bean songea qu'il leur était impossible de sortir des jardins et chassa la vision d'horreur qui les représentait, fauchés par des poids lourds, sur l'asphalte de Marylebone Road. Il les appela, d'une voix faible et mal assurée, mais en vain.

Il fallait évidemment qu'il aille les chercher lui-même. Il découvrit Boris en train de s'acharner sur le cadavre décomposé d'un pigeon. Ruby, retenu par la laisse à son congénère, traçait autour de lui des cercles menaçants. Bean ramassa la laisse : il se sentait las et le sang battait dans son crâne, lui martelant les tempes.

Une chose était sûre, c'est qu'il ne redescendrait pas cet escalier. Lorsque l'employée des Cornell apparut en bas des marches, il lui cria que si elle ne venait pas ouvrir la porte du perron, il attacherait Boris à la grille et l'abandonnerait là.

— Qu'est-ce qui vous prend ? dit-elle.

— Il me prend que j'ai été attaqué. Ouvrez la porte de devant, Valerie. Je ne me sens vraiment pas bien. J'ai dû subir une commotion.

Au bout d'un long moment, la porte de l'entrée s'ouvrit. Bean entrevit de la moquette blanche, des meubles couverts de dorures et un bouquet de lis rouges dans un vase en verre vénitien. Il détacha la laisse et Boris pénétra dans la maison comme s'il empruntait toujours ce chemin, trottinant en silence et poussant une porte entrebâillée du bout de son étroit museau.

— Vous vous souvenez sans doute que c'est aujourd'hui qu'on me règle mes honoraires, Valerie ?

Il était fou de rage à l'idée de la somme qu'on lui avait dérobée. Il allait devoir rogner sur ses économies. Sans parler de l'appareil photo... Pourquoi n'avait-il pas songé à l'assurer ? Il porta la main à son crâne et palpa la bosse qui enflait sur son cuir chevelu. L'employée réapparut avec l'enveloppe qui contenait son argent. On aurait dit qu'elle se retenait de lui faire une remarque désobligeante.

— À demain matin, lança Bean.

— Lors de nos prochaines entrevues, je vous serais reconnaissante de bien vouloir m'appeler miss Conway !

Son visage s'était empourpré, à cause de l'effort que lui avait coûté cette remarque. Bean haussa les épaules, empocha l'enveloppe et se remit en route pour regagner York Terrasse. Lorsqu'on perd connaissance, même pour un bref instant, on a bien été victime d'une commotion et on est censé consulter un médecin. Mais avait-il vraiment perdu connaissance ? Finalement, il se dit que non. Sitôt arrivé chez lui, il appela la police pour l'informer qu'il avait été agressé et qu'on lui avait volé son argent.

On lui répondit qu'un inspecteur le rappellerait et qu'entre-temps, il ferait bien de consulter un médecin.

— Je sais qui est mon agresseur, dit-il.

— Vous l'avez vu ?

— Pas exactement, mais je le connais. C'est un vagabond, un clochard qui rôde dans le quartier, entièrement couvert de clefs.

— Vos clefs ont été volées ?

Bean dut admettre que non, mais il en avait assez de ce flic que son histoire laissait visiblement indifférent et lui déclara qu'il passerait lui-même au commissariat.

12

MARY AVAIT PENSÉ que les gens considéreraient le décès de sa grand-mère avec moins de gravité que si elle avait perdu, mettons, son père ou sa mère, mais il n'en alla pas ainsi. Le mari de Dorothea disposait encore d'une semaine de congé et vint remplacer Mary au musée. En Crète, les Tratton prirent toutes les dispositions nécessaires pour faire rapatrier le corps de Frederica Jago. En dépit de leur mine rébarbative, les employés des pompes funèbres se révélèrent efficaces et compétents. Alistair vint l'aider à accomplir les démarches officielles : déclaration de décès, commandes de couronnes mortuaires, contacts avec le notaire et les administrations concernées.

— C'est exactement comme si tu avais perdu ta mère, lui dit-il. (Son attitude avait notablement changé, par rapport au soir où elle avait appris la nouvelle.) Le vide est aussi grand. On a tort de croire que devant un tel drame, les gens réagissent en fonction de leur degré de parenté avec le défunt.

Et c'était le même homme qui, moins d'une semaine auparavant, lui avait déclaré que sa grand-mère aurait pu traîner pendant des mois et qu'elle pouvait s'estimer heureuse de ne pas avoir eu à s'occuper d'elle... Alistair ne fit aucune allusion aux questions financières, ni à la maison de Belsize Park. Pas plus qu'il n'évoqua la possibilité de venir passer la nuit chez elle ou l'éventuelle reprise de leurs rapports sexuels. Et il ne mentionna pas une seule fois le Harvest Trust ou l'affaire de la greffe.

Elle n'avait aucune nouvelle de Leo. Elle ne l'avait rencontré qu'à trois reprises, mais il lui manquait déjà — « terriblement », ajoutait-elle en son for intérieur. Elle tentait de se raisonner, de lutter contre cette réaction vaguement hystérique. Comment pouvait-elle souffrir à ce point de l'absence d'un être qu'elle connaissait à peine ? Elle s'était mise à rêver de lui, échafaudant même au cours d'une nuit une série de scènes langoureuses et érotiques qui la choquèrent à son réveil.

Chair de ma chair, sang de mon sang... Ces mots, lorsqu'il les avait prononcés, avaient marqué l'apogée de ce moment d'intense émotion au cours duquel elle avait eu la fugace impression qu'ils se connaissaient depuis des années. Était-il illogique ou présomptueux d'avoir cru, à ce moment-là, que de longues années de complicité les attendaient ?

Mais il avait disparu, sombré dans le néant. Après avoir fait ce rêve où Leo l'étreignait, l'embrassait, la caressait, elle avait eu l'étrange sentiment que si elle devait ne jamais le revoir, s'il s'éclipsait de sa vie aussi vite qu'il y était entré, les quelques heures qu'ils avaient passées ensemble resteraient gravées en elle à tout jamais.

La peine engendrée par la mort de sa grand-mère se mêlait aux émotions que Leo avait éveillées en elle, sans parvenir à les chasser de son esprit. S'il s'était remanifesté, elle aurait pu lui parler de Frederica Jago. Il l'aurait écoutée, il aurait eu envie d'en savoir davantage. Alistair avait coupé court à ce genre de réminiscences. Les souvenirs et l'évocation du passé étaient hors de sa sphère.

— Je connaissais fort bien ta grand-mère, ma chérie. Mieux même que les membres de ma propre famille.

Quant à Dorothea, elle prétendait qu'il était inutile de s'étendre sur le passé. Selon elle, une fois les funérailles terminées, Mary ferait mieux de tirer un trait là-dessus.

— Je ne crois pas qu'il soit nécessaire de brasser tous ces souvenirs. Cela ne fait qu'aggraver les choses. Songe à ces gens qui vont fouiller dans leur passé et qui découvrent qu'on a abusé d'eux lorsqu'ils étaient enfants. N'auraient-ils pas été plus heureux s'ils n'en avaient rien su ?

— Je ne pensais pas à ça. Je n'ai nullement besoin d'une thérapie.

— Tu as besoin de vivre dans le présent, répondit Dorothea.

Mary se disait parfois que Leo l'aurait écoutée et aurait su lui poser les bonnes questions, qu'il se serait montré patient, passant au besoin des heures à l'entendre évoquer cette grand-mère qui avait été pour elle une mère, une amie, un recours devant les épreuves de la vie, et que nul ne pourrait jamais remplacer. Mais elle commençait à se demander si elle le reverrait un jour.

Elle reprit son travail avant les funérailles. Il valait mieux qu'elle s'occupe au musée, plutôt que de rester seule à Charlotte Cottage. Elle eut un soir une longue conversation avec Celia Tratton — qui était rentrée de Crète la veille — et après cela, elle se sentit plus détendue, mieux à même d'accepter la cruelle vérité. Au musée, le nombre des visiteurs avait sensiblement décru depuis que le meurtre ne faisait plus la une et que la presse avait cessé d'en parler. Profitant d'une demi-heure de solitude, elle tenta d'appeler Leo.

Il lui avait fallu surmonter bien des réticences avant de s'y décider. Elle s'était souvenue de tout ce qu'il lui avait dit, de ses remarques les plus aimables et les plus flatteuses — et que lors de leurs deux premières rencontres, toutes ses déclarations ou presque semblaient indiquer qu'il souhaitait voir une certaine forme d'amitié s'instaurer entre eux. Quant à ses derniers mots, teintés d'impatience, elle préférait les oublier, tout comme elle essayait de bannir l'image de son brusque départ. Quelque chose était arrivé, qui l'avait empêché de la recontacter, un événement qui avait peut-être un rapport avec son frère. À moins qu'il n'ait essayé d'appeler et qu'il n'y ait finalement renoncé, car la ligne était fréquemment occupée depuis la mort de sa grand-mère. Après s'être tenu tous ses raisonnements, elle avait essayé de lui téléphoner la veille à trois reprises, au numéro de son frère, mais personne n'avait décroché.

Lui avait-il dit où il travaillait exactement ? Il avait simplement indiqué qu'il collaborait avec son frère et qu'il s'agissait d'un emploi à mi-temps. Mais il n'avait pas précisé s'il travaillait à domicile ou dans un bureau quelconque. Il n'y avait aucun mystère là-dessous, elle en était certaine : simplement, il n'avait pas eu l'occasion de lui donner plus de détails et de s'étendre sur la nature exacte de son emploi.

Elle commençait à se demander ce qu'elle allait lui dire si jamais il répondait. Pourquoi ne m'avez-vous pas donné de vos nouvelles ? Pouvons-nous nous rencontrer ? J'aimerais vous revoir ? Ce genre de déclarations était inconcevable pour quelqu'un comme elle. Elle souhaitait une explication, mais elle était incapable de demander à un homme qu'elle n'avait rencontré que trois fois pourquoi il l'avait laissée tomber. On pouvait difficilement le ranger dans la catégorie des amants inconstants. Peut-être devait-elle se contenter de prendre de ses nouvelles, l'interroger de manière neutre, impersonnelle ? Elle composa le numéro mais cette fois encore, personne ne répondit.

Il pleuvait le jour des funérailles. Alistair avait pris un jour de congé et se tenait à ses côtés, l'abritant sous son parapluie. L'homme qu'elle avait rencontré chez Frederica, au cours de ce fameux dîner, et qui lui avait proposé d'aller au cinéma, arriva à l'église en compagnie d'une jeune femme qui était de toute évidence sa petite amie. Toutes les connaissances de Frederica étaient là, à l'exception des Blackburn-Norris. Mary nota mentalement de songer à les appeler, à leur hôtel d'Acapulco, pour leur annoncer la nouvelle avec le plus de ménagement possible. Le notaire de Frederica, qui avait également assisté à ce dîner en compagnie de son épouse, était assis sur un banc du premier rang. Au terme de la triste réunion qui suivit la cérémonie, à Belsize Park, il ne paraissait toujours pas disposé à partir.

Mary se demanda pourquoi, songeant vaguement qu'elle avait peut-être commis une erreur en invitant tous ces gens dans une maison qui n'était pas la sienne, ou du moins qui ne lui appartenait pas encore officiellement. Mais elle s'était dit qu'il aurait été encore plus déplacé d'organiser une telle réunion à Charlotte Cottage. Toutefois, Mr Edwards était resté pour une raison bien différente et dont Alistair, qui lui resservait un verre de porto, semblait entrevoir la nature. Une atmosphère théâtrale succéda brusquement à l'ambiance attristée des funérailles. Mr Edwards chuchota quelque chose à Alistair, qui lui répondit :

— Je suis sûre que ma fiancée est maintenant prête à vous écouter.

Les deux hommes se dirigèrent d'un pas mesuré vers la salle à manger de Frederica. Mary était tellement indignée d'avoir été désignée comme la « fiancée » d'Alistair qu'elle remarqua à peine qu'ils s'étaient enfermés tous les deux dans la pièce. La porte se rouvrit au bout d'un bref instant. Alistair passa la tête à l'extérieur et demanda à Mary, d'une voix solennelle, si elle voulait bien se joindre à eux.

Mr Edwards s'était assis en bout de table. Alistair était installé en face de lui mais lorsque Mary arriva, il se leva, lui offrit une chaise et resta debout derrière elle. Il conserva cette position après qu'elle se fut assise, comme le faisaient les maris à l'époque victorienne sur les photographies de mariage.

— Mr Edwards va te révéler la teneur du testament de ta grand-mère, ma chère.

« Ma chère » était une autre trouvaille... Les deux hommes semblaient l'avoir prise sous leurs ailes protectrices et paternalistes et elle songea que si Leo avait été là, il aurait mis un terme à cette comédie. Mais elle se retint, acquiesça et demanda à Mr Edwards de bien vouloir poursuivre.

Après s'être raclé la gorge, celui-ci lui annonça ce qu'elle savait déjà, à savoir que cette maison était désormais la sienne ; puis il ajouta — ce qu'elle ignorait, et dont l'idée ne l'avait même pas effleurée — que sa grand-mère lui avait légué tout ce qu'elle possédait, soit pratiquement deux millions de livres sterling.

Pendant une fraction de seconde, Mary se demanda si Alistair n'était pas de mèche avec le notaire, s'il ne connaissait pas *déjà* la nouvelle : mais lorsqu'elle se retourna pour le dévisager, un simple coup d'œil suffit à la convaincre du contraire. On aurait dit le visage de quelqu'un d'autre, qu'elle ne connaissait pas : ses traits s'étaient relâchés, il ouvrait de grands yeux et sa mâchoire pendait dans le vide. Il tira la chaise voisine de la sienne et s'assit. Elle s'attendait presque à ce qu'il étende les bras et s'effondre sur la table, mais il demeura figé, les yeux rivés sur un tableau qui ornait le mur opposé.

Mr Edwards mentionnait à présent quelques legs secondaires, de petites sommes versées à des institutions caritatives, mais Mary l'entendait à peine. Elle se demandait pourquoi il ne lui était jamais venu à l'idée que sa grand-mère pût être aussi riche. Le notaire s'interrompit brusquement et se tourna vers elle avec un grand sourire, l'air presque joyeux, comme s'il n'avait pas assisté deux heures plus tôt aux funérailles de la vieille et irremplaçable amie qui était aussi sa cliente.

— Je vous remercie, dit Mary.

Alistair lui prit la main et la serra fortement. Elle remarqua que Mr Edwards les dévisageait d'un air débonnaire, comme un jeune couple sur le point de se marier, émerveillé par l'arrivée inopinée de cette manne gigantesque. Ils ne réalisent pas encore ce qui leur arrive, devait-il songer, ils sont sous le choc de cette incroyable nouvelle, mais dans quelques instants...

Le ton de sa voix lui-même avait changé lorsqu'il se mit à parler de l'homologation, des délais légaux. Mary acquiesçait en silence. Alistair, retrouvant brusquement l'usage de la parole déclara :

— Oui, tout à fait. Ma fiancée n'est nullement dans le besoin. Le moment venu... eh bien, je suis dans la finance, comme vous le savez sans doute, et je prendrai tout cela en main.

La pluie s'était remise à tomber lorsque Mr Edwards les quitta. Il ouvrit son parapluie et se précipita en courant presque vers la rue où l'attendait le taxi qu'Alistair avait appelé à son intention. Ils regagnèrent ensuite Charlotte Cottage en silence. Après avoir refermé la porte d'entrée, Alistair se tourna vers elle et voulut la prendre dans ses bras. Cette comédie a assez duré, songea-t-elle, ma patience a des limites. Elle saisit les mains d'Alistair, les ôta de ses épaules et recula d'un pas.

— C'est curieux, dit-elle, quand nous vivions ensemble je n'étais que ta petite amie, et maintenant que je t'ai quitté, je suis devenue ta fiancée. Comment expliques-tu cela ?

— Tu vas dire que c'est à cause de l'argent, n'est-ce pas ?

— Non, Alistair : ce n'est pas moi, c'est toi qui viens de le dire. Tu viens de prononcer les mots que je n'osais pas formuler.

— Tu as sans doute oublié que c'est moi qui me suis pratiquement chargé de tout, depuis la mort de ta grand-mère. Je n'avais pas la moindre idée de ce qu'elle possédait.

— Tu as parié intelligemment, voilà tout. Tu es dans la finance, comme tu viens de le dire à Mr Edwards, ce domaine ne t'est pas étranger.

— Ma chérie... Je veux t'épouser. J'admets que je ne m'en étais pas rendu compte avant que tu t'en ailles. Mais est-ce si grave que ça ? Je ne t'ai pas estimée à ta juste valeur lorsque nous vivions ensemble, mais depuis que tu es partie, tu me manques terriblement.

— « Ma chérie », « ma fiancée »... J'ai toujours l'impression qu'on a recours à de telles expressions pour éviter d'appeler les gens par leur prénom.

— Je ne vois pas le rapport, dit-il d'un air excédé. Je viens de te dire que je voulais t'épouser. Et je t'ai expliqué pourquoi. Tu n'as pas le droit de retenir le passé à charge contre moi. Ces choses ne se reproduiront plus jamais, je te l'ai promis. (Il serra les poings.) Je parie que tu n'as même pas remarqué.

— Remarqué quoi ?

— Que pas une fois je n'ai fait allusion à la greffe, à ce prélèvement — enfin, appelle-le comme tu voudras. J'ai tiré un trait là-dessus. Je me suis juré de ne plus jamais en parler et j'ai respecté mon engagement. Que veux-tu de plus ?

À chaque nouvelle réplique, c'était un peu plus facile. Le courage de Mary croissait à une vitesse presque alarmante.

— Je ne veux rien du tout, Alistair.

— Qu'entends-tu par là ?

— Je ne veux rien, je n'attends rien de toi. Je croyais te l'avoir expliqué.

— Non. La vérité, c'est que tu as tout maintenant. Tout ce que tu voulais. Ton indépendance. Tu n'as plus *besoin* de moi.

Il bondit sur elle. La prenant par surprise, il la saisit par les épaules et se mit à la secouer. Son visage était redevenu semblable à celui d'autrefois avec ses yeux noirs comme du charbon et ses joues empourprées, écarlates.

— Tu es à moi, tu ne peux pas m'échapper de la sorte. Maintenant que tu es riche, tu crois pouvoir te passer de moi, après tout ce que j'ai fait pour toi, tout ce que nous avons...

La sonnette de l'entrée retentit. Les doigts d'Alistair se crispèrent, puis il relâcha son étreinte et Mary se dégagea. Elle claquait des dents. Elle porta la main à ses lèvres, comme si la pression de ses doigts était en mesure de faire cesser ce tremblement. La sonnette retentit à nouveau et elle alla ouvrir la porte, muette et tremblante, incapable de dire le moindre mot à Bean qui attendait sur le perron, arborant un sourire obséquieux.

— Bon après-midi, miss. Notre petit ami est-il prêt pour sa promenade ?

Le lévrier, le briquet, le golden retriever, le caniche et le terrier écossais étaient attachés à la grille du portail. Un gros pansement couvrait la plus grande partie du crâne dégarni de Bean. Mary le considéra un instant, comme tétanisée, avant d'aller chercher Gushi. Alistair la suivit jusqu'à la porte et lança à Bean un « Bonjour » enjoué, avant d'ajouter que le temps était loin d'être idéal pour aller promener des chiens.

— Le devoir, monsieur, est au-dessus des lois, répondit Bean d'un air sibyllin.

Mary referma la porte. Alistair s'était adossé au mur.

— Écoute, dit-il, je regrette d'avoir réagi ainsi. Mais tu es parfois si horripilante que cela me met hors de moi. Je me dis probablement que je finirai bien par t'inculquer un peu de bon sens.

— Tu devrais savoir que c'est impossible.

Elle rouvrit la porte. Elle luttait de toutes ses forces pour ne pas fondre en larmes, et cela se révéla plus facile une fois la porte ouverte : Bean et ses chiens étaient encore en vue, quelqu'un dans la propriété d'en face, bravant l'averse, étêtait ses rosiers.

— Il vaut mieux que tu partes, dit-elle. Je t'en prie, va-t'en.

Durant un court instant, quelques secondes à peine, il parut sur le point de lui arracher la porte des mains, de la claquer et de s'interposer devant elle, en la défiant. L'idée avait dû l'effleurer, et peut-être avait-il décidé de différer cette confrontation, de la remettre à une date ultérieure. Pendant qu'elle parlait avec Bean, peut-être avait-il compris un peu tard que ses anciens travers lui collaient décidément à la peau, alors qu'il prétendait en être guéri. Il saisit son imperméable sur le portemanteau de l'entrée et partit sous la pluie, d'un pas vif et saccadé.

Maintenant qu'elle était seule, elle pouvait se permettre de pleurer, mais elle se rendit compte qu'elle n'en avait plus envie. Elle se rendit au salon, s'assit devant le bureau de Lady Blackburn-Norris et se mit à écrire une lettre à Leo.

Les religieuses de Primrose Hill avaient servi une tasse de thé à Pharaon, l'homme aux clefs, vers cinq heures de l'après-midi le samedi précédent, tout comme à Racker, à Dill et à d'autres sans-abri, dont lui. Roman avait raconté tout cela à la police, leur précisant même qu'il avait eu une conversation avec Pharaon ce jour-là, à supposer que l'on puisse qualifier ainsi les propos d'un individu aussi étrange, à ce point coupé de la réalité. Il comprit qu'il avait ainsi fourni un alibi à l'homme aux clefs, concernant un événement qui s'était produit le samedi précédent autour de 17 heures, mais personne ne lui révéla de quoi il s'agissait.

Lorsqu'il s'enquit de ce qui s'était passé, sur le ton poli et distingué de quelqu'un qui s'attend à ce que les autorités lui fournissent toutes les explications nécessaires, les policiers lui répondirent qu'ils n'étaient pas en mesure de lui répondre. Durant un bref instant, il crut que l'inspecteur allait l'appeler « monsieur ». Surpris par son accent, ainsi peut-être que par son comportement qui différait sensiblement de celui des autres sans-abri, le jeune officier avait effectivement été à deux doigts de le faire, avant de se souvenir qu'il avait affaire à un simple vagabond.

Roman aurait pu révéler à la police un certain nombre de détails concernant la vie de Pharaon, mais on ne lui avait rien demandé et il avait appris, depuis qu'il vivait dans les rues, à ne jamais livrer d'informations gratuites. Ils n'avaient aucune raison de soupçonner qu'il était le dépositaire des secrets de Pharaon — à supposer que l'histoire qu'on lui avait racontée un soir sur la berge du canal corresponde à la vérité. Pour sa part, Roman le pensait. Francie Quin, qui la lui avait rapportée, n'était pas plus imbibé de « lait » que d'ordinaire cette nuit-là, et il avait débité son récit sans le ponctuer de ces éclats de rire déments ou de ces brusques pulsions agressives dont les clochards sont coutumiers.

Tout le monde savait que Pharaon s'appelait en réalité Jimmy Clancy, mais seul Quin avait découvert l'origine de ce surnom. Dans les années 70, alors qu'il était encore très jeune — il n'avait pas vingt ans —, il avait fait partie d'une secte religieuse qui sillonnait le pays à bord de camionnettes déglinguées et dont les membres, tels les comédiens ambulants d'autrefois, représentaient au bord des routes ou au beau milieu des champs leur propre version des jeux et des mystères du Moyen Âge. Dans l'une de ces pièces, *Moïse sauvé des eaux,* Clancy avait tenu le rôle du roi d'Égypte dont la fille découvre le berceau de Moïse et décide de l'élever. Le titre lui était resté, et depuis lors il était devenu Pharaon.

C'était à cette époque qu'il avait teint ses cheveux en bleu, comme c'était alors la mode. Ou plus exactement, qu'il avait demandé à sa sœur de le faire, car elle était coiffeuse. Quin estimait qu'il était sans doute schizophrène depuis son adolescence, avant même d'avoir rejoint cette secte. La plupart des membres prétendaient que Dieu s'adressait à eux : le comportement de Pharaon ne devait donc rien avoir de très anormal au sein d'une telle confrérie.

— Mais si tu veux mon avis, ajouta Quin, c'était plutôt Satan qu'il entendait. Ou l'un de ses démons, qui venait le tourmenter. Et qui l'avait soi-disant chargé de retrouver les clefs du Royaume, bien que je ne voie pas très bien à quoi il veut faire allusion.

— Ce sont les clefs du Royaume des cieux, dit Roman. On prétend que le Christ les avait confiées à Pierre. (Et comme il ne tenait pas à passer pour un puits de science, il ajouta :) C'est du moins ce que j'ai entendu dire. C'est sûrement le Pape qui en a la garde, à présent.

— Elles existent donc ? Je veux dire : ce sont de vraies clefs, comme celles qui ferment les grilles du Parc ?

Roman lui répondit qu'il ne le croyait pas, qu'il devait s'agir d'une sorte de symbole ou de figure de style, et Quin eut l'air de comprendre ce qu'il voulait dire. Le disque blanc de la pleine lune se reflétait à la surface du canal, telle une boule de lumière immergée dans l'eau noire. Les arbres étiraient leurs branches, comme pour capturer ce reflet dans leurs rets. Roman eut l'impression qu'ils étaient assis au bord d'un immense fleuve, paresseux et lent, à cause de la végétation dense qui envahissait les berges, de cette masse confuse et désordonnée de feuillage qui semblait s'étendre à perte de vue, proliférer sur des kilomètres et recouvrir au loin la ville et les immeubles sous son réseau sauvage et sombre. Peut-être le Nil avait-il cet aspect lorsque Moïse y dérivait dans son berceau de joncs.

Un ciel rougeoyant s'étendait au-dessus de Londres, traversé par des bancs de nuages noirs. Dans le lointain, à la lueur blafarde des néons, les grands édifices edwardiens scintillaient comme des palais ou le château de la Belle au bois dormant. Les bruits de la ville, distants et diffus, avaient atteint leur intensité minimale et faisaient faiblement vibrer le sol.

Les autres sans-abri avaient regagné l'hospice de Camden, un lieu que Quin préférait éviter lorsqu'il parvenait à échapper aux rondes de police et à dormir dans le Parc. Il avait touché ses indemnités ce jour-là et s'était offert de la bière brune à la place de sa décoction habituelle. Il passa la bouteille à Roman, qui en but une gorgée pour ne pas avoir l'air de faire des manières.

— Son état ayant empiré, on l'enferma dans un asile où il passa une partie des années 80. On le relâcha au bout de quatre ou cinq ans, sous condition qu'il soit pris en charge par sa famille, comme on dit. (Quin eut un ricanement ironique.) Sa mère accepta de l'héberger pendant deux nuits. Après quoi son beau-père fit changer les verrous et l'empêcha ainsi de rentrer. Il n'était même pas au courant, il était revenu chez lui et ses clefs ne rentraient plus dans les serrures. C'est avec ce trousseau qu'il a commencé, avec ces clefs qui ne lui ouvraient plus les portes de la demeure maternelle.

— Et les autres ? Où les a-t-il récupérées ?

— Il les a sûrement fauchées, Dieu sait où. Il ne s'en sert même pas. Ce ne sont pas les bonnes, elles ne correspondent pas aux portes qu'il voudrait ouvrir.

— Relevez-vous, ô portes..., murmura Roman.

Il regretta aussitôt ses paroles, mais cela eut l'air de plaire à Quin.

— Vas-y, lui dit-il. Continue.

Roman reprit donc :

— Relevez-vous, ô portes éternelles, dressez-vous dans le ciel et le Roi de gloire entrera...

— Tu devrais répéter ça à Pharaon, dit Quin. Il serait aux anges.

— Je suis sûr qu'il connaît ce passage, dit Roman en se rappelant l'histoire de la secte.

Il ne savait pas si la police avait réussi à interroger Pharaon. Il surveillait la une des journaux, s'attendant vaguement à apprendre qu'un nouveau meurtre avait été commis, mais ne releva rien de tel. Il n'avait pas eu de nouvelles d'Effie depuis le jour où ils avaient découvert le cadavre de John Dominic Cahill et où il lui avait conseillé de quitter le cimetière. Mais parmi tous ceux qui s'arrangeaient tant bien que mal pour dormir à la lisière du Parc, il sentait planer une tension inhabituelle, la conscience d'une menace ou d'un danger, comme si un esprit vengeur était venu perturber leur précaire tranquillité.

La température s'était radoucie mais les nuits étaient encore froides. Il alla nettoyer ses vêtements et l'une de ses couvertures dans une laverie automatique de Baker Street. Il jeta ses vieilles godasses achevées par l'hiver et s'en acheta une nouvelle paire. La meilleure période de l'année approchait, pour les sans-abri. Il faut avoir dormi dans les rues pour se rendre compte qu'en Angleterre l'été ne commence vraiment qu'une fois la saison déjà bien entamée. Et durant ce bref laps de temps, seules quatre ou cinq nuits peuvent véritablement être qualifiées de chaudes.

Au cours de l'une de ces soirées, dans la première semaine de juin, il dormit en plein air, à Primrose Hill, espérant apercevoir les étoiles. Mais même à cette hauteur, le ciel était voilé par une brume fort peu naturelle et envahi par la lueur rougeoyante des lumières artificielles qui se réverbérait au-dessus de la ville. Il resta éveillé un long moment, se souvenant de l'intérêt qu'Elizabeth avait manifesté pour l'astronomie et des livres qu'il avait dû lire pour se mettre à son niveau — tout comme il lui avait fallu acheter un ouvrage sur la faune des étangs pour identifier les animaux dont Daniel lui parlait sans arrêt. Mais la faune aquatique avait quasiment disparu des étangs anglais — les engrais chimiques et les insecticides s'en étaient chargés — et les étoiles n'étaient plus visibles à partir d'un jardin de West Hampstead.

Il lui arrivait d'évoquer leurs visages à tous trois, tels qu'il les avait vus pour la dernière fois, mais en le faisant ce soir-là il songea qu'il les avait figés à jamais dans le tombeau de son propre présent. S'ils avaient vécu, leurs traits auraient changé. Ceux de Sally peut-être moins, mais Elizabeth aurait eu dix-sept ans à présent, elle serait devenue une jeune femme. Quant à Daniel... En dehors de la toute petite enfance, il n'y a sans doute pas une période de l'existence où le visage d'un être change autant qu'entre huit et dix ans. Et Daniel aurait eu dix ans maintenant. Aussi Roman contemplait-il un mirage, des photographies anachroniques, des visages disparus, effacés, qu'aucun souvenir n'était véritablement en mesure de ranimer.

Pour la première fois depuis qu'il vivait dans les rues, il se mit à penser à l'avenir. Jusqu'à cet instant, seuls le passé et le présent avaient existé à ses yeux, car il avait tacitement admis — sans d'ailleurs se le formuler clairement, même en son for intérieur — qu'il ne survivrait pas longtemps, qu'il ne parviendrait pas à triompher d'une aussi vaste douleur. Des hommes sont morts au fil du temps, se récita-t-il, et les vers les ont rongés, mais l'amour n'en fut pas la cause. Ni la douleur, apparemment, ajouta-t-il intérieurement. L'avenir s'étendait devant lui, la porte permettant d'y accéder s'était enfin ouverte et de l'autre côté il apercevait une rue blanche, qui montait à l'infini et sur laquelle dormait une foule de sans-abri, dont il faisait partie.

Carl avait dit plus de cent fois à Hob qu'il ne voulait pas le voir débarquer chez lui. Il ne voyait évidemment aucun inconvénient à ce qu'il passe lui dire bonjour, s'il en avait envie, mais Hob ne rendait jamais de simples visites de courtoisie. Une seule chose l'intéressait : Carl était tout à fait disposé à la lui fournir, mais pas à son domicile, pas en présence de Leo.

Hob le savait fort bien, mais il était dans un état désespéré. Il ne s'agissait pas d'une crise ordinaire. Il n'avait rien connu de pire depuis la nuit qu'il avait passée en taule et où on avait refusé de lui donner quoi que ce soit, même un de ces nouveaux cachets d'antihistaminiques. Les gardiens s'en étaient payé une tranche. Cela faisait sûrement des mois qu'ils n'avaient pas autant rigolé.

Il savait que les choses tournaient mal quand il entendait les souris. Selon Carl, il y avait une souris par tête d'habitant dans les îles Britanniques, ce qui représentait à peu près cinquante-huit millions de rongeurs, dont la plus grande partie vivait dans les murs de Redferry House. Telle était du moins l'opinion de Hob. Il avait également entendu dire que quel que soit l'endroit où l'on se trouvait, tant à la ville qu'à la campagne, on pouvait être sûr qu'un rat était tapi à moins de deux mètres de soi. Sa sœur lui avait raconté que même dans les endroits vraiment classe, le bar d'un hôtel quatre étoiles par exemple, il y avait forcément un rat planqué quelque part, dans un mur mitoyen ou derrière les fenêtres aux tentures de velours. Mais lui, c'étaient des souris qu'il entendait, qui trottinaient sans arrêt et grattaient derrière les plinthes. Plus exactement, il les entendait lorsqu'il avait ses crises. Le reste du temps il ne percevait rien, ou n'y prêtait pas attention. Le processus était toujours le même : il se mettait d'abord à trembler, il se sentait brusquement vieux, affaibli, puis ses muscles se mettaient à tressauter, enfin il entendait les grattements.

Il était difficile de dire ce qui venait en premier : la crise de panique où tout le terrifiait — le moindre mouvement, l'air, la lumière, le simple fait d'avoir les yeux ouverts — ou le grattement des souris. Il n'y avait pratiquement pas de meubles dans la pièce du premier étage, en dehors d'un canapé en Skaï marron, de coussins à l'effigie de Mickey, du matelas où il dormait et bien sûr du poste de télévision. Il n'avait jamais beaucoup de nourriture en réserve mais il s'arrangeait toujours pour avoir sous la main une boîte de Weetabix et de cream-crackers. La veille, faute de mieux, il avait quasiment vidé une bouteille de vodka et mangé un Weetabix pour ne pas avoir l'estomac vide, mais s'était endormi avant de le terminer.

Lorsqu'il s'était réveillé, à l'aube ou un peu plus tard — en tout cas, il faisait déjà jour —, il avait découvert des dizaines de souris à ses pieds, en train de grignoter les miettes. Il s'était mis à hurler et elles avaient disparu ; mais il s'était senti si mal qu'il s'était demandé, après coup, si ces souris étaient bien réelles. Et dans ce cas, pouvait-il vraiment y en avoir une telle quantité ? Il en avait bien aperçu une cinquantaine.

Entre ces souris et le fait qu'il n'avait plus rien à se mettre sous la dent — hormis le fond de la bouteille de vodka et les six comprimés de morphine prescrits pour le cancer de l'ex-femme de son beau-père — il n'avait pas le choix : il fallait qu'il aille trouver Carl. Pour une fois, l'ascenseur n'était pas en panne. Si tel avait été le cas, il se serait allongé dans l'entrée et se serait laissé crever. L'ancienne nounou de sa mère, qui avait aujourd'hui quatre-vingt-quinze ans, chantait souvent une chanson qui disait :

Je n'ai plus mal, Maman
Mais j'ai si soif à présent :
Emmène-moi à la brasserie
Et laisse-moi mourir en paix.

En l'occurrence, il avait moins besoin d'une brasserie que d'un laboratoire pharmaceutique... Mais l'auteur de la chanson avait bien exprimé ce qu'il ressentait. Il se mit à marmonner pendant que l'ascenseur montait, mais s'interrompit en réalisant qu'il beuglait comme un damné. Carl et Leo habitaient au septième étage. Carl avait repeint la porte d'entrée en jaune : le résultat était assez réussi, mais quelqu'un avait tenté de la forcer. Il n'y était pas parvenu, mais une longue éraflure entaillait à présent la peinture, de la serrure à la fente de la boîte aux lettres.

Un long moment s'écoula avant que la porte ne s'ouvre. Carl apparut enfin. Il dévisagea Hob de la tête aux pieds.

— Je croyais t'avoir dit de ne pas venir ici.

— Je ne vais pas bien, dit Hob.

— Mon domicile est en dehors du circuit, dit Carl. Tu le sais bien.

— Je suis dans un sale état. J'ai juste besoin d'une dose pour m'aider à franchir le week-end. (Il repoussa Carl et pénétra dans l'appartement.) Il me la faut absolument, tu me connais.

— Une dose ne te permettrait pas de franchir une porte à tambour, dit Carl avec tristesse. Dis bonjour à Leo, il ne se sent pas très bien.

— Moi non plus. Salut. Il me la faut, Carl, ne me fais pas ce coup.

Leo était étendu sur le canapé. Il n'avait pas l'air plus mal en point que d'habitude, en tout cas aux yeux de Hob. Lorsque celui-ci avait sa crise, il n'avait guère de temps à consacrer aux souffrances d'autrui. Leo était en train de lire une lettre. Il avait l'air affreux quand il riait, son visage ressemblait encore plus à un crâne.

— Assieds-toi, puisque tu es là, dit Carl. Faisons comme s'il s'agissait d'une simple visite amicale. Veux-tu un peu de thé ?

Hob hocha faiblement la tête. Une fois dans l'appartement des deux frères, il lui arrivait de se croire dans un centre de désintoxication, feutré et accueillant. Il y avait de la moquette au sol, des fauteuils, et si les autres meubles n'avaient pas tout à fait la qualité de ceux qu'on voit exposés sur les trottoirs de Kilburn High Road, ils conféraient tout de même un certain charme, un semblant d'intimité à l'endroit. Carl veillait aussi à ce que l'appartement soit bien chauffé, à cause de Leo. L'année dernière, juste avant que celui-ci ne revienne de l'hôpital, Carl avait commencé à repeindre la pièce ; mais il s'était interrompu en cours de route, de sorte que deux des murs étaient verts, le troisième entièrement blanc, le dernier présentant un patchwork incertain des deux couleurs.

La mère de Hob, qui connaissait Leo depuis sa tendre enfance, prétendait que Carl se comportait plus comme un père que comme un frère à son égard, que l'univers se ramenait pour lui à son frère, qu'il vénérait le sol où il avait posé les pieds — ce qui ne correspondait guère au souvenir que Hob avait gardé du comportement paternel. Outre que Carl n'était pas particulièrement tendre à l'égard de ses semblables. Maintenant que Hob était assis dans son fauteuil, une tasse de thé devant lui, il avait repris sa conversation avec Leo comme s'ils étaient seuls dans la pièce.

Hob ignorait qui était cette femme dont ils parlaient et s'en souciait comme d'une guigne. Le thé était infect, on aurait dit de la pisse de souris. La femme avait écrit à Leo et semblait en pincer pour lui. Ce qui était absurde, puisque tout le monde savait que Leo était à l'article de la mort. Carl n'allait d'ailleurs pas parler de tout cela devant lui. Hob avait beau avoir sa crise, il avait parfaitement remarqué le petit hochement de tête que Carl avait adressé à Leo. Peut-être avait-il murmuré un truc du genre : « Les murs ont des oreilles », mais Hob ne voyait pas son visage. Il poussa un gémissement.

— J'ai besoin de quelque chose, Carl...

— Dans ce cas, passe à notre bonne vieille fontaine, ce soir vers dix heures. Quand il fera nuit. Si je ne viens pas, Gupta sera là.

— Tu n'as rien sous la main, maintenant? Sans déconner?

— Rien sous la main, dit Carl d'un air distant. Ni dans les poches.

— Deux ou trois exta? Des tricycliques?

— C'est toi le spécialiste, Hob. Je ne sais même pas de quels tricycliques tu veux parler, mais je suis sûr qu'ils sont sur la liste rouge.

— Des benzo? poursuivit Hob avec espoir.

— Tu as trop peur des aiguilles, tu le sais bien, dit Carl. Je crois que je vais devoir une nouvelle fois me faire payer en nature. (Il prit la lettre des mains de Leo.) Elle a une belle écriture.

— Le contenu n'est pas mal, lui non plus.

Carl éclata de rire et glissa la lettre dans sa poche.

— Je n'ai jamais commis de violence, dit-il d'un ton badin. Je n'ai jamais versé une seule goutte de sang ni infligé la moindre douleur à quiconque sous le coup de la colère. Les seules souffrances que j'ai jamais provoquées procuraient un plaisir infini. Qu'est-ce qu'on ressent, Hob, en accomplissant ce genre de mission ?

— Je ne sais pas, dit Hob. Je ne me sens pas bien.

— J'aurai sans doute un travail à te confier un de ces jours. Ça te dirait, Hob, de dégoter un boulot qui te permette de te fournir en crack, en pilules et en comprimés jusqu'à la fin de tes jours ?

Avec tout l'entrain dont il était encore capable, Hob répondit :

— Tu as du boulot pour moi, Carl ? Je n'ai rien contre le turbin, je passerais volontiers toutes les heures que Dieu nous donne à travailler.

Carl se mit à rire.

— Je te crois, dit-il. Tu es un rigolo dans ton genre. Tu connais ce vieux bonhomme qui promène des chiens ? Celui qui a une casquette de base-ball ?

— Non, je ne le connais pas. Pourquoi devrais-je le connaître ?

— Je n'en ai pas la moindre idée, Hob. Tu ne peux pas t'arrêter de trembler ? Tu ébranles toute la pièce et Leo n'est pas en bonne santé. Ce type qui promène des chiens aura peut-être quelque chose pour toi, si tu te trouves dans le Parc aux environs de 16 h 30. Attention, je n'en ai pas la certitude : disons que c'est une intuition. Ou que je l'ai entendu dire. Tu ferais mieux de partir à présent. Nous nous reverrons un peu plus tard. Et si je ne peux pas venir, Gupta sera là.

Leo le regardait de ses grands yeux vitreux. Son visage était squelettique. Hob commençait à avoir la nausée. Il savait qu'il ne vomirait pas, puisqu'il n'avait rien dans le ventre, mais il avait besoin de prendre l'air. Carl chauffait beaucoup trop l'appartement à cause de Leo.

— Dis gentiment au revoir à Leo, reprit Carl. Son état n'est vraiment pas brillant.

Une fois en bas, Hob renonça à aller prendre l'air. Il venait d'avoir une idée. Il n'était pas impossible — la chance était infime, mais elle existait — qu'il ait laissé traîner une tablette ou même une petite dose de crack dans les poches de ses vêtements.

Toutes ses affaires gisaient en tas sur le sol de la chambre. Il avait empilé quelques habits au pied de son lit, par-dessus les couvertures, pour avoir un peu plus chaud les nuits de grand froid. Les plus présentables lui avaient été donnés par des associations caritatives ; il avait récupéré les autres, ceux qu'il portait quotidiennement, dans des poubelles ou des bennes à ordures. Il se mit à brasser dans le tas de vêtements nauséabonds, retournant toutes les poches — celles d'un vieux cardigan noir de crasse et maculé de taches, d'un blue-jean aux genoux déchirés et aux ourlets en lambeaux, d'une veste en cuir élimée que son grand-père avait achetée des décennies plus tôt... Hormis quelques vieilles boîtes d'allumettes usagées, les poches étaient désespérément vides.

Dépité, il se mit à fouiller frénétiquement tous les vêtements qui jonchaient la pièce : de vieux tee-shirts grisâtres, des vestes avachies, un pantalon de pyjama à rayures. Toute cette agitation devait avoir dérangé les souris, car les grattements reprirent brusquement, accompagnés d'un concert de couinements aigus et étouffés.

Hob s'étendit sur le matelas tandis que la crise de panique commençait et enfouit son visage dans le tas de vieux vêtements, ne sachant plus trop maintenant si les bruits qu'il entendait émanaient des souris ou s'ils étaient le fruit de son imagination. Une immense impression de vide, de solitude, le séparait du monde, et il se mit à geindre. Il donna brusquement de grands coups de poing sur les lattes du plancher et toutes les souris prirent la fuite, comme une armée en déroute.

13

BORIS ET RUBY tiraient sur leur laisse en traversant Marylebone Road, devant les feux situés entre Park Square et Park Crescent. Ils ne restaient jamais au rouge suffisamment longtemps au goût de Bean, qui montra les dents et brandit le poing en direction des automobilistes impatients. Mais il était hors de question qu'il repasse par le tunnel tant que l'homme aux clefs rôdait encore dans les parages.

Il avait donné à la police une description détaillée de son agresseur, depuis ses longs cheveux noirs et sa barbe striée de bleu jusqu'à ses bottes en cuir fatiguées et crasseuses. Les clefs étaient apparemment fixées à ses vêtements par des épingles de sûreté et il les décrivit comme une sorte d'armure protectrice. À plusieurs reprises, les policiers n'ayant procédé à aucune arrestation et la situation paraissant au point mort, il était repassé au commissariat dans l'espoir d'activer les choses. Il aurait voulu qu'on organise une confrontation, afin qu'il puisse identifier formellement son agresseur. On lui répondit que l'enquête suivait son cours et qu'on le préviendrait dès qu'il y aurait du nouveau. Bean n'avait aucune confiance en eux.

Il connaissait un grand nombre de gens, mais il avait peu d'amis — et encore s'agissait-il de simples relations, de gens qu'il retrouvait au *Globe* le vendredi soir, le seul jour de la semaine où il sortait. Il y avait notamment Freddie Lawson, qui travaillait comme homme à tout faire au Crown Estates, et Peter Carrow, un employé du Parc, dont la vie avait changé du tout au tout lorsqu'on lui avait fourni un aspirateur pour éliminer les ordures qui jonchaient les abords des pavillons et de la Grande Allée. Lawson, qui était veuf, et Carrow, qui avait perdu sa femme depuis de longues années, buvaient beaucoup plus que Bean : tout leur salaire disparaissait chaque soir au *Globe* ou à l'*Allstop Arms,* mais Bean ne se joignait à eux que le vendredi, et ce fut dans ce pub qu'il leur raconta ses démêlés avec l'homme aux clefs. Carrow, qui connaissait au moins de vue la plupart des clochards, identifia immédiatement l'individu que lui décrivait Bean et fut même en mesure de lui révéler son nom.

Bean était désormais convaincu d'avoir aperçu Clancy lors de son agression. Il y croyait dur comme fer. Les deux épisodes s'étaient confondus dans son esprit et il raconta à Lawson et Carrow qu'il venait de dépasser l'homme aux clefs, juste avant la sortie du tunnel, lorsque celui-ci s'était glissé derrière lui et l'avait frappé sur le crâne. Autour de lui, un certain nombre de clients — dont les inévitables touristes — entendirent ses paroles.

— Et les poulets ne lèvent pas le petit doigt ?

Lawson utilisait toujours ce terme pour désigner les policiers. Carrow préférait celui de cognes.

— Ils doivent le protéger, pour une raison que j'ignore, dit Bean.

Il essaya de convaincre Valerie Conway de lui venir en aide. Depuis l'altercation qu'ils avaient eue au sujet de son prénom, Bean ne s'adressait plus à elle qu'anonymement. Il avait plusieurs formules à sa disposition dans son répertoire — « miss » ou « madame », éventuellement suivis du nom ou du prénom —, mais il n'en utilisait aucune, et l'employée se rendait compte qu'il avait remporté cette manche. Elle était donc sur ses gardes lorsqu'il lui demanda s'il n'était pas exact qu'il lui avait raconté sa rencontre avec Clancy. Il avait même qualifié ce dernier d'extraterrestre.

— Mais ce n'était pas le jour où vous avez été agressé, répondit Valerie.

— Je vous en prie, dit Bean, ne me racontez pas d'histoires. J'ai ramené le chien et, pour une fois, vous m'avez ouvert la porte de l'entrée, tellement j'étais sonné. Je n'y voyais même plus clair.

— Peut-être, mais vous ne m'avez rien dit au sujet de votre agresseur. À mon avis vous confondez les choses. Ne comptez pas sur moi pour me couvrir de ridicule en allant raconter à la police une histoire qui est le simple fruit de votre imagination.

— Si vous alliez chercher ce chien, lança Bean.

Ce coup-ci, c'est moi qui ai marqué le point, songea Valerie en refermant la porte après leur départ. Bean traversa la rue et se dirigea vers Saint Andrew's Place pour aller récupérer Charlie, le golden retriever. James Barker-Pryce, un cigare éteint vissé au coin des lèvres, amena le chien jusqu'à la porte. Bean lui recommanda de se montrer prudent s'il envisageait d'aller prendre l'air. Un dangereux vagabond rôdait dans les parages, reconnaissable à ses cheveux barbouillés de teinture bleue et aux clefs qui étaient accrochées à ses vêtements. Barker-Pryce dévisagea Bean et lui demanda s'il n'avait pas un coup dans le nez. Il n'avait jamais accordé et n'accorderait jamais le moindre crédit à ce que pouvait lui déclarer un membre de la classe ouvrière. Ces gens avaient toujours été intellectuellement inférieurs et les choses ne s'étaient pas arrangées depuis qu'ils étaient abrutis par les drogues et la télévision.

Bean répéta son histoire à Mrs Goldsworthy, puis à Lisl Pring.

— Je n'aimerais pas qu'il arrive quelque chose à Marietta, se contenta de lui dire cette dernière.

Excédé, Bean oublia sa déférence habituelle.

— Je vous remercie de penser à moi, miss, lança-t-il d'un air sarcastique.

Lisl Pring se mit à rire, ce qui lui creusa le ventre et fit saillir ses côtes, au point qu'on pouvait les compter. Elle se moquait bien de ce que Bean pouvait lui dire, du moment qu'il continuait à promener son caniche.

— Je compte passer une semaine de vacances chez ma sœur, à Brighton, au début du mois d'août, lui dit-il en remarquant avec satisfaction que le visage de l'actrice s'allongeait. Je préfère vous avertir suffisamment à l'avance pour que vous puissiez prendre vos dispositions.

Un peu plus haut, à Park Village, Mary Jago se montra plus accorte. Elle lui demanda s'il était totalement rétabli et si la police avait découvert le coupable. Bean se demanda ce qu'elle escomptait au juste. Il ne croyait pas à l'altruisme. Peut-être était-elle à court d'argent, en l'absence de Sir Steward et de

Lady Blackburn-Norris, et espérait-elle obtenir une ristourne avec quelques flagorneries.

— L'identité du coupable ne fait aucun doute, miss, dit-il avec un regard sombre et un hochement de tête destinés à manifester son irritation et sa désillusion. Ce genre d'individu ne mérite pas plus d'attirer l'attention d'une jeune femme comme vous qu'une crotte écrasée sur le trottoir. Il ne me viendrait même pas à l'idée de vous demander si vous avez eu affaire à lui.

Elle revint en portant le chien dans ses bras. Elle le caressait et le cajolait comme un bébé.

— Il m'a volé tout l'argent que j'avais sur moi, jusqu'au dernier penny. Ainsi que mon appareil photo. Dieu merci, je venais de finir la pellicule où se trouvaient les photos de ces superbes chiens. Seriez-vous intéressée par l'acquisition d'un portrait du petit Shih Tzu ?

Elle lui répondit que le chien n'était pas à elle et qu'il vaudrait mieux poser la question à Sir Steward et Lady Blackburn-Norris. Bean s'était attendu à cette réaction, mais cela lui était égal. Mrs Goldsworthy lui avait dit qu'elle serait ravie d'avoir un portrait et même un album entier de photos de McBride.

Il était de notoriété publique qu'on pouvait le trouver chaque jour au Parc, le matin autour de 8 h 30 et l'après-midi vers 16 h 30, à un quart d'heure près. Bean se dit après coup que c'était la seule explication possible. Mais avant que l'individu ne l'aborde, il avait lâché les chiens et marchait le long de l'allée qui rejoint le pont et le nouveau bassin, près de Hanover Gate. Il faisait relativement chaud et il avait ôté son blouson, nouant les manches autour de sa taille, comme le font les adolescents. Quant à sa casquette de base-ball, il en avait bien besoin pour protéger son pauvre crâne des assauts du soleil, et il commençait à ressentir pour elle plus d'affection que pour n'importe quel être humain. Elle lui avait probablement sauvé la vie lorsque Clancy l'avait attaqué.

La femme qui promenait une douzaine de chiens longeait avec sa troupe les grilles entourant les pelouses du Holme, le grand édifice qui surplombe le lac. Aucun n'était tenu en laisse et ils avançaient calmement, les plus petits sur ses talons, les plus grands avec autant de discipline que s'ils avaient été dressés à cet effet. Peut-être était-ce le cas, après tout. La femme portait une culotte d'équitation et un chemisier assorti, et sa longue chevelure noire flottait dans son dos. Elle devait posséder un de ces sifflets inaudibles pour une oreille humaine : dès qu'un labrador traînait un peu à l'arrière, Bean la voyait porter quelque chose à ses lèvres et le chien se précipitait pour la rejoindre d'un air obéissant.

Trois des chiens de Bean trottinaient derrière lui et les autres avaient rejoint la rive du lac. Marietta aboyait devant un canard à tête rouge, le Shih Tzu et le terrier écossais lapaient l'eau brunâtre et couverte d'écume. Bean se dirigea vers le pont qui franchit à cet endroit un méandre du lac, autour d'un îlot. L'endroit était boueux et mal éclairé, sous le couvert des arbres, et l'eau presque stagnante était constellée d'oiseaux : milouins, canards mandarins, cygnes, malards, foulques, pilets et autres volatiles. Même en hiver, l'eau dégageait à cet endroit des effluves acides, et à présent, dans la relative humidité de juin, il planait une odeur prégnante et tenace de végétation pourrie. Bean était arrivé au milieu du pont lorsqu'un homme apparut à l'autre extrémité, marcha dans sa direction et se planta devant lui en lui demandant du feu.

Bean aurait pu lui dire « Non, désolé », ou « Je n'en ai pas sur moi », mais lui répondit en fait qu'il ne fumait pas, comme s'il était aussi inconcevable pour lui de se livrer à cette activité que de sniffer de la cocaïne.

Au lieu de poursuivre sa route, l'homme le fixa droit dans les yeux. Il était jeune, efflanqué, mais il avait un visage épais, un crâne massif et rond, une mine peu engageante, et il paraissait trop costaud pour que Bean l'écarte simplement de son chemin. Il avait un regard vide et des pupilles réduites à la taille d'une tête d'épingle — signe caractéristique des camés, d'après ce que Bean avait entendu dire. Une brusque frayeur l'envahit. Mais il n'était pas seul. Il apercevait les promeneurs du dimanche qui flânaient au soleil sur les pelouses, près du bassin de Hanover. Des bruits de pas se rapprochaient dans son dos et, en face de lui, deux jeunes filles qui marchaient bras dessus, bras dessous venaient d'apparaître à l'extrémité du pont.

— Un pote m'a dit que quelqu'un vous cherchait des crosses, dit l'homme. En tout cas c'est le bruit qui court.

— Qu'on me cherchait quoi ?

L'homme ignora sa remarque.

— Je jacte pas en l'air. Si vous voulez qu'on s'occupe de lui, ça vous coûtera un Hawaï.

Bean traduisit mentalement la phrase, mais la fin lui échappait.

— Cinquante tickets, précisa l'autre.

— Ce serait une excellente chose, dit Bean, mais je ne les ai pas. Il m'en a volé trois fois plus. Sans parler de l'appareil. Un salopard avec du bleu dans les cheveux, et recouvert de clefs. (Il tenta de se ressaisir.) Cinquante livres... C'est une sacrée somme.

— À vous de voir. Si vous changez d'avis, je serai ici dimanche prochain. Même heure, même endroit.

Bean avait menti en disant qu'il ne possédait pas cet argent, mais il pouvait difficilement se départir d'une somme pareille. Une fois de plus, il se dit qu'il devenait urgent de dénicher de nouvelles sources de revenus. Il regarda l'homme à la grosse tête qui avait fait demi-tour et se dirigeait vers Hanover Gate.

La perspective de voir un jeune costaud « s'occuper » de l'homme aux clefs — ce qui signifiait vraisemblablement le « tabasser » — était fort alléchante. Repensant à certains épisodes qui avaient émaillé la vie privée de Maurice Clitheroe — il lui était arrivé de rester cloué trois jours au lit après le passage d'un jeune colosse de Salisbury Street —, Bean se représentait avec jubilation l'état dans lequel se trouverait Clancy à la suite d'un tel traitement. Et encore, dans le cas de Clitheroe s'agissait-il d'un simple « jeu ». Seul le montant de la somme l'empêcha de se lancer à la poursuite de l'homme à la grosse tête. Cela n'avait certes rien d'exorbitant, pour un boulot pareil, mais encore fallait-il pouvoir se le permettre.

Le dôme doré de la mosquée qui se profilait au loin avait quelque chose de rassurant. Et l'homme repasserait dimanche prochain.

Cela faisait une semaine qu'elle lui avait écrit et il n'avait même pas téléphoné. Ce qui s'était passé la première fois, lorsqu'elle lui avait révélé son identité et donné son adresse, se reproduisait. Dorothea, à qui elle s'était partiellement confiée, lui dit qu'il faisait peut-être partie de ces hommes qui sont uniquement attirés par les femmes lointaines, inaccessibles : le moindre signe d'encouragement les fait fuir au galop. Cela ne rassura guère Mary, qui repensait avec un peu de honte aux lignes chaleureuses de sa dernière lettre, à la manière dont elle lui avait rappelé l'amitié, le lien particulier qui les unissait. Cela représentait une sorte d'invite, en regard de sa solitude et du deuil qui la frappait.

Lorsque le samedi arriva, elle abandonna la partie. Il l'avait laissée tomber. Elle avait dit ou fait quelque chose qui l'avait rebuté, à moins qu'il n'ait changé d'avis à son sujet. Alistair avait téléphoné pour l'inviter à dîner : elle avait décliné son offre et reposé le combiné après un rapide au revoir, mais elle se demandait si elle ne risquait pas de céder la prochaine fois — si, en dépit de ses pulsions agressives, de sa violence latente et de ses manières insupportables, la présence d'Alistair n'était pas préférable à la solitude absolue. Mais comme elle songeait à cette violence larvée, le sang lui monta au visage et sa joue se mit à la démanger, à l'endroit où il l'avait frappée.

Elle se regardait dans la glace, contemplant sa joue dont la rougeur s'estompait déjà, lorsque la sonnerie retentit à l'entrée. Pour une fois, elle ne se demanda pas de qui il s'agissait. En ouvrant la porte, elle entendit un taxi s'éloigner.

Leo était sur le perron, plus pâle qu'elle ne l'avait jamais vu : même ses lèvres étaient livides.

— J'ai été hospitalisé, dit-il. Je ne voulais pas que vous le sachiez.

L'explication à laquelle elle aurait dû songer, et qui ne lui avait même pas traversé l'esprit...

— Mais pourquoi, Leo ?

Il hésita.

— Puis-je entrer ?

— Bien sûr. *Évidemment*. (Elle se souvint de ce que Dorothea lui avait dit, mais fut incapable de se retenir.) Je suis tellement heureuse de vous revoir.

Il entra d'un air hésitant et elle referma la porte. Elle se demandait déjà comment elle avait pu écouter les discours de Dorothea et douter de son propre jugement.

— J'avais l'impression de vous avoir abandonnée, laissée tomber, dit-il. De vous avoir trahie, alors que vous avez tant fait pour moi. J'ai présumé de mes forces, apparemment. Je le sais fort bien, du reste, j'en suis parfaitement conscient. Mais vous devez en deviner la raison.

Elle hocha négativement la tête.

— Comment vous le dire ? Je ne voudrais surtout pas vous faire de la peine, Mary. (Il s'interrompit, semblant se demander comment il pouvait formuler la chose en évitant de la blesser.) Je me suis un peu surmené parce que je vous ai rencontrée, Mary. Bon, voilà précisément ce que j'appréhendais de dire. J'avais tellement envie de me comporter comme un homme... normal, devant vous.

— Leo...

Elle prit ses deux mains dans les siennes. Il les lui abandonna passivement. Ses yeux brillaient intensément, beaucoup trop même, comme s'il avait de la fièvre.

— Je voulais laisser les choses... s'estomper entre nous, dit-il. M'éclipser de votre vie, si vous voyez ce que je veux dire. Cela me gênait beaucoup que vous puissiez me considérer comme un être insensible, ingrat, mais d'un autre côté je préférais vous le laisser croire, plutôt que de vous obliger à constater par vous-même que votre don n'avait servi à rien.

— Mais vous m'aviez dit que vous étiez rétabli. Et même, me semble-t-il, que la leucémie était enrayée.

— Je l'ignorais encore lorsqu'on m'a hospitalisé. (Il détourna les yeux.) J'avais très peur, Mary.

Elle resserra sa pression sur ses mains inertes. Cette fois-ci, il serra faiblement les siennes en retour.

— Puis votre lettre est arrivée. Vous ne m'aviez pas beaucoup parlé d'elle, mais je me doutais bien de ce que votre grand-mère représentait pour vous. Je ne pouvais pas me tenir en retrait plus longtemps.

Leurs visages étaient très près l'un de l'autre. Il se pencha légèrement et l'embrassa sur les lèvres. C'était exactement le baiser qu'elle lui aurait donné si, par une inconcevable hypothèse, c'était elle qui avait fait le premier pas — un baiser affectueux, léger, sans insistance mais prolongé. Il l'enlaça et la serra contre lui gentiment, un peu comme un frère l'aurait fait. Elle sentait ses os saillir sous sa peau, aussi frêles que ceux d'un oiseau. Le sang battait violemment à son cou. Il la prit par les épaules — son étreinte était légère, presque fantomatique — et la regarda dans les yeux.

— J'ai peur d'en dire trop, Mary. Quand on a été malade comme je l'ai été, qu'on a frôlé la mort et qu'on redoute de la voir s'approcher à nouveau, on réagit avec beaucoup de... de violence, de fébrilité, et on s'imagine toutes sortes de choses. Mais il ne faut pas, *je ne dois pas* les exprimer trop vite. Il faut que je me raisonne, que j'arrive à me dire que j'ai du temps, des années devant moi.

Leo se rendit au salon et s'assit sur le canapé. Il resta totalement immobile, comme s'il était en transe. Contrairement à son habitude, il ne tendit pas la main pour caresser le petit chien lorsque celui-ci vint se frotter à ses jambes. D'une voix étrangement tendue, il dit soudain :

— Parlez-moi de votre grand-mère. Parlez-moi d'elle, de votre enfance, de tout le reste.

C'était exactement ce qu'elle avait désiré, l'autre jour. Elle se mit à lui parler de choses qu'elle n'avait jamais confiées à personne. L'idée de raconter à Alistair la journée où, devenue orpheline sans le savoir encore, elle avait été conduite chez ses grands-parents, et ce qu'elle avait éprouvé en la circonstance, était tout bonnement inconcevable. Mais elle pouvait le dire à Leo qui l'écoutait attentivement, assis sur le canapé : ses yeux croisaient parfois les siens et ses lèvres esquissaient un sourire. Elle lui parla des premiers temps. Frederica lui avait paru vieille, au début, mais quand on a huit ans tous les adultes vous font cette impression. On gagne aisément l'affection et l'amour d'un enfant. Le plus étrange, c'est que dès le début, elle avait trouvé Frederica plus gentille que sa propre mère.

— J'ai l'air d'être ingrate en disant ça. Personne n'avouerait jamais avoir préféré ses parents adoptifs à ses propres père et mère. Mais c'est ainsi que je l'ai vécu. Mes parents étaient très jeunes, ma mère avait à peine vingt et un ans à ma naissance. Ils s'étaient mariés parce que mon arrivée était annoncée. Et après, ils auraient voulu mener le même genre de vie qu'avant. Je pense que ma mère m'en tenait rigueur. Je me souviens d'elle comme de quelqu'un de lointain, d'indifférent, d'assez peu chaleureux... Pourquoi est-ce que je vous raconte tout ça ?

— Parce que je vous l'ai demandé.

— Est-ce une raison suffisante ? Ma foi, peut-être bien. Mes parents sont morts au cours d'un vol entre l'Essex et la France, à bord d'un avion privé qui s'est écrasé dans la Manche. Au début, bien sûr, j'étais très malheureuse. Je crois que mes grands-parents étaient très affectés, eux aussi ; ils avaient perdu leur fille unique, mais ils ne me l'ont jamais montré. Ma mère s'appelait Helen. C'est pour cette raison que j'ai choisi ce surnom, en vous écrivant au début. Mais je crois que c'était plus par culpabilité que par amour filial.

« J'aimais mes grands-parents, j'adorais ma grand-mère. Et cet accident d'avion, qui avait été aussi terrible pour eux qu'il était censé l'être pour moi — j'ai entendu une femme déclarer un jour à ma grand-mère que mon enfance avait été brisée par cette tragédie — avait à mes yeux un côté romantique. C'était un événement hors du commun, dont je pouvais presque me vanter, à l'école, et qui me distinguait des autres filles. Si un bon génie m'avait proposé de ressusciter mes parents, j'aurais décliné son offre. Mais je ne l'ai jamais avoué à personne, j'aurais eu beaucoup trop honte.

— Mais vous n'avez pas honte de me le dire ?

— Non. C'est étrange, n'est-ce pas ?

— Vous pouvez me dire tout ce que vous voulez, dit-il, je tiens à ce que vous le sachiez. Je veux être votre confident. (Il se leva, l'air un peu vacillant, et porta un instant sa main à son front.) Je dois partir à présent. Puis-je revenir demain ?

— Je vous ai fatigué, dit-elle.

— Non, dit-il. Au contraire, vous me redonnez des forces. (Il s'exprimait comme un petit garçon.) Puis-je avoir un vrai baiser ?

Elle acquiesça. Il l'enlaça et l'embrassa très doucement, très tendrement. Sa bouche avait un goût épicé, de cannelle aurait-on dit, ou de cardamome. Après coup, elle se dit qu'on ne l'avait jamais embrassée de cette façon et que s'il lui avait fallu expliquer ce qu'elle entendait par là, elle aurait répondu que ce baiser avait quelque chose d'impalpable, d'immatériel — comme si elle s'était trouvée entre les bras d'un spectre, d'un esprit ou d'un être de l'au-delà.

— Tu reviendras ? murmura-t-elle avec ardeur.

— Je te le promets.

Il avait l'air moins fatigué le lendemain, bien que sa maigreur fût toujours impressionnante. Elle eut un instant l'illusion de voir à travers son corps tandis qu'il se dirigeait vers le salon, de distinguer par transparence les contours des meubles et les couleurs des rideaux. Ils burent du vin et elle leur prépara à manger. Il lui parla des sentiments qu'il éprouvait à l'égard de son frère.

— Je l'aime, dit-il, et il m'aime également. Est-ce que cela te paraît incongru, comme déclaration, de la part d'un homme ?

— Bien sûr que non.

— Il a tant fait, il a tout laissé tomber pour moi. Il suivait des cours d'art dramatique, c'était un merveilleux acteur, mais il y a renoncé pour me tenir compagnie tous les jours, à l'époque où j'étais très malade et ne pouvais pas rester seul. Il a été plus qu'un père pour moi.

— J'aimerais faire sa connaissance.

Leo ne répondit pas directement, mais déclara un peu sèchement :

— Je vais déménager. M'installer dans un endroit à moi.

— Pourquoi donc, puisque vous vous entendez si bien ?

— Parce que je ne peux pas lui imposer cette situation plus longtemps, Mary. Je suis un boulet pour lui, il n'a plus de vie privée. De surcroît, bien que ce soit son appartement, il se croit obligé de me laisser la chambre et de dormir sur le canapé.

Il avait déniché quelque chose à Primrose Hill, dans Edis Street, un modeste studio équipé d'un coin cuisine et d'une douche, mais cela lui suffisait. Mary se demanda comment lui présenter la chose et lui dit finalement :

— Leo, je ne te l'ai pas encore dit, mais je serai bientôt relativement riche. Ma grand-mère m'a laissé beaucoup d'argent. Si je puis faire quoi que ce soit...

Il l'interrompit aussitôt, comme il l'avait fait dans ce restaurant italien lorsqu'elle lui avait proposé de partager l'addition :

— C'est absolument hors de question. Je t'en prie, n'y songe même pas.

Ils avaient quitté la table et étaient une fois de plus assis côte à côte sur le canapé, Gushi à leurs pieds.

— L'idée que tu sois riche me déplaît profondément, dit Leo. (Il y avait une nuance inhabituelle de dégoût dans sa voix, bien qu'il ait prononcé ces mots en murmurant presque, au lieu de hausser le ton.) Tu me diras que cela ne me regarde pas, Mary, mais je me sens concerné par tout ce qui touche à toi.

Il la regarda au fond des yeux et elle sentit son visage s'empourprer. Voyant cela, il leva un doigt et lui effleura la joue. Puis il saisit son visage entre ses mains et l'embrassa avec autant de douceur qu'une mère son enfant. Comme elle ne résistait pas, il la couvrit de petits baisers furtifs, effleurant tour à tour ses lèvres, ses joues, le bout de son nez, avant de revenir à sa bouche. La lenteur, la tendresse de ces baisers éveillèrent peu à peu le désir de Mary. À chaque instant elle s'attendait à ce qu'il resserre son étreinte, colle ses lèvres aux siennes, glisse sa langue entre ses dents et l'insinue jusqu'au fond de sa gorge, comme une sonde chirurgicale. Il l'embrassa sur les lèvres et lui caressa les joues. Les muscles de Mary — qui, elle s'en rendait compte à présent, était crispés et tendus depuis des semaines — commencèrent à se relâcher et tout son corps se détendit, s'abandonna.

— Il y a une chose que j'aimerais beaucoup faire, murmura-t-il. Puis-je te le demander ? Si tu n'es pas d'accord, nous resterons assis ici, mais si tu acceptes...

— De quoi s'agit-il, Leo ?

— J'aimerais aller m'étendre et te serrer contre moi. Sans rien faire d'autre. Simplement te tenir dans mes bras.

Elle hocha la tête.

— Te tenir dans mes bras, répéta-t-il. Rien de plus. (Il eut un rire sans joie.) Il faudra se contenter de ça, je le crains.

Ils montèrent à l'étage. Leo entreprit de se dévêtir, sans paraître embarrassé. Mary regardait son corps squelettique et néanmoins beau, aussi lisse et blanc que le sien. Si elle y avait pensé à l'avance, ou rétrospectivement, il lui aurait semblé ridicule de se mettre au lit avec un homme en sous-vêtements (lui avait gardé son slip, elle son soutien-gorge et ses collants), mais sur le moment elle trouva cela parfaitement naturel. Elle se demanda où la greffe avait été pratiquée mais n'aperçut pas la moindre cicatrice sur son corps.

Une fois au lit, il la prit dans ses bras. Elle avait toujours trouvé cette position inconfortable du temps d'Alistair : si elle passait son bras sous le corps de son partenaire, il s'engourdissait et devenait insensible au bout de quelques minutes ; si elle le repliait au contraire derrière elle, une douleur intolérable lui élançait l'épaule. Mais Leo l'étreignit sans lui demander de faire de même. Elle posa un bras en travers de son torse, repliant l'autre sur sa propre poitrine. Il la serrait contre lui, mais sans violence : et si le bras qu'il avait passé sous elle finit par s'engourdir, il n'en laissa rien paraître. Il ne disait rien. Elle dut faire un effort pour se souvenir qu'il avait six ans de moins qu'elle, car il l'enlaçait aussi innocemment qu'un père qui berce son enfant.

Il n'était plus arrivé à Mary de dormir en plein jour depuis son enfance, depuis ces temps lointains où elle allait s'étendre, l'après-midi, aux côtés de sa mère, laquelle était sans doute trop heureuse de disposer ainsi de quelques heures de répit. Mais elle s'endormit bel et bien, ainsi que Leo. Lorsqu'elle se réveilla, au bout de deux bonnes heures, elle le regarda et se dit qu'il dormait comme quelqu'un qui manque de sommeil et qui a de longues heures de retard à rattraper. Elle se redressa, en appui sur son coude, et observa son visage, ses lèvres fines que le sommeil détendait, sa peau si pâle, prématurément ridée par endroits, ses paupières rougies refermées sur ses yeux, évoquant un feuillage aux nervures écarlates. Dans son enfance, il devait avoir des cheveux presque blancs, car même à présent ils étaient d'un blond très pâle, comme de la paille séchée par le soleil.

Il dut se rendre compte qu'elle avait bougé car il tendit le bras pour l'enlacer, sans se réveiller pour autant. Mais son geste n'avait pas la rudesse, la brutalité dont les hommes sont coutumiers. Alistair, par exemple, s'emparait d'elle et l'attirait à lui sans ménagement, l'embrassant si violemment qu'il lui meurtrissait les lèvres et les gencives. Sans ouvrir les yeux, Leo chercha sa main, embrassant doucement sa paume, son poignet, les articulations de ses phalanges. Qu'est-ce qui m'arrive ? se demanda-t-elle. Serais-je en train de tomber amoureuse ? Est-ce son étrangeté qui m'attire ? Ou le désir grandissant que j'éprouve de le protéger, de le prendre en charge ?

Je le désire vraiment. Je veux qu'il vienne s'installer ici, afin de pouvoir m'occuper de lui. Comme si j'avais entrepris de le guérir, et qu'il me faille aller jusqu'au bout. Dans quelques minutes, je devrai le laisser partir, rentrer chez lui, mais j'ai peur qu'après son départ, lorsqu'il sera hors de ma vue et de mon attention, il ne s'affaiblisse et ne rechute à nouveau. Oh, si seulement je pouvais le garder ici près de moi, je sais qu'il se rétablirait et qu'un jour...

Bean était de retour. La sonnette avait retenti à l'entrée et résonna une seconde fois, avec plus d'insistance. Mary enfila sa robe de chambre, prit Gushi dans ses bras et descendit ouvrir la porte. Bean la gratifia d'un sourire obséquieux, mais son regard était vide et froid. Il lui glissa un paquet dans la main.

— Quelques photos de notre petit garnement, miss, dit-il. Simplement pour que vous y jetiez un coup d'œil. Sans obligation d'achat.

14

Lorsqu'il était au service de Maurice Clitheroe, Bean s'était mis à boire plus que de raison. Il lui était même arrivé de dépasser la mesure. Il y avait toujours beaucoup d'alcool à la maison et Bean n'hésitait pas à se servir. Clitheroe s'en était forcément rendu compte mais ne lui avait jamais fait la moindre remarque à ce sujet. Peut-être avait-il compris que Bean ne pouvait pas faire face à une telle situation sans l'aide d'un sédatif ou d'un stimulant quelconque. Ce n'était pas une mince affaire — Bean se l'était souvent dit — d'être à la fois le compagnon, le domestique, le souteneur et l'infirmier d'un masochiste confirmé.

La plupart des jeunes gens qui débarquaient à York Terrace le faisaient seulement pour l'argent. Ils ne prenaient pas plus de plaisir à fouetter un vieillard obèse que Bean n'en éprouvait en faisant les courses ou en préparant un tournedos. Mais il y en avait un ou deux qui tranchaient sur le reste du lot. En les introduisant dans l'appartement, Bean s'en rendait compte à leur expression et à leur regard fixe, comme hypnotisé. C'étaient des sadiques et une fois qu'ils avaient empoigné la badine ou le fouet, ils se déchaînaient et rien ne pouvait les arrêter.

C'était au cours de ces séances, en entendant Clitheroe pousser des hurlements où la douleur ne se distinguait plus du plaisir — mais n'étaient-ils pas inextricablement liés ? —, que Bean buvait des litres de bière brune, accompagnés de rasades de cognac bon marché. Il lui arrivait parfois de forcer la dose, au point de ne plus voir le visiteur quitter les lieux. Mais il devait impérativement tenir le coup, car c'était après ces séances que Clitheroe avait besoin de ses services.

Un jour, il l'avait retrouvé inconscient. Une autre fois, il avait voulu l'emmener aux urgences : mais Clitheroe, qui gémissait à plat ventre sur le sol — le sang ruisselait des plaies ouvertes qui zébraient son dos et maculait le tapis —, lui avait interdit d'appeler une ambulance, en le menaçant de le renvoyer s'il le faisait. Bean perdit lui-même connaissance quelques heures plus tard, tant il avait ingurgité de bière et de cognac.

Il se souvenait en particulier d'un jeune homme dont il ignorait l'identité, mais qu'il avait surnommé le Cogneur. Si les yeux sont bien les fenêtres de l'âme, comme l'affirmait Anthony Maddox, ce type n'avait pas d'âme, car son regard était totalement vide, inexpressif : on ne distinguait strictement rien derrière. Ses lèvres et le bout de son nez étaient d'un rose vif, comme s'il les avait frottés au papier de verre. Il avait une démarche gracieuse, un corps souple et élancé ; ses épaules étaient toujours un peu relevées et ses genoux légèrement fléchis. Lorsqu'il repartait, Clitheroe était dans un état bien pire qu'après le passage des autres visiteurs, qui le chevauchaient pour lui faire monter les escaliers ou plantaient des objets acérés dans les parties charnues de son anatomie.

Il avait soixante-sept ans, le même âge que Bean. Son corps était couvert de cicatrices, comme il se devait pour un esclave aussi régulièrement martyrisé. Bean n'avait jamais rien vu de tel. Il avait conseillé à Clitheroe de ne pas faire revenir le Cogneur, mais son employeur ne l'avait pas écouté. Bean n'avait rien d'un rêveur — il reconnaissait volontiers, non sans une certaine satisfaction, qu'il n'avait pas la moindre imagination —, mais il s'était demandé si, aussi étrange que cela puisse paraître, Clitheroe n'était pas *amoureux* du Cogneur. Il était obsédé par son bourreau, il avait désespérément besoin de lui. Et le Cogneur avait fini par le tuer.

Telle était du moins l'opinion de Bean. La raclée que Clitheroe avait reçue ce soir-là était la pire dont Bean ait jamais été le témoin. Il n'assistait évidemment pas à la scène — ce n'était jamais le cas — et lorsque les hurlements commencèrent, il saisit la bouteille de cognac, but à même le goulot et alla se réfugier dans son lit, en se bouchant les oreilles avec sa couverture. Le Cogneur finit par s'en aller et Bean ne le revit jamais. Clitheroe eut une attaque à la suite de ses hémorragies.

Son médecin — le cabinet était dans Harley Street, de l'autre côté de la rue — était parfaitement au courant des tendances particulières de son client. Il ne se donna même pas la peine d'examiner le corps du vieil homme au-dessous des épaules. Lorsque Clitheroe mourut, dix jours plus tard, les marques les plus affreuses s'étaient estompées, mais Bean se demanda tout de même ce que les croque-morts avaient bien pu penser.

« Du moment qu'on ne vient pas me chercher des histoires... » Telle était sa philosophie. Et effectivement, personne ne porta contre lui la moindre accusation. Il cessa progressivement de boire après les funérailles. Il voulait décrocher avant qu'il soit trop tard et se contentait à présent d'un verre de whisky et de deux bouteilles de bière brune au *Globe*, le vendredi soir. Freddie Lawson disait que le *Globe* était « un vrai pub, avec sa sciure, ses traces de crachats et ses sandwiches aux saucisses ». Le vendredi soir, Bean optait quant à lui pour un sandwich végétarien, accompagné de condiments et parfois d'une assiette de frites.

Il cherchait à découvrir l'identité de l'homme à la grosse tête qui lui avait demandé du feu sur le pont, le dimanche précédent. Freddie n'en avait pas la moindre idée et Peter Carrow refusa de lui révéler quoi que ce soit jusqu'à ce que Bean lui ait expliqué pourquoi il tenait tant à le savoir. Une fumée bleuâtre planait dans la salle du *Globe* : Bean dut se racler la gorge et élever la voix. Plusieurs clients le dévisagèrent.

— Vous voulez mon portrait ? leur lança Bean d'un ton rogue.

Un touriste américain détourna les yeux. Bean observait ceux qui le fixaient encore. Peut-être qu'un copain de l'homme à la grosse tête se trouvait parmi eux.

— Tu as bu avant de venir ? demanda Carrow.

— Je ne suis pas bourré, fiche-moi la paix !

Bean plongea une frite dans le pot de condiments avant de la fourrer dans sa bouche.

— Je cherche quelqu'un dans la salle. Qui aurait un copain ressemblant plus ou moins à Mussolini.

— À qui ? demanda Carrow, qui n'avait guère plus de quarante-cinq ans ; et sans attendre la réponse il ajouta : Qu'est-ce que tu lui veux ?

Sans baisser le ton, Bean répondit :

— C'est sûrement ici qu'on m'a entendu raconter cette histoire.

Freddie Lawson se mit à rire.

— Un Hawaï ! Où a-t-il été chercher ça ? Un Hawaï !

— Je n'en ai pas les moyens, dit Bean. C'est dommage, car je suis sûr que Mussolini ferait du bon travail.

— C'est tout de même terrible, dit Carrow, que les prolos doivent toujours faire le sale boulot à leur place.

Le touriste américain, qui s'apprêtait à partir, chuchota à Bean :

— *Hawaï Five-Zero*[1]... Vous pigez ?

— Je ne vous conseille pas de venir fourrer votre nez dans mes affaires, rétorqua Bean.

L'ami de l'homme à la grosse tête ne se manifesta pas et Bean rentra chez lui sans avoir obtenu satisfaction. Le lendemain matin, en faisant ses courses, il se demanda s'il n'allait pas retirer de l'argent au distributeur de l'agence Barclays, dans Baker Street. Peut-être Mussolini accepterait-il d'être réglé en deux fois, de se contenter de la moitié de la somme avant de tabasser Clancy et de ne toucher les vingt-cinq livres restantes qu'une fois son forfait accompli. Il se décida à traverser Marylebone Road avant que les feux n'aient changé mais il était déjà trop tard : une camionnette faillit le renverser et il dut regagner le trottoir. Bean brandit le poing mais pour toute réponse, le conducteur leva la main, le majeur dressé en l'air.

Quelques années plus tôt, quelqu'un avait bel et bien été écrasé par une camionnette, à cet endroit précis. Enfin, dans Luxborough Street, mais cela revenait au même. Le véhicule appartenait à une laverie automatique. Celui qui s'était trouvé sur son chemin était l'un de ces fichus mendiants, sa mort n'avait donc pas grande importance. Après l'avoir fauché, la camionnette avait dérapé, percuté un mur et le chauffeur, qui n'avait pas bouclé sa ceinture de sécurité, avait été projeté à travers le pare-brise : les gars du SAMU l'avaient retrouvé sur les grilles de la propriété voisine. Bean se souvenait fort bien de cette affaire : Mr Clitheroe lui avait lu les articles parus dans

1. C'est-à-dire *Hawaï 50*, titre original de la série télévisée américaine rebaptisée en France *Hawaï police d'État. (N.d.T.)*

la presse à cette occasion, comme il le faisait souvent. Il aimait lire à voix haute.

Le mendiant avait été tué sur le coup — il n'avait rien dû sentir — mais le chauffeur, qui s'en était tiré avec trois côtes cassées, avait été reconnu coupable d'homicide (et non d'une simple infraction de conduite) et envoyé en prison. Pas pour très longtemps, d'ailleurs, mais Bean considérait cette condamnation comme une monstrueuse injustice. Enfin, cela prouvait à quel point les rues étaient dangereuses dans le secteur.

Si Clancy était mis hors d'état de nuire, Bean pourrait à nouveau emprunter le tunnel.

Mr Cornell vint lui ouvrir en personne. Pendant que Bean promenait Boris, Valerie Conway avait quitté les lieux : c'était le début de ses congés d'été. Cornell, en tout cas, était un gentleman : il l'accueillait par l'entrée principale et ne l'obligeait pas à descendre tout cet escalier. Bean lui parla des photos de Boris qu'il avait prises et Mr Cornell eut l'air intéressé, lui déclarant que s'il pouvait à l'occasion lui en laisser quelques-unes, il y jetterait volontiers un coup d'œil.

Valerie n'étant plus là pour échanger quelques piques avec lui et l'obliger à emprunter l'escalier, il se présenta à Devonshire Street avec cinq minutes d'avance et aperçut par une fenêtre du rez-de-chaussée Erna Morosini en train d'embrasser un homme. Ils étaient tous les deux en robe de chambre. Et il ne s'agissait pas de son mari, Bean en avait la certitude. Peut-être pourrait-il en tirer quelque chose et accroître ainsi ses revenus... Le problème, c'est que Mrs Morosini n'avait nullement l'air embarrassé lorsqu'elle vint répondre à son coup de sonnette : elle était tout sourire, au contraire, et plus épanouie qu'il ne l'avait jamais vue.

— J'aimerais beaucoup voir ces photos de Ruby. Pouvez-vous m'en laisser quelques-unes ? Mais je vous préviens : je ne veux pas de photos cochonnes...

Cela mit un terme à ses hésitations. La chose devenait envisageable. Ses revenus allaient augmenter, il allait pouvoir s'acheter un nouvel appareil photo et donner cinquante livres à Mussolini. Lorsqu'il passa dans Baker Street, le mendiant accompagné de son briquet était assis devant le Screen ; discutant avec lui, ou plus exactement planté à ses côtés et arborant une mine particulièrement sinistre, se tenait Clancy, l'homme aux clefs. Ses cheveux striés de bleu évoquaient le plumage d'un paon et le soleil qui brillait sur ses clefs leur donnait l'aspect d'une armure : Bean avait l'impression de se trouver devant une créature démoniaque, surgie d'un vieux film de la Hammer. Il pénétra dans l'une des boutiques où l'on vendait des souvenirs de Sherlock Holmes et acheta la casquette de base-ball rouge, ornée d'un cercle blanc sur lequel figurait le portrait de Holmes, qu'il avait aperçue en vitrine. C'était un modèle d'été, au tissu ajouré.

Lorsque le dimanche arriva, il était passablement excité. La pluie se mit à tomber dès qu'il pénétra dans le Parc. Comme il portait sa casquette la plus épaisse et avait enfilé un ciré en plastique transparent par-dessus son blouson, cela n'avait rien de dramatique. Il aurait tout de même préféré marcher à l'abri des arbres, ce qui impliquait de rester dans les parages de la Roseraie ou les abords immédiats du lac, où les chiens n'avaient pas le droit d'être lâchés en liberté. Mais dès qu'ils eurent senti l'herbe sous leurs pattes, Charlie et le lévrier se mirent à tirer sur la laisse, au point que Bean eut du mal à garder l'équilibre. Il se vit donc obligé de les détacher ainsi que leurs compagnons.

Le rideau de pluie qui s'échappait des nuages bas dissimulait en partie les Mappin Terraces, ces monticules bruns censés imiter des montagnes, et l'enfilade des maisons de Saint John's Wood, aux façades rouge et blanc. Les rares immeubles un tant soit peu élevés émergeaient indistinctement dans la brume et, au sud, la tour de la Poste, dont le sommet évoquait un vaisseau spatial, se profilait nettement, plus grise et plus laide toutefois que par un jour de beau temps. Bean enfonça les mains dans ses poches, palpant du bout des doigts la liasse de billets. L'eau commençait à ruisseler de sa casquette, aussi tourna-t-il la visière à l'envers, comme il avait vu des gamins le faire dans les émissions de la télé américaine.

Il se targuait de faire consciencieusement son travail, mais il y avait tout de même des limites. La pluie s'était intensifiée et les Mappin Terraces, ainsi que les arbres qui s'étendaient plus au nord, avaient à présent disparu derrière un épais rideau gris. Les chiens ne semblaient pas s'en soucier, à l'exception de Gushi qui restait collé aux talons de Bean, tremblant et gémissant. Bean commença à les rappeler. Comme toujours avec les chiens — hormis ceux que promenait cette bonne femme —, certains étaient plus obéissants que d'autres. Il savait d'expérience que Charlie ne répondrait pas à son appel. Il donna un coup de sifflet strident, tout en attachant Gushi, Marietta et McBride à la laisse. Ruby — qui était une femelle — arriva brusquement, bondit sur la croupe du terrier et se livra à un simulacre de copulation, l'inversion des rôles n'ayant jamais beaucoup embarrassé les chiens.

Bean lui cria de cesser son manège, puis se remit à siffler. Tous les chiens s'ébrouaient à grand bruit. Bean regrettait de ne pas avoir investi dans une paire de pantalons imperméables, lorsqu'il avait acheté son ciré. Charlie ne donnait pas le moindre signe de vie, mais Boris apparut tout à coup, émergeant de la brume comme le chien des Baskerville dans l'une des adaptations cinématographiques que Bean avait vue. Il trottinait, la tête basse et les oreilles pendantes, et se mit à grogner d'une manière déplaisante lorsque Bean l'attrapa par le collier.

Il croyait avoir encore du temps devant lui mais en regardant sa montre, il s'aperçut qu'il était presque 16 h 40. Il hésita, ses cinq chiens en laisse, ne sachant trop quelle direction prendre. Où Charlie avait-il pu aller ? Vers l'une des aires de pique-nique, peut-être, pour farfouiller dans les poubelles ou quémander un croûton. Bien que personne ne se soit sans doute risqué à manger en plein air avec un temps pareil.

Bean ne tenait d'ailleurs pas à prendre cette direction. Jusqu'à cet instant précis, il avait nourri des sentiments ambivalents à l'égard de Mussolini : d'un côté, il souhaitait le retrouver et lui donner son feu vert, mais en même temps, il redoutait cette rencontre. Pourtant, à présent, toutes ses hésitations se trouvaient balayées : il tenait absolument à rejoindre le pont et à revoir ce type, négocier avec lui et enclencher le processus. En pataugeant dans le sentier, tiré par sa troupe de chiens, il revit mentalement l'homme aux clefs, avec sa barbe et ses cheveux striés de bleu, ses yeux cruels, son armure cliquetante. Il ne pouvait pas laisser passer l'occasion de lui donner une leçon.

Charlie n'était nulle part en vue dans les parages du restaurant. Allait-il devoir se retaper tout le trajet en sens inverse, jusqu'à la Grande Allée ? Le sentier devant lui conduisait au Grand Pont, qui franchissait un autre bras du lac et n'avait rien à voir avec celui où Mussolini ne tarderait plus à arriver, où il se trouvait peut-être déjà... Bean n'avait jamais égaré l'un de ses chiens, n'en avait jamais perdu un seul de vue plus de deux ou trois minutes. Mais Charlie avait disparu depuis près d'un quart d'heure à présent. Il était 16 h 55.

Sur la rive nord du lac, Bean s'arrêta et jura, au milieu des canards qui se dandinaient sur l'herbe détrempée ou se laissaient porter par les vaguelettes. Profitant de cette pause, les chiens s'ébrouèrent vigoureusement. Bean siffla à nouveau. Dieu sait ce qui s'était passé, mais même si cela l'obligeait à renoncer à ses projets, il ne pouvait pas aller affronter Mr Barker-Pryce, son cigare et ses yeux courroucés, avant d'avoir retrouvé Charlie.

Il y eut un brusque remue-ménage et un bruit d'éclaboussures, accompagné d'un concert de coin-coin et de gloussements : au bord du lac, dans un tourbillon de plumes, trois oies aux pattes roses et un canard blanc s'envolèrent d'un air paniqué. Charlie apparut derrière eux, émergeant joyeusement de l'eau, couvert de boue jusqu'aux jarrets. Son immersion prolongée avait modifié son aspect : son corps paraissait aussi maigre que celui du lévrier et son pelage aussi noir que celui du caniche. Bean l'empoigna aussitôt et le retriever, comprenant que le jeu était terminé et que la liberté prenait fin, banda tous ses muscles et s'ébroua vigoureusement, en une série de rafales successives. Bean et les autres chiens reçurent des giclées d'eau mêlée de boue : le visage de Bean était constellé de taches, ses mains étaient trempées et ses chaussures inondées.

Mais cela ne l'empêcha pas de se mettre à courir. Les six bêtes galopaient devant lui comme un attelage de chiens d'esquimaux — dommage qu'il n'ait pas de traîneau ! — et il rejoignit au plus vite le pont qui enjambait un bras du lac. Le ciel s'éclaircissait et la pluie était moins forte. Sous le couvert des arbres, avant d'arriver au pont, le sol était presque sec. Bean prit une profonde inspiration et serra la poignée de la laisse. Mais bien évidemment, Mussolini n'était pas là : il était déjà reparti, à supposer qu'il soit venu, et ne l'aurait pas attendu jusqu'à 17 h 05, une demi-heure après leur rendez-vous.

Il continua à courir pendant le reste du trajet. La pluie avait pratiquement cessé et le soleil commençait à pointer à travers le crachin. Bean prit le sentier qui menait à la mosquée, dont le dôme doré brillait au soleil comme les pièces de monnaie du temps jadis — lorsque les métaux précieux entraient encore dans leur fabrication. Il lui semblait bien que Mussolini avait pris cette direction la dernière fois. Mais il ne l'aperçut nulle part. Il n'y avait d'ailleurs pas une âme en vue, en dehors du type qui amarrait les barques permettant d'atteindre l'île, dans le bassin de Hanover.

Lui qui n'était jamais en retard, il risquait de ne pas ramener les chiens à l'heure cette fois-ci. Leurs propriétaires allaient s'inquiéter. Et ils se ficheraient comme d'une guigne des explications qu'il pourrait leur fournir concernant la fugue de Charlie. Bean hâta le pas, sur le sentier qui longe le Cercle extérieur et rejoint Clarence Gate. Il releva les yeux, scruta une dernière fois l'étendue de verdure et les abords du lac, espérant encore apercevoir l'homme à la grosse tête, et vit soudain se profiler la courbe d'un arc-en-ciel, qui partait du côté de chez Mme Tussaud et allait se perdre beaucoup plus loin, dans Camden Town.

15

UN SAMEDI D'HIVER particulièrement froid — Daniel avait cinq ans et Elizabeth douze —, il les avait emmenés au planétarium. Son fils était encore un peu trop jeune pour profiter vraiment de cette visite, mais sa fille avait été enchantée. Après avoir déjeuné dans un restaurant de Baker Street, ils avaient regagné la station de métro de Saint John's Wood en traversant le Parc. Le soleil avait fait son apparition mais les pelouses étaient encore gelées et il y avait des plaques de neige dans les recoins ombragés.

Le lac était entièrement gelé. Elizabeth, qui avait reçu une nouvelle paire de patins pour Noël, lui avait demandé pourquoi personne ne profitait de cette vaste étendue de glace. Sans entrer dans les détails, à cause de la jeunesse de Daniel, Roman leur avait raconté le terrible accident qui s'était produit en février 1867 et depuis lequel il était interdit de faire du patin à cet endroit. Plusieurs centaines de personnes patinaient sur le lac lorsque la glace s'était lentement craquelée, malgré les avertissements du responsable de la Human Society qui leur criait de regagner les berges pour éviter une catastrophe.

— Ils se sont noyés ? avait demandé Daniel.

— Certains d'entre eux, oui.

Roman ne précisa pas le nombre des victimes. Il ne lui révéla pas que cent cinquante personnes étaient tombées à l'eau et que quarante d'entre elles avaient trouvé la mort.

— Le lac était plus profond à cette époque. Il y avait quatre mètres de fond entre les îlots et la couche n'était jamais très épaisse. La rivière Tyburn venait se jeter dans le lac et son courant empêchait la glace de se former et de tenir durablement.

Les enfants avaient regardé sur la rive opposée du lac la grande bâtisse du Holme et les îlots qu'elle surplombait. Des cygnes, des oies et des canards se regroupaient sur leurs berges. Elizabeth avait voulu savoir comment on avait repêché les victimes.

— On avait fait venir des plongeurs. Par la suite, on a asséché et remodelé le lac, dont la profondeur maximale n'excède jamais 1,20 m aujourd'hui.

— Y a-t-il des fantômes ? avait demandé Daniel. La nuit, est-ce que les fantômes des noyés sortent de l'eau ?

— Les fantômes n'existent pas, Daniel, avait répondu Roman.

Mais il n'en était plus aussi sûr à présent. Car l'hiver dernier, il avait parfois cru voir les victimes de la catastrophe émerger de l'eau noire, entre les plaques de glace, comme dans ce tableau préraphaélite où la mer rejette ses noyés. Et un jour, il avait même reconnu au milieu de ces spectres les visages livides, cadavériques, de sa femme et de ses enfants.

Lorsque ceux-ci étaient encore en vie, il avait souvent regretté d'avoir donné à Daniel une version édulcorée de ces événements, car son fils y repensait régulièrement les jours de grand froid, et Roman lui-même en rêvait fréquemment. L'attentat contre le kiosque à musique, autre drame épouvantable, avait eu lieu du vivant d'Elizabeth, même si elle n'avait que trois ans à l'époque et n'avait rien su de la bombe de l'IRA, qui avait tué ou blessé la plupart des membres de l'orchestre. En tout cas, il ne leur en avait jamais parlé. Au cours de leurs promenades dans le Parc, ils n'avaient jamais emprunté les allées qui longent le kiosque à musique, sur la rive nord du lac, où l'on avait planté depuis une rangée de saules à titre commémoratif.

Ce qui était en train de se passer constituait-il un nouvel épisode tragique de l'histoire du Parc ? Pourtant, il avait remarqué — en se demandant si d'autres que lui s'étaient fait la même réflexion — que les deux meurtres, indéniablement liés, avaient été commis à l'extérieur du Parc, bien que dans son périmètre immédiat.

C'était à la devanture d'un marchand de journaux, à côté du *Globe*, juste en face de la station de Baker Street, qu'il avait appris le second meurtre. Comme de juste, les gros titres qui l'annonçaient étaient rédigés de manière ambiguë : il fallait acheter le journal pour en savoir plus. « Nouveau carnage chez les sans-abri », proclamaient les affichettes. Le mot « carnage » pouvait signifier bien des choses.

Roman aurait pu acheter le journal, mais il ne le fit pas sur l'instant. Il se rendait à la laverie automatique de Paddington Street pour nettoyer ses vêtements. Après cela, il comptait passer aux toilettes publiques, au bord de la Grande Allée, se décrasser de fond en comble et enfiler un tee-shirt, un pull et un pantalon propres. Il resta quarante minutes à regarder tourner les tambours des machines à laver, puis un quart d'heure dans une librairie d'occasion où il troqua *Les Âmes mortes* contre *Kim*, et se décida enfin à se procurer le *Standard* sur le chemin du retour.

Le journal était exposé à l'extérieur de la station. Roman en acheta un exemplaire et s'assit sur une murette voisine pour le lire. L'identité de la victime n'avait pas encore été établie. Son cadavre, comme celui de John Dominic Cahill, avait été empalé sur une grille, non loin de Regent's Park, et comme dans le premier cas la mort n'était vraisemblablement pas due à l'empalement. Le corps avait préalablement été lardé de coups de couteau : la lame était longue d'une quinzaine de centimètres. Il avait été découvert aux premières heures du matin par un jeune homme qui rentrait chez lui, à Primrose Hill, après avoir fêté le dix-huitième anniversaire d'un ami. L'identité de ce jeune homme n'était pas davantage précisée.

Roman espérait que le corps n'était pas celui de Dill. Il replia le journal, le fourra dans sa poche et longea le musée de Mme Tussaud en passant sous les échafaudages. Cela faisait des mois qu'on avait entrepris de ravaler et de rénover la façade du bâtiment. Il s'aperçut qu'il avait retenu son souffle et poussa un soupir de soulagement.

Dill était assis sur le trottoir en compagnie de son briquet, qui était occupé à dévorer le contenu d'un sachet de biscuits pour chiens. Roman s'assit à côté de lui et lui montra le *Standard*. Dill lui dit qu'il avait appris la nouvelle à la télé. Il y avait un vieux poste en noir et blanc dans le foyer d'accueil où il allait parfois dormir.

— Ils n'ont pas parlé de grille, dit-il, mais d'un mur hérissé de tessons de verre.

— Où est-ce arrivé ?

— Quelque part à Primrose Hill. Ils n'ont pas donné plus de précisions. Cette affaire me fout les jetons.

Dill avait un visage pâle, émacié, et des paupières lourdes qui lui retombaient sur les yeux. Mais il avait le teint trop clair et les cheveux trop blonds pour être d'origine orientale. Roman ne l'avait jamais vu boire. Il avait souvent l'air effrayé, traqué, et aujourd'hui la peur qui l'habitait s'était intensifiée au point de tendre et de rider la peau de son visage. Il n'avait probablement pas plus de vingt-cinq ans.

— Je n'aime pas cette histoire de bris de verre, dit-il. D'éclats qui vous transpercent et vous lacent... vous lacernent. C'est le terme qu'ils ont employé.

Une femme vint déposer une pièce de cinquante pence dans le chapeau posé sur le trottoir.

— Merci beaucoup, dit Dill tandis que son chien reniflait la pièce en agitant la queue. C'est après nous que ce type en a, reprit-il. Après les gens de notre espèce.

Il ne donna aucune définition, n'employa aucun des nombreux termes imagés qui auraient pu préciser sa pensée, mais Roman avait fort bien compris. Le journal disait à peu près la même chose, et de manière tout aussi vague. Les deux hommes qui avaient été assassinés à un mois d'intervalle étaient l'un et l'autre des sans-abri...

— Tu dors à Saint Anthony, n'est-ce pas ? dit Roman. (Saint Anthony était le nom du foyer d'accueil de Lisson Grove.) Tu ferais mieux d'y aller tous les soirs. Tu seras en sécurité. Jusqu'à ce qu'on ait mis la main sur ce type.

Au regard songeur que Dill lui lança, Roman comprit qu'il préférait dormir à la belle étoile lorsque le temps n'était pas trop froid ni trop humide, sous la voûte céleste ou son moderne substitut : les constellations rougeoyantes des reflets de néon. Mais il acquiesça, l'air un peu rassuré. Puis il tendit les bras pour attraper son chien et l'installa sur ses genoux.

Après avoir franchi York Gate, Roman obliqua dans le Parc pour longer la rive sud du lac. Une vieille dame en jogging distribuait des miettes de biscuits à un cygne noir et à ses petits. Sur l'île, un héron s'envola d'un arbre et prit la direction de l'ouest, les ailes déployées et le cou recourbé en forme de S. Le soleil avait fait sortir les gens. Ils flânaient sans but sur la berge du lac ou restaient assis sur les bancs. Aucune frayeur ne se lisait sur leurs visages. À les voir, on n'aurait jamais soupçonné qu'un meurtre barbare avait été commis la nuit précédente, à moins d'un kilomètre d'ici.

C'était la première fois qu'il faisait aussi doux, aussi chaud même depuis le début de l'année. « L'été est enfin arrivé ! » aurait pu s'exclamer un visiteur ou un touriste inconscient du fait que l'été pouvait fort bien ne jamais durer — pas plus que l'hiver, d'ailleurs —, que le temps est toujours instable, arbitraire : chaud aujourd'hui, froid le lendemain, sec cette semaine, humide la suivante. Le Parc ne formait plus qu'une mosaïque de verdure, lumineuse ou ombragée, on ne distinguait guère d'autres couleurs. Les gens portent des vêtements chatoyants dans les pays chauds, mais ici on se contente du bleu et du gris, du marron, du noir et du beige. L'eau du lac était d'un gris scintillant, immobile et vitreux.

Roman se demanda s'il partageait les craintes de Dill. Étant aussi exposé que lui (ou que Pharaon, Effie et les autres), redoutait-il de mourir poignardé, les poumons, le cœur et les artères lardés de coups de couteau, avant d'être empalé sur une grille ? Il s'aperçut qu'il était incapable de répondre. Il n'y avait pas si longtemps, il l'aurait su, il aurait accueilli comme une bénédiction un trépas infligé par une main étrangère. Avait-il peur de mourir ? Il était effrayé d'avoir changé à ce point, de ne plus pouvoir opposer à cette question un « non » catégorique, de devoir se contenter d'un vague acquiescement.

Car, bien évidemment, le fait de ne pas répondre par la négative signifiait qu'il avait envie de vivre.

Il se lava intégralement dans les toilettes pour hommes après avoir attendu que le soleil se couche et que la plupart des promeneurs aient déserté les lieux. Il s'installa devant un lavabo et commença par la partie supérieure de son corps ; puis, discrètement, il passa au bas, après avoir enroulé autour de ses hanches une serviette propre qui sortait de la laverie. Deux hommes apparurent, mais il savait d'expérience qu'ils ignoreraient sa présence. Il leur faisait peur, ils ne voyaient en lui qu'un clochard qui risquait de leur demander de l'argent en bafouillant et en gesticulant, ou de les prendre à partie avant de les couvrir d'injures. Lorsqu'ils se furent éclipsés, il se lava les cheveux et les sécha grossièrement sous un sèche-mains.

Le fait d'être propre lui procura une sensation de bien-être inattendue. Après avoir fourré ses vêtements sales dans sa poussette, il sortit et alla s'asseoir tout au bout de la Grande Allée, près de la fontaine des Parsis, contemplant les colonnes érodées de marbre rose et les sculptures qui représentaient des oiseaux et divers animaux. Il but la pinte de lait qu'il avait achetée, en regrettant que ce ne soit pas du vin, et entama la lecture de *Kim*.

Une ronde de police l'aperçut et le délogea à 21 h 30. De toute façon, il faisait déjà trop sombre pour continuer à lire. Il n'avait aucune idée de l'endroit où il allait dormir. Il pensa tout d'abord au porche du musée Irene Adler, mais y renonça aussitôt : le premier meurtre avait été commis juste à côté. Il écarta également Regent's Park Road, puisque c'était apparemment dans ce secteur que le second crime avait eu lieu. En se dirigeant vers Gloucester Gate pour quitter le Parc, il longea l'aire de jeux pour enfants, désertée à cette heure, et s'arrêta comme chaque fois qu'il passait par là pour regarder la statue de bronze, due à Joseph Durham. Elle représentait une jeune fille au visage doux et avenant, debout au milieu d'un amas de rochers artistiquement disposés. Avec sa main en visière au-dessus des yeux, elle avait l'air de scruter Gloucester Terrace. Elle ressemblait trait pour trait à l'une de ses anciennes conquêtes, qu'il fréquentait bien avant de rencontrer Sally. En contemplant cette jeune fille qui se dressait sur son perchoir rocheux depuis plus de cent vingt ans, il lui semblait revoir sa lointaine amie, et cela éveillait en lui une certaine nostalgie. À une ou deux reprises, il s'était demandé comment il aurait réagi si elle avait ressemblé à Sally ou à Elizabeth. Se serait-il attardé devant la statue ou l'aurait-il évitée, redoutant de la regarder en face ?

Il traversa l'artère et descendit vers le groupe de bosquets touffus, vestiges peut-être d'un ancien jardin ornemental, que tout le monde appelait la Grotte. Au pied du pont qui franchissait un bras aujourd'hui asséché du canal figurait un bas-relief en bronze illustrant le martyre de saint Pancrace : le visage radieux et levé vers le ciel, le saint était attaqué par une lionne d'allure plus amicale que farouche, qui bondissait vers lui comme un chien.

Il y avait des rochers à cet endroit, ainsi qu'un bassin bordé de pierres en forme de huit, dont l'eau brunâtre était recouverte d'une couche d'écume. Des détritus traînaient de toutes parts au pied des lauriers et des rhododendrons, ou empêtrés dans leurs branches — des sacs en plastique, des journaux moisis et détrempés, des cannettes de bière, de vieux lambeaux de vêtements. Les fils de fer barbelés et les clôtures métalliques, qui formaient un enchevêtrement compact, ne servaient visiblement à rien.

Roman regarda autour de lui en cherchant un passage. Il dépassa le bas-relief et bifurqua dans un petit sentier qui rejoignait Park Village East, où une grande bâtisse victorienne était en cours de rénovation. Il aperçut des bennes, des échelles, une bétonnière et des planches entassées un peu partout. Il poussa un portillon aménagé dans le mur d'enceinte et traversa le jardin à l'abandon qui surplombait la Grotte.

À partir d'ici, on pouvait éviter la plupart des clôtures. Il s'était aperçu depuis longtemps que les barbelés ne sont pas d'une grande efficacité pour décourager les intrus, lorsque ceux-ci se fichent comme d'une guigne de déchirer leurs vêtements. Il se retrouva dans une propriété en ruine, abandonnée. Il remarqua la présence de deux pailles, ou plus exactement d'une paille coupée en deux, au cœur d'un buisson. Il installa son lit sur un tapis de feuilles : d'ici, le pont était caché par les rhododendrons et le ciel disparaissait derrière les branches d'un grand arbre. L'air était humide et froid au milieu de cette végétation, et il enfila un pull avant de se glisser dans son sac de couchage.

À cette époque de l'année, le jour se lève avant 4 heures et demie. Il aperçut entre les branches le soleil qui apparaissait, halo éblouissant derrière l'écran noir du feuillage, mais pensa aussitôt à la mort de « l'un des nôtres », et fut surpris d'avoir dormi aussi paisiblement. Comme si la nuit s'était écoulée en quelques secondes, sitôt qu'il s'était étendu et avait fermé les paupières.

Il lui arrivait fréquemment de ne pas manger le matin mais ce jour-là, il pénétra dans l'un des cafés qui ouvrait de très bonne heure, à Camden Town, et s'offrit un copieux petit déjeuner, tel le condamné qu'il était : des œufs et du bacon, des saucisses et du pain grillé, tout cela accompagné d'un thé fort, rouge comme du henné, et d'un verre de jus d'orange — ou d'une boisson passant pour tel malgré son amertume.

Autrefois il se serait senti mal à l'aise dans un lieu pareil, mais ce n'était plus le cas. La plupart des clients avaient la même dégaine que lui. Au moins s'était-il lavé et changé la veille.

Talisman Press avait publié jadis un livre consacré aux anciens villages du nord de Londres. Il s'en souvenait à présent, en remontant Albert Road, et revoyait les vieilles gravures de Chalk Farm et de Primrose Hill. La seule chose qui n'avait pas réellement changé, c'était la colline elle-même, dressée sur la plaine comme un tumulus érigé par l'homme plutôt que comme une éminence naturelle. Un jour, il avait regardé dans cette direction et aperçu une silhouette au sommet, les bras levés au ciel. L'individu s'était brusquement étendu par terre en gesticulant et en battant des pieds, avant de se relever et de tendre à nouveau les mains en l'air, comme s'il implorait la clémence du ciel. Roman s'était demandé s'il ne s'agissait pas de Pharaon, mais il était trop loin pour distinguer la crête bleue de ses cheveux ou le scintillement de ses clefs.

Les forêts qui s'étendaient autour des villages avaient dû disparaître au cours du XIXe siècle. Il n'y avait plus que des platanes à présent, et quelques rares charmes, des arbres décoratifs dont la présence paraissait incongrue au milieu de la végétation et des herbes touffues qui grimpaient tout autour de leurs troncs. Il s'engagea sur les sentiers qui remontaient le flanc oriental de la colline, en se souvenant d'un meurtre dont il avait lu l'histoire dans le même ouvrage. Vers la fin du XVIIe siècle, le corps de Sir Edmund Godfrey avait été découvert dans un fossé, sur le versant sud de Primrose Hill. Son épée était plantée en travers de son corps, mais en fait il avait été étranglé. On ne lui avait rien volé, sa bourse était encore dans sa poche, mais il était couvert de bleus et avait la nuque brisée. Des médailles avaient été émises en mémoire de sa mort, une en particulier où il était représenté marchant, la nuque brisée, une épée en travers du corps.

Roman croyait se souvenir que plusieurs personnes avaient été soupçonnées de ce meurtre avant d'être exécutées. Il avait également lu que les duels étaient fréquents sur cette colline. Il songea qu'il était venu par ici pour chercher un coin paisible et accueillant, afin de poursuivre sa lecture de Kipling, mais il savait qu'il obéissait aussi à un autre motif. Et cela expliquait que son esprit s'attarde sur ces morts violentes du passé.

Il n'y avait personne au sommet, aujourd'hui. L'endroit était venté, les branches noueuses des platanes étaient agitées et les charmes bruissaient. Il prit la direction du nord et aperçut loin devant lui les cordons bleus et blancs disposés autour des grilles, sur les lieux du crime. Il rejoignit Primrose Hill Road bien avant d'avoir atteint l'endroit. Une rangée de voitures étaient garées le long du trottoir — des véhicules de police, banalisés ou non. De l'autre côté de la rue, quelques personnes attendaient et contemplaient la scène, bien qu'il n'y eût rien à voir.

Le cordon s'étendait sur plusieurs mètres le long du trottoir mais la grille elle-même était recouverte d'une bâche. Un bouquet de fleurs enveloppé de Cellophane était posé sur le trottoir, à l'extérieur du cordon. Quelqu'un avait donc eu pitié de ce vagabond, et Roman se demanda de qui il pouvait s'agir. Il regarda autour de lui et aperçut des grilles de toutes parts. Elles devaient courir sur des kilomètres dans les environs du Parc, que leurs pointes soient acérées comme ici ou émoussées comme en d'autres endroits. Dans ce quartier, c'étaient elles qui séparaient les trottoirs des jardins, délimitaient les propriétés et s'élevaient autour des églises ou le long des artères, comme autant de barrières protectrices. Dans d'autres secteurs, on érigeait des haies ou des murettes, mais ici on avait recours à ces grilles en fer forgé, lisses, raides, scandées par deux barres horizontales (l'une en haut, l'autre en bas), le plus souvent peintes en noir et hérissées de pointes.

L'assassin n'avait pas à chercher bien loin pour trouver le décor nécessaire à ses crimes. S'il n'avait besoin que d'un vagabond et d'une rangée de grilles, il ne risquait pas de se retrouver au chômage. Roman demeura un moment au milieu des gens qui s'étaient attroupés et observa leurs visages, mais ils étaient vides, dans l'expectative et ne trahissaient pas la moindre expression. Un policier qui était venu tripoter le cordon pour le remettre en place regagna sa voiture et démarra. La camionnette rouge et blanche de l'Express Tikka & Pizza ralentit en passant devant les lieux du crime, mais s'éloigna rapidement. Une femme dans la foule alluma une cigarette.

Roman fit demi-tour et regagna la colline. Il s'assit sur un banc ensoleillé, à l'abri du vent. Il essaya de lire mais ne parvint pas à se concentrer. Ses pensées revenaient à Sir Edmund

Godfrey, dont le meurtre semblait aussi gratuit que ceux d'aujourd'hui, dont les coupables présumés avaient tous protesté de leur innocence et dont le fantôme, disait-on, hantait toujours la colline. Cela lui rappela son fils et il revit soudain le visage de Daniel, qui croyait à moitié que les fantômes des noyés émergeaient l'hiver entre les plaques de glace, à la surface du lac.

Au bout d'un moment il se remit en route, en quête comme la veille d'un journal. Il n'était guère plus de 10 heures, mais le *Standard* était déjà dans les kiosques. Il en acheta un et, adossé à une rangée de grilles, apprit que la seconde victime de celui qu'on appelait déjà l'Empaleur avait été identifiée.

Il s'agissait de James Victor Clancy, âgé de trente-six ans, sans domicile fixe, plus connu de certains sous le sobriquet de l'Homme aux clefs et, pour d'autres, de Pharaon.

16

LE TOURISTE AMÉRICAIN voulait faire expédier à Cincinatti, où sa femme et lui demeuraient, un certain nombre d'articles : le plus beau service à thé d'Irene Adler, le tableau encadré dans le style de Klimt, la photographie qu'elle avait donnée à Holmes, deux nappes en dentelle et une corbeille de fruits en cire sous une cloche de verre. Mary était en train de s'assurer que son client avait bien compris qu'il s'agissait de simples reproductions, et non de véritables antiquités, d'un *échantillon* de ce qu'une femme telle qu'Irene aurait pu posséder en 1885, lorsque Stacey vint lui annoncer qu'un homme la demandait.

— Pour vous raccompagner chez vous, précisa-t-elle. D'ailleurs, il est plus de 17 heures.

— Comment s'appelle-t-il ? Il ne vous a pas dit son nom ?

— Je ne le lui ai pas demandé.

Il devait s'agir de Leo. Il avait pris deux jours de congé pour s'installer dans son nouvel appartement et comme il faisait beau cet après-midi, il avait pu venir à pied d'Edis Street à Charles Lane sans trop se fatiguer. Le visage de Mary s'empourpra et, en voyant le sourire de l'Américain, elle se dit qu'il avait dû le remarquer et en tirer ses propres conclusions.

— Je termine ceci et j'arrive, dit-elle.

Elle inscrivit tous les articles dans le carnet de commandes. L'homme de Cincinatti lui laissa sa carte. Il se dirigeait déjà vers la porte de la boutique et s'apprêtait à sortir lorsqu'il lui demanda soudain où, selon elle, le prochain meurtre risquait de se produire. Quelqu'un dans leur groupe misait sur le zoo et ils avaient pris des paris.

— Je penche quant à moi pour les arrières du théâtre et ma femme pour les grilles situées le long de la Roseraie.

Mary ne sut quoi lui répondre et se contenta de sourire — du moins s'y efforça-t-elle. Dorothea était déjà partie. Mary retourna le panonceau « Fermé » sur la porte de la boutique, en espérant que Stacey avait fait de même à l'entrée du musée. Leo et elle pourraient aller dîner quelque part, ce soir, et peut-être passerait-il ensuite la nuit avec elle. Ce qui ne s'était pas encore produit — ils n'avaient toujours pas fait l'amour ensemble — ne tarderait sans doute plus à arriver. La lenteur de ces préliminaires la mettait au supplice, mais en même temps elle avait envie qu'ils se prolongent, car ils amplifiaient singulièrement l'intensité de son désir. À trois reprises, ils s'étaient étendus côte à côte dans son lit, à Charlotte Cottage, et la dernière fois Leo s'était mis à la caresser très doucement, très tendrement, dans un élan qui ressemblait plus à du plaisir qu'à de la retenue. Elle lui avait murmuré de ne pas s'arrêter, que tout se passerait bien, qu'il n'avait rien à craindre.

— La prochaine fois, avait-il répondu.

La prochaine fois, c'était aujourd'hui. Elle avait bien conscience qu'il était plus jeune qu'elle, et surtout qu'il lui était redevable de beaucoup de choses, mais elle fit en sorte d'écarter ces pensées, du moins pour l'instant. Elle alla se regarder dans l'un des miroirs d'Irene Adler, dont le cadre doré était orné de chérubins et d'arabesques, et se dit qu'elle n'avait jamais eu meilleure mine, ni paru plus jeune et plus séduisante depuis la mort de sa grand-mère. Le soleil avait donné des reflets dorés à ses cheveux. Elle pénétra dans le hall, les mains tendues pour accueillir Leo.

C'était Alistair qui l'attendait.

Le sourire qui ne lui était pas destiné l'encouragea et il la prit dans ses bras. Il l'aurait même embrassée sur la bouche si elle ne s'était pas écartée au dernier moment en lui tendant sa joue. Stacey observait la scène avec intérêt.

— Surprise ? lui lança-t-il.

— Je ne m'attendais pas à te voir, Alistair.

— Tant qu'ils n'auront pas arrêté ce type, je ne veux pas que tu te promènes toute seule dans le quartier.

Elle haussa les épaules, ne voyant pas quoi lui répondre dont ils n'aient déjà débattu.

— Je me fais du souci pour toi. Pour ta sécurité. Tant que tu viendras encore ici, si je ne suis pas là, prends un taxi, c'est compris ?

Il y avait probablement des femmes que ce genre d'attitude autoritaire flattait, qui étaient ravies qu'on leur explique ce qu'elles devaient faire, quitte à s'entendre dire ensuite qu'elles étaient décidément trop stupides pour comprendre un ordre quelconque, aussi simple soit-il. Personne, ni sa grand-mère ni son propre père, d'après le vague souvenir qu'elle en avait, n'avait jamais parlé à Mary sur ce ton. Quant à Leo, l'idée de l'entendre employer un vocabulaire et une intonation pareils était tout simplement risible.

— Aussi bizarre que cela puisse paraître, Alistair, je suis parfaitement capable de me prendre en charge toute seule, dit-elle du ton le plus dégagé possible.

— Je me demande combien d'inconscientes ont tenu un tel discours, avant de s'en mordre les doigts... Maintenant, Mary, explique-moi pourquoi tu as refusé de dîner avec moi la semaine dernière ? Il me semble que tu me dois au moins une explication.

— Je suis désolée, dit-elle, mais je n'en ai pas la moindre à te fournir.

Elle le précéda et sortit du musée, tout en se demandant quelle attitude adopter par rapport à sa présence et aux plans qu'il avait vraisemblablement élaborés pour la soirée. Elle n'avait aucune envie d'aller dîner avec lui quelque part et il était hors de question qu'elle l'invite à Charlotte Cottage. D'une manière ou d'une autre, il allait bien falloir qu'elle se débarrasse de lui.

Il s'était précipité à l'angle de Saint John's Wood Terrace, levant déjà le bras pour appeler un taxi. Il se retourna et lui lança, par-dessus son épaule :

— Il faut que nous reparlions de tout ça, mais quoi qu'il en soit tu vas laisser tomber ce... (Il s'interrompit, cherchant un terme poli.)... cette boutique, ce musée, comme tu voudras. Tu n'as plus *besoin* de travailler.

— Alistair...

Il devait y avoir quelque chose dans son intonation qu'il n'avait jamais perçu auparavant. C'était ce qu'elle avait cherché et elle avait apparemment réussi.

— Oui, dit-il. Quoi ?

— Je ne vais pas prendre un taxi avec toi. Je ne rentre pas à Park Village. Je m'apprête à aller voir un ami.

— Quel ami ? dit-il machinalement, en regardant d'un air déçu le taxi qui s'éloignait.

Elle prit une profonde inspiration.

— L'homme qui a subi cette greffe, dit-elle en évitant de le regarder. Celui qui a bénéficié de mon don de moelle osseuse.

— Tu ne parles pas sérieusement ?

Sa voix était à la fois glaciale et fluide comme de l'eau, ce qui était étrange, émanant de ces lèvres épaisses et de ce visage congestionné. Ici, je ne crains rien, songea Mary. Il ne peut pas me frapper en pleine rue.

— Je suis on ne peut plus sérieuse, dit-elle. Nous nous sommes rencontrés, je le trouve sympathique et nous... (Comment formuler la chose ? Quels termes employer ?)... nous nous voyons de temps en temps.

Il s'approcha d'elle. Elle vit ses mains se tendre pour l'empoigner, puis retomber, tandis qu'il retrouvait le sens des convenances. Son impuissance le faisait trembler.

— Tu n'es vraiment pas faite pour vivre seule, si tu en arrives à commettre une bêtise pareille.

— Et toi, Alistair ? De quel droit me juges-tu ? (Ses paroles étaient fermes, mais sa voix mal assurée.) Je n'accepte pas que tu... que tu te prononces sans arrêt sur ce que je fais, sur les gens que je rencontre.

Il frémissait d'indignation.

— Il faut bien que quelqu'un s'en charge. Tu es incapable de le faire toi-même.

Elle hocha la tête, essayant de paraître tranchante.

— Je ne veux plus te revoir, Alistair.

— J'ai mal entendu, dit-il.

— Nous nous sommes dit adieu avant que je parte. Nous avons tout passé en revue. Nous avons décidé, *ensemble*, que c'était la meilleure solution. Que tout était terminé entre nous. Tu t'en souviens ? Tu m'as dit que tu étais heureux de me voir partir. Et puis tu es revenu à la charge. Je ne le souhaitais et ne le souhaite toujours pas. J'espère que nous redeviendrons amis un jour, mais il est encore trop tôt. Je ne veux plus te voir — est-ce que tu comprends ça ?

— De manière générale, Mary, on peut dire que tu ne sais jamais ce que tu veux.

— Nous ne devrions pas avoir ce... cette discussion ici, en public.

— Je n'y suis pour rien. C'est toi qui as commencé.

Elle hésita.

— Le fait est que j'aurais eu peur de te dire tout ça en tête à tête dans une pièce. Est-ce que tu le comprends ? J'aurais eu peur de toi.

Il eut un geste d'impatience.

— Où habite-t-il ?

Mary hocha une nouvelle fois la tête.

— Tu m'as dit que tu allais le retrouver, et je te demande où il habite...

Avait-il toujours eu un comportement aussi autoritaire ? Pas lorsqu'il obtenait ce qu'il voulait. Bien sûr que non. Et la plupart du temps, cela avait été le cas, il était toujours parvenu à ses fins lorsqu'ils vivaient ensemble. S'il n'avait pas levé la main sur elle, elle aurait sans doute été sur le point de l'épouser aujourd'hui.

Elle eut brusquement peur qu'il ne l'enlève, qu'il ne l'oblige à monter dans un taxi pour l'emmener chez lui, avant de la rudoyer, de la battre peut-être. Elle fit volte-face et s'éloigna, sans but précis, descendant Charlbert Street en direction du Parc. Alistair la rejoignit à grandes enjambées, adoptant délibérément une allure décidée. D'une main ferme, il l'empoigna par le bras et se mit à marcher à ses côtés. Il se comportait comme ces parents qu'elle voyait parfois, non sans un haut-le-cœur, brutaliser leurs gamins de huit ou dix ans lorsqu'ils se tenaient mal dans les centres commerciaux. Tout comme eux, Alistair lui secouait le bras, le serrant violemment pour le maintenir rivé le long de son corps. Sa voix était devenue tranchante.

— Dis-moi où il habite ton arnaqueur.

— Pourquoi l'appelles-tu ainsi ?

— Je t'en prie, comporte-toi un peu comme une adulte. Cela fait combien de temps que tu habites ici ? Et que tu as écrit au Harvest Trust pour leur dire qu'ils pouvaient révéler ton identité à cet Oliver ? Six, sept semaines ? Et dans ce laps de temps, il s'est débrouillé non seulement pour faire ta connaissance, mais pour... comment disais-tu ?... « te voir de temps en temps »... Cela signifie-t-il que vous couchez ensemble ? Sincèrement, j'espère que ce n'est pas le cas, Mary, je l'espère du fond du cœur, dans ton intérêt comme dans le sien. Ta grand-mère est morte entre-temps et tu es devenue riche. Tu ne comprends donc pas ses motivations ?

— Je comprends surtout les tiennes, Alistair, dit-elle doucement. Peut-être ont-elles toujours été de cette nature. Oliver — je ne veux pas te révéler son véritable nom — préférerait que je sois pauvre. Mais comme ce n'est pas le cas, il m'accepte telle que je suis. Veux-tu bien relâcher mon bras, à présent ?

Elle s'immobilisa un instant, puis se dégagea brusquement et se mit à courir. Cela se déroula si vite qu'Alistair fut pris de court et mit quelques secondes à réagir, dérouté par son inhabituelle fermeté et par le fait de se voir ainsi repoussé. Mary traversa la rue en courant et il ne parvint pas à la suivre, à cause de la circulation. Trois voitures qui se touchaient presque lui bloquaient le passage, d'autant que l'une d'elles entreprit de se garer en double file.

Mary continua à courir sans but le long d'Allitsen Road, dans la direction de l'ouest. Elle avait dit à Alistair qu'elle devait retrouver Leo, mais il s'agissait d'une simple pirouette, d'une échappatoire — pas très maligne, du reste, elle s'en rendait compte à présent. Il n'avait jamais été question qu'elle aille visiter aujourd'hui le nouvel appartement de Leo. Elle avait simplement voulu écarter Alistair, sans lui dire exactement la vérité, jusqu'à ce qu'il se lasse et décide de rentrer chez lui. Mais, tandis qu'elle traversait en courant Avenue Road — Alistair la poursuivait mais se trouvait une fois de plus bloqué par la circulation : c'était l'heure de pointe et un flot de véhicules s'écoulait en direction du Parc et du pont Macclesfield —, elle se demanda pourquoi elle ne ferait pas un saut chez Leo, finalement. Pourquoi ne pas aller le retrouver après avoir semé Alistair ?

De longues années s'étaient écoulées depuis qu'elle avait été invitée avec sa grand-mère chez cette amie de Primrose Hill, et elle ne savait plus très bien quel chemin suivre pour rejoindre Edis Street. Il lui semblait seulement que la rue débouchait sur Gloucester Avenue. Depuis le second meurtre, la simple évocation des jardins de Primrose Hill l'effrayait : mais on était en plein jour, il faisait clair et chaud, il y avait même du soleil. Elle était peut-être passée par ici, quelque vingt ans plus tôt, mais avait tout oublié du décor.

L'homme barbu qu'elle avait aperçu en train de lire *Les Âmes mortes* traversait la pelouse et se dirigeait vers Ormonde Terrace Gate. Il lui sourit. Elle lui lança un « Hello ! » essoufflé et voulut lui dire, au cas où il apercevrait Alistair, de l'aiguiller dans la mauvaise direction. Mais elle ne pouvait évidemment pas lui demander une chose pareille. Elle n'avait pas le temps de s'arrêter pour étudier la carte affichée à côté du portail. Elle jeta un coup d'œil en arrière, se précipita à l'intérieur de Primrose Hill et alla se cacher derrière les platanes qui se dressaient, au milieu des herbes hautes.

L'endroit différait sensiblement de Regent's Park, le cadre était plus sauvage et évoquait plutôt Hampstead Heath. Le sommet vert foncé de la colline dominait les pentes et les vallons verdoyants, environné de toutes parts par les grands arbres, les pelouses et le cerfeuil sauvage. Là où elle s'était accroupie, l'herbe dégageait la même odeur qu'à la campagne. Elle aperçut un grillon sur une feuille de pissenlit.

Si Alistair était monté jusqu'à la colline, il n'était pas passé par ce portail. Au bout de dix minutes, ne le voyant toujours pas apparaître, elle se remit en route, le long du sentier qui s'étend parallèlement à Albert Road. Ses chaussures claires étaient maculées de taches vertes et les ronces avaient effiloché par endroits le bord de sa jupe. Elle n'y prêta pas attention.

Elle évita Regent's Park Road, pour ne pas risquer de retomber sur Alistair. Elle se remit à courir, mais à petite allure, simplement parce que cela lui donnait un sentiment de liberté. Elle se souvint qu'elle avait bel et bien déclaré à Alistair qu'elle ne voulait plus le revoir. Que tout était fini entre eux, et pour quelles raisons. Cela la rasséréna, il lui semblait avoir fait preuve de bravoure en agissant ainsi. Ces derniers temps, elle avait longuement réfléchi à son comportement passif, conciliant — son incapacité à dire non, sa politesse, sa soumission — et elle s'était demandé si elle ne faisait pas partie de ces gens dont on dit qu'ils sont des victimes-nées. Qui sont attirés par des individus dominateurs, agressifs, tout comme ceux-ci le sont par les êtres faibles. Mais peut-être était-elle en train de changer — sous le signe de sa rencontre avec Leo — et de s'affirmer, d'abandonner son rôle de victime. Il est effrayant de se dire qu'on est fatalement voué à être exploité, maltraité par les autres, au lieu de se comporter comme un être libre, maître de son destin.

Il était impossible d'éviter totalement Regent's Park Road, qu'elle traversa rapidement avant de s'engager dans Fitzroy Road. Dieu sait où se trouvait Alistair, mais jamais il ne s'aventurerait dans ces rues — elle était convaincue qu'il connaissait encore moins le quartier qu'elle. Elle ralentit l'allure et se remit à marcher d'un pas normal. Elle atteignit bientôt Chalcot Road, qui constitue l'épine dorsale de Primrose Hill. Elle avait lu quelque part qu'il y avait jadis à cet endroit un vieux manoir du nom de Chalcot et que Chalk Farm était une déformation de ce patronyme. Alistair aurait été perdu par ici. Il avait probablement abandonné la partie à présent.

Comme Mary s'enfonçait dans la rue poussiéreuse et décrépite, elle réalisa brusquement qu'il n'était peut-être pas très avisé de débarquer chez Leo à l'improviste. Elle ne le connaissait pas suffisamment pour venir le surprendre ainsi. Les propos malveillants et hargneux d'Alistair avaient éveillé ses craintes. Certes, il lui était facile de les réfuter. Ces insinuations étaient nées de sa jalousie et de la haine incommensurable qu'il nourrissait à l'égard d'« Oliver », bien avant qu'elle ne fasse sa connaissance. Néanmoins, ne prenait-elle pas un risque en agissant de la sorte ?

Elle songea que Leo n'était peut-être pas seul. Pas forcément avec une autre femme, mais en compagnie de ce frère qui lui était si proche, de leur mère, ou d'un ami qu'il n'avait pas forcément envie de lui présenter. À moins — étant donné qu'il avait emménagé la veille — qu'elle ne le trouve au milieu de ses cartons, accablé devant ce désordre, dépassé par la situation et paniqué à l'idée de ne pas y faire face.

L'idée de faire demi-tour, de rentrer à Charlotte Cottage et de passer la soirée en tête à tête avec Gushi était tellement déprimante qu'elle poursuivit son chemin. Et tout à coup, elle aperçut Edis Street. La rue était là, sur sa gauche, avec son enfilade de bâtisses victoriennes uniformes, aux façades couvertes de stuc et d'arabesques en plâtre, précédées de jardinets mal entretenus. Des bicyclettes étaient cadenassées aux barrières. Trois marches conduisaient à une porte d'entrée vert foncé. Mais avant cela, séparant le petit jardin du trottoir, se dressait une grille en fer, peinte en noir et hérissée de pointes. Mary frissonna intérieurement. Est-ce que tout le monde dans le NW1 remarquait à présent ces grilles, après n'y avoir jamais prêté la moindre attention ?

Il était encore temps de renoncer. Malgré elle, elle s'imagina pénétrant dans la pièce et découvrant une femme de son âge, assise pieds nus sur un siège, un verre de vin à la main. Une brune, songea-t-elle, assez différente d'elle, avec une chevelure hirsute et un visage lumineux, étincelant... Cette évocation suscita en elle une bouffée d'angoisse. Mais elle appuya sur le bouton de l'interphone, à côté de la carte de visite flambant neuve où était inscrit : *L. Nash.* Il ne répondit pas dans l'interphone, il devait l'avoir aperçue depuis la fenêtre. Il y eut un bourdonnement, la porte vibra et s'ouvrit lorsqu'elle la poussa. Elle se mit à grimper l'escalier, plus vite encore lorsqu'il l'appela d'en haut :

— Monte ! Quelle bonne idée d'être venue !

Il se tenait dans l'encadrement de la porte. Elle savait déjà qu'il n'aimait pas l'embrasser ni même la toucher lorsqu'ils se retrouvaient : ils restaient simplement un instant face à face, à se dévisager. Ils procédèrent de même cette fois-ci et il sembla à Mary que sa propre expression se reflétait sur le visage de Leo, accompagnée d'un léger sourire conspirateur.

Son studio était parfaitement ordinaire, il n'y avait que deux portes à pousser pour découvrir l'ensemble de son petit domaine. On aurait pu croire que les lieux étaient occupés depuis plus de six mois par un individu particulièrement ordonné, méticuleux, aimant que chaque chose soit à sa place. Des roses qui n'avaient pas été achetées chez un fleuriste mais cueillies dans un jardin garnissaient un vase bleu, sur le rebord de la fenêtre. Il avait presque installé les rideaux. L'un était déjà en place et l'autre, muni d'une bonne partie de ses anneaux, était étalé sur l'unique fauteuil de la pièce.

— Je m'apprêtais à t'appeler pour te dire de venir, mais c'était inutile, dit-il. Tu as lu dans mes pensées.

Elle regarda autour d'elle et une intense joie la traversa, se diffusant à travers tout son corps et l'emplissant au point qu'il lui sembla qu'elle allait déborder, exploser et se matérialiser par un grand éclat de rire.

— J'avais peur... enfin, j'appréhendais un peu de venir. Je me disais que cela ne te ferait peut-être pas très plaisir.

Il la prit dans ses bras et colla sa joue contre la sienne. Elle avait conscience, tandis qu'il l'étreignait, de cette étrange impression de gémellité qu'elle avait en sa présence — ce sentiment d'être mystérieusement semblable à lui, plus âgée certes, mais physiquement identique, et régie par les mêmes pulsions : hésitation, prudence, timidité, gentillesse, sensibilité à fleur de peau.

— Cela me fera toujours plaisir, dit-il, plus que je ne saurai jamais te le dire ou le manifester. Tu ne peux pas savoir à quel point je suis heureux.

Il regarda son bras et fronça les sourcils en apercevant les marques rouges qui s'y étaient imprimées.

— Qui t'a brutalisée ? demanda-t-il.

— Ça n'a pas d'importance, dit-elle. Plus la moindre importance à présent, Leo.

17

PAR HABITUDE, Bean avait continué d'être abonné à un journal après la mort de Maurice Clitheroe : un jour, il était tombé sur un article rapportant que seize homosexuels venaient d'être inculpés de coups et blessures volontaires après s'être livrés à des actes sadomasochistes particulièrement violents. Malgré le consentement unanime des participants, tous avaient été condamnés à des peines de prison.

Bean approuvait sans réserve ce verdict. Selon lui, consentants ou non, les gens devaient être protégés contre les perversions d'autrui et il était bien placé pour savoir jusqu'où celles-ci pouvaient aller. Mais il était écœuré de lire dans un journal un compte rendu lui rappelant des pratiques qu'il espérait avoir laissées à tout jamais derrière lui. N'importe qui pouvait tomber sur cet article susceptible de donner à certains des idées qui, sans cela, ne les auraient jamais effleurés. Il se jura de ne plus jamais ouvrir ce journal, pas plus que n'importe quel autre quotidien. Après tout, à quoi servait la télé, sinon à fournir une alternative moins déprimante, plus insouciante à tous ces *Times*, *Daily* et autres *Standard* ?

La télévision n'exigeait pas le même degré de concentration. On pouvait à tout moment se lever, aller se verser une tasse de thé ou se préparer un sandwich au cresson : et quand on revenait, les informations continuaient imperturbablement à défiler, les visages et la musique étaient identiques, et même si les images avaient changé on le remarquait à peine, vu qu'on avait oublié les précédentes. Bien qu'il ait suivi les reportages sur le meurtre de Primrose Hill et appris que la victime était cette fois encore un vagabond, empalé sur une grille comme la première fois, l'identification de l'homme lui échappa parce qu'il était justement à la cuisine, en train de se préparer une tasse de Earl Grey, lorsque la nouvelle fut annoncée. L'affaire ne le passionnait guère. Lorsqu'il y pensait, c'était pour se dire que la police n'avait pas arrêté le meurtrier de Cahill et ne s'était probablement pas beaucoup décarcassée pour y parvenir : ils ne faisaient guère d'efforts lorsque la victime était l'un de ces vagabonds.

Il prenait son petit déjeuner en regardant la télévision : du jus d'orange, du muesli et une viennoiserie, accompagnés d'une tasse de thé. Le matin, il choisissait toujours le journal de la BBC : les dessins animés, les dinosaures et les séries pour adolescents étaient un peu difficiles à digérer à 7 heures du matin. Il n'y avait rien concernant le cadavre empalé sur la grille, qui avait été brièvement évoqué dans les titres, et s'il n'avait pas éteint le poste, c'était uniquement parce qu'il n'avait pas fini son thé. Il avait déjà enfilé sa nouvelle casquette de base-ball et son cardigan vert bouteille de chez Marks and Spencer, car il faisait encore frais en début de matinée. Il s'apprêtait à éteindre l'appareil et à se mettre en route pour se rendre chez Mrs Morosini, première étape de son circuit, lorsque la sonnette retentit à l'entrée.

Personne ne venait jamais à une heure pareille. Intrigué, il sortit sa clef, qu'il avait déjà fourrée dans sa poche, et alla ouvrir la porte. Deux hommes relativement jeunes se tenaient sur le palier. Bean eut l'impression que le premier n'avait pas plus de dix-sept ans. Le second, plus âgé, avait un visage grêlé et en lame de couteau, physique particulièrement prisé par les pop stars et les cow-boys des séries télévisées. Ils n'avaient pas vraiment l'allure de policiers mais se présentèrent néanmoins comme tels — un inspecteur et un sergent — en brandissant leurs cartes sous son nez et en déclinant leur identité, que Bean n'enregistra pas.

Aujourd'hui encore, en dépit du temps écoulé, Bean repensait souvent aux pratiques sadomasochistes de son ancien patron. Les flics étaient remontés jusqu'à lui, bien qu'il n'eût jamais fait autre chose que ce qu'on lui demandait.

— Que voulez-vous ? demanda-t-il d'une voix haut perchée.

— Pouvons-nous entrer ?

— Je m'apprêtais à me rendre à mon travail.

Ils semblaient parfaitement au courant de ses activités qui, Dieu sait pourquoi, avaient l'air de les amuser. Le plus âgé lui dit qu'il allait sans doute devoir se mettre en disponibilité ce matin : à bien y réfléchir, plutôt que de l'interroger chez lui, ils préféraient en effet qu'il les accompagne au commissariat. Le plus jeune intervint ensuite pour lui dire qu'il pouvait appeler l'un de ses clients — mais attention, il n'avait droit qu'à un seul coup de fil... — afin de le prévenir qu'il était contraint d'annuler sa tournée du matin.

Bean se demanda lequel appeler. Quel choix serait le plus judicieux ? Il fallait se décider au plus vite et il opta finalement pour Valerie Conway, qui était rentrée de vacances la veille, et dont le rang social était à ses yeux le plus proche du sien. Les deux policiers le regardèrent composer le numéro d'un air désinvolte.

— Je ne me sens pas très bien, dit-il lorsqu'elle répondit. (Il ignorait ce qu'il aurait fait si c'était Mr ou Mrs Cornell qui avait décroché.) Je me suis dit que vous pourriez peut-être passer un coup de fil à mes autres clients afin de les prévenir.

— Quoi ? Tous les cinq ?

— Ça ne vous prendra qu'une minute. Il y a d'abord Mrs Morosini, dont le numéro est...

— Je vais l'appeler, dit Valerie, et je lui demanderai de prévenir les autres. Qu'est-ce qui vous arrive, au fait ? Une laryngite ? On dirait que vous n'avez plus de voix.

Les policiers escortèrent Bean jusqu'à leur voiture. Il les assura qu'il n'avait jamais rien eu à voir avec ces pervers, qu'il s'était contenté de les faire entrer, de soigner Mr Clitheroe lorsqu'il était blessé et de leur verser leurs honoraires à la place de son employeur lorsque celui-ci était trop mal en point. Ce discours parut amuser les policiers, mais ils ne semblaient pas comprendre de quoi il parlait. Une fois au commissariat, on le fit pénétrer dans une salle d'interrogatoire. Bean eut alors un soupçon et entrevit lentement la vérité.

— Vous avez retiré cinquante livres de votre compte bancaire à la fin de la semaine dernière, lui dit l'inspecteur, dont Bean avait fini par comprendre qu'il s'appelait Marnock.

Comment étaient-ils au courant ? Comment pouvaient-ils le savoir ? Il acquiesça et continua de hocher la tête, comme ces chiens en peluche que les gens plaçaient à une époque sur la plage arrière de leurs voitures.

— À quoi destiniez-vous cet argent ?

La réponse s'imposa à Bean, surgie du néant.

— Aux dépenses de la vie courante, dit-il.

Il essaya ensuite de s'éclaircir la gorge.

— Vous avez pris froid ? demanda le plus jeune.

— Ça doit être à force de promener tous ces chiens dans la boue, dit Marnock. C'est drôle, mais vous n'avez jamais retiré d'argent pour ces dépenses courantes. Pas depuis... voyons voir... (Il jeta un coup d'œil à son carnet, sur la table.)... pas depuis plus de sept mois. Oui, c'est cela, cela faisait sept mois que vous n'aviez rien retiré de ce compte.

Maintenant qu'il avait la quasi-certitude que son interrogatoire n'avait aucun rapport avec Maurice Clitheroe et ses coupables pratiques, Bean avait repris de l'assurance. Il se racla une dernière fois la gorge.

— J'ignore de quel droit vous êtes allés mettre ainsi votre nez dans mon compte en banque personnel, dit-il. À quoi rime tout cela ?

— C'est lui qui pose les questions, à présent, dit le plus jeune. Qui est Mussolini, Leslie ? Je peux vous appeler Leslie, n'est-ce pas ? À moins que vous ne préfériez Les ?

S'il n'avait pas été aussi bouleversé par cette brusque allusion à Mussolini, Bean aurait violemment réagi au fait d'être ainsi appelé par son prénom. Il l'avait déjà en horreur du temps de ses années d'école dans ce village du Hampshire, et depuis lors personne ne l'avait jamais employé. On l'appelait toujours Bean. La plupart des gens croyaient sans doute que c'était son nom de baptême. Mais le fait d'être appelé Leslie n'était rien, comparé à la mention du surnom qu'il avait, lui seul, donné au malfrat anonyme dont il avait un jour croisé la route sur le pont de Hanover Gate.

Il décida de faire l'idiot.

— C'était un Italien, dit-il, le leader de l'Italie pendant la guerre. L'équivalent de Hitler.

Le changement d'attitude de Marnock fut aussi brutal qu'inattendu. On aurait dit qu'il explosait. Il sauta sur ses pieds et se pencha vers Bean en hurlant :

— Ne jouez pas à ça avec moi ! Ne venez pas me raconter des salades ! Qui est ce type que vous appeliez Mussolini quand vous rouliez des mécaniques au *Globe* ?

— J'ignore son nom. (Bean parlait toujours d'une voix assurée mais il s'était mis à trembler. Il tenta de contrôler ses genoux pour les empêcher de jouer des castagnettes.) Je ne sais pas comment il s'appelle. Je l'ai surnommé Mussolini parce qu'il lui ressemble. C'est son portrait craché, sauf qu'il est plus jeune.

Les flics ont la détestable habitude de changer de sujet au moment où on a l'impression d'aboutir enfin quelque part.

— Vous n'aimez pas les sans-abri, pas vrai, Les ?

Bean opta pour la réponse qui lui sembla la plus politiquement correcte :

— Il n'est pas digne d'une grande nation comme la nôtre d'avoir tant de mendiants dans ses rues.

Marnock éclata de rire. On aurait dit qu'il était incapable de se retenir.

— Vous pensez donc qu'il faut résoudre le problème à la manière d'Hitler, c'est ça ? Difficile d'appeler ça de la purification ethnique, il vaudrait mieux parler de Solution finale.

Le plus jeune se rendit compte que Bean ne saisissait pas les allusions de Marnock et revint sur un point antérieur :

— Pourquoi avez-vous retiré cet argent, Les ?

— Il était destiné à Mussolini, c'est ça ? ajouta Marnock. Que vouliez-vous lui demander en échange ?

— Rien. Je ne le connais pas. Je ne l'ai jamais vu.

— *Quoi ?*

Marnock s'était à nouveau dressé devant lui.

— Je veux dire que je ne l'ai vu qu'une fois. Je ne l'ai jamais *revu*. Je suis retourné là-bas mais il ne s'est pas remontré. Je le jure.

— Et que devait-il faire, dit Marnock, en échange de ce salaire princier ?

— Comme je viens de vous le dire, je ne l'ai jamais revu.

— Tuer Clancy, c'est ça ?

— Le tuer, sûrement pas ! s'insurgea Bean. Je n'ai jamais souhaité ça. Disons, le bousculer un peu. Et pourquoi m'en serais-je abstenu ? Il m'avait agressé et volé bien plus de cinquante livres, je peux vous l'assurer ! Mussolini, quel que soit son nom, devait lui rendre la monnaie de sa pièce, voilà tout. Il... (Graduellement, avec épouvante, Bean entrevit tout à coup la vérité : la grille, le second vagabond, l'information essentielle qui lui avait échappé lorsqu'il était allé se préparer du thé.) Je veux un avocat, déclara-t-il soudain. J'ai droit à la présence d'un avocat, n'est-ce pas ?

— Bien sûr, Leslie, répondit Marnock. Je crois même que ce serait une excellente idée.

Leurs personnalités, leurs comportements étaient étrangement identiques. Et c'était une chose merveilleuse à découvrir : ils partageaient les mêmes émotions, avaient les mêmes réactions, envisageaient les choses de la même façon. Non seulement il s'occupait de son intérieur comme elle — il était toujours bien rangé, propre, aéré —, s'habillait simplement, se levait de bonne heure, était aussi enjoué le matin en se réveillant que le soir avant d'éteindre les lumières, mais ils avaient visiblement les mêmes envies, les mêmes besoins. Il suffisait qu'elle mentionne l'un de ses goûts, l'une de ses préférences pour qu'il lui confesse aussitôt un penchant identique. C'était au point qu'il avait en réserve dans son frigo le même genre de nourriture qu'elle. Et lorsqu'elle prenait une douche au domicile de Leo, elle trouvait dans la salle de bains la même marque de savon que chez elle.

On aurait presque dit qu'il avait décidé de calquer sa personnalité sur la sienne. Lorsque le téléphone sonnait, il décrochait en annonçant son numéro, comme elle avait l'habitude de le faire. Il disait « Au revoir » plutôt que « Salut ». Et si quelqu'un en bas faisait claquer la porte de l'immeuble, il sursautait et souriait aussitôt, amusé de sa réaction, exactement comme elle l'aurait fait.

Lorsqu'ils se décidèrent enfin à faire l'amour, les choses se passèrent comme elle l'avait confusément envisagé, sans avoir jamais rien connu de tel auparavant. Avec Alistair, ainsi qu'avec les deux ou trois petits amis qui l'avaient précédé, elle avait tenté de concrétiser le rêve qui germait depuis longtemps en elle. Mais, à contrecœur, elle avait été confrontée à ce qui semblait une évidence universelle : son désir et ses envies étaient apparemment inconcevables par les hommes. Ceux-ci n'étaient pas forcément violents ou agressifs, mais ils étaient pressés, exigeants, déterminés à fixer les règles du jeu et convaincus de détenir la vérité. Lorsqu'ils accédaient à ses désirs — et cela leur arrivait parfois —, elle avait toujours l'impression qu'ils lui accordaient une faveur, qu'ils faisaient preuve de « patience », qu'ils acceptaient de lui faire plaisir de façon à pouvoir imposer leurs vues la fois suivante. Dans un moment d'exaspération, tous avaient fini par lui dire qu'elle était frigide.

Avant de rencontrer Leo, elle en était pratiquement arrivée à se dire qu'elle avait tort et que c'étaient Alistair et ses semblables qui avaient raison. Elle avait décidé que la prochaine fois, quels que soient le contexte et l'identité de son partenaire, elle se plierait à cette volonté masculine et tenterait plus ou moins d'apprendre à l'apprécier. Car sans nul doute, cela devait pouvoir s'apprendre, comme tout le reste. Mais avec Leo, il n'y avait rien à apprendre, à désapprendre ou à décider. Elle n'avait pas besoin de lui demander quoi que ce soit, de guider ses mains, de repousser ses assauts ni d'éviter la pression de ses lèvres, la morsure de ses dents. Il était aussi doux, aussi langoureux qu'elle, aussi lent et délicat dans ses caresses — et cela jusqu'au bout, alors qu'elle se montrait pour une fois impérative et exigeante. Mais à la fin, justement, elle avait poussé ce cri que les autres avaient toujours voulu lui arracher : et il l'avait serrée contre lui dans une étreinte dont elle s'était inquiétée par la suite, craignant qu'il fût moins robuste qu'elle.

Cela s'était passé trois nuits plus tôt, le jour où elle s'était enfuie et avait semé Alistair. Le soir suivant, Leo était venu chez elle. Elle avait craint tout d'abord qu'Alistair ne débarque d'un instant à l'autre, mais avait fini par ne plus y penser. Avec Leo, elle oubliait tout, serrée dans ses bras, discutant avec lui, prenant *soin* de lui. Car elle ne parvenait pas à s'ôter de l'idée qu'elle devait le surveiller, le prendre en charge, qu'il avait autant besoin d'elle pour s'occuper de sa santé vacillante que comme partenaire amoureuse.

Étendus l'un contre l'autre dans la chaleur du soir, leurs corps étaient aussi blancs que des statues de marbre : pas une marque, un défaut, une ombre ne tranchait sur leur pâleur laiteuse. Dans l'obscurité, elle arrivait à peine à distinguer la ligne qui séparait sa jambe de celle de Leo. Seul son visage au repos, aux paupières closes et bleuâtres, semblait plus fatigué et même, songea-t-elle, plus âgé que le sien. Mais c'était peut-être le fruit de l'imagination d'une femme de trente ans, cherchant à réduire l'écart qui la sépare de son jeune amant.

La teinte de leurs cheveux était pratiquement la même, mais ceux de Mary avaient une texture plus fine, des reflets plus dorés. Comme chez Leo, le duvet de ses bras évoquait celui des chardons. Ils avaient l'un et l'autre sur l'arête du nez les mêmes taches de rousseur, éparses et pâles. Et si leurs traits différaient sensiblement, c'était comme dans le cas d'un frère et d'une sœur ayant chacun hérité des gènes d'un parent différent. Ils avaient la même peau mate, blanche, délicate — une peau qui risquait sans doute d'être prématurément ridée, même si celle de Mary l'était moins, bien qu'elle fût plus âgée. Elle contemplait ces rides avec tendresse, les effleurait d'un doigt ému.

Ils avaient évoqué précédemment cette similitude et Leo avait souligné un détail qui aurait dû la frapper mais qui, Dieu sait pourquoi, lui avait échappé : à savoir qu'il était fort probable que deux individus dont le sang et le tissu organique correspondent à ce point aient une certaine ressemblance. N'aurait-il pas été beaucoup plus étrange que l'un d'eux ait été brun et l'autre blond, l'un massif et corpulent, l'autre svelte et élancé ? Elle était allée rechercher la documentation du Trust et était tombée sur l'une de leurs brochures où figurait la photo de deux jeunes gens au sourire épanoui : le donneur et le bénéficiaire. Oui, Leo avait raison ; ils avaient à peu près la même taille, le même teint, le même sourire.

— Peut-être sommes-nous vaguement apparentés ? lui avait-elle dit.

— Je suis ton amant, avait répondu Leo, je ne tiens pas à être ton cousin.

Il passa la nuit avec elle et elle dormit mieux que cela ne lui était jamais arrivé depuis son arrivée à Charlotte Cottage. Gushi était venu les rejoindre au petit matin et s'était installé entre eux sur le lit. Cela ne dérangea pas Leo. Il se leva le premier et alla leur préparer du thé. Il était plus de 8 heures et elle était encore au lit lorsque le téléphone sonna. Leo décrocha et lui passa le combiné. C'était Edwina Goldsworthy, qui se présenta et lui annonça que Bean ne pouvait pas promener les chiens aujourd'hui. Il risquait d'être immobilisé un jour ou deux. Il était malade. Une sorte d'inflammation de la gorge, lui avait dit Lisl Pring.

Leo et elle étaient donc allés promener Gushi au Parc. D'une certaine façon, les ennuis de santé de Bean l'arrangeaient, car cela signifiait qu'elle allait pouvoir passer la nuit suivante chez Leo, en emmenant bien sûr Gushi avec elle. Pour la première fois, elle ressentait la contrainte que représentait le fait de garder une maison. Elle était obligée de rester à Charlotte Cottage et, lorsque Bean aurait repris ses activités, d'y passer toutes les nuits à cause de Gushi. À la place de Leo, Alistair lui aurait dit de ne pas se sentir à ce point liée envers les Blackburn-Norris, qu'ils n'avaient pas signé de contrat formel avec elle. Mais Leo ne voyait pas les choses sous cet angle : à ses yeux, l'accord l'engageait autant que s'il avait été établi chez un notaire, en présence de témoins. Bref, il réagissait exactement comme elle.

— Et je ne pense pas que je puisse raisonnablement venir m'installer ici avec toi, ajouta-t-il.

Elle n'avait pas évoqué cette possibilité — après tout, ils ne se connaissaient que depuis quelques semaines —, mais c'était bien ce qu'elle désirait.

— S'ils revenaient à l'improviste et nous découvraient ensemble, la situation serait un peu... ne disons pas sordide, mais enfin je préfère nous l'épargner. Et ce n'est pas plus mal que nous soyons obligés d'attendre le mois de septembre. (Il parlait très sérieusement.) Je veux que tout se passe dans la franchise, ouvertement.

— Comment vois-tu exactement les choses en ce qui nous concerne, Leo ? demanda-t-elle doucement.

— Pour l'instant, j'en suis encore à tenter de comprendre ce qui nous est arrivé. À me dire que tu es celle qui m'a sauvé la vie, que je t'ai rencontrée et que tu es... (Il hésita et son visage s'empourpra, comme cela lui arrivait à elle.)... l'autre moitié de moi-même.

— Oui, dit-elle.

— Je suis en train de tomber amoureux de toi, c'est l'évidence, mais c'est presque comme si je t'aimais déjà avant de te rencontrer. Je m'étais forgé une image idéale de toi et par une sorte de miracle, cette image a pris vie. (Il lui sourit et l'enlaça.) Ce n'est pas facile de s'y faire, Mary. Je ne veux pas que nous ayons de secrets l'un pour l'autre. Ne pourrions-nous pas nous raconter tout ce qui nous concerne, toute l'histoire de nos vies ?

Ils avaient donc commencé à le faire. Il lui avait parlé de son enfance et des ambitions avortées de ses parents : un père dont la carrière d'athlète avait été brisée lorsqu'il s'était rompu le talon d'Achille au cours d'un entraînement, dans le cadre de l'équipe olympique ; et une mère qui avait échoué à deux reprises — d'abord par correspondance, puis en suivant des cours du soir — à décrocher le diplôme dont elle rêvait.

Ils avaient donc reporté sur Leo et son frère les espoirs qu'ils n'avaient pu concrétiser eux-mêmes. Leurs enfants allaient devenir de grands sportifs ou de brillants universitaires — voire mieux encore, les deux. Son frère Carl avait suivi des cours d'art dramatique, provoquant le courroux et le mépris de son père. Être acteur, ce n'était pas un métier digne d'un homme. Pendant longtemps, Carl n'avait pas pu dénicher d'autre emploi que de poser comme modèle, ce qui avait suscité un nouveau scandale. Leur père était mort. Leo avait alors découvert que durant toutes ces années sa mère avait eu un amant. Elle était partie le rejoindre en Écosse sitôt son mari décédé, abandonnant ses enfants sans presque leur dire au revoir. Cela avait blessé Leo, car elle n'avait jamais eu l'air de prendre sa maladie au sérieux et avait catégoriquement refusé de passer les tests de compatibilité des tissus. Sans le dévouement de Carl, il ne voyait pas très bien ce qu'il serait devenu...

— Le reste appartient à l'histoire. C'est à ce moment-là que tu es entrée en scène.

— Oui, comme tu dis.

— J'ai peur que ma mère ne me pardonne jamais de ne pas être arrivé à courir le mile en moins de trois minutes et de ne pas avoir été le premier de ma promotion. La leucémie n'est pas héréditaire, vois-tu. On en a la certitude à présent.

Mary le dévisagea.

— Je ne suis pas certaine de comprendre, dit-elle.

— Si ç'avait été le cas, elle pourrait se faire des reproches, ou rejeter la faute sur mon père. Bien sûr, si j'avais hérité de l'un ou de l'autre un gène défectueux, ils n'y seraient strictement pour rien : mais les gens ont tendance à se sentir coupables lorsqu'ils transmettent à leurs enfants un patrimoine génétique douteux. À l'inverse, je m'en suis aperçu, ils préfèrent ne rien avoir à se reprocher pour éviter ce sentiment de culpabilité. (Il parlait sans amertume, avec une sorte de résignation amusée.) Dans son esprit plane toujours le vague soupçon — jamais formulé, mais réel — que j'ai dû attraper ça quelque part, ou faire quelque chose dont j'aurais dû m'abstenir et qui a provoqué la maladie. Ma mère m'a dit un jour qu'il n'était rien arrivé de tel à Carl... (Il chassa ces pensées d'un rire contraint.) Enfin, une fois qu'on a grandi, il est normal de ne plus habiter chez ses parents, n'est-ce pas ?

— Je n'ai guère d'expérience sur ce plan, dit-elle, mais je crois que tu as raison.

Elle était consternée par ce qu'il venait de lui révéler. Sans s'y opposer fermement, il avait déjà paru réticent à l'idée de lui présenter sa mère, mais Mary n'avait désormais plus la moindre envie de rencontrer cette femme, jusqu'au jour où Leo et elle...

— Dès que tu quitteras Charlotte Cottage, dit-il, je voudrais que tu viennes t'installer chez moi. Je préfère te le dire à l'avance. Accepteras-tu de vivre dans un appartement aussi étriqué ?

— Mais ce ne sera pas nécessaire, Leo. Je suis riche... L'as-tu oublié ?

Son visage si passionné, si ardent, s'allongea brusquement.

— Je crains que oui, dit-il. Et j'aimerais que cela soit possible.

Il y avait deux lettres dans la boîte le lendemain matin. La première, Mary s'en aperçut aussitôt à cause de l'écriture, provenait d'Alistair. Elle ouvrit d'abord la seconde. Mr Edwards lui demandait si elle avait besoin de « fonds », en lui précisant que si elle désirait, dans les limites du raisonnable, qu'une somme lui soit avancée sur l'héritage de sa grand-mère, cela ne posait pas le moindre problème. Bean arriva pendant qu'elle lisait la lettre. Il paraissait fatigué. On voyait bien qu'il avait été malade. Pour la première fois — mais peut-être n'y avait-elle pas prêté attention auparavant —, elle se rendit compte que c'était un vieil homme, vigoureux certes, et bien conservé, mais âgé.

Il se lança dans des excuses alambiquées. Tout cela était dû à des circonstances indépendantes de sa volonté et ne se reproduirait plus. Mary ne voyait pas très bien comment on pouvait avoir l'assurance de ne pas attraper une seconde fois la laryngite, mais Bean ne fit aucune allusion à sa gorge. À sa grande surprise, il lui déclara qu'il espérait que Sir Stewart et Lady Blackburn-Norris « n'en seraient jamais informés ».

— De votre maladie ? demanda-t-elle.

— Du fait que j'ai été dans l'incapacité de promener notre petit compagnon, miss. Je me sentirais intérieurement soulagé s'ils ne l'apprenaient pas.

Les angoisses des vieillards ont quelque chose de pathétique...

— Je ne leur dirai rien, dit gentiment Mary. D'ailleurs, je l'aurai probablement oublié lorsqu'ils rentreront.

Elle rapporta l'anecdote à Leo et cela les fit rire de bon cœur. Il avait passé la nuit chez elle mais ne descendit au rez-de-chaussée qu'une fois Bean reparti. Jadis, Mary aurait attendu d'être seule pour ouvrir la lettre d'Alistair, mais ce n'était plus le cas à présent que Leo et elle étaient si proches. « Voyons voir ! » lui dit-elle en brandissant la lettre. Leo passa un bras autour de sa taille et la lut par-dessus son épaule.

Alistair voulait savoir pourquoi elle avait pris la fuite la semaine passée. De quoi avait-elle eu peur ? Il se demandait s'il ne serait pas raisonnable qu'elle entame une thérapie ; elle avait un comportement si étrange, si instable... Se rendait-elle compte que sous le coup d'une brève pulsion hystérique, elle lui avait bel et bien déclaré qu'elle ne voulait plus le revoir ? Il considérait à présent cet incident avec toute l'indulgence dont elle souhaitait sans doute qu'il fasse preuve, il en avait la conviction. En d'autres termes, il lui pardonnait.

L'autorisait-elle à prendre un rendez-vous pour elle chez un psychologue ? Il s'en chargerait avec plaisir. Entre-temps, il était nécessaire qu'ils se rencontrent afin de régler les questions financières. Où désirait-elle habiter ? Quelle somme pensait-elle investir pour l'achat d'un appartement ou d'un pavillon, étant donné l'évolution de leur situation ?

— J'aimerais déchirer cette lettre sans me donner la peine de lui répondre.

— Mais tu n'agiras pas ainsi, dit Leo. Tu me ressembles trop. Trop polie, trop raisonnable. Tu vas lui répondre en lui répétant, gentiment mais fermement, ce que tu lui as déjà déclaré : que tu ne veux plus le revoir. (Sa voix se fit insistante.) Tu ne le reverras plus, n'est-ce pas Mary ?

— Non, s'il est en mon pouvoir de l'éviter.

Il la serra contre lui.

— Je t'en prie Mary. Fais-le pour moi.

Les policiers lui avaient passé un annuaire pour qu'il choisisse un avocat. Il se souvenait de ceux qui s'occupaient jadis des affaires d'Anthony Maddox et de Maurice Clitheroe, mais il n'avait pas la moindre envie d'attirer l'attention de Marnock sur ses défunts employeurs. Il tomba sur un cabinet de Melcombe Street, l'appela et une jeune femme se présenta peu après. Bean commença à se sentir nettement plus soulagé lorsqu'elle rappela aux policiers qu'ils ne pouvaient garder à vue son client plus de vingt-quatre heures s'ils ne l'inculpaient pas. Était-ce leur intention ? Elle leur déclara fermement qu'ils n'avaient pas l'ombre d'une preuve contre lui.

Mais Bean lui-même se rendait bien compte qu'elle bluffait. Avant l'arrivée de l'avocate, il leur avait déjà raconté tout ce qu'ils voulaient savoir concernant l'agression dont il avait été victime, la proposition de Mussolini et les circonstances qui avaient empêché leur seconde entrevue. Il avait reconnu avoir souhaité que Clancy soit un peu malmené et, harcelé de questions, qu'il n'avait pas réellement précisé si ce « traitement » devait être léger ou, au contraire, définitif. Il n'avait jamais eu l'intention de leur déballer tout ça mais ils s'étaient mis à lui tirer les vers du nez et une fois le processus enclenché, il semblait impossible de l'arrêter.

Ce qui l'avait sauvé, se dit-il après coup, c'est qu'il possédait toujours cet argent. Il était sur lui lorsqu'ils l'avaient embarqué. Bien sûr, ils ne pouvaient pas savoir s'il s'agissait des mêmes billets, mais le fait de l'avoir en sa possession était un bon point pour lui. Au total, ils le gardèrent quatorze heures d'affilée. En fait, il aurait pu aller promener les chiens le lendemain, au moins l'après-midi, mais ils étaient revenus le chercher. Ils avaient déniché Mussolini.

Une autre journée s'écoula de la sorte, ponctuée de questions, de remarques ironiques ou sarcastiques et, de la part de Marnock, de brusques et violentes explosions de colère.

Mussolini leur avait raconté quantité de choses au sujet de Bean, lui apprirent-ils, mais Bean était convaincu qu'il s'agissait de simples mensonges car Mussolini, dont le véritable nom était Harvey Bennett, ne pouvait évidemment pas les connaître et les avait donc tout bonnement inventées. Par exemple, il ne lui avait jamais dit — et ne l'aurait pas fait, même dans le plus fou de ses rêves — qu'il voulait se débarrasser de Clancy. Il ne s'était jamais vanté auprès de Bennett d'avoir jadis assassiné quelqu'un, mais d'avoir aujourd'hui passé l'âge de ce genre d'exercice. Lorsqu'on lui rapporta cela, l'image de la dépouille mortelle d'Anthony Maddox lui traversa l'esprit : mais il n'en avait jamais parlé, n'y avait jamais fait la moindre allusion devant quiconque. Tout cela était le fruit de l'imagination de Bennett.

Contrairement à ce qu'ils insinuaient, il n'avait jamais donné cinquante livres à Bennett pour qu'il élimine Clancy, en lui promettant cinquante livres supplémentaires après exécution du contrat. Pas plus qu'il n'était lui-même allé contacter Bennett après avoir insidieusement laissé entendre au *Globe* qu'il avait un travail à confier à quelqu'un. Son avocate revint et ne se montra pas tendre avec Marnock, lui rappelant sans aménité que certaines décisions relevaient du pouvoir des juges.

Après l'avoir laissé mariner quelques heures dans une cellule, on le laissa partir. Il ne comprit jamais pourquoi, mais n'avait pas l'intention de le leur demander : le soulagement qu'il éprouvait en se sentant à nouveau libre lui suffisait amplement. Mais tout cela l'avait secoué. Enfin, il avait ses cinquante livres et savait maintenant à quoi les employer : il allait s'acheter un nouvel appareil photo.

La boutique où Maurice Clitheroe avait acheté le sien quelque dix ans plus tôt se trouvait dans Spring Street, à Paddington. Elle existait toujours. Il la dénicha dans le nouvel annuaire, les appela, leur demanda ce qu'ils avaient en stock et quels tarifs ils pratiquaient. La boutique, située en plein quartier touristique, restait ouverte tard, et il s'y rendit en métro après avoir promené ses chiens. Ce n'était d'ailleurs qu'à deux stations.

L'appareil, étant d'occasion, lui coûta moins cher qu'il ne l'avait cru. L'employé y inséra une pellicule et Bean, enfreignant doublement ses habitudes, s'acheta une bouteille de whisky et un journal du soir. Même s'il n'y avait qu'un entrefilet concernant la libération d'un homme qui avait « aidé la police dans son enquête », il ne tenait pas à le manquer. Le quartier de Paddington était nettement plus sale, délabré et envahi de détritus que Marylebone Road et il se félicita de ne pas habiter dans ce coin.

Il sortait de chez l'épicier lorsqu'il aperçut à nouveau la fille, celle qui venait autrefois chez Maurice Clitheroe et à qui il avait adressé sa grimace l'autre jour dans Baker Street. Elle se tenait sur le seuil d'un vidéoclub d'allure douteuse. Il faillit rater ce qui se produisit ensuite et la scène lui aurait échappé si, sous le coup d'une brusque impulsion, il ne s'était pas retourné pour photographier un colley écossais — une bête superbe — que promenait une vieille dame.

Une Mercedes rouge s'était arrêtée le long du trottoir et la fille s'était penchée pour parler au conducteur. Ses vêtements étaient de bien meilleure qualité que la dernière fois : une veste pailletée rouge, une minijupe blanche très moulante, des escarpins blancs. Une tenue de pute, mais plutôt cossue. Et Bean aperçut soudain le conducteur : le visage rougeaud et imbibé de whisky de James Barker-Pryce, membre du Parlement, privé pour une fois de son éternel cigare, se profilait dans le cadre de la fenêtre. Bean le prit aussitôt en photo. Il fit même deux clichés. La portière de la voiture s'ouvrit et la fille se glissa à l'intérieur.

Bean rentra chez lui et parcourut le journal. Il n'y avait rien à son sujet, mais il lut le long article d'un psychiatre que le quotidien qualifiait de « célèbre » — mais dont Bean n'avait jamais entendu parler —, consacré à la folie de certains sans-abri et notamment de Clancy. Le psychiatre disait que plusieurs théories avaient été émises pour expliquer le fait que la victime collectionnait des clefs : certains suggéraient qu'elles lui servaient à commettre des effractions, d'autres qu'elles constituaient une sorte d'armure protectrice contre de possibles agressions. La vérité, c'est que dans l'esprit perturbé de Clancy, ces clefs correspondaient à des maisons rêvées, fantasmatiques. N'ayant plus de maison à lui, il avait rassemblé les clefs de celles des autres — clefs qui symbolisaient la jouissance, la possession et l'intimité d'un foyer dont il ne pouvait plus bénéficier.

Bean n'avait jamais lu un tel ramassis d'insanités. Tout en feuilletant sa collection de photographies canines afin de sélectionner les négatifs qu'il comptait faire agrandir, il but un peu trop de whisky ; il se réveilla le lendemain matin avec la gueule de bois. En enfilant sa casquette de base-ball et un tee-shirt couvert de vignettes représentant les espèces animales en danger, il se demanda avec inquiétude si la police n'allait pas venir l'embarquer d'un instant à l'autre. Après tout, c'était ce qui s'était passé deux jours de suite : pourquoi cela ne se reproduirait-il pas aujourd'hui ? Mais personne ne se présenta et il arriva chez Erina Morosini avec cinq bonnes minutes d'avance.

Elle se montra plutôt sèche à son égard et ne lui demanda pas s'il se sentait mieux. En revanche, elle se plaignit d'être épuisée, ayant dû promener Ruby elle-même. On voyait tout de suite que le briquet ne s'était pas suffisamment dépensé. Il entraîna Bean titubant et suffocant jusqu'à Park Crescent, avec l'énergie d'un cheval au galop. Bean croisa le regard du duc de Kent, qui n'était visiblement pas du genre à se laisser intimider par de vulgaires policiers, mais Ruby le força à avancer. Valerie Conway apparut sur le seuil de la porte d'en bas, en compagnie de Boris.

— Un certain Mr Barker-Machinchose m'a téléphoné hier pour me demander si je savais à quoi vous étiez en train de jouer. Il m'a dit que vous ne lui avez pas donné le moindre signe de vie et qu'il était inutile de vous représenter chez lui lorsque vous seriez de retour. Il compte prendre d'autres dispositions.

— Qu'est-ce que cela est censé signifier ?

— Il prétend que certains lycéens dans le quartier ne demandent pas mieux que de faire ce boulot et que cela lui coûtera quatre ou cinq fois moins cher. Une gamine lui a même déclaré qu'elle promènerait Charlie à l'œil, tellement il était mignon.

Boris remonta l'escalier. Ses griffes tambourinaient comme des grêlons sur les marches métalliques. Ruby l'attendait en haut, attaché à la grille, et lui sauta dessus dans un grand élan amoureux, sans se laisser rebuter par le grognement que poussa Boris en retroussant les babines et en exhibant des crocs jaunâtres. Dommage qu'il n'y ait pas de marché pour la pornographie canine, songea Bean. Il les fit passer à travers les jardins et emprunta le tunnel, sous Marylebone Road. Maintenant que Pharaon était mort, il pouvait s'y risquer et n'éprouverait plus jamais cette tension, cette contraction musculaire et ce tremblement nerveux.

Dans le Parc, Marietta paraissait désorientée, Charlie lui manquait et elle n'avait pas envie de courir toute seule, se contentant d'errer sans but et s'arrêtant de temps à autre pour se gratter. Bean la prit en photo, l'air mélancolique, devant les parterres de galets qui entourent la fontaine des Parsis. La photo serait réussie et cela l'apaisa un peu. Il bouillait de colère depuis que Valerie Conway lui avait annoncé la décision de Barker-Pryce. C'était d'une flagrante injustice. Et quel culot, après la scène dont il avait été témoin à Paddington !

On peut jouer à deux à ce petit jeu, songea Bean.

18

L'ARRIVÉE DE LA POLICE prit Hob au dépourvu. Moins leur arrivée d'ailleurs — il s'attendait à les voir débarquer — que les raisons de leur venue. Il devait ramollir en vieillissant. Il avait fêté ses trente-deux ans la veille. C'était l'âge qu'il pensait avoir, mais il n'en était pas absolument certain : peut-être en avait-il trente-trois. Il avait posé la question à sa mère, mais elle non plus n'en savait rien. Tout ce qu'elle avait pu lui dire, c'est qu'il avait quelques années de moins qu'elle, mais pas tant que ça, parce qu'elle était encore gamine lorsqu'il était né.

Quoi qu'il en soit, il était suffisamment âgé pour baisser de l'aile : lorsque les policiers étaient arrivés, il avait cru qu'ils venaient à cause de l'émeute, pour *s'excuser* à cause de toutes ces fenêtres qui avaient volé en éclats au cours de l'échauffourée en début de soirée. Tout cela parce qu'il vivait au rez-de-chaussée : il aurait été plus en sécurité s'il avait habité quelques étages plus haut. Il ignorait toujours les raisons de cette bagarre, mais les gamins — des gosses de treize ou quatorze ans — avaient débarqué de tous les côtés, armés de crics et de bouteilles, et les choses avaient mal tourné : le père de l'un d'entre eux était sorti en brandissant une arbalète et un autre type avec une arme qui ressemblait à un fusil de chasse.

Hob avait assisté à la scène depuis sa fenêtre. Il avait récupéré quelques extasy, des tablettes jaunes, par l'intermédiaire de Lew, mais il savait que s'il en prenait, il risquait d'être excité au point d'aller se joindre aux émeutiers. Ceux-ci hurlaient de vagues slogans à propos d'un de leurs copains qui s'était soi-disant fait tabasser en taule par les flics, un gamin accusé d'avoir lâché du dernier étage un bloc de ciment sur la tête d'un vieillard. Hob ne voulait pas être mêlé à ça.

La première de ses fenêtres vola en éclats alors qu'il se trouvait à la cuisine, en train de se servir une vodka avant de passer aux choses sérieuses : il avait assez de crack pour tenir tout le week-end. Les mômes lançaient des briques à présent. Hob ramassa celle qui avait atterri sur le plancher et songea un instant à la leur relancer, avant d'y renoncer. Ils devaient l'avoir prise sur le tas que les entrepreneurs municipaux avaient abandonné, après avoir construit une murette destinée à protéger les parterres, à l'entrée du parking. Ce qui s'était d'ailleurs révélé parfaitement inutile : les fleurs étaient arrachées tous les soirs et quelqu'un avait déjà entrepris de détruire la murette. Il avala une rasade de vodka et se dirigea vers le canapé.

Avant même d'avoir pu s'asseoir, il entendit le bruit d'une brique ou d'une bouteille qui brisait la fenêtre de sa chambre. Quelqu'un avait dû composer le 999 car deux cars de police arrivèrent en faisant hurler leurs sirènes tandis qu'il rassemblait les bris de verre et les repoussait dans un coin du bout de sa chaussure. Les flics avaient revêtu leurs tenues anti-émeute. Hob n'en croyait pas ses yeux : des casques et des boucliers pour une arbalète et quelques briques ! Il n'avait pas sa crise mais la vodka lui donnait la tremblote. Il fouilla dans sa poche, à la recherche de la sacoche en velours rouge.

Il y avait à présent un boucan du tonnerre à l'extérieur. Toutes les fenêtres du devant avaient été brisées. Heureusement que la température s'était radoucie... Il s'en fichait plus ou moins. Il entama son rituel, coupant la paille en deux, émiettant le crack, vissant le bouchon qui portait le sceau de la cour impériale de Russie, inhalant enfin la vapeur salvatrice.

La police était arrivée une heure après, ou peut-être beaucoup plus tard, il n'aurait su le dire. Il avait entre-temps sautillé dans la pièce, exécutant quelques figures dans le style des Power Rangers — gestes de karaté et coups de poing dans le vide — puis il avait construit une petite pyramide avec les éclats de verre et les trois briques qui avaient brisé ses fenêtres, et s'était coupé au cours de l'opération : rien de bien grave, du reste, cela se voyait à peine. À un moment donné il avait dû s'endormir et c'était le grattement qui l'avait réveillé. Les souris. Il était resté étendu à les écouter, en se disant que c'était un bruit agréable, apaisant, contrairement à celui des rats : il n'avait jamais entendu dire que les souris transmettent des maladies quelconques. Et tout à coup avait jailli un autre son qui n'avait, lui, rien d'agréable : on frappait de grands coups à la porte d'entrée.

Il était allé jeter un coup d'œil par la vitre brisée et avait aperçu leur voiture dans la rue. Un véhicule banalisé, bien sûr, mais il avait immédiatement compris qu'il s'agissait des flics. Ils frappèrent à nouveau et il alla leur ouvrir, un grand sourire aux lèvres, convaincu qu'il s'agissait d'une visite de routine : vous n'avez rien à craindre, monsieur, tout est rentré dans l'ordre à présent, désolé pour les dégâts que vous avez subis. Ils ne lui dirent rien de tel mais l'écartèrent avant de pénétrer dans l'appartement en regardant dans tous les coins et en se bouchant le nez, comme s'ils plongeaient dans un égout. Ils lui demandèrent s'il était bien Harvey Owen Bennett et où il se trouvait le tant du mois de juin; la nuit où Clancy avait été assassiné.

— Ici, répondit Hob. Dans mon trou. Qu'est-ce que vous croyez ?

Ils ne s'en tinrent pas là et se mirent à le harceler de questions. Il essaya alors de réfléchir. Ce fameux soir était un jeudi. Il y avait des années que sa mémoire flanchait. Peut-être était-ce le jour où il avait appelé sa mère, sur le téléphone de Leo, pour lui demander quel âge il avait au juste et qu'elle lui avait répondu qu'il était plus jeune qu'elle mais qu'elle devait le laisser, parce que son beau-père et elle étaient débordés à cause de la réception qu'ils organisaient à l'occasion de ses noces d'argent. Quelles noces d'argent ? avait-il demandé, vu qu'il n'y avait guère plus de cinq minutes qu'elle était mariée. Et alors ? avait-elle répondu, ce seraient bel et bien mes noces d'argent si je n'avais pas divorcé, et toute la famille était invitée, y compris le père de Hob.

— Non, je me suis trompé, leur dit-il. J'étais aux noces d'argent de mes parents.

Il ne croyait pas vraiment que cet alibi fonctionnerait mais il fallait bien qu'il leur dise quelque chose. Ils n'allaient évidemment pas lui permettre de passer un coup de fil dans son coin et ils l'embarquèrent avec eux. En sortant, il remarqua que le parterre avait totalement disparu : il n'y avait plus une seule brique, plus une poignée de terre. Cela leur servirait peut-être de leçon.

Ce qui s'était produit ensuite relevait du miracle. Les gens qui tournent la famille en dérision devraient y réfléchir à deux fois. À moins que la sienne soit une exception — solide comme un roc, toujours prête à lui tendre la main, voilà l'expression qu'il cherchait. Il n'eut même pas à leur demander quoi que ce soit : comment l'aurait-il pu, d'ailleurs, dans cette voiture de police, avec le chauffeur qui le tenait à l'œil ? Tout le monde avait aussitôt été d'accord, sans l'ombre d'une hésitation, lui avait par la suite raconté son beau-père. Mais bien sûr, cela allait de soi, Hob avait assisté à cette réception, de 9 heures du soir jusqu'à ce qu'on les mette dehors, les choses s'étant prolongées bien au-delà de minuit, et il était venu dormir à la maison. Ses deux demi-frères, l'ex-mari de sa belle-sœur et sa nouvelle copine l'avaient soutenu sans réserve. L'ex-mari en question, qui avait de l'imagination, avait même déclaré que Hob s'était livré à une interprétation particulièrement réussie de *I'll be your Sweetheart* pendant qu'on découpait le gâteau.

— Tu peux compter sur nous en permanence, Hob, lui avait dit son beau-père. Ce n'est même pas la peine de nous poser la question.

Hob venait d'en avoir la preuve.

Effie était sur la colline, en train de boire le thé des religieuses, tout comme Dill, Teddy et l'homme qu'on appelait Nello. La dernière fois que Roman était monté là-haut, toute la conversation avait roulé sur la terrible fin de Pharaon, ainsi que sur celle de Decker. Qui serait la prochaine victime ? S'agirait-il de l'un d'entre eux ? Mais aujourd'hui, nul n'y faisait plus allusion. Ils se comportaient tous comme avant, ou quasiment. Roman eut tout de même l'impression qu'ils étaient plus inquiets, plus circonspects que d'habitude. Eux qui, à l'inverse des gens disposant d'un toit, n'avaient jamais eu peur des rues et de l'obscurité, les redoutaient à présent.

Il avait pris l'habitude de laisser sa poussette sous l'arche de la Grotte. Quelqu'un finirait tôt ou tard par la voler, il ne l'ignorait pas, mais cela n'avait guère d'importance à ses yeux. Il était avant tout soulagé de ne plus avoir à la traîner avec lui. Chaque fois qu'il rencontrait Nello, qui avait toutes les caractéristiques du bon sauvage, de l'idiot du village ou du mystique illuminé, celui-ci ne manquait jamais de lui rappeler le risque qu'il prenait.

— On va t'la piquer, Rome, disait-il. Tu vas t'la faire chouraver. Pourquoi tu la laisses traîner là-bas ? On t'la piquerait même si elle était cad'nassée. Pourquoi que tu la gardes pas avec toi ?

Effie acquiesça en marmonnant et pointa le doigt dans le vide, désignant l'endroit où devait selon elle se trouver la poussette.

— Tu f'rais mieux d'aller r'chercher ta poussette, Rome, poursuivit Nello. Et t'auras d'la veine si elle est encore là. Y'a plein d'gens qui donn'raient cher pour un engin pareil.

Quelqu'un assassinait les sans-abri mais lui, il s'inquiétait du sort d'une vieille poussette... Les psychologues, songea Roman, qualifient cela de transfert. Ils redescendirent la colline ensemble, Effie, Nello et lui, sans oublier Dill et son chien. Dill lui avait raconté que lorsqu'il avait eu un nouvel oncle, c'est-à-dire quand l'ancien était parti et que sa tante lui avait trouvé un successeur, celui-ci l'avait viré de la maison — enfin, c'était un appartement, à Woodberry Down, mais cela revenait au même. Il lui avait donné vingt-quatre heures pour décamper et lui avait dit d'emmener le chien avec lui. Le briquet appartenait à sa tante mais elle ne demandait visiblement qu'à s'en séparer, aussi Dill et le chien étaient-ils partis ensemble.

— Comme Dick Whittington et son chat, avait ajouté Dill de manière inattendue en plissant ses yeux orientaux.

Mais les rues n'étaient pas pavées d'or et le briquet n'avait même pas de nom. On l'appelait seulement Briquet. En guise de laisse, Dill se servait d'une longue corde mais il laissait le chien aller en liberté lorsqu'ils étaient au Parc. Roman aperçut au loin la jeune femme blonde, qui rejoignait la Grande Allée en compagnie d'un homme aussi blond et mince qu'elle — contrairement au grand gaillard brun qu'il avait envoyé dans la mauvaise direction.

Cette évocation le fit sourire. La scène avait eu lieu deux semaines plus tôt, environ à la même heure. Il s'était rendu au sommet de la colline pour partager le thé des religieuses, en se demandant — il s'en souvenait fort bien — si ces âmes charitables avaient un lien quelconque avec une église devant laquelle il passait fréquemment et qui était consacrée aux Petites Sœurs du Sacré-Cœur. Ce nom lui avait plu et s'était gravé dans sa mémoire. Il pensait à ces religieuses qui s'étaient faites les petites sœurs des pauvres et des démunis lorsque la jeune femme blonde avait surgi en courant, comme si elle était poursuivie, et lui avait lancé un « Hello ! » essoufflé.

Cela avait aiguillé ses pensées vers autre chose et il avait songé à l'affirmation de Russell — à moins que celui-ci n'eût repris le constat d'un autre philosophe — selon laquelle, dans certaines circonstances, un mensonge peut devenir moral. Si, par exemple, on aperçoit un homme en train de courir pour sauver sa peau et que quelques instants plus tard ses poursuivants arrivent et vous demandent quel chemin il a pris, il est excusable de mentir et de leur dire qu'il est parti à gauche, alors que l'homme a pris à droite. Cette réflexion lui avait traversé l'esprit tandis qu'il arrivait au pied de Ormonde Terrace : le grand gaillard brun avait alors surgi, en courant lui aussi, le visage écarlate et visiblement hors de lui.

Roman faillit éclater de rire en constatant que, par un étrange hasard, l'éventualité à laquelle il venait de songer se réalisait brusquement. L'homme allait-il l'interroger ? C'était peu probable.

Il montra du doigt le pont de Primrose Hill et le Parc.

— Elle est partie par là, dit-il.

— *Quoi ?*

— La femme que vous poursuivez est repartie par là, en direction du Parc.

L'homme s'immobilisa un instant en ayant l'air d'hésiter. Son visage était encore plus rouge qu'à son arrivée.

— Allez vous faire foutre, lança-t-il à Roman. Et occupez-vous de vos oignons.

Mais cela ne l'empêcha pas de faire demi-tour et de dévaler la terrasse. Roman le regarda s'éloigner en riant. Il y avait une éternité qu'il n'avait pas ri : cela ne s'était pas produit depuis le drame qui l'avait frappé. Durant quelques secondes, il attendit pour voir la tournure que prenaient les événements : l'homme allait peut-être revenir, ou la jeune femme blonde réapparaître à son tour. Mais rien ne se produisit. Et depuis cet après-midi, il l'avait aperçue à deux reprises en compagnie d'un autre homme, ce type aux cheveux blonds et aux yeux clairs, qui avait l'air plus sympathique. Il la tenait par la main et, une fois, passa tendrement le bras autour de ses épaules.

Cela le soulagea et lui ôta un poids car, lorsque l'amusement suscité par la scène avait cédé la place à la réflexion, il avait songé qu'elle était peut-être en danger : et il avait presque fini par se considérer comme son protecteur, ou son ange gardien. Il la voyait souvent, leurs chemins se croisaient sans arrêt et il s'était dit qu'il pourrait aisément la surveiller, s'assurer que tout allait bien, qu'elle ne courait aucun risque. Mais que risquait-elle au juste ? Si l'assassin des grilles, l'Empaleur comme l'appelaient les journaux, avait pris les jeunes femmes pour cible, Roman n'aurait pas hésité et lui aurait tenu lieu de garde du corps. Mais elle ne pouvait pas différer davantage du type de victime qu'il avait choisi jusqu'ici. Elle n'était pas à la rue, elle disposait d'une maison, vraisemblablement agréable, et il s'agissait d'une femme. Le fait d'appartenir au sexe faible la mettait-il à l'abri ? Il jeta un coup d'œil à Effie, avec ses bandages, ses pantalons masculins et ses sacs en plastique, et se posa la question.

Lorsqu'ils eurent rejoint le Cercle intérieur, il raconta à ses compagnons que cette partie du Parc, l'étendue que délimitait l'anneau circulaire, était destinée dans l'esprit de Nash — l'architecte du Régent — à abriter le palais d'été du Prince. Roman n'avait pas l'intention d'en dire plus car il ne tenait pas à jouer les mentors, mais Nello lui demanda de continuer, de leur raconter la suite, et Dill leur proposa d'aller s'asseoir sur un banc pour écouter son histoire. Effie se contentait de le dévisager, le regard aussi éteint et désespéré que d'habitude.

Il leur raconta donc comment le Prince qui devint par la suite George IV avait conçu ce parc, ou plutôt comment Nash l'avait conçu sur ses directives, et de quelle manière Nash et Decimus Burton avaient construit les pavillons et les terrasses destinés aux courtisans du Régent. Il leur parla de la grande artère qui devait être tracée, à partir du Cercle intérieur, pour rejoindre Trafalgar Square : elle avait été entamée — Portland Place en marquait le début — mais le projet avait dû être abandonné, faute de moyens. C'était un fait qu'ils étaient parfaitement en mesure de comprendre, connaissant les erreurs, les gaspillages et les projets avortés de tous les gouvernements. Dill remit son briquet en laisse, c'est-à-dire qu'il lui noua la corde autour du cou, et ils poursuivirent leur chemin à travers la Roseraie. Les fleurs étaient en pleine éclosion, au zénith de leur floraison. Le soleil était chaud et l'air aussi embaumé que dans ces fameux jardins orientaux, ceux de Shalimar peut-être, songea Roman.

Ils formaient une troupe assez peu engageante le long des allées immaculées et les passants leur lançaient des regards furtifs, sans les dévisager franchement. Les gens respectables redoutaient les répliques ou les injures qu'ils risquaient de s'attirer en les fixant ouvertement. Bien que la présence des chiens fût ici strictement interdite, personne ne leur fit la moindre remarque, même quand le briquet leva la patte au-dessus d'un rosier baptisé Sexy Rexy. Mais Effie s'agenouilla devant le plus beau parterre de roses et plongea son visage dans les boutons éclos des Royal William, inspirant à plusieurs reprises la riche senteur de leurs pétales.

Roman ne voyait pas quoi leur raconter d'autre, alors qu'ils lui demandaient de poursuivre. Le palais d'été n'avait jamais été construit — à quoi aurait-il ressemblé ? au pavillon de Brighton ? — et la perspective de la grande artère avait été gâchée, Regent's Street ayant été ultérieurement détruite et remodelée. Le Cercle intérieur avait abrité pendant un certain temps la Société royale de botanique, avant qu'on y installe la Roseraie de la reine Mary. Il s'interrompit et les laissa là, Effie et Nello assis côte à côte sur un banc près du kiosque à musique, Dill et le briquet allant rejoindre leur poste devant le musée de Mme Tussaud. Il était temps que Roman songe à son dîner et repasse à la Grotte.

Le soleil qui s'attardait encore éveilla en lui le souvenir des chaudes soirées londoniennes. Elles étaient rares, la fraîcheur ne tardait guère à revenir mais parfois, lorsqu'ils avaient quelqu'un pour garder les enfants, Sally et lui se rendaient dans un restaurant de Bayswater ou de Notting Hill et dînaient à l'extérieur, sur une table en terrasse. En repensant à ces soirées, il se rendit compte qu'il ne parvenait plus à se représenter clairement le visage de Sally. Il en voyait des fragments — un détail, une courbe — mais ne parvenait pas à les organiser et à les remettre en place. Il n'avait pas l'impression que son épouse ou ses enfants s'éloignaient, mais plutôt qu'une sorte de voile ou de brouillard les séparait de lui.

Un curieux phénomène était en train de se produire : ses souvenirs étaient moins douloureux, ils se teintaient d'une douce nostalgie. Il commençait à éprouver un sentiment qu'il n'aurait jamais cru possible, une sorte de résignation. Ce n'était pas précisément de l'espoir, et moins encore une guérison, mais en regard de ce qu'il avait enduré, il pouvait désormais s'appliquer à lui-même la formule de Winston Churchill : ce n'était ni la fin ni même le commencement de la fin, mais c'était la fin du commencement.

Avait-il entamé son étrange odyssée dans l'espoir de guérir ? Il ne le croyait pas. Il s'était agi d'une fuite, non d'une thérapie, mais peut-être la thérapie avait-elle tout de même eu lieu en cours de route. Il commençait à envisager son destin non plus comme un combat livré avec rage et désespoir — pourquoi cela ? pourquoi moi ? —, mais comme quelque chose qui lui avait fait rejoindre cette infime catégorie de gens — pas si infime que ça, dans certains pays — dont toute la famille avait été anéantie au cours d'une catastrophe. Il parvenait aujourd'hui à se considérer calmement comme l'un d'entre eux, différent du reste de l'humanité comme l'est un nain ou un unijambiste, voué à tout jamais à vivre avec cette différence, et à l'accepter.

Il entra dans un magasin de Camden High Street, acheta un sandwich, une pomme et une banane, ainsi qu'une bouteille de vin, puisqu'il en avait eu envie la veille et avait dû se contenter de lait. Il avait un tire-bouchon dans sa poussette, si personne n'était venu le dérober avec le reste de ses affaires, comme le redoutait Nello.

Il s'arrêta comme à son habitude pour contempler la statue en bronze de Durham. Elle regardait en direction de Gloucester Terrace avec la même expression que son ancienne copine, ce qui l'amena à se demander ce qu'elle était devenue, où elle se trouvait à présent. La reconnaîtrait-il s'ils se rencontraient ? Avait-elle toujours la même allure que cette servante qui recueillait l'eau d'une source ? Elle n'avait aucun point commun avec la jeune femme blonde qui, selon lui, avait besoin d'être protégée. Il n'ambitionnait nullement de se comporter comme ces hommes qui harcèlent les femmes, les épient, les suivent à la trace, mais en descendant vers la Grotte, il se promit néanmoins de la surveiller de loin.

Pourtant, il aurait été incapable d'expliquer pourquoi il lui semblait qu'elle avait besoin d'un ange gardien. Il y avait cet homme qui lui ressemblait étrangement — peut-être s'agissait-il de son frère ? Le grand gaillard brun n'était qu'un imbécile et ne constituait sans doute pas une menace sérieuse. En débouchant son vin, il se mit à bâtir un petit scénario. Son frère était revenu de l'étranger, comptant partager son domicile, mais il était tombé sur le grand brun et ils avaient eu des mots... Il ne trouvait pas la fin de l'histoire et ne voyait pas ce qui pouvait s'être passé ensuite, pour quelle raison l'autre l'avait poursuivie jusqu'aux portes de Primrose Hill. Mais il se dit qu'il allait la « surveiller » et qu'il s'y mettrait dès le lendemain matin, car il savait qu'elle pénétrait toujours dans le Parc par cette entrée, à Gloucester Gate, avant de longer les sculptures de la « tour du silence ».

Bean se souvenait d'une conversation qu'il avait eue jadis avec Clitheroe. Son employeur était au lit et se remettait d'une séance particulièrement « sévère ». En l'habillant et en constatant l'état de son dos, Bean songeait à la prestation de James Fox dans *Performance*, qu'il avait vu lorsqu'il était au service d'Anthony Maddox. À cela près que Fox était un acteur et que les plaies qui sillonnaient son dos étaient un simple maquillage, alors que celles de Clitheroe étaient on ne peut plus réelles. Il y avait vaguement fait allusion, évoquant le personnage de Chas dans le film, et Clitheroe lui avait répondu : « À propos de comédie, ce type est un acteur de premier plan. »

Bean lui avait demandé ce qu'il entendait par là. Clitheroe avait prononcé le nom du Cogneur, dont Bean n'arrivait pas à se souvenir, avant d'ajouter :

— Il s'est glissé dans la peau du personnage qu'il estime que je souhaite lui voir incarner, et il ne s'est pas trompé : c'est une brute que je veux, Bean, un sauvage, un type qui aime battre ses semblables plus que tout au monde, qui en tire du plaisir, que cela excite plus que le sexe, l'argent ou la drogue — parce que pour lui le sexe, l'argent, la drogue se résument à cela : cogner. Vous me comprenez ?

— Bien sûr, répondit Bean.

Il ne lui précisa pas que cette compréhension le rendait malade.

— J'aime la manière dont il s'excite, Bean. Je crois bien que je suis amoureux de lui. Et cela n'a rien d'étonnant, de la part d'un pervers aussi cinglé que moi. Je voudrais faire quelque chose pour lui, lui permettre de se lancer, lui montrer après ma mort que j'éprouvais de vrais sentiments à son égard.

— Retournez-vous, dit Bean, que je puisse vous panser. (Il avait cessé d'appeler Clitheroe « Monsieur » à l'époque où le Cogneur venait.) Mon Dieu..., s'exclama-t-il. J'espère que ces plaies ne vont pas s'infecter.

— Elles ont intérêt à cicatriser au plus vite car (Clitheroe reprononça le nom du Cogneur) passera prendre un verre et se resservira du fouet samedi prochain.

— Il va vous tuer, dit Bean sans savoir à quel point il était prêt de la vérité.

— Je vois dans ses yeux qu'il joue la comédie, dit Clitheroe en se tortillant (de douleur ? de plaisir ? mais n'était-ce pas la même chose ?). Il y a quelque chose de mort, d'éteint dans son regard. Et je m'en réjouis, Bean, car s'il était réellement ainsi, c'en serait trop pour moi. Ce serait tellement beau que je ne pourrais pas le supporter. (Il frissonna et de la chair de poule apparut entre ses plaies.) Il serait capable de tenir n'importe quel rôle. Je me demande pourquoi il ne le fait pas. Je veux dire : pourquoi il n'en fait pas son métier. Peut-être l'occasion ne s'est-elle jamais présentée ? À moins qu'il veuille uniquement se comporter ainsi dans la réalité, et non sur une scène. Qu'il préfère *être* à *paraître*, en quelque sorte.

Ces réflexions étaient trop profondes pour Bean. Il avait horreur de ces spéculations aussi creuses qu'éthérées. Le Cogneur était effectivement venu pour l'apéritif et la séance prévue, le samedi suivant, et Maurice Clitheroe avait eu son attaque après son départ. Bean s'était parfois dit qu'il avait eu de la chance que Clitheroe l'ait désigné comme son héritier dans son testament, car il aurait aussi bien pu léguer son appartement au Cogneur.

Tous ces souvenirs étaient réconfortants, mais sans grande utilité. Chaque matin, à cette heure-là, Bean s'attendait à ce que la police revienne pour l'embarquer, bien qu'une semaine se fût maintenant écoulée depuis qu'ils étaient repassés pour un second interrogatoire. En s'habillant, puis en prenant son petit déjeuner, il s'interrompait sans arrêt et allait jeter un coup d'œil à la fenêtre pour voir s'ils n'étaient pas de retour.

— Des certificats ? C'est la première fois que j'entends parler d'une chose pareille, dit Bean d'un air contrarié.

Valerie Conway venait de l'informer que Mrs Sellers exigeait deux attestations, en plus de sa propre recommandation, avant de lui confier la garde de son dalmatien.

— À votre guise, dit Valerie. Mais ne comptez plus sur moi pour jouer les intermédiaires une autre fois.

Bean lui répondit qu'il demanderait à Mrs Goldsworthy et à miss Pring de lui en rédiger un, mais qu'il ne garantissait rien. Cette Mrs Sellers devait comprendre qu'elle ne lui faisait nullement une faveur. Un homme à qui l'on pouvait remettre en toute confiance la garde de son chien était une perle rare, en dépit de Barker-Pryce et de ses lycéens.

— Oh, débrouillez-vous ! dit Valerie en claquant la porte du sous-sol.

Lisl Pring était en tournage Dieu sait où et Bean dut se servir de sa clef pour aller chercher Marietta. Il parla de l'attestation à Mrs Goldsworthy, qui lui répondit que cela ne posait aucun problème, qu'elle la lui donnerait un peu plus tard et qu'il ne fallait pas qu'il hésite à lui en reparler si jamais cela lui sortait de l'esprit. Bean savait qu'elle ne l'écrirait jamais. Cette femme était tellement bourrée de fric qu'elle ne se donnait jamais la peine de faire quoi que ce soit. Il attacha les chiens au portail de Charlotte Cottage, en feignant d'ignorer l'activité à laquelle Ruby tentait de se livrer sur McBride. Qu'ils se débrouillent tous les deux. Il demanda une attestation à Mary Jago. Il aurait préféré qu'elle émane de Sir Stewart Blackburn-Norris lui-même, mais qu'y faire ? Elle lui donna aussitôt son accord et lui dit que le certificat serait prêt le lendemain matin. Bean songea qu'il n'était pas impossible qu'elle tienne sa promesse.

La matinée était chaude, étouffante même : c'était le genre de journée de juillet où se profile la menace d'un violent orage. Des nuées de moustiques s'élevaient et retombaient à la surface du lac et l'eau dégageait une odeur fétide, sous le pont qui rejoignait l'île. L'herbe des pelouses était jaune, brûlée par le soleil. Bean traversa le pont avec ses chiens et les conduisit presque jusqu'à Hanover Gate. Ce matin, le dôme de la mosquée était aussi terne qu'un vieux vase de cuivre. En regardant les cabrioles de Boris et de Marietta, il se demanda s'il avait réellement envie de se charger d'un chien supplémentaire, surtout de la taille d'un dalmatien. Les grands chiens sont indisciplinés et échappent facilement à votre contrôle. Dommage qu'ils ne soient pas tous comme le petit Gushi, qui restait le plus souvent collé contre lui et allait de temps en temps gambader et s'amuser gentiment avec McBride.

Un homme descendait la Grande Allée, depuis l'extrémité du zoo. Il se trouvait encore relativement loin de Bean, sans compter que les parterres, les arbres ornementaux, les fontaines et les vasques débordantes de fleurs le dissimulaient en partie. Mais quelle que soit la distance, Bean aurait reconnu le Cogneur n'importe où — à sa démarche un peu traînante, à son menton relevé, à ses bras qui se balançaient nonchalamment le long de son corps et à la souplesse de ses mouvements, aussi élégante que chez un Noir. Bean tenait à ce moment-là tous ses chiens en laisse et s'avança un peu plus près. Il lui était égal que le Cogneur l'aperçoive : en plein jour, et avec cette chaleur, les terreurs de la nuit s'étaient dissipées.

Lorsque leurs regards se croisèrent, le Cogneur n'eut pas l'air de le reconnaître. Mais c'était un acteur, après tout. Bean le fixa un instant, avant de détourner brusquement les yeux. Quel âge pouvait-il avoir ? Cela était toujours resté un mystère, mais sans doute avait-il dans les trente-cinq ans à présent. Après s'être assuré que le Cogneur ne regardait pas dans sa direction, Bean se retourna et observa ses jeans, sa veste en coton, ses cheveux plutôt longs. Était-ce possible ? Il paraissait relativement propre, mais certains sans-abri le sont. Il existe des foyers d'accueil où ils peuvent prendre une douche, se laver les cheveux.

Comment le Cogneur avait-il pu tomber aussi bas et se retrouver à la rue ?

Bean n'avait aucune raison précise d'aboutir à une telle conclusion, sinon que tous ces clodos venaient traîner dans le secteur et que le Cogneur semblait errer sans but. D'où pouvait-il venir, après tout, et où se dirigeait-il ? S'il faisait vraiment partie de leur troupe, peut-être que l'Empaleur allait se charger de lui et qu'il finirait assassiné, empalé au sommet d'une grille. Les choses auraient tourné tout autrement pour lui s'il n'avait pas tabassé Clitheroe aussi sauvagement et si celui-ci avait vécu assez longtemps pour modifier son testament...

Lorsqu'il revint à York Terrace, Marnock et le sergent l'attendaient, assis devant leur voiture sur la double ligne jaune. Ils se montrèrent nettement plus courtois que lors de leurs précédentes rencontres, ce qui encouragea Bean à manifester une certaine arrogance.

— Qu'y a-t-il encore ? leur demanda-t-il d'un air irrité.

Ils voulaient qu'il leur décrive à nouveau, de manière très précise, l'individu qui l'avait agressé dans le tunnel des Nourrices. Inutile pour cela de se rendre au commissariat, surtout s'il avait l'amabilité de les recevoir chez lui. Était-il absolument certain que c'était Clancy qui l'avait agressé ? N'avait-il pas ne serait-ce qu'un léger doute sur l'identité de son assaillant ?

Bean s'efforça de reconsidérer l'ensemble de la question. Peut-être ne s'agissait-il pas de Clancy, finalement... Il se demanda s'il n'allait pas leur donner une description du Cogneur mais songea que ce serait prendre trop de risques et leur dit qu'il était incapable de s'en souvenir. Ils restèrent près de deux heures, sans se départir de leur politesse, et lorsqu'ils s'en allèrent ils ne firent aucune allusion à l'éventualité d'une nouvelle entrevue.

Il se fit réchauffer un plat de Bird's Eye Lean Cuisine pour le déjeuner et regarda *Emmerdale* à la télévision. Après cela, ragaillardi, il se mit à réfléchir. Qui ne risque rien n'a rien... Les numéros de téléphone de ses clients étaient scrupuleusement notés sur ses livres de comptes. En composant le numéro de Barker-Pryce, il se dit que si c'était sa femme ou une quelconque secrétaire qui répondait, il se contenterait de raccrocher. Lorsqu'il entendit la voix de Barker-Pryce, sa gorge s'assécha brusquement.

— Oui ? Qui est à l'appareil ?

— C'est Bean, monsieur, réussit-il à dire. Celui qui promène les chiens.

— Que voulez-vous ? Parlez.

— Je me demandais, dit Bean dont la colère croissante raffermissait la voix, si vous aimeriez voir les photos que j'ai faites de Charlie. Certaines sont vraiment splendides, monsieur, et je pense que vous les apprécierez.

Il ne s'appelait pas Barker pour rien[1]. Le son qu'il émit, vraisemblablement en riant, était à peu près identique à celui de McBride pourchassant un canard mandarin.

— C'est la meilleure ! Surtout venant de vous... Vous promeniez mon chien, pas vrai ? Quand vous ai-je donné l'autorisation de vous servir de lui comme modèle ?

Bean inspira profondément, expira et dit :

— À propos de modèle, monsieur, j'étais sur le point de vous parler de ces photos l'autre jour, à Paddington, lorsque je vous ai aperçu en compagnie d'une jeune femme.

Silence. Bean sentait presque planer l'odeur du cigare.

— Je viens d'acheter le journal, monsieur Barker-Pryce. Un quotidien du matin. Et j'ai lu cet article relatant la rencontre d'un membre du gouvernement et d'une jeune femme dans un hôtel. Je pense que vous le connaissez, n'est-ce pas, monsieur ?

Cette fois-ci, la voix était plus douce et le ton plus conciliant.

— Que voulez-vous au juste ?

— Un certificat pour commencer, monsieur, si cela ne vous ennuie pas. À l'intention d'une dame qui possède un dalmatien. Je me demandais si je ne pourrais pas passer chez vous après avoir promené les *autres* chiens. Disons, aux alentours de 17 h 30 ?

1. *Bark* signifie « aboyer » en anglais. *(N.d.T.)*

19

ROMAN MIT QUELQUE TEMPS à découvrir où elle habitait. Il répugnait instinctivement à l'espionner. Mais un samedi, il l'aperçut à Primrose Hill et la suivit jusque chez elle, le plus discrètement possible.

Il était passé dans une librairie d'occasion de Regent's Park Road et était tombé sur un vieux volume, publié en 1840 sous le titre de *Colburn's Calendar of Amusements*. Le libraire n'en demandait que deux livres, car il était en piteux état. Sur le seuil de la boutique, Roman en lut un passage qui le toucha particulièrement, car il semblait correspondre d'une manière indirecte et caricaturale à son état présent :

> *Le lion de la collection des jardins zoologiques avait été ramené de Tunis, ainsi que sa compagne, et comme nous l'a raconté le gardien ils étaient tendrement unis l'un à l'autre. Leurs cages étaient séparées par une simple grille en fer, suffisamment basse pour qu'ils puissent la franchir d'un bond. Un jour, comme la lionne s'amusait à sauter d'une cage à l'autre sous le regard visiblement ravi de son époux, sa patte heurta malencontreusement l'extrémité de la grille et elle retomba lourdement en arrière. La chute se révéla fatale car, après l'avoir examinée, on s'aperçut qu'elle s'était brisé la colonne vertébrale. La douleur de son compagnon fut immense et, bien que d'une origine moins violente, tout aussi fatale que pour sa partenaire, une profonde mélancolie s'empara de lui et il mourut au bout de quelques semaines.*

Une profonde mélancolie pouvait provoquer la mort d'un lion, mais pas celle d'un être humain. Même la douleur la plus extrême n'y parvient pas : les hommes meurent d'âge en âge, mais jamais par amour... De manière incongrue, il se souvint que dans son enfance l'indicatif téléphonique du zoo était Primrose et qu'une plaisanterie disait : composez Primrose 1, 2, 3, 4 et demandez Mr Lion. Il releva les yeux et aperçut soudain la jeune femme qui passait sur le trottoir d'en face.

Rien ne disait qu'elle s'apprêtait à rentrer chez elle mais il eut pourtant l'intuition que c'était le cas. Il fourra le livre dans sa poche et se mit en route, en prenant la même direction qu'elle. Si jamais elle regardait en arrière, songea-t-il, il cesserait aussitôt de la suivre : il ne voulait en aucun cas risquer de l'effrayer. Comme il aurait aimé pouvoir lire à Sally l'histoire de ce pauvre lion... Il lui semblait que personne en dehors d'elle n'aurait réagi à ce récit avec cette sympathie mêlée de tendresse. Mais elle n'était plus de ce monde, elle n'était plus nulle part, elle était définitivement perdue, sans âge, en compagnie de leurs enfants.

Devant lui, la jeune femme blonde qui travaillait au musée Irene Adler traversa la rue, puis Albert Road ; après avoir franchi le pont Saint Mark, elle s'engagea dans le Parc en empruntant le Cercle extérieur, puis la Grande Allée. Pas une seule fois elle n'avait regardé derrière elle, contrairement à la femme de Loth fuyant les cités de la Plaine ou à Orphée s'assurant qu'Eurydice le suivait. L'allée était ombragée par ici, abritée le plus souvent par les branches feuillues des platanes et des marronniers. Enfermés derrière leur double rangée de barbelés, les deux loups arpentaient et reniflaient leur territoire comme des chiens. Il la vit se tourner pour les regarder, mais sans s'arrêter. Elle prit ensuite sur la gauche le premier des deux sentiers qui rejoignent Gloucester Gate.

Cela faisait maintenant trois semaines qu'il allait dormir dans la Grotte et il n'avait jamais élu domicile aussi longtemps au même endroit. Durant cette période, selon toute apparence, elle ne devait pas se trouver bien loin, puisqu'elle venait de traverser le Cercle extérieur et avait remonté Albany Street pour aboutir à Park Village West. Si elle s'y engageait, c'est qu'elle habitait là, car l'artère en demi-cercle ne menait nulle part et rejoignait un peu plus au nord la rue qu'elle venait de quitter. C'était un coin tranquille, une vraie tonnelle de verdure avec ses fleurs parfumées et ses arbres, même si les feuilles étaient couvertes d'une pellicule de poussière, car on était tout de même à deux pas du cœur de Londres.

Elle ne s'était pas retournée une seule fois au cours du trajet, mais, arrivée devant le portail d'une belle demeure de style italien, elle jeta un coup d'œil par-dessus son épaule et l'aperçut. Ignorant qu'il la suivait depuis Primrose Hill, elle leva la main et lui fit un petit signe.

Seule une femme sur un million pouvait ainsi lui dire bonjour, lui sourire puis le saluer de la main, après ces premiers échanges... Il se demanda s'il allait attendre un moment pour voir arriver son frère, mais cela pouvait prendre des heures. Sans compter qu'il était peut-être déjà rentré. Il fit demi-tour, ouvrit son livre et entama sa lecture en s'éloignant.

Quelqu'un était venu et avait bouché les fenêtres. Hob ignorait de qui il s'agissait car il avait passé l'essentiel de la journée à l'extérieur, essayant d'obtenir ce dont il avait besoin auprès des individus au cœur de pierre qu'il connaissait ou qui lui étaient vaguement apparentés. Il était rentré tard chez lui, mal en point et abruti par ce sirop au valium pour enfants, la seule chose qu'il avait réussi à soutirer à sa demi-sœur. Le produit ne lui faisait guère d'effet, sauf qu'il se sentait endormi et — seul point positif de l'affaire — trop assommé pour ressentir la crise dans toute son intensité.

Il était d'abord allé quérir de l'aide chez le petit ami de sa demi-sœur. Ce type, le père de leur plus jeune enfant, fabriquait lui-même du crack à partir d'un mélange de cocaïne et de bicarbonate de soude qu'il faisait cuire au micro-ondes. Il en proposa à Hob avec une remise de 10 % par rapport au prix pratiqué dans la rue — c'était du moins ce qu'il avait prétendu. Hob n'avait pas réussi à faire le calcul. Mais il avait déjà refilé tout son blé à Lew, sous les arbres chinois, et il était à sec. Le petit ami se contenta de hausser les épaules et de lui dire que c'était dommage. Sa demi-sœur eut pitié de lui, ou souhaitait plus vraisemblablement qu'il décampe au plus vite, et lui dit qu'elle pouvait lui refiler le sirop au valium des gamins. Ils étaient censés l'ajouter à leurs biberons mais son copain et elle trouvaient le whisky plus efficace.

Après ça, il s'était rendu chez son cousin, dans l'un des immeubles qui bordent Lisson Grove. Le cousin et deux de ses copains étaient en train de regarder une cassette porno en fumant de l'herbe. Ils passèrent le joint à Hob, plus ou moins par réflexe, mais aucun d'eux ne lui aurait filé ou simplement avancé du pognon. Son cousin lui dit qu'un type qu'il avait rencontré dans un pub aurait peut-être un boulot à lui confier. Il indiqua à Hob l'endroit où il pouvait le trouver et le regarda d'un drôle d'air en le voyant boire un flacon de médicament pour enfants.

Ce sirop au valium était particulièrement sucré et cela rappela vaguement à Hob un détail de son enfance, mais il n'arrivait pas à se souvenir exactement de quoi il s'agissait et il était trop assommé pour y réfléchir. Il traîna un moment devant le stand du marchand de journaux où l'homme se trouvait habituellement, acheta deux tickets de loterie à gratter et ne gagna évidemment rien. Il alla s'asseoir sur un banc, sur le trottoir, mais ne vit apparaître personne qui corresponde à la description de son cousin. Des bonbons aux fruits... voilà ce qu'il cherchait. Cela lui revint brusquement, tandis qu'il regagnait péniblement son domicile : ce sirop avait le goût des bonbons aux fruits que la nourrice de sa mère appelait des « acidulés ». Le premier de ses beaux-pères avait l'habitude de lui en acheter, après lui avoir donné une taloche plus violente que d'habitude.

Il avait le nez en l'air, regardant le sommet de Blackwater House, l'immeuble voisin, afin de repérer l'endroit où s'était posté le gamin qui avait balancé un bloc de ciment sur un vieillard — ce pourquoi il n'avait pas fait attention aux fenêtres avant d'avoir quasiment atteint l'entrée. Des planches rudimentaires avaient été clouées devant les fenêtres qui donnaient sur la rue, les deux du salon et celle de la chambre. La soirée était douce et dans l'appartement il faisait aussi chaud que dans un four. Il s'assit sur le canapé et posa la tête sur l'un des coussins à l'effigie de Mickey.

Lorsque les lumières de l'immeuble d'en face et du parking s'éteindraient, il ferait aussi noir que dans un puits. Pour l'instant, deux étroites bandes de lumière filtraient entre les planches, à travers les interstices. Et dans la chambre, ce ne serait pas mieux. Hob but une nouvelle rasade de sirop au valium et en fit sans doute tomber quelques gouttes par terre car il eut conscience en s'endormant — ou dans son demi-sommeil — que les souris trottinaient à ses pieds pour venir les laper.

— Nous pourrons venir habiter ici, dit Mary, lorsque je devrai quitter Charlotte Cottage.

Leo et elle se trouvaient dans la maison de Frederica Jago, une énorme bâtisse à tourelle en brique rouge de la fin de l'ère victorienne, qui se dressait au beau milieu d'un jardin passablement sombre, envahi par les mauvaises herbes. Mary n'y était pas retournée depuis les funérailles de sa grand-mère et la conversation qu'elle avait eue avec Alistair et Mr Edwards. La maison sentait le renfermé. Elle songea qu'elle aurait dû ouvrir les fenêtres, mais à peine avait-elle franchi le seuil qu'elle s'était sentie comme tétanisée, incapable de prendre la moindre décision. La maison était pleine de la présence de sa grand-mère. Ce n'était pas une impression nouvelle, et tout le monde devait réagir de la même façon dans ce genre de circonstances, mais elle s'attendait à tout instant que la morte apparaisse, lui parle, lui sourie, la prenne dans ses bras.

— C'est ici que j'ai grandi, dit-elle. L'endroit a l'air sinistre à présent, mais ce n'était pas le cas autrefois. Je me rappelle combien j'étais fière de vivre dans un cadre aussi *distingué* et je crois bien m'en être vantée, à l'école. Je devais être une enfant horripilante.

Leo n'avait pas ouvert la bouche depuis qu'ils étaient entrés. D'ordinaire, il aurait réagi à sa dernière remarque, l'aurait aussitôt réfutée, et Mary se demanda même si elle ne l'avait pas faite dans ce but — afin de l'entendre dire que c'était impossible, qu'elle n'avait sûrement jamais été horripilante. Elle commençait à avoir besoin de ses louanges. Mais il ne dit rien, se contenta de hausser vaguement les épaules. Elle l'emmena au premier et lui fit visiter les chambres. Dans l'une d'elles, elle ouvrit une armoire mais le parfum de vanille et de rose qui s'en échappa était tellement rattaché à sa grand-mère qu'elle la referma aussitôt, en poussant un cri étouffé.

Devant la grande baie vitrée de la chambre principale, elle se tourna vers lui et posa la tête sur son épaule.

— Que se passe-t-il, Leo ? Qu'est-ce qui ne va pas ?

— Rien, dit-il. Tout va très bien.

— Je n'en suis pas si sûre. Tu n'aimes pas cet endroit ? Nous ne sommes pas obligés de venir vivre ici. Je ne sais même pas si j'en ai envie. C'est un peu une régression de revenir habiter dans la maison où l'on a grandi.

Il plissa les yeux et dit, comme si cela lui coûtait :

— C'est à cause de ta fortune. Je réalise sans doute seulement maintenant à quel point tu es riche. Cette maison me l'a brusquement rappelé.

— Je te l'avais dit.

— Je le sais bien. Mais je le constate aujourd'hui de mes propres yeux.

Elle n'eut pas le courage de lui faire visiter les autres pièces. Ils redescendirent au salon. Leo regardait autour de lui avec circonspection. Elle vit son regard se poser sur les tableaux, le miroir, les porcelaines, et s'arrêter sur une grande horloge française au boîtier de cuivre et de verre, qui se mit au même instant à carillonner.

— Si tu l'avais su lorsque nous nous sommes rencontrés, dit-elle avec appréhension, aurais-tu encore eu envie de me connaître ? Je veux dire, m'aurais-tu proposé de me revoir ? Ou m'aurais-tu simplement remerciée, en me disant que le hasard nous réunirait peut-être un jour ?

Leo hésita longuement avant de répondre.

— Je ne sais pas, dit-il enfin. Je suis incapable de répondre à cette question.

Mary eut l'impression que son cœur s'effondrait dans sa poitrine, comme s'il plongeait dans un gouffre glacé.

— Mais au début, tu croyais que Charlotte Cottage m'appartenait. La première fois que je t'ai écrit, je t'avais donné cette adresse.

— Oui, et j'ai été grandement soulagé, je te prie de me croire, lorsque j'ai découvert que la maison n'était pas à toi.

— Mais qu'y puis-je, Leo ? Je ne peux pas me défaire de mes biens. Et de surcroît, je ne le souhaite pas. Je veux que nous vivions dans un cadre agréable. Que nous menions la vie qui nous convient, sans que tu sois obligé de continuer à travailler pour ton frère — sauf si tu le désires, bien sûr. Je veux acheter une voiture, je n'en possède même pas, et toi non plus. (Elle se rendit compte qu'elle s'excitait en parlant.) Je peux acquérir un endroit plus modeste, un appartement ou un petit pavillon.

Elle tendit la main et toucha la sienne mais Leo ne réagit pas. Le souvenir qui lui revint alors était toujours présent en elle mais la plupart du temps elle n'y pensait pas, il était enfoui sous des strates moins désagréables.

— Pourquoi m'as-tu quittée de la sorte ce jour-là, à Covent Garden ?

Il la dévisagea, sans avoir l'air de comprendre.

— Quoi ?

— Nous étions sortis ensemble. C'était notre deuxième... non, notre troisième rencontre et tu m'as dit brusquement que tu devais partir, rejoindre ton frère. Tu m'as dit au revoir et tu as disparu.

— J'avais sans doute rendez-vous avec lui.

Une voix intérieure conseilla prudemment à Mary de ne pas insister. Elle se leva.

— Allons-nous-en, dit-elle.

Il faisait très sombre à l'extérieur. Les nuages s'étaient assemblés en cours d'après-midi et des roulements de tonnerre résonnaient à présent, par-delà Hampstead et Highgate, comme de lointaines explosions. Lorsqu'ils étaient arrivés ici, Leo la tenait par la main, mais à présent il marchait à côté d'elle sans la toucher, la tête penchée, avec une expression maussade qu'elle ne lui connaissait pas. Au bout d'un moment, il dit d'une voix éteinte, en ayant presque l'air de le regretter :

— Je t'aime.

Il ne le lui avait jamais déclaré ouvertement jusque-là.

Les mots eux-mêmes étaient flatteurs, comme ils le sont peut-être toujours, indépendamment de la personne qui les prononce. Elle se sentit tout à coup mal assurée. Elle se dit qu'elle l'aimait, qu'elle aimait se trouver en sa présence, faire l'amour avec lui — mais pouvait-elle lui répondre dans le sens qu'il attendait ? Qu'est-ce qui la faisait brusquement hésiter ? Son comportement un peu puéril, lié au fait qu'il avait de la difficulté à accepter l'inégalité de leurs revenus ?

Ils prirent un taxi et regagnèrent Charlotte Cottage sans que Leo ait prononcé un mot de plus. L'orage avait éclaté entre-temps : les éclairs déchiraient le ciel couvert d'énormes nuages noirs, la pluie courbait toutes les fleurs dans les jardins de

Park Village. Mary alluma : on aurait dit une soirée d'hiver. Gushi, terrifié, se cacha sous le canapé, sa truffe froide collée contre les chevilles de la jeune femme. Avec un temps pareil, on pouvait être assuré que Bean ne se montrerait pas. S'enflammant d'une manière tout à fait inhabituelle, Leo lança soudain :

— Je ne supporte pas que ce type... comment s'appelle-t-il déjà... que cet Alistair t'écrive pour te dire que vous allez vivre ensemble, acheter une maison...

— Mais ce n'est pas le cas. Je te l'ai dit, tout est terminé entre nous.

— Il veut t'épouser, c'est ça ?

— Peut-être. Mais moi je ne le veux pas.

Le tonnerre éclata et ébranla toute la maison. Gushi se mit à gémir. Mary s'agenouilla et tenta de le rassurer en glissant la main sous le canapé pour caresser sa petite tête hirsute.

— Et moi ? dit-il. Veux-tu m'épouser ?

Elle se tourna vers lui. Elle se sentit ridicule, à quatre pattes sur la moquette.

— As-tu vraiment dit ça ?

— Bien sûr.

Il paraissait presque honteux. Il avait la même expression que Mary lorsqu'elle se sentait gênée ou embarrassée.

— Leo... Je suis plus âgée que toi. Nous nous connaissons depuis moins de deux mois. Et... je suis riche. (Elle n'avait pas pu s'empêcher d'ajouter ces derniers mots et le vit tressaillir.) Nous pouvons vivre ensemble. Nous allons le faire. Nous apprendrons à mieux nous connaître.

— Nous nous connaissons déjà. (Il s'assit par terre à côté d'elle et la prit par les épaules. Ses yeux étaient tout près des siens.) Nous faisons partie l'un de l'autre, Mary, et pas seulement comme il en va d'ordinaire entre amants, mais d'une manière très particulière. Tu es ma chair, Mary, mon sang... Qui d'autre pourrais-je épouser ? Ne vois-tu pas qu'après ce qui a eu lieu entre nous, ce serait une erreur pour toi comme pour moi d'épouser quelqu'un d'autre ?

Mary se sentit vaguement défaillir. Elle se mit à hocher la tête, sans parvenir à s'arrêter.

— Épouse-moi, Mary, avant qu'il puisse t'épouser. Épouse-moi tout de suite.

— Leo... Je sais que nous voyons et ressentons souvent les choses de la même façon, mais tout cela n'est-il pas un peu... ridicule ? Je veux être à tes côtés, je veux vivre avec toi dès que j'aurai quitté cette maison, mais pourquoi devrions-nous nous marier ? Un jour, par la suite, je ne dis pas. Disons d'ici deux ou trois ans. Lorsque nous saurons vraiment ce que nous voulons l'un et l'autre.

— Dans deux ou trois ans, il sera peut-être trop tard, dit-il très calmement.

— Que veux-tu dire ?

— Je ne pense pas que je vivrai très longtemps.

C'était comme si Mary avait tendu la main, espérant un peu de chaleur, mais avait rencontré de la glace. Elle avait voulu se montrer réaliste, prudente, mais elle se rendit compte qu'il parlait très sérieusement.

— Que veux-tu dire ? répéta-t-elle.

— Ce que je viens de dire.

Il y avait à présent de la peur dans la voix de Leo. Mary sentit la glace descendre lentement le long de sa colonne vertébrale.

— On te l'a dit récemment ? À l'hôpital ?

— Disons qu'ils n'ont pas voulu me répondre lorsque je leur ai posé la question. J'ai subi un bilan complet mercredi dernier.

— Tu ne m'en as pas parlé.

— Je l'aurais fait si le résultat avait été... positif. Tout ira bien pendant quelque temps. C'est le terme qu'ils ont employé : quelque temps.

— Envisagent-ils une nouvelle greffe ? demanda-t-elle, le souffle court.

— Tu ferais cela pour moi, une seconde fois ?

— Si cela devient nécessaire, bien sûr que oui.

Une lueur qu'elle n'avait jamais vue précédemment s'alluma dans les yeux de Leo.

— Je ne pensais pas que tu le ferais, dit-il. Je ne l'ai jamais envisagé.

Il paraissait dérouté, ébranlé hors de toute mesure. Comme si elle venait de lui dire quelque chose qui était susceptible de changer sa vie, ses projets — ce qui était d'ailleurs le cas —, mais d'une façon désagréable, dans un sens qu'il ne souhaitait pas.

— Si j'avais pu le savoir..., dit-il, comme s'il se parlait à lui-même. Tu ferais vraiment ça ?

— Je viens de te le dire, Leo. Pour le donneur, ce n'est vraiment pas grand-chose, tu sais : une simple anesthésie, qui ne présente aucun danger lorsqu'on est robuste et en bonne santé.

Elle l'enlaça. Elle sentait le sang battre à son cou et le rythme régulier, mais extrêmement rapide de son cœur. Elle n'avait pas encore pris sa décision, mais décida d'agir comme si c'était le cas :

— Si tu dois subir une nouvelle greffe de moelle osseuse, dit-elle, qui mieux que ton épouse pourrait te la fournir ?

20

AVANT DE SE RENDRE à Saint Andrew's Place, Bean appela le labo de photo et alla récupérer les dix agrandissements qu'il avait fait réaliser. Ce n'était pas donné, mais le résultat valait la peine. Il glissa les photographies du chien dans une chemise — on y voyait Charlie renifler la truffe de McBride, poursuivre une oie ou se reposer, nonchalamment couché dans l'herbe — et y ajouta l'un des agrandissements. Il enferma les autres dans le coffre-fort de Maurice Clitheroe.

Son nouvel ascendant lui donnait de l'audace et il demanda à James Barker-Pryce de s'abstenir d'allumer son cigare en sa présence. Cela réveillait ses crises d'asthme, qui ne s'étaient plus manifestées depuis vingt ans. Ils s'étaient rendus dans une petite pièce, un cabinet de travail dont la baie vitrée donnait sur l'Université royale de médecine. Sur le bureau trônait une pile de papier à lettres portant l'en-tête de la Chambre des communes, imprimé en vert et agrémenté d'une vignette représentant une sorte de grille — ce qui signifiait, d'après les déductions de Bean, qu'il était la propriété du gouvernement. Le cigare avait été abandonné et se consumait dans le hall, au bord d'un cendrier.

Bean ouvrit la chemise et en sortit deux photos de Charlie, ainsi que l'agrandissement. Barker-Pryce le déchira en petits morceaux.

— J'en possède d'autres, monsieur, lui dit Bean.

Barker-Pryce ne regarda même pas les photos de Charlie. Il y avait des gens qui ne méritaient pas d'avoir un chien... Il saisit entre ses doigts tachés de nicotine son stylo à plume Mont-Blanc et rédigea le certificat sur le papier à en-tête. Bean ne s'attendait pas à ce qu'il ait une écriture aussi fine, nette et parfaitement lisible. Il jeta un coup d'œil par-dessus son épaule et distingua des termes on ne peut plus flatteurs : « un homme de confiance », « un authentique ami des bêtes », « d'une ponctualité sans faille ».

— J'ai déjà pris d'autres dispositions concernant Charlie, dit Barker-Pryce, quasiment sur le ton qu'il aurait employé pour s'adresser à un voisin ou à l'un de ses honorables confrères à la Chambre des communes. Il me serait relativement malaisé de me dédire à présent, si vous voyez ce que je veux dire. Mais je suis tout disposé à acquérir ces photos de mon retriever.

Il avait déjà préparé l'argent et glissa les billets dans l'enveloppe qui contenait le certificat. Bean ne les compta pas, il savait qu'il y avait cent livres. S'efforçant de prendre une mine de conspirateur, en plissant exagérément les yeux et en retroussant sa lèvre supérieure ornée d'une épaisse moustache — révélant du même coup une rangée de dents identiques aux grains du chapelet d'acajou posé sur son bureau —, Barker-Pryce lui lança :

— Achetez donc des cassettes vidéo, au lieu de ce journal...

Bean réagit enfin :

— Je vous rappellerai dans une semaine, dit-il.

Il avait renoncé au « monsieur ». Il laissa les photos à leur place, celle de Charlie poursuivant une oie au sommet de la pile. Il y avait une lueur inquiétante dans l'expression de Barker-Pryce et il cessa de le regarder. Qu'est-ce que ces filles ne devaient pas supporter ! Pas étonnant qu'elles ne permettent jamais aux clients de les embrasser.

Il regagna le hall. Charlie émergea soudain de l'une des pièces du fond et se précipita joyeusement vers lui. Pauvre créature innocente..., songea Bean. Il tapota machinalement la tête du retriever, un peu comme aurait pu le faire le père de la reine Victoria, à Sidmouth, avec l'un de ses chiens. Barker-Pryce n'ajouta pas un mot mais resta planté sur le seuil de son cabinet de travail en le dévisageant. Bean referma la porte d'entrée.

Mrs Sellers et son dalmatien habitaient à Park Square, ce qui serait pratique puisque c'était plus ou moins sur son chemin, entre la maison des Cornell et celle de Lisl Pring. Le dalmatien, qui s'appelait Spots (« avec un *s* à la fin, s'il vous plaît », précisa Mrs Sellers), était obéissant et docile et s'entendit visiblement avec Bean dès que celui-ci eut pénétré dans l'appartement. L'entretien se déroula bien et Bean songea qu'il pourrait, selon toute vraisemblance, ajouter un nouvel animal à sa liste. Le certificat rédigé sur le papier à en-tête de la Chambre des communes avait fait une grosse impression sur sa cliente, mais cela ne l'avait pas empêchée d'en exiger un second.

Mary Jago, à Charlotte Cottage, était du genre à tenir ses promesses. Sauf qu'elle ne lui avait toujours pas donné son certificat, bien qu'il lui en ait reparlé à deux reprises. Il remarquait beaucoup de choses concernant ses clients et il ne lui avait pas échappé que miss Jago arborait maintenant une bague de fiançailles à la main gauche. Un anneau sans grande valeur, du reste — une pacotille victorienne en tourmaline et en or à neuf carats, comme on en trouve pour moins de quarante livres à Camden Lock. L'un des nombreux hommes qu'elle fréquentait s'apprêtait visiblement à faire d'elle une honnête femme mariée. Étant toujours à la recherche de nouveaux moyens pour accroître ses revenus, il se demanda si Sir Stewart et Lady Blackburn-Norris étaient informés de la situation, si cela pouvait les intéresser, si elle leur en avait déjà parlé. Allait-elle se marier prochainement ? Introduire l'heureux élu dans la maison ? Pouvait-il en tirer quelque chose ?

Mais le plus urgent, c'était ce certificat. Après avoir hésité en se demandant s'il voulait vraiment se charger d'un nouveau chien — de grande taille, qui plus est —, il tenait absolument à s'occuper de Spots, à présent. D'abord, il avait besoin d'un surcroît de revenus. Mais en plus, il était convaincu que Mrs Sellers allait finir par croire que personne d'autre ne voulait se porter garant de lui.

Il y avait eu un intervalle de trente-trois jours entre le premier et le second meurtre, et cela faisait exactement trente-trois jours à présent que ce dernier avait eu lieu. Bean s'attendait donc à apprendre d'un instant à l'autre la nouvelle d'un troisième assassinat. Il était persuadé que les psychopathes obéissent aux cycles lunaires, que leur folie meurtrière suit un rythme correspondant plus ou moins aux multiples de sept. Un nouveau crime n'allait donc plus tarder à se produire.

Il était convaincu que la police pensait de même. C'était pour cela que les policiers se montraient si affairés, si nerveux. Il avait cessé de lire la presse, mais il y avait à la télévision une émission sur les tueurs psychopathes, ceux qui obéissent à une « mission » ou à une obsession quelconque, et un psychiatre — le même sans doute qui avait analysé la folie de Pharaon — y avait évoqué un jour les assassins qui ne tuent que des prostituées, ou des religieuses, ou n'importe quel autre groupe d'individus, de manière à pouvoir être rangés dans une catégorie précise.

Le trente-troisième jour s'écoula, puis le trente-quatrième, mais aucun des sans-abri, des clochards ou des vagabonds ne fut assassiné. Bean se dit que le meurtrier, quel qu'il soit, avait dû changer de région, remonter vers le nord — Dieu sait pourquoi, c'était toujours là-bas qu'ils se dirigeaient. Il lui arrivait fréquemment de penser au Cogneur et il se demandait s'il ne devrait pas parler de lui à la police la prochaine fois que les inspecteurs lui rendraient visite. Ils étaient revenus le voir à deux reprises pour l'interroger sur l'individu qui l'avait agressé dans le tunnel et Bean commençait sérieusement à se considérer comme l'un de leurs informateurs, participant de près à leur enquête. Mais que pouvait-il leur dire ? Que le Cogneur était capable de tenir n'importe quel rôle ? De se faire passer pour qui il voulait ? Pour un sadique — aussi facilement, sans doute, que pour un respectable citoyen ?

Au lieu d'apporter un peu d'humidité et de fraîcheur, l'orage n'avait fait qu'accroître la chaleur. L'été était enfin arrivé. La pluie avait redonné leur verdeur aux pelouses du Parc et leur vigueur aux roses dont le feuillage sombre et luisant émergeait avec exubérance. Le soleil brillait sur l'herbe veloutée et perlée de rosée. À midi, la température était déjà de vingt-cinq degrés et le soir, les spectateurs du théâtre de plein air se contentaient de robes sans manches et de tee-shirts.

En allant chercher Gushi par cette première matinée vraiment chaude, sous un ciel limpide et sans nuages, il rappela pour la troisième fois à miss Jago qu'elle lui avait promis un certificat. À sa décharge, Bean dut reconnaître qu'elle eut l'air sincèrement consternée.

— Je suis absolument désolée, dit-elle. Je vous promets qu'il sera prêt cet après-midi.

— Nous ne nous voyons jamais l'après-midi, miss, lui répondit Bean de son ton le plus respectueux.

— J'essaierai de rentrer avant que vous ne rameniez Gushi. Sinon, soyez assuré que vous l'aurez demain matin.

La femme qui promenait une dizaine de chiens était de sortie avec sa troupe. Elle pouvait se le permettre, elle n'avait sûrement pas plus de trente-cinq ans. Elle avait cessé d'adresser un petit signe à Bean depuis qu'il avait répondu à son salut par sa grimace favorite. Mais rien ne pouvait empêcher leurs chiens de fraterniser. Ruby avait jeté son dévolu sur l'épagneul King Charles, qui était nettement plus petit que lui, mais les chiens ont rarement une très bonne vue. Bean dut se porter au secours de l'épagneul pour lui épargner un viol collectif ; McBride et Boris ayant suivi l'exemple de Ruby.

La femme contempla ses efforts sans lever le petit doigt. Puis McBride tomba sur un tas de crottin de cheval — quels chevaux pouvaient bien se promener par ici ? ceux de la police montée ? — et se vautra dedans avec délectation alors qu'il était encore trempé, constellant d'un liquide brunâtre et malodorant le pantalon de Bean. Ce n'est pas un métier, songea Bean, qui allait avoir soixante et onze ans en septembre. Mais il fallait bien qu'il gagne sa vie. Il ne pouvait pas se contenter de sa pension, surtout en habitant dans une luxueuse résidence destinée à des gens dont les revenus atteignaient les cinquante mille livres par an.

Valerie Conway l'attendait à la porte d'en bas, à l'abri des rafales de pluie, cela allait sans dire. Boris refusait toujours de descendre seul l'escalier. Bean dut l'accompagner, sinon le lévrier se serait couché au sommet des marches, refusant de bouger.

— Alors ? Vous avez récupéré la garde du dalmatien ? lança Valerie tandis qu'il descendait.

— Pourquoi me posez-vous la question ?

— Par sympathie, tout simplement. À dire la vérité, je préférerais savoir que vos affaires marchent bien, car Mr Cornell m'a chargé de vous transmettre un message.

— Quel message ?

— Il vous donne deux semaines de préavis. Il n'aura plus besoin de vos services à compter du 28.

Bean la dévisagea. Il retira lentement sa main du collier de Boris et le chien se faufila par l'entrebâillement de la porte, en s'arrangeant pour ne pas frôler Valerie lorsqu'il passa devant elle.

— Pourquoi a-t-il pris cette décision ?

Valerie parvenait à grand-peine à dissimuler son triomphe et sa jubilation, Bean s'en rendait bien compte.

— Ils ont l'intention de s'établir définitivement dans leur maison de campagne. Et je vais les suivre là-bas avec mon fiancé.

— Eh bien, je vous remercie, ce préavis de *deux* semaines témoigne d'une insigne politesse.

— Il me semble que j'ai fait preuve d'une grande indulgence à votre égard, Leslie Bean, quel que soit votre véritable nom. Pourquoi croyez-vous que je me sois donné la peine de vous dénicher un nouveau client ? Vous devriez plutôt me remercier à genoux.

Il la regarda froidement. Il aurait aimé lui dire qu'elle pouvait se garder son préavis de deux semaines, et qu'elle ne s'imagine surtout pas qu'il avait encore envie de s'occuper de ce lévrier russe obsédé, malfaisant et sans cœur, qui n'avait même pas tenté de le défendre lorsqu'il avait été agressé. Mais il ne pouvait pas se le permettre. Il avait besoin de cet argent.

— Merci, Valerie, dit-il.

Il était sur le point d'ajouter : « À tout à l'heure », mais elle lui avait déjà claqué la porte au nez.

À 15 h 30, le soleil était franchement accablant. Bean n'aurait jamais cru qu'il en viendrait à se plaindre de la chaleur, mais il aurait volontiers renoncé à la promenade de l'après-midi. Marietta, qui était comme toujours la plus alerte et la moins contrôlable de la troupe, s'approcha un peu trop d'une famille de cygnes et l'un d'eux lui donna un coup de bec dans le poitrail. Elle hurla comme si on l'avait poignardée, mais Bean l'examina et ne distingua pas la moindre marque. Le petit Gushi avait trop chaud sous son épais pelage, il haletait et geignait tant que Bean dut le prendre et le porter dans ses bras. L'animal était lourd malgré sa petite taille et respirait avec peine, la langue pendante.

Tout cela fit que Bean arriva en retard à Charlotte Cottage. Il sonna à l'entrée, en espérant que Mary Jago serait de retour, comme elle le lui avait annoncé. Mais personne ne répondit et il entra avec Gushi en se servant de sa clef. La maison était impeccablement rangée, comme il l'avait toujours remarqué. Il aurait volontiers fait entrer Marietta en la laissant courir partout, se secouer et éclabousser d'eau boueuse les papiers peints et les fauteuils capitonnés de soie. Mais, songeant à son certificat, il laissa les autres chiens au portail, emmena Gushi à la cuisine et remplit son écuelle d'eau fraîche.

L'un dans l'autre, la journée n'avait pas été une réussite. Bean n'avait toujours pas remis les pieds au *Globe*. Il n'appréhendait plus d'y retourner désormais, ni de courir le risque que la police vienne l'épier : il voulait au contraire « punir » le pub en évitant de s'y rendre. Tous les ennuis qu'il avait eus venaient du *Globe* et des histoires qu'avaient colportées certains de ses clients. Bean se disait confusément qu'un établissement correctement tenu n'aurait pas été fréquenté par ce genre d'habitués.

Aussi, les trois vendredis précédents, il s'était rendu au *Queen's Head and Artichoke*. Il n'y connaissait personne, mais c'était le cadet de ses soucis. Il allait là-bas pour boire, et ce soir il en avait particulièrement besoin.

La semaine passée, un type était resté pendu à ses basques et s'était mis à lui raconter l'histoire des lieux — que la maison initialement située là avait été construite par l'un des jardiniers d'Elizabeth I, ce qui expliquait le nom de l'établissement. Cela n'intéressait nullement Bean et il jeta un coup d'œil furtif autour de lui pour voir si l'historien était dans les parages, afin de l'éviter. Mais il n'était pas là ce soir. Il commanda un double whisky — du Bell's — ainsi que du ginger ale, et alla s'asseoir à une table, dans un coin.

Sans le whisky, il n'aurait probablement jamais songé à remonter jusqu'à Park Village. Une seconde ration lui avait donné du courage. Après tout, il se trouvait déjà dans Albany Street et la soirée était splendide. À 21 h 30 précises, le ciel était limpide et sans nuages, d'une couleur violette encore teintée de rouge à l'occident. Si près du Parc, l'atmosphère était chargée des senteurs que distillaient l'herbe, les feuilles et les roses gorgées de soleil.

Il arriverait là-bas à 21 h 40 : ce n'était pas trop tard pour une petite visite. Il se souvint des principes d'Anthony Maddox à ce sujet (enfin, ils concernaient le téléphone, mais cela revenait au même) : on ne dérange pas les gens avant 9 heures du matin ni après 10 heures du soir. De plus, elle n'avait qu'à s'en prendre à elle : cela faisait des jours qu'elle lui promettait ce certificat. Une fois sur place, il n'aurait qu'à attendre qu'elle l'ait rédigé. Et peut-être lui offrirait-elle un petit verre pour le faire patienter.

Lorsqu'elle lui annonça qu'elle allait se marier, Dorothea crut tout d'abord que c'était avec Alistair.

— Non, c'est Leo que je vais épouser.

Dorothea ne comprit pas immédiatement de qui il s'agissait.

— Comme c'est romantique, dit-elle enfin.

— N'est-ce pas ? Mais je suis heureuse que tu réagisses ainsi. Je craignais que tu ne me désapprouves. Nous nous connaissons depuis si peu de temps.

— Il n'est pas toujours nécessaire de connaître son futur conjoint depuis très longtemps. On peut se rendre compte instinctivement si quelqu'un vous convient ou non.

— C'est exactement ce qui s'est passé. J'ai eu une réaction instinctive. Mais j'aurais voulu que ma grand-mère soit encore en vie, qu'elle puisse nous voir, le connaître.

— Tu pensais que je ne t'approuverais pas, mais qu'elle t'aurait donné sa bénédiction ?

— Oh, c'est peut-être parce que les gens de sa génération attendaient le mariage, qu'ils voyaient les choses en fonction de cet événement, contrairement à nous. Je me marie sans doute pour manifester publiquement mon engagement, comme on dit. (Et aussi parce que Leo risque de ne pas vivre très longtemps, songea-t-elle sans le dire.) Je suis plus âgée que lui. Pourquoi devrais-je attendre ?

— Tu sais quoi, Mary ? J'aimerais beaucoup que tu portes l'une des robes d'Irene. Pourquoi pas celle de son mariage ?

Elles allèrent la regarder derrière sa vitrine. Irene Adler n'avait jamais existé, pas plus que Godfrey Norton : elle n'avait jamais épousé ce dernier et n'avait donc jamais eu de robe de mariée. Celle-ci avait été portée par une jeune femme de l'ère edwardienne, morte depuis bien longtemps. Elle était en dentelle blanche, avec un col empesé et une longue traîne brodée. Mary se mit à rire.

— Je vais me marier à la mairie de Camden. Tu me vois débarquer là-bas, accoutrée de la sorte ? Je ne compte pas me mettre spécialement en frais. Nous ne nous soucions pas de ce genre de choses, Leo et moi. Et nous ne partirons pas en voyage de noces. C'est impossible. Je dois encore passer cinq semaines à Charlotte Cottage. Il retournera habiter chez lui, et moi de mon côté — et après, ma foi, nous verrons bien. Mais je crois que nous serons heureux, Dorrie.

— Et Alistair ? demanda Dorothea. Que devient-il ?

Depuis qu'elle avait pris la fuite et s'était cachée dans les taillis de Primrose Hill, Mary ne l'avait pas revu et n'avait plus entendu parler de lui, en dehors de sa lettre. Elle n'avait pas encore trouvé le courage de lui répondre.

— Il voudrait que je le laisse gérer toute la fortune de ma grand-mère. Il prétend que je ne trouverai jamais quelqu'un de plus prudent et de plus compétent que lui. Mais je n'ai pas encore touché cet argent et il va sans doute s'écouler une éternité avant qu'il me revienne.

— On dirait que tu n'as pas très envie d'en disposer...

— Ce qui serait stupide, n'est-ce pas ? Nous avons tous besoin d'argent. Maintenant que je vais épouser Leo, je voudrais vivre dans un cadre agréable.

Elle dit au revoir à Dorothea et prit l'allée qui traversait le Parc en ligne droite. Mais leur conversation l'avait retardée, et ce fut seulement en atteignant le portail de Charlotte Cottage qu'elle se souvint avoir dit à Bean qu'elle rentrerait plus tôt, qu'elle serait à la maison avant lui et lui donnerait alors son certificat. Il n'y avait sans doute pas très longtemps qu'il était passé. Gushi était étendu, épuisé, sur le carrelage de la cuisine, à côté de son écuelle remplie d'eau fraîche.

Mary alla s'asseoir pour rédiger le certificat de Bean, le petit chien sur ses genoux. Cela lui prit un bon moment, car c'était la première fois qu'elle en faisait un et elle n'avait aucune idée des termes qui convenaient. Et à qui fallait-il l'adresser ? Elle avait écrit en haut de la feuille *À toute personne concernée*, puis débuté par « Mr Bean... » (devait-elle essayer de retrouver son nom de famille ?) lorsque Leo arriva. Il avait l'air pâle et fatigué. Il lui dit que la journée avait été rude et qu'il allait s'allonger un moment.

Une fois le certificat terminé, elle décida d'écrire à Alistair. Elle allait lui annoncer qu'elle comptait se marier dans trois semaines avec Leo. Elle avait déjà commencé, renonçant à

« Mon cher Alistair » au profit d'un « Cher Alistair » plus distant, lorsque Leo l'appela. Elle le rejoignit à l'étage et il commença par lui dire, d'une voix un peu geignarde, qu'elle lui avait promis de s'occuper de lui, de veiller à sa santé, mais qu'elle l'avait quasiment ignoré depuis son retour, tout en sachant qu'il était épuisé... Et brusquement, il éclata de rire, se moquant de lui-même et s'excusant pour son absurde attitude. Il fallait qu'elle lui pardonne, il avait simplement envie de sa présence.

Elle se retrouva ainsi dans ses bras et au bout d'un moment, il se mit à lui faire l'amour, à sa manière délicate et douce : ses doigts l'effleuraient aussi légèrement qu'une aile de papillon et ses lèvres avaient une fraîcheur de pétales, de sorte qu'elle avait l'impression d'être étendue avec un pur esprit. Elle ferma les yeux et se dit : lorsque je les rouvrirai, il n'y aura personne à mes côtés, à peine une ombre... Puis les gestes de Leo se précisèrent, son corps devint plus tangible et comme envahi par une brusque et intense chaleur. Le son qu'il laissa échapper ressemblait à un gémissement de douleur.

Ils s'assoupirent et lorsqu'ils s'éveillèrent, le soleil couchant embrasait le ciel derrière les arbres du village et les deux flèches de Saint Katharine. Le rouge s'estompa et le ciel se teinta d'un bleu parsemé d'infimes touches roses. Mary se leva, prit une douche, enfila un tee-shirt, un pantalon de toile et commença à préparer le dîner. Mais Leo descendit à son tour, pendant qu'elle triait une laitue, et la mit gentiment à la porte de la cuisine. Il allait se charger du repas. Il se sentait en forme maintenant, il n'était pas malade.

Il mit la table et déboucha la bouteille de vin qu'il avait apportée, tandis que Mary terminait sa lettre à Alistair. Tout ce qu'elle avait l'intention de lui dire se présentait clairement à son esprit, elle ne rencontra aucune difficulté dans sa rédaction et ce qui lui était apparu au début comme un obstacle insurmontable se résolut de lui-même, débouchant sur un exposé précis, méticuleux et détaillé de la vérité, dénué d'émotion.

Il était déjà 21 heures lorsqu'ils passèrent à table, les pâtes aux olives noires de Leo ayant nécessité une préparation élaborée. Mary fut heureuse de le voir manger d'aussi bon cœur et se resservir une seconde assiette, ainsi qu'une autre tranche de *ciabatta*. Se souvenant de la proposition d'Alistair, elle lui demanda s'ils ne pourraient pas se mettre en chasse dès ce week-end, afin de trouver leur future maison. Comme ils avaient toujours les mêmes goûts, ce serait un merveilleux passe-temps. S'il en était d'accord, elle était décidée à vendre la maison de Bellsize Park.

Cette proposition parut séduire Leo, qui se mit à faire des plans concernant leur futur domicile. Il ne lui était encore jamais arrivé, lui avoua-t-il, d'envisager l'achat d'une maison ou d'un appartement. Cela lui avait toujours paru être le privilège des adultes. Mary se mit à rire, parce qu'elle éprouvait le même sentiment. Ils n'étaient pas préparés à ça, ils étaient encore des enfants qui n'avaient jamais été confrontés aux responsabilités et aux soucis financiers des grandes personnes. Mais il fallait qu'ils s'y mettent à présent, et sérieusement. Et qu'ils comprennent qu'ils pouvaient plus ou moins s'offrir ce qu'ils voulaient. Leo s'était levé, avait fait le tour de la table et enlacé Mary. Il la serrait contre lui, en une étreinte fougueuse, lorsque la sonnette retentit à l'entrée.

— Ce doit être Alistair, dit Mary.

— Oui, probablement. (Leo n'hésita qu'une fraction de seconde.) Je vais ouvrir. Il est temps que nous fassions connaissance.

Mary bondit sur ses pieds.

— Je ne veux pas qu'il te frappe ! s'exclama-t-elle.

— Il ne me frappera pas, dit Leo en riant.

Elle se demanda quelle allure ils auraient côte à côte — Leo si blond, si maigre, d'une pâleur surnaturelle, et Alistair si brun, si costaud, si colérique. Mais lorsque Leo réapparut, il était accompagné de Bean.

— Je ne voudrais pas donner l'impression de vous harceler, miss, mais je dois prendre mes vacances dans deux semaines...

— Votre certificat, bégaya Mary. Oui, je... il est ici... Je vais chercher une enveloppe.

Lorsqu'elle revint, Bean était installé dans un fauteuil, à l'extrémité de la pièce, et Leo lui faisait face, assis devant la table. Elle lui tendit l'attestation.

— C'est pour un dalmatien, dit Bean.

Cela provoqua l'hilarité de Leo. Il éclata d'un rire presque dément, rejetant la tête en arrière, et après le départ de Bean il répéta sa phrase, encore secoué par le rire :

— C'est pour un dalmatien ! Un certificat pour un dalmatien ! Que va-t-il en faire, à ton avis ? Le manger ? L'enterrer ?

Elle ne l'avait jamais vu aussi agité, aussi bruyant. Elle posa la main sur son épaule, mais il continua de plus belle à crier, les traits convulsés :

— Un dalmatien ! Tu imagines ce chien en train de lire ton bout de papier ? Chaussera-t-il ses lunettes, à ton avis ? Un dalmatien !

Et puis, brusquement, il éclata en sanglots, les larmes ruisselèrent sur son visage. Il saisit Mary, l'attira à lui et tomba à genoux sur le sol avec elle. Il l'étreignait si fort qu'elle faillit pousser un cri.

— Mary, Mary... Je ne veux pas mourir. Je veux vivre, vivre avec toi. Pourquoi ne puis-je pas mener une vie normale, comme tout le monde ? Je ne veux pas mourir !

À une époque, au cours de son odyssée, Roman avait pris la décision de ne jamais s'installer au même endroit plus de quelques nuits d'affilée, d'être toujours en instance de départ, de manière à éviter tout ce qui pouvait évoquer de près ou de loin la vie domestique. Et cela faisait trois semaines à présent qu'il venait dormir dans la Grotte. Il avait même aménagé les lieux, leur donnant l'apparence d'une sorte de foyer, entreposant sa poussette sous une arche, à l'abri du vent, dormant sur son lit de fortune et stockant de la nourriture dans les profondeurs d'un buisson. Les ordures qui traînaient l'avaient incommodé et il avait peu à peu nettoyé l'endroit, ramassant les pailles fichées dans les branches ainsi que les vieilles boîtes de conserve et les débris de bouteilles, avant de les fourrer dans les sacs qu'il rapportait de l'épicerie. La pluie avait achevé de déblayer le sol, lavant les bords cimentés du petit bassin et l'emplissant d'eau fraîche.

Lorsque le soleil apparut, déjà chaud à 7 heures du matin, il alla s'asseoir, adossé à l'armature métallique du pont, et contempla les sureaux et les rhododendrons de son petit domaine. Dans le bassin voisin, l'eau était à présent si claire qu'il pouvait y distinguer son reflet émacié et barbu et s'en servir comme d'un lavabo, pour se débarbouiller le visage et les mains. Il lava même la tasse dont il se servait pour boire son lait ou son vin, ainsi que le couteau qui était son unique couvert. Mais cette menue besogne domestique éveilla en lui des pensées moins agréables. On ne se retrouve pas à la rue de manière artificielle, mais parce qu'on n'a pas eu le choix, qu'on y a été contraint par la nécessité. Une fois encore, il se traita d'hypocrite et d'imposteur : il était venu partager la misère des autres parce qu'elle se trouvait là, à portée de sa main.

Il fallait qu'il parte à présent, qu'il quitte cet endroit. La réticence qu'il éprouvait à abandonner le foyer qu'il avait édifié — à ce rythme, il en serait bientôt à suspendre des rideaux et à fabriquer des cloisons avec de vieux cartons... — le fit sourire malgré lui, et il se rendit compte qu'il pouvait encore être amusé, qu'il était même capable d'ironie. N'avait-il pas éclaté de rire après avoir fourvoyé ce type, le petit ami de la jeune femme, en l'envoyant dans la mauvaise direction ?

S'il quittait cet endroit, il pourrait moins facilement la surveiller. Mais elle avait son frère, à présent : il les avait aperçus ensemble à plusieurs reprises. Il saurait bien la protéger contre ce grand type brun au visage rougeaud qui lui courait après. Peut-être valait-il mieux, tout de même, qu'il reste encore ici une semaine de plus. Il savait où elle habitait, où elle travaillait, qu'elle avait un petit chien (promené par ce vieux bonhomme coiffé d'une casquette de base-ball), que son frère passait la voir tous les jours et qu'elle était harcelée par ce grand gaillard brun au comportement pour le moins agressif. Roman songeait parfois que sa fille aurait pu ressembler à cette femme, en prenant de l'âge. Elizabeth avait les mêmes cheveux blonds, le même visage angélique, et souvent la même expression de surprise devant ce qui lui arrivait.

Il se souvint de vacances qu'ils avaient passées ensemble, Sally, Elizabeth et lui. Daniel n'était pas encore né. Ils avaient campé dans les Highlands. Le cadre n'avait rien de commun avec cette Grotte, ce jardin londonien à l'abandon, mais il y avait là-bas aussi une caverne et une petite mare. Les montagnes s'élevaient un peu plus loin et une plage de sable argenté s'étendait au bord du loch. Avec l'enthousiasme que manifestent les enfants pour certains lieux, Elizabeth ne voulait plus quitter l'endroit; elle voulait y vivre éternellement. Il était impossible de lui faire comprendre qu'ils devaient rentrer chez eux, gagner leur vie, s'occuper de la maison, retourner à l'école. Un soir, il lui avait permis de réaliser son rêve et l'avait autorisée à dormir dans la grotte, plutôt que sous la tente ou dans le camping-car. Mais en père anxieux qu'il était, il s'était fait du souci : incapable de trouver le sommeil, il était allé s'installer à l'entrée de la caverne, à flanc de montagne, et y avait monté la garde toute la nuit.

Il se comportait aujourd'hui de la même façon, dans un autre contexte et envers quelqu'un d'autre. Il ferma les yeux et revit sa fille, sa femme, son fils : même si leurs visages étaient moins nets que jadis, ils resteraient ses proches pour l'éternité. Paraphrasant une phrase célèbre, il songea : *À jamais perdureront ton amour et leur beauté*. Le temps ne pouvait ni les changer ni les lui arracher une seconde fois ; et même s'il se réconciliait avec la vie, s'il parvenait à se résigner — car il sentait cette résignation venir, se rapprocher de lui comme une fatalité —, ils ne seraient jamais perdus ni davantage séparés de lui qu'à présent, jamais il n'oublierait leur existence.

Il pleura un moment en silence, sur lui-même et sur eux, assis au bord du bassin, la tête entre les jambes — des larmes apaisantes, consenties. Puis il se releva et alla se poster au pied du mur afin d'apercevoir la jeune femme lorsqu'elle remonterait la rue et pénétrerait dans le Parc.

21

— TON PÈRE ÉTAIT MÉDECIN, dit Leo.

— Et le tien était fonctionnaire.

Ils étaient en train de se montrer leurs actes de naissance respectifs, dans le terne bureau de l'état civil.

— Ce qui est une manière polie de dire qu'il travaillait derrière le comptoir de ce qu'on appelait à l'époque la bourse du travail.

— Le mien était un simple généraliste.

Mary songea qu'elle devait souvent le rassurer de la sorte, poussée par le besoin de rétablir une certaine égalité entre eux. Elle remarqua que Leo était né en 1971 et lui montra courageusement sa propre année de naissance : 1965.

— Tu étais encore un bébé lorsque mes parents sont morts, ajouta-t-elle.

La date de leur mariage avait été fixée au 17 août, qui tombait un jeudi. Une fois les formalités administratives accomplies, Mary demanda à Leo si son frère assisterait à leur mariage.

— Je ne pense pas, dit-il. Ce genre de cérémonie ne l'enthousiasme guère.

— Nous avons besoin de deux témoins et il me semble tout désigné pour être l'un d'entre eux. Je pensais inviter ma cousine Judith et mon amie Anne, ainsi que Dorothea et Gordon. Comptes-tu demander à ton frère de venir ?

— Si tu le souhaites.

— Et j'aimerais le rencontrer avant, Leo. Cela est-il possible ?

Ils s'assirent à la terrasse d'un café, dans Marylebone High Street, et passèrent leur commande. Leo semblait se ressentir de cette longue promenade et Mary décida de rentrer en taxi. Il avait posé sa tête sur le dossier de la chaise et ferma un instant les yeux.

— Puis-je rencontrer ton frère, Leo ?

— Pourquoi ?

— Parce que c'est ton frère. Je n'ai pratiquement plus de famille de mon côté.

Leo ne répondit pas. Elle contempla son visage fatigué, son air las, ses traits tirés.

— Je t'ennuie ? demanda-t-elle.

Il lui prit la main.

— Comment pourrais-tu ennuyer qui que ce soit ? dit-il.

— Tu es si attaché à ton frère, tu parles sans arrêt de lui... Puisqu'il tient une telle place dans ta vie, n'est-il pas normal que je m'intéresse à lui ?

Leurs consommations arrivèrent : un café noir pour elle, un capuccino pour lui.

— Lorsque nous serons mariés, j'ai l'intention de rompre avec mon frère, dit-il en détournant les yeux. Je ne veux pas que tu fasses sa connaissance. Voilà, j'ai fini par le dire. Je ne le souhaite pas.

— Mais tu l'aimes tant, Leo. Il s'est tellement occupé de toi. Je ne comprends pas.

— Je l'ai aimé jadis, dit Leo avec froideur. Mais cela appartient au passé. Il n'assistera pas à notre mariage.

La sœur de Bean possédait une petite maison avec deux chambres et une terrasse sur l'une des collines de Kemptown, à Brighton. Assis sur un fauteuil, dans le jardin de derrière, on apercevait une infime portion de mer, entre deux grands immeubles. Chaque année, au mois d'août, elle allait passer quelques jours chez la belle-sœur de son ex-mari, à Peak District, et Bean profitait de la maison en son absence. Ils ne s'étaient pas revus, ni seulement croisés depuis des années. Et il ne lui avait pas adressé la parole depuis la mort de leur mère, hormis lors de brefs échanges téléphoniques.

Il avait organisé ses vacances avec soin. Ses clients avaient été prévenus, non pas une fois, mais à plusieurs reprises, qu'il serait de retour une semaine après son départ.

— Je reprendrai mon travail le vendredi 11, les avait-il informés les uns après les autres.

Erna Morosini lui dit qu'elle avait aperçu une jeune femme qui promenait une ribambelle de chiens. Elle portait toujours des jodhpurs et avait de longs cheveux noirs. Elle paraissait jeune et robuste. Et elle s'appelait Walker. N'était-il pas amusant qu'elle ait un nom pareil, alors qu'elle promenait des chiens[1] ? Avait-il quelques informations à son sujet ? Croyait-il qu'elle pourrait s'occuper de Ruby durant son absence ?

— Pensez-vous qu'il soit bien raisonnable de lui confier votre cher briquet, madame ? répondit Bean. De toute évidence, elle s'occupe de trop de chiens à la fois. On voit bien qu'elle ne les maîtrise pas.

— Eh bien, dans ce cas...

Mrs Goldsworthy le contraria plus encore en lui annonçant que le lycéen qui s'occupait à présent de Charlie, le chien de Barker-Pryce, promènerait McBride « à titre provisoire ».

— Je ne peux pas m'en charger, ajouta-t-elle. Mon genou me fait trop souffrir.

C'était la première fois que Bean entendait Mrs Goldsworthy se plaindre de son genou.

Avec force gloussements qui mettaient en valeur la maigreur de sa cage thoracique, Lisl Pring lui déclara qu'elle avait trouvé la solution idéale. Rien ne l'obligeait pour sa part à faire de l'exercice mais son petit ami en avait bien besoin : il ferait sa promenade à bicyclette sur le Cercle extérieur en traînant Marietta derrière lui.

Bean fut profondément choqué par cette idée.

— C'est interdit par la loi, miss.

— Les flics ont d'autres chats à fouetter, pas vrai ? Avec ce meurtrier qui court toujours...

Mrs Sellers lui dit qu'elle agirait tout simplement comme elle le faisait avant d'engager Bean, c'est-à-dire qu'elle promènerait elle-même son dalmatien. Mais elle avait l'air contrarié. Peut-être se disait-elle que les certificats auraient dû préciser qu'il lui arrivait de prendre des vacances.

C'était en fin de matinée ou à l'heure du déjeuner qu'il avait le plus de chances de trouver Barker-Pryce, avant que celui-ci

1. *Walker* signifie en anglais « marcheur », « promeneur ». *(N. d. T.)*

ne se rende à la Chambre. Sur le seuil, Bean croisa le lycéen qui s'apprêtait à emmener Charlie. Il avait une piètre opinion des gens qui ne sortaient pas leurs chiens avant midi et il adressa au grand gamin de seize ans sa grimace favorite, en lui montrant ses dents.

Cette fois, Barker-Pryce ne prononça pas un mot. Il lui ouvrit, s'écarta pour le laisser passer, referma la porte d'entrée, alla ouvrir celle de son bureau, s'écarta pour le laisser passer, referma la porte. Où était passée son épouse ? Son domestique ? Sa femme de ménage ?

Bean avait apporté de nouvelles photos mais lorsqu'il les lui tendit, Barker-Pryce se contenta de hocher la tête en silence. Il avait déjà préparé l'argent, cinq billets de vingt livres, à côté du papier à en-tête. Bean tendit la main et Barker-Pryce y déposa l'argent, sans prononcer un mot. Il alla ensuite ouvrir la porte du bureau, s'écarta pour laisser passer Bean et le laissa quitter seul la maison. En refermant la porte d'entrée, Bean entendit le déclic d'un briquet et le crépitement d'une flamme, tandis que le cigare s'allumait.

Il serait sans doute plus malaisé de traiter avec le Cogneur. Du moins le pensait-il. Il ignorait où celui-ci habitait, ainsi que son véritable nom, et il était exclu qu'il aille le trouver là où ils s'étaient déjà rencontrés, car cela ruinerait la nature même de son projet. Bien sûr, il pouvait toujours l'attendre dans les parages pour lui exposer sa requête, mais en regagnant York Terrace il se demanda s'il était nécessaire, à ce stade, de faire quoi que ce soit.

Ils s'étaient dévisagés sans prononcer un mot. Ce silence était toutefois on ne peut plus éloquent et Bean était convaincu que chacun avait parfaitement déchiffré les pensées de l'autre. Le Cogneur avait compris que Bean saisissait toute la portée de la situation et le rôle exact qu'il y jouait. Il n'avait nullement besoin de parler. Il serait encore plus silencieux que Barker-Pryce. En cet instant précis, sans doute était-il même en train de réfléchir à ce que Bean avait découvert — et à quel point son intervention pouvait se révéler désastreuse s'il décidait de se mettre en travers de ses projets.

Bean rentra chez lui et ouvrit toutes les fenêtres. Par un temps pareil, il regrettait que Maurice Clitheroe n'ait pas fait installer l'air conditionné avant sa mort. Il mit une barquette de pommes de terre surgelées et une autre de riz pilaf dans le micro-ondes. En glissant les cent livres de Barker-Pryce dans la valise qu'il comptait emporter avec lui, il songea qu'à ce rythme il pourrait bientôt se permettre de se faire livrer ses repas par l'Express Tikka & Pizza.

En regardant le journal de 13 heures de BBC 1, tout en sirotant une canette de Sprite allégé, il songea de nouveau au Cogneur. Il était convaincu à présent qu'il n'avait pas besoin d'agir. Le Cogneur allait forcément le retrouver. Il savait où Bean habitait, car il avait probablement espéré hériter lui-même de l'appartement de Clitheroe et avait dû surveiller les lieux de près pour voir qui les occupait après sa mort.

Le Cogneur pouvait débarquer d'un instant à l'autre.

Cette pensée était vaguement inquiétante. Assis dans la pièce même où s'étaient déroulées tant de scènes déplaisantes, Bean crut entendre à nouveau les cris de son employeur, les cinglements du fouet, le martèlement de la badine. Le Cogneur n'était pas seulement un acteur accompli, il était également très costaud. La maigreur ne signifie jamais grand-chose, ce sont les muscles qui comptent. Et Bean songea qu'il devait être impitoyable. Il serait peut-être plus raisonnable de ne pas le laisser pénétrer dans l'appartement et de lui proposer, par exemple, qu'ils se retrouvent dans un pub ou tout simplement dans la rue.

Il allait procéder ainsi. Quand le Cogneur se présenterait — et Bean avait à présent la certitude que cela se produirait avant son départ pour Brighton, samedi prochain —, il serait prêt et n'aurait rien laissé au hasard. Et il ferait en sorte de ne pas se retrouver seul avec lui, d'être toujours dans un endroit où il y ait d'autres personnes, des lumières, de la vie alentour.

Il ressortit comme d'habitude à 15 h 45. Ruby n'avait pas envie de prendre l'air et traîna la patte jusqu'à Portland Place, ne manifestant un regain d'intérêt pour l'existence qu'une fois aux abords des parcmètres, où il tenta — d'ailleurs sans succès — d'exercer ses talents amoureux. En passant devant l'ancienne maison des Cornell, Bean remarqua que les stores vénitiens étaient baissés à toutes les fenêtres et que trois sacs-poubelle en plastique noir avaient été abandonnés devant l'entrée. Il en émanait une odeur de pourriture vaguement épicée qui parvenait jusqu'au trottoir.

L'après-midi était chaude et il portait sa casquette de base-ball rouge — celle qui était ajourée —, un jean et un tee-shirt à manches courtes dont le motif imprimé représentait une famille d'éléphants. Cela ne l'empêchait pas de transpirer. Une fois à Brighton, il pourrait peut-être investir dans un short. De plus en plus de gens en portaient, y compris des personnes de son âge. Il traversa les jardins de Park Crescent : les pelouses, encore vertes et grasses la semaine précédente, étaient à présent desséchées et viraient au jaune. L'idéal serait de dénicher un autre chien dans ce secteur, de manière à ne pas faire le trajet de Devonshire Street à Park Square avec un seul animal. Cela le poussa à demander à Mrs Sellers si elle ne connaissait pas quelqu'un que cela intéresserait, mais elle le dévisagea d'un air indécis, comme si elle ne voyait pas de quoi il parlait. À peine dans la rue, les deux zèbres entreprirent de forniquer.

Un vent chaud agitait les arbres et soulevait des nuages de poussière mêlée de détritus. McBride émergea, l'air endormi, de la maison d'Albany Street : il n'avait visiblement pas envie de se promener et s'arrêtait toutes les trente secondes pour se gratter. Mais Marietta paraissait plus en forme, son pelage chocolat semblait avoir été rasé, ce qui était peut-être le cas.

Bean n'eut même pas besoin de formuler sa question. Lisl Pring paraissait avoir oublié ses reproches, ou ne pas les avoir pris au sérieux. Elle lui dit qu'elle venait de recevoir un coup de fil d'une personne de sa connaissance qui était tombée malade. Cette personne possédait un jeune épagneul et cherchait désespérément quelqu'un pour le promener.

— Où habite votre amie, miss ? demanda Bean. Pas trop loin d'ici, j'espère ?

— Laissez-moi réfléchir... En fait, je n'y suis jamais allée. Sur Gloucester Avenue ? Ou Gloucester Place ? Mais cela revient au même, vous voyez ce que je veux dire.

Bean ne le voyait nullement. Huit cents mètres séparaient les deux endroits et ce n'était donc pas du tout la même chose.

— Je peux lui dire de vous téléphoner, cela ne me dérange pas.

— C'est trop aimable à vous, miss, répondit Bean.

Mais l'actrice ne remarqua pas son ton sarcastique. Elle en était incapable.

Miss Jago était partie travailler. Bean pénétra dans Charlotte Cottage et tandis que Gushi sautillait devant lui en se dressant sur ses pattes, il jeta un rapide coup d'œil autour de lui. Il aperçut une carte postale de Lady Blackburn-Norris parlant du temps qu'il faisait à l'autre bout du monde et ne contenant rien d'intéressant, une pile de prospectus, des publicités pour un pressing... Il prit Gushi sous son bras et quitta les lieux avant d'aller récupérer les autres chiens.

Dans le Parc, il fit une photo de Spots et de McBride qui étaient mignons côte à côte. Un mendiant surgit du néant, comme ils le font toujours, un vieillard aux dents jaunes et aux joues hérissées de barbe. Il tendit une main qui évoquait plus un de ces champignons vénéneux poussant le long des arbres que l'extrémité d'un membre humain.

— Une petite pièce, m'sieur ? Pour une tasse de thé...

— Dégage ! lui lança Bean.

Il aurait aimé qu'on élimine tous ces déchets humains. On pouvait dire ce qu'on voulait à propos de cet empaleur, Bean comprenait fort bien ses motivations.

C'était le jour le plus chaud de l'année. Personne ne se serait risqué à traverser le centre du Parc, dénué d'arbres et exposé aux rayons de ce soleil accablant. En rentrant chez elle, Mary ne quitta pas la zone ombragée du Cercle extérieur. Deux hommes couraient sur la piste ovale, près du pont de Primrose Hill, mais ils avaient la peau sombre, et pour eux cette canicule avait peut-être le charme d'une douce chaleur printanière. Elle traversa le Cercle à Gloucester Gate et jeta un coup d'œil de l'autre côté de la murette. L'homme barbu dormait, allongé sur une bâche entre les deux bassins circulaires. Un livre ouvert était posé à l'envers, à côté de lui. Il avait mis une bouteille dans l'eau pour la garder au frais.

Fallait-il qu'elle lui donne de l'argent la prochaine fois qu'ils se rencontreraient ? Elle avait toujours fait l'aumône aux mendiants mais depuis qu'elle était riche, elle avait en permanence sur elle des billets de cinq ou dix livres qu'elle leur distribuait. Était-il du genre à accepter de l'argent ? Il semblait dormir le plus paisiblement du monde, comme s'il n'avait pas le moindre souci ou avait découvert le secret de la vie. Elle devait être en avance lorsqu'elle arriva chez elle, car Gushi n'était pas encore rentré.

Il arriva cinq minutes plus tard en haletant, visiblement éprouvé par la chaleur. Le visage de Bean ruisselait de sueur. Il était trop âgé pour déambuler sous un soleil pareil : il faisait près de trente-cinq degrés. Mary lui régla son salaire hebdomadaire. Dans la cuisine, Gushi lapait son eau à grand bruit. Mary raccompagna Bean jusqu'au portail et il lui présenta le dalmatien : le chien paraissait docile et lui lécha la main.

— Le nouveau membre de notre compagnie, miss, lui dit Bean. C'est à vos bons offices que nous devons sa présence. Votre certificat a fait une grosse impression sur Mrs Sellers.

Ses manières obséquieuses embarrassaient toujours Mary. Mais elles s'accompagnaient aujourd'hui d'une œillade égrillarde, d'ordinaire réservée à des hommes beaucoup plus jeunes. Il la détaillait de la tête aux pieds, comme s'il se livrait à une sorte de calcul, ou d'estimation. Mary se hâta de regagner la maison.

Il faisait trop chaud pour manger, en tout cas pour les humains. Gushi avait suffisamment récupéré pour engloutir le contenu d'une boîte de Cesar. Mary se contenta de grignoter du pain, du fromage et un peu de salade. Lorsque arriverait l'heure de son départ, le petit chien allait lui manquer. Peut-être Leo et elle pourraient-ils avoir leur propre Shih Tzu... Elle écrivit une lettre à Judith, sa cousine de Guilford, pour l'inviter à son mariage, ainsi qu'à Anne Symonds, qui était en fac avec elle. Puis elle alla poster les lettres en compagnie de Gushi, à qui elle avait mis sa laisse.

La boîte aux lettres du coin de la rue était hors service, les deux fentes avaient été condamnées. Elle n'en avait repéré qu'une autre dans le quartier, sous l'arche principale de Cumberland Terrace. À 21 h 30, il faisait encore très chaud, c'était le genre de soirée qui n'advenait qu'après une journée de canicule exceptionnelle. Quelques jours plus tôt, à la suite d'une brusque bourrasque, des feuilles déjà jaunies étaient prématurément tombées des platanes, jonchant les trottoirs. Mais peut-être cet événement n'avait-il rien de prématuré et survenait-il normalement à cette époque de l'année, comme un signe avant-coureur de l'automne. Les feuilles desséchées craquaient sous ses pieds. Elle franchit le passage pour accéder à Cumberland Terrace.

Une brume légère, mystérieuse, s'étendait sur le Parc. Les arbres n'étaient plus que de vagues silhouettes, grises et pourpres, totalement immobiles. Une étrange odeur, un mélange de lavande et de diesel, planait dans l'atmosphère. Les gens s'étaient réfugiés aux terrasses des cafés ou dans les cours intérieures des pubs. Elle posta ses lettres et regarda la fermeture des grilles du Parc. Des policiers y pénétrèrent. On prétendait qu'ils patrouillaient pour expulser les vagabonds qui tentaient de passer la nuit à l'abri des restaurants et des pavillons, mais il y en avait toujours quelques-uns qui échappaient à leur vigilance et dormaient dans les buissons ou aux abords du zoo. Cela lui rappela l'homme endormi qu'elle avait aperçu cet après-midi. Portant Gushi dans ses bras — « Tu es mon petit bébé », murmura-t-elle en embrassant sa fourrure —, elle reprit la direction d'Albany Street, au niveau du pont de Gloucester.

Des nuées de moustiques dansaient à la surface des bassins. L'air vibrait du bourdonnement d'une foule d'insectes, papillons aux ailes duveteuses, moucherons et mouches bleues. Cela ne semblait pas indisposer l'homme. Il était assis au milieu des rochers et lisait son livre, adossé à son sac de couchage roulé en boule. Mary se souvint qu'un jour, elle l'avait intérieurement surnommé Nikolaï, parce qu'elle l'avait vu plongé dans la lecture de Gogol. Il se leva lorsqu'il l'aperçut, comme l'aurait fait un homme à l'entrée d'une femme dans une pièce.

— Bonsoir, dit-elle.

— Bonsoir, répondit-il en souriant.

Une occasion se présentait. Il s'était un peu avancé en remontant la pente et dévisageait Mary d'un air apparemment préoccupé, ce qui était évidemment impossible. Elle aurait pu descendre, s'asseoir à ses côtés et lui parler. Mais de quoi ? Et dans quel but ? C'était une idée absurde. De surcroît, Leo n'allait plus tarder à arriver, il serait à la maison d'ici une dizaine de minutes.

— Bonne nuit, dit-elle, ce qui était encore plus absurde, étant donné qu'elle l'avait salué quelques instants plus tôt.

L'homme acquiesça, comme si ses soupçons se trouvaient confirmés. Il avait des yeux très bleus, intelligents et doux.

— Bonne nuit, répondit-il.

En s'éloignant, elle se souvint qu'elle avait eu l'intention de lui donner un peu d'argent. Mais elle n'en avait pas sur elle et, de toute façon, l'idée lui paraissait à présent idiote, inopportune et déplacée.

La voix au téléphone était celle d'un homme, alors qu'il s'attendait à une femme. À dire vrai, il s'était surtout attendu à ne plus entendre parler de cette affaire, de Lisl Pring et de sa cervelle d'oiseau. Le plus drôle, c'est qu'il venait de la voir à la télévision. *EastEnders* était l'un de ses feuilletons préférés et il n'en ratait jamais un épisode. Lisl Pring y tenait son rôle habituel et différait sensiblement de ce qu'elle était en chair et en os — quoique dans son cas, il valût mieux parler d'os que de chair. Pour commencer, elle paraissait plus grosse, plutôt enveloppée, presque carrée d'épaules. Le générique était en train de défiler lorsque le téléphone avait sonné. Si l'émission n'avait pas été sur le point de se terminer, Bean n'aurait pas décroché.

L'individu se présenta et se mit à lui débiter une histoire de chien.

— Vous êtes un ami de Lisl Pring ? demanda Bean, qui n'avait pas saisi son nom.

— Je viens de vous le dire. C'est réellement urgent. Je voudrais vous rencontrer le plus tôt possible.

Bean ne se laissa pas impressionner.

— Je vous rencontrerais volontiers, répondit-il, ainsi que votre chien. Mais je ne suis pas sûr de pouvoir me charger d'un jeune épagneul agité. Il s'agit bien d'un épagneul, n'est-ce pas ? Encore très jeune ?

— Ce n'est plus un chiot. Il a deux ans et je l'ai dressé moi-même.

— Il faut que je réfléchisse, dit Bean à contrecœur. Miss Pring m'a dit que vous habitiez sur Gloucester Avenue. (N'était-ce pas plutôt Gloucester Terrace ?) C'est tout à fait en dehors de mon circuit, vous savez.

— En fait, j'habite à l'extrémité de Gloucester Place.

Si c'était vraiment tout au bout, cela pouvait encore faire l'affaire. Bean s'apprêtait à lui répondre dans ce sens, sans manifester beaucoup d'enthousiasme, lorsque le type ajouta :

— Mais je suis sur le point de déménager. Je compte m'installer dans Upper Harley Street le mois prochain.

C'était exactement l'endroit dont Bean avait rêvé, à michemin de chez Ruby et de chez Spots.

— Je peux passer vous voir demain, dit-il. À la même heure, si cela vous convient.

— Je préférerais un peu plus tard.

Il allait encore mieux profiter de son séjour à Brighton en sachant que six chiens l'attendaient à son retour... Six, c'était un chiffre rond, il fallait qu'il s'y tienne à l'avenir.

— Dans ce cas, disons à 21 heures ? reprit-il.

— Cela me convient parfaitement.

Bean alla éteindre la télévision et retourna empaqueter ses affaires. Il préparait toujours sa valise une semaine à l'avance lorsqu'il partait en voyage, à raison de quelques affaires tous les soirs, afin d'être certain de ne rien oublier. Mais il mit de côté la casquette de base-ball rouge et le tee-shirt aux éléphants. Il comptait les porter pendant le voyage.

22

UN BOULOT DE PLUS pour le vieux type aux chiens... La formule provoqua l'hilarité de Hob. Il ne fallait pas grand-chose pour le dérider, ces derniers temps. Et c'était le plus gros contrat qu'il ait jamais décroché. La somme promise lui faisait tourner la tête, rien que d'y penser. Après ça, fini les crises... Avec un tel paquet, il aurait de quoi les conjurer à tout jamais. Et il serait toujours celui qu'il avait si rarement l'occasion d'être — le clown hilare, le Power Ranger, le petit plaisantin enjoué, le boute-en-train.

Il était pourtant descendu bien bas. Il avait fait le guet devant les toilettes pour dames, dans Chester Road, et lorsqu'il avait vu une femme y pénétrer, il l'avait suivie, après s'être assuré qu'elle était seule. Elle se lavait les mains et s'était mise à hurler lorsqu'il lui avait arraché son sac à main. Il contenait soixante-dix livres en espèces. Il n'avait même pas touché au reste et avait abandonné le sac sur l'un des sièges, pour être sûr qu'elle le retrouve. Une fois chez lui, après avoir converti son argent en crack, il avait ouvert la porte et les ténèbres étouffantes l'avaient fait vaciller. Des rais de lumière orangés s'étiraient sur le plancher, comme s'ils avaient été tracés à la craie. Au début, il n'avait pas remarqué le mot — un simple bout de papier plié en deux qui traînait par terre, derrière la porte d'entrée. Il y avait une enveloppe à côté.

Hob avait de la peine à lire. Il n'avait jamais été très doué pour ça et c'était encore pire lorsqu'il avait ses crises, comme en ce moment. Il s'installa par terre, à côté de l'enveloppe et du bout de papier, émietta l'un de ses cailloux et le fit glisser dans l'embout de l'arrosoir. Vinrent ensuite le bouchon, les pailles, le couvercle métallique et enfin le briquet, dont il dirigea la flamme vers les perforations. Il inspira longuement, profondément, comme si ses poumons étaient des appareils de halage ou de traction. En descendant dans sa trachée, la fumée lui procura la même impression que la première glace qu'il avait mangée.

Soulagé pour un moment, il réussit à déchiffrer son courrier. L'enveloppe contenait une lettre du syndic l'informant que ses vitres seraient remplacées le 15, à 9 heures du matin, et le priant d'être présent ce jour-là afin que les ouvriers puissent accéder à l'appartement. Ce fut du moins ce qu'il crut comprendre. Le bout de papier provenait de Carl et il était plus difficile à déchiffrer, parce qu'il était rédigé à la main. Il fallait qu'il monte le trouver ce soir, Carl aurait sans doute quelque chose à lui proposer.

Cela faisait un bon bout de temps que Hob n'avait pas revu Carl ou Leo. Il s'était dit que Leo avait probablement déménagé et n'aurait pas été surpris que Carl ait également fichu le camp, même s'il voyait mal où il pouvait aller. Sans doute repassait-il de temps en temps. Leo était sur le point de mourir, pas besoin d'être médecin ni d'avoir la cervelle de Carl pour s'en rendre compte. Hob se releva et esquissa quelques pas de danse, boxa dans le vide et chanta une de ces vieilles chansons rigolotes qu'affectionnait la nourrice de sa mère, avant d'entonner *I'll be Your Sweetheart* et *Night Train to Memphis*, parce qu'il n'allait pas mourir, lui, quoi qu'il puisse arriver à Leo.

Le jour, les souris devaient dormir. Il se les imagina, assoupies derrière les plinthes, comme dans les dessins animés de Tom et Jerry, ou l'image de Mickey sur ses coussins, mais avec un pelage soyeux et doux. Peut-être y en avait-il des centaines, recroquevillées et pelotonnées les unes contre les autres. Avec ces planches aux fenêtres, l'appartement sentait le renfermé mais l'odeur était moins forte à la cuisine. Il sortit deux Weetabix du paquet et alla les émietter dans le salon, devant la télé, en riant malgré lui parce que le Weetabix représentait peut-être pour les souris l'équivalent du crack pour lui. Puis il monta chez Carl.

Il ne fallait évidemment pas espérer que l'ascenseur fonctionne. Il était en panne. Mais escalader les étages était un jeu d'enfants pour lui, quand il était en forme, et il grimpa quatre à quatre au septième, en faisant sans doute un certain boucan : Carl l'avait entendu monter et l'attendait devant la porte ouverte. Il paraissait malheureux, accablé, et son visage était aussi pâle que celui de Leo.

— Alors, comment va Leo ? lança Hob, ce qu'il n'aurait jamais fait s'il n'avait pas été aussi excité à l'idée de ressortir.

Carl ne répondit pas. Il haussa les épaules et détourna les yeux.

— Je m'apprêtais à sortir, dit-il. Le boulot ne te prendra guère de temps. Il te rapportera deux billets de mille, ce qui représente très exactement la totalité de ce que je possède, du moins jusqu'à la fin de la semaine prochaine.

— Deux billets de *mille* ? Tu veux dire : deux *grands formats* ?

— Inutile de marchander, je n'ai pas un sou de plus, comme je viens de te le dire.

— Je ne marchande pas, dit Hob.

— Plus cinq cents grammes d'extasy, du moins si tu acceptes les jaunes.

— Ça me convient tout à fait, Carl.

Bean ruisselait de sueur. Il avait lu dans un livre de médecine que l'odeur de la sueur s'estompait au fur et à mesure qu'on vieillissait, mais il ne voulait pas prendre de risques. Il avait toujours eu la transpiration en horreur, dès sa plus tendre enfance, mais cette répugnance s'était encore accrue depuis ces séances de correction, lorsque Clitheroe se faisait rouer de coups et que la maison était envahie par une infecte odeur charnelle aux relents d'oignon, conséquence d'une énergie physique sauvagement dépensée.

Il prit une douche, la seconde de la journée, s'aspergea de déodorant et enfila des vêtements propres : un jean bien repassé, le tee-shirt aux éléphants et sa casquette de base-ball rouge. Il laverait rapidement le tee-shirt à son retour et il serait sec le lendemain matin pour son départ à Brighton.

Le Parc fermait à 21 heures au mois d'août. Cela lui laissait juste le temps de rejoindre l'extrémité de Gloucester Place, en passant par le lac et Kent Gate. Il sortit de chez lui à 20 h 30.

Il faisait aussi chaud et humide qu'en Floride, songea-t-il, bien qu'il n'eût jamais mis les pieds là-bas.

L'autre itinéraire aurait été plus court, mais il aurait fallu traverser d'innombrables rues et affronter la circulation. Le Parc était paisible et calme, le lac avait des reflets vitreux et l'atmosphère s'épaississait. Il leva les yeux et vit que le ciel bleu sombre disparaissait lentement derrière un rideau de brume. La lune était apparue : son disque ovale, pâle et brouillé, évoquait un cadavre ayant longuement séjourné dans des eaux boueuses.

Tous les oiseaux étaient allés dormir. Au loin, un cygne noir, assoupi en équilibre sur une patte — l'autre était enfouie sous son plumage, ainsi que son cou —, faisait penser à un monstrueux champignon. Des canards marron ou verts étaient blottis dans des nids de duvet, le long du rivage. Mais la nuit qui tombait effaçait toutes les couleurs, l'herbe devenait grise, l'eau noire comme de l'ébène, les arbres semblables à des ombres plutôt qu'à des formes vivantes.

Un mendiant avançait dans sa direction. Il se demanda s'il s'agissait de celui qui lui avait quémandé de l'argent la veille. Mais à présent ils étaient seuls, il n'y avait personne aux alentours. Lorsqu'ils se croisèrent sur l'allée qui longeait le lac, Bean détourna les yeux, feignant de ne pas le voir. On ne savait jamais de nos jours à qui l'on avait affaire, le premier clochard venu pouvait se montrer agressif. La plupart des véhicules étaient interdits dans le Parc mais une voiture de la gendarmerie royale des parcs passa lentement, un de ces véhicules auxquels on avait donné le surnom de « sandwiches à la laitue », parce que leur carrosserie blanche était ornée sur le côté de deux bandes vertes, l'une claire et l'autre foncée.

Sur sa gauche, les dômes turcs de Sussex Place scintillaient comme un campement de tentes à l'aube. Les bateaux étaient tous amarrés dans l'île, au milieu du bassin de Hanover, et oscillaient doucement sur l'eau. Il avait jeté un coup d'œil de ce côté parce qu'il ne repassait jamais par ici sans songer à Mussolini. Aussi, lorsqu'il fit demi-tour pour traverser la pelouse en direction du portail et qu'il aperçut celui-ci qui émergeait des arbres et se dirigeait vers lui, il n'en crut pas ses yeux. Il se frotta même les paupières, comme pour se forcer à mieux voir.

On aurait dit que Mussolini l'attendait. Il s'était arrêté et restait planté là, comme un rôdeur, pour reprendre le vocabulaire de la police. Bean apercevait les lampadaires de la rue, à la lisière du Cercle extérieur. Il y avait encore des passants de ce côté, des voitures rejoignaient le pont Macclesfield. Son regard revint sur Mussolini, dont le visage replet, la silhouette décharnée et les vêtements crasseux se profilaient dans l'obscurité.

— Vous avez pris votre temps, lança Bean.

Mussolini était beaucoup trop habillé pour une nuit aussi chaude, emmitouflé dans ces couches de vêtements sombres, rapiécés et déchirés qu'affectionnent les mendiants. Il mâchonnait quelque chose, mais Bean doutait qu'il s'agisse de chewing-gum. Quelle que fût la nature de cette substance, il la repoussa du bout de la langue et la cala à l'intérieur de sa joue.

— C'est vous qui étiez en retard, dit-il. Je me suis retrouvé dans la merde à cause de vous.

— C'est bien possible, mais à présent c'est vous qui arrivez trop tard. Quelqu'un d'autre s'est chargé du travail. En allant même un peu au-delà de ce que j'avais souhaité.

— Y'a p't-être un autre boulot, dit Mussolini. Les gens ont toujours du boulot à vous confier.

Bean haussa les épaules. Il s'était arrêté un instant mais reprit son chemin en direction du portail — une immense grille dont les barreaux étaient surmontés d'une trentaine de pointes. Mussolini lui emboîta le pas, marchant à ses côtés, et Bean eut rapidement conscience de l'odeur qu'il dégageait, bien différente de celle de la sueur fraîche : un remugle de vieille crasse, d'habits jamais lavés, d'excréments animaux, à quoi s'ajoutait l'acidité âcre et froide de la drogue. Il voulut s'écarter mais Mussolini s'était rapproché, le frôlait à présent, dominant d'une bonne tête la silhouette plus modeste de Bean. Ses yeux se posèrent sur le tee-shirt qui couvrait sa poitrine.

— Enterrez vos éléphants ! s'exclama-t-il avant d'ajouter : Crack, crack, les éléphants craquent... Crack, crack...

Il éclata d'un rire dément, qui résonna lugubrement dans le silence du Parc.

23

PARK ROAD PART VERS LE NORD, à l'ouest du Parc, depuis l'extrémité de Baker Street jusqu'à la jonction de Saint John's Wood Road et de Prince Albert Road. L'artère est reliée au Cercle extérieur par Hanover Gate et Kent Passage. La mosquée de Londres est située sur Park Road, tout comme la maison de Rudolph Steiner, un ancien pub baptisé *Windsor Castle*, la succursale de gestion et d'économie de la librairie Dillon's, ainsi qu'un nombre estimable de restaurants indiens. On y trouve aussi des débits de sandwiches, un bar à vin et un marchand de fourrures où l'on n'aperçoit jamais l'ombre d'un client.

La librairie s'est installée à cet endroit en raison de la proximité de l'Institut des sciences économiques de Londres, qui occupe l'un des bâtiments les plus spectaculaires érigés dans le Parc par Decimus Burton, à Sussex Place. Il donne sur le Cercle extérieur et offre une enfilade impressionnante de colonnes corinthiennes, de baies polygonales et de dômes cubiques, si légers et aériens d'apparence qu'ils évoquent davantage des tentes de soie que des tourelles de pierre. Les étudiants en quête de livres n'ont pas besoin de faire le long trajet consistant à rejoindre Baker Street et à remonter Park Road pour atteindre la boutique : il leur suffit de prendre à gauche, au sortir du bâtiment, et, après avoir longé le Collège royal d'obstétrique et de gynécologie, d'emprunter l'allée qui porte le nom de Kent Passage.

Ce passage est étroit et absolument rectiligne ; il est abrité par des arbres et bordé de haies élevées, protégées non par des grilles, mais par des clôtures métalliques. Au sud se dressent les murs de brique pâle du Collège royal. Des platanes, des sumacs, des symphorines et des roses de Saron le bordent sur toute sa longueur. Avant de rejoindre l'extrémité de Park Road, le passage s'élargit et forme une rotonde ovale, puis se rétrécit à nouveau et débouche sur le trottoir de l'artère principale. La librairie se trouve à gauche, quelques mètres plus loin, tandis que Kent Terrace s'élève sur la droite.

Celle-ci est constituée d'un unique corps de bâtiment agrémenté de colonnes doriques ; c'est la seule des terrasses qui ne donne pas sur le Cercle extérieur. Anthony Maddox avait un jour appris à Bean qu'elle avait été construite en 1827 et qu'on l'avait ainsi baptisée en l'honneur du frère de George IV, le duc de Kent. Mais celui-ci, bien qu'apparenté à l'héritier présomptif du trône, était déjà mort depuis longtemps à cette époque, aussi n'était-il pas réellement nécessaire de faire preuve d'une telle grandeur ni d'une telle originalité. Bean avait songé que cette dernière remarque était inspirée par la méchanceté, son ancien employeur ayant déjà souligné à maintes reprises sa ressemblance avec la statue du duc, mais il ne passait jamais devant l'édifice sans repenser à ce que lui avait dit Maddox, tout en se demandant si celui-ci avait cherché à l'humilier.

Quoi qu'il en soit, Kent Terrace présente une particularité. En dehors de ses traditionnelles grilles noires en fer forgé, l'endroit se caractérise en effet par les pointes qui ornent le sommet de ses colonnes.

Deux de ces colonnes sont érigées de chaque côté du portail qui donne sur un petit escalier menant à Kent Passage. De la taille d'un homme, et de forme parallélépipédique, elles sont particulièrement massives ; à leur sommet, cinq tiges de fer se terminant chacune par une série de pointes acérées forment un vague bouquet. Mais elles évoquent plutôt des buissons d'épines, hideux et menaçants, et il est malaisé de comprendre à quoi elles étaient destinées ou ce qu'elles étaient censées représenter dans l'esprit de leur concepteur.

Le cadavre d'un homme était empalé sur ces épines de fer.

Il était disposé de telle manière qu'il était impossible de le voir depuis Kent Passage, à moins de regarder le ciel, ainsi que du bâtiment lui-même, sauf en faisant le tour de la colonne. De surcroît, une brume épaisse s'étendait depuis l'aube sur le Parc et ses environs immédiats, recouvrant tout au-delà de quelques mètres derrière un rideau de vapeur blanche.

Le corps était retenu et maintenu en place par les pointes évasées qui lui traversaient la poitrine. Sa tête ballottait dans le vide, ainsi que ses membres inertes. Il avait les pieds nus et était revêtu d'un jean aux ourlets élimés, déchiré aux genoux, d'un tee-shirt grisâtre orné d'un motif délavé et d'un cardigan maculé de graisse et de sang. Le corps était celui d'un homme de petite taille aux membres grêles. La blancheur de ses pieds avait quelque chose de pathétique. Il ne devait guère peser plus de cinquante-cinq kilos. Mais, malgré tout, il avait dû falloir une force considérable pour le hisser si haut.

De nombreuses personnes passèrent juste à côté durant la matinée. Aucune ne leva les yeux vers le sommet de la colonne. Même après la dissipation de la brume et l'apparition du soleil, il fallut attendre midi pour que le cadavre soit découvert. Un policier qui effectuait sa ronde emprunta le passage à partir du Cercle extérieur. Il avait d'abord fait le tour du bassin où étaient amarrés les bateaux de plaisance, traversé les pelouses pelées et jaunies, puis il était sorti du Parc par Hanover Gate. Son regard avait été attiré par un clochard vêtu d'un pantalon de camouflage et d'une veste grise, qui fouillait dans une poubelle située comme par hasard à côté d'une voiture garée le long du trottoir et dont les vitres étaient restées ouvertes.

Le policier resta dans les parages jusqu'à ce que le clochard reparte d'un pas traînant vers le pont Macclesfield, après avoir exhumé de la poubelle les restes d'un plat à emporter. Il s'engagea ensuite dans le passage et le traversa lentement. Quelqu'un secouait un chiffon à l'une des fenêtres du bâtiment situé sur sa gauche. Le passage était plongé dans l'ombre sur les trois quarts de sa longueur, puis le soleil perçait peu à peu à travers le feuillage, dessinant des motifs tachetés sur l'allée avant d'illuminer un espace dégagé, dénué de végétation.

Sur le sol, à cet endroit, une ombre se profilait.

On aurait dit un crabe, une pince de crustacé, ou la patte palmée d'une grenouille. Le policier leva les yeux. Le cadavre gisait, inerte et effondré, comme un épouvantail ou une poupée de chiffons. Une traînée de sang déjà sèche apparaissait entre les doigts de la main qui pendait dans le vide.

24

DILL ET SON BRIQUET étaient assis sur l'un des bancs, au sud-ouest du lac, regardant une vieille femme en jogging qui donnait à manger aux oies. Ces volatiles étaient nettement moins nombreux que l'année précédente et la rumeur prétendait que les sans-abri les capturaient pour les faire rôtir sur des braseros, le long du canal. Dill s'adressait toujours à son chien comme s'il s'agissait d'un être humain. Il lui dit qu'il aurait bien aimé manger de l'oie rôtie — ce qui ne lui était jamais arrivé —, mais qu'il serait bien incapable d'en capturer une, et plus encore de l'égorger. Et comment la plumer ? L'évider ? Il tenait tout ce discours à propos des oies dans l'espoir de mettre un terme à la terreur et aux tremblements nerveux qu'avait suscités en lui la vue du cadavre.

La queue du briquet se mit à frétiller, heurtant les lattes du banc. Roman lui tapota le crâne, le caressa et s'assit à côté de Dill, qui entreprit de lui raconter son histoire d'oie, comme il l'avait fait avec son chien quelques instants plus tôt. Mais elle avait perdu de son efficacité et il se remit à trembler.

— Que se passe-t-il ? demanda Roman. Il y a eu une nouvelle victime ? C'est ça ?

— Les flics m'ont alpagué, vieux. Ils m'ont obligé à le regarder.

— Pour l'identifier ?

Dill acquiesça. Il empoigna le collier du briquet pour empêcher ses mains de trembler.

— Ils m'ont dit qu'ils nous avaient aperçus ensemble, mais c'étaient des bobards.

Il releva les yeux et tourna prudemment la tête. Ses yeux orientaux étaient gonflés, comme s'il avait pleuré.

— Ils ont été corrects, dit-il. Ils ne m'ont pas bousculé.

— Que s'est-il passé ?

— Je suis allé là-bas, poursuivit Dill en fronçant le nez. L'un des flics a soulevé le drap et m'a montré ce qu'il y avait dessous. Ce n'était que le visage d'un mort, vieux, il n'y avait aucune trace de blessure. Je ne le connaissais pas. Je ne l'avais jamais vu auparavant. Ils m'ont demandé si j'en étais sûr, puis le flic a rabattu le drap. Ils ont été corrects. L'un des flics a même donné un biscuit au briquet.

— Il doit s'agir d'un sans-abri, dit Roman.

— Je ne crois pas. Je ne sais plus quoi penser, vieux. Je croyais pourtant connaître tout le monde dans le coin. Tu as déjà vu un cadavre, Rome ?

— Celui de ma mère. (Il y avait aussi Sally et les enfants, mais il ne les mentionna pas. Le visage de Daniel était lacéré, en charpie.) J'ai vu celui de ma mère.

— Est-ce qu'ils donnent toujours l'impression d'être en cire ? Comme s'ils n'avaient jamais été vivants ?

— Je ne sais pas. Tu dors à Saint Anthony, c'est bien ça, Dill ?

— Ils ne veulent plus que j'amène le briquet. Qu'est-ce qu'ils veulent que je fasse du chien ?

Roman prit la direction de Clarence Gate. À cet endroit, l'herbe et les parterres de fleurs étaient couverts d'une fine couche grise de duvet d'oie. Les plumes flottaient dans l'air et se posaient parfois sur les pétales des fleurs. Il acheta un journal au marchand installé en haut de Baker Street. Outre la une, quatre pages étaient consacrées à l'intérieur au nouveau meurtre et au rappel des deux précédents assassinats. Sur la première page, une photo sur quatre colonnes montrait une étendue de grilles, qui n'étaient pas forcément celles où le corps avait été découvert, malgré les affirmations du journal : des barreaux noirs, couronnés de pointes, derrière lesquels on distinguait une pelouse et des arbres sans forme dans la brume qui se dissipait. Il y avait d'autres photos à l'intérieur : celles de Cahill et de Clancy, de nouvelles vues des grilles du Parc et un cliché montrant un groupe de sans-abri sur une des berges du canal.

Le cadavre était apparemment celui d'un homme « d'un certain âge » — ce qui ne voulait pas dire grand-chose — sans domicile fixe. Il n'avait pas encore été identifié. Les poches de son jean et de son cardigan étaient vides. Il était pieds nus lorsqu'on l'avait découvert. La police demandait à la population de l'aider dans son enquête.

Roman décida cette fois-ci de ne pas quitter le quartier. Il resterait par ici et tôt ou tard, on finirait par l'interroger. La police allait questionner tous les vagabonds qui erraient dans les environs du Parc, et sans doute même dans l'ensemble de l'agglomération londonienne. Il resterait et répondrait de son mieux à leurs questions, en citoyen responsable. Cela faisait partie du changement qui s'opérait dans sa vie, du retour qu'il était confusément en train d'accomplir — vers celui qu'il était autrefois.

Des cordons bleu et blanc, sur lesquels on pouvait lire : *Police — Interdit de passer*, formaient une frontière incertaine mais dissuasive autour de l'auguste colonne et de sa couronne de pointes. Kent Terrace semblait plus animé que d'habitude, la plupart des fenêtres étaient ouvertes et, de temps à autre, des visages y apparaissaient. Mais alors que la foule s'était attroupée, lors de la découverte du corps de Pharaon, dans l'espoir d'apercevoir quelque chose, ce n'était pas le cas aujourd'hui. Un policier en uniforme faisait les cent pas devant la cour.

Dans Park Road, la circulation s'écoulait au rythme habituel. Des femmes voilées et des hommes qui allaient par deux, vêtus de chemises immaculées et échangeant des propos animés (sans jamais s'adresser aux femmes), se dirigeaient vers la mosquée. Roman était venu parce qu'il était intrigué par les descriptions de cette colonne, dont il entendait parler sans arrêt mais qu'il n'avait jamais vue.

Une traînée sombre, d'une couleur brunâtre, se profilait de haut en bas sur le stuc pâle de la colonne, depuis la base des pointes, telle une coulée de larmes.

— Ce n'est pas ce que vous croyez, lui dit le policier. C'est tout bonnement de la rouille.

— Il faut être sacrément fort pour hisser un cadavre jusque là-haut. Il était au sommet ?

— Tous les détails figurent dans les journaux, mon vieux, répondit le policier avant de se détourner, par discrétion ou peut-être simplement par ennui.

Le lendemain, par hasard, des policiers lui demandèrent de les suivre au commissariat et, visiblement déroutés par ses manières et son accent, lui posèrent des questions détaillées concernant les habitants du Parc et de ses environs.

Lorsqu'ils lui demandèrent s'il accepterait de les accompagner à la morgue pour tenter d'identifier la dernière victime, il leur répondit :

— Mais cela va de soi, si vous le jugez nécessaire.

Le sergent — il ne méritait évidemment pas un officier de plus haut rang — lui lança un drôle de regard, tout comme le policeman qui l'accompagnait. Roman ne distingua pas nettement son expression, mais entrevit son geste. On l'emmena à la morgue en voiture. Il savait que les deux policiers s'attendaient à ce qu'il dégage une odeur infecte et se préparaient déjà à leur pantomime habituelle : grimaces dégoûtées, mouvements de recul, ouverture des fenêtres. Lorsqu'ils constatèrent qu'il n'empestait pas, ils semblèrent presque déçus.

Le corps était recouvert d'une bâche en plastique verte. Roman se souvint de ce que Dill lui avait dit, à propos de l'aspect cireux du cadavre. Il songea à certaines sculptures en jade blanc ou en stéatite qu'il avait vues jadis. Le visage aurait pu être celui de n'importe quel homme âgé, disons de plus de quarante ans. Il avait quelque chose de Hanovrien avec sa bouche étroite et ses joues rebondies. Bien qu'il ne fût pas en mesure de l'identifier, Roman songea que l'homme ne lui était pas inconnu.

Ce fut tout ce qu'il put dire au sergent.

— Vous le connaissez, mais vous ignorez de qui il s'agit ?

— Je ne dirais pas que je le connaissais. Mais je l'ai déjà aperçu.

— Où donc ?

— Au Parc, je suppose. Je passe toute ma vie là-bas.

Le sergent finit par lui demander ce qu'un individu comme lui fabriquait dans les rues.

— C'est un choix, dit Roman qui ne voulait pas entrer dans les détails de sa vie privée. Cela me convient.

— Vous êtes une sorte d'excentrique ?

— Peut-être.

Il voulut lui demander la permission de partir mais se retint et resta assis dans le bureau tandis que le sergent remplissait des papiers, lui lançant de temps à autre un regard dénué d'expression. Autrefois, dans un pareil endroit, Roman se serait senti tendu, aux aguets, fouillant dans ses souvenirs à la recherche des délits mineurs qu'il pouvait avoir commis. Mais à présent il n'éprouvait rien, en dehors d'un léger ennui.

Le sergent finit par lui dire :

— C'est bon, vous pouvez y aller. (Et il ajouta, incapable de se retenir :) Vous devriez vous secouer, vivre de manière décente, trouver un toit quelque part. La rue n'est pas faite pour les gens de votre espèce, vous ne l'ignorez probablement pas.

Roman acquiesça. Il se dirigea vers la sortie et personne ne fit mine de l'arrêter. Une fois de retour à la Grotte, il constata que la police avait fouillé les lieux de fond en comble. Ils s'étaient montrés plus efficaces que lui, ne laissant pas traîner un seul papier ni le moindre bout de chiffon, dans leur recherche d'un quelconque indice. Sa poussette avait disparu : sans doute la lui avait-on volée, car il était peu probable que la police l'ait emmenée.

Il faisait chaud et des myriades d'insectes volants pullulaient juste à côté. Ils stagnaient au-dessus du bassin dont l'eau n'était plus claire ni fraîche, mais saumâtre et couverte d'écume. Roman s'assit à l'ombre, sur le sol sec et poussiéreux. Il allait bientôt devoir repartir, remonter jusqu'à Camden Town et s'acheter de quoi remplacer le contenu de sa poussette : des vêtements d'occasion, un nouveau sac de couchage, des couvertures, une gourde et tout un tas d'autres bricoles. Cela lui parut brusquement absurde, ridicule, parce qu'il avait *les moyens* d'acheter tout cela — qu'il pouvait s'offrir ce dont il avait envie.

La remarque du sergent n'avait fait que confirmer ce qu'il pensait déjà. L'existence qu'il avait choisie avait eu son utilité, mais elle était à présent devenue artificielle. Cette vie dans les bas-fonds avait quelque chose de donquichottesque, et la poursuivre plus longtemps relevait de la complaisance.

Le vrai courage consistait à entamer son retour vers le monde.

Leo passait toutes ses soirées avec elle mais ne restait pas la nuit. Il justifiait cette décision par le même motif qu'au début : Charlotte Cottage était la demeure des Blackburn-Norris. Mary était donc seule le matin lorsqu'elle se réveillait, puis allait promener Gushi. Celui-ci regrettait visiblement l'absence de ses compagnons habituels et, tel un petit enfant gâté, s'allongeait parfois dans l'herbe en refusant de bouger : on aurait dit un bouquet de chrysanthèmes. Elle devait le porter pour le ramener à la maison, comme un manchon de fourrure, malgré la chaleur du mois d'août.

Mais le soir, lorsque Leo arrivait, ils allaient le promener ensemble. L'humeur de Leo oscillait entre une sorte de morosité accablée et de brusques accès de gaieté, quasiment hystériques. Il allait transformer ces promenades rituelles en véritables aventures, déclara-t-il un jour en lui annonçant qu'il avait l'intention de dénicher Mrs Sellers et Spots.

Il alla jusqu'à aborder une femme qui promenait un chien tacheté au pedigree douteux.

— Ma fiancée a-t-elle rédigé un certificat destiné à votre dalmatien ? lui demanda-t-il.

La femme lui lança un regard affolé et recula de quelques pas. Une autre femme, à qui il avait posé la même question, lui désigna le Cercle intérieur et lui demanda s'il savait qu'il y avait un commissariat de police dans le secteur. D'abord amusée, Mary finit par se sentir gênée. Alors qu'ils regagnaient Park Village, elle lui demanda une fois de plus ce qui n'allait pas.

— C'est le fait de te marier qui te tracasse ?

— C'est bien la chose qui me tracasse le moins. T'épouser est mon vœu le plus cher.

— Quelle est donc la chose qui te tracasse le plus ? lui demanda-t-elle doucement.

— La mort, dit-il avant d'éclater d'un rire hystérique.

Une fois rentrés à la maison, il se mit à la couvrir de baisers. Il l'embrassait sur les lèvres, dans le cou, défit son chemisier, lui baisa les seins. Elle n'était pas accoutumée à une telle fougue de sa part, Leo se comportait généralement d'une manière plus douce, plus contrôlée, mais elle réagit ardemment à son étreinte. Comme si c'était justement cette passion qui avait jusqu'alors fait défaut à leur union.

— Ne montons pas, restons ici, murmura-t-il en l'attirant vers le salon et en repoussant la porte derrière lui d'un coup de pied.

Un jour, dans la même pièce, il l'avait enlacée alors qu'ils étaient l'un et l'autre agenouillés par terre et lui avait demandé de l'épouser. Mais à présent, il se mit à lui faire l'amour comme si c'était la première fois. Mary avait l'impression que son corps entier fondait, se liquéfiait en une chaleur languide. Leo n'était plus léger, éthéré comme un spectre, mais massif, impérieux, ses lèvres écrasait les siennes et ses bras l'étreignaient violemment. Le téléphone se mit brusquement à sonner. Mary poussa un cri de dépit devant cette cruelle interruption. Leo jura.

— Laisse-le sonner, dit-il. Ne réponds pas.

Elle se contenta de hocher la tête, incapable de prononcer un mot. La sonnerie se prolongea interminablement. Ils l'écoutèrent, figés. Lorsqu'elle s'arrêta, Leo caressa les cheveux de Mary, ses épaules, la retourna sur le côté et la pénétra ainsi, en lui empoignant les seins. Elle poussa un long cri de plaisir, les reins cambrés, tandis que Leo laissait échapper un profond soupir.

Un peu avant 22 heures, il la laissa pour regagner son appartement de Primrose Hill. Ils avaient passé le reste de la soirée assis côte à côte, enlacés, à parler de l'avenir, de leur future maison. L'excitation de Leo avait cédé la place au calme et, songea-t-elle, à l'espoir. Après son départ, elle prit Gushi sur ses genoux et le caressa, en essayant de ne pas tenir rigueur au petit chien, dont la présence l'empêchait d'accompagner Leo.

Le lendemain matin, Bean serait rentré de vacances et se présenterait sur le porche à 8 h 15, comme à l'accoutumée. Le téléphone se remit à sonner pendant qu'elle regardait le journal de 22 heures sur ITN. Elle éteignit le poste et alla décrocher. La voix de baryton d'Alistair lui parut plus mielleuse qu'à l'ordinaire. Elle se raidit en l'entendant et tout son corps se contracta, après la longue détente de la soirée.

— Je t'ai appelée tout à l'heure, dit-il d'un ton accusateur, avec un air de remontrance.

Leo et elle s'étaient parfois moqués de ces gens qui croient apparemment que l'on reste planté à côté du téléphone à longueur de journée, dans l'attente de leur appel. Elle ne fit rien pour l'amadouer.

— Oui, dit-elle, j'ai entendu la sonnerie, mais je n'ai pas décroché. J'étais... occupée.

— Ne trouves-tu pas un peu irresponsable de ne pas répondre au téléphone ? Il aurait pu s'agir de quelque chose de grave. D'un accident survenu à l'un de tes proches.

— Maintenant que ma grand-mère est morte, dit-elle d'une voix calme, je n'ai plus aucun proche — en dehors de Leo, qui était avec moi. (C'était la vérité : son isolement la frappa brusquement, tandis qu'elle prononçait ces mots. Elle aimait bien Dorothea, ainsi que sa cousine, mais à la vérité seul Leo comptait à ses yeux. Elle prit une inspiration.) Tu as reçu ma lettre, Alistair ?

— C'est évidemment pour cela que je t'appelle. Enfin, me diras-tu... Il est vrai que j'ai pris mon temps. Mais ta lettre m'a fait un choc, Mary, un choc terrible.

Que pouvait-elle rétorquer ? Certainement pas qu'elle était désolée, en tout cas.

— Tôt ou tard, cela devait arriver. Toi aussi, un jour, tu rencontreras quelqu'un.

Cette remarque n'eut pas l'air de lui plaire.

— En ce qui te concerne, c'est arrivé relativement tôt, n'est-ce pas ? Quant au fait que je rencontre un jour quelqu'un, pour reprendre ta formulation romantique, ne va pas croire que je sois resté célibataire depuis ton départ. Franchement, ce n'est pas mon genre.

Elle ne le croyait pas. Et cela lui était égal. Il s'était débrouillé pour la mettre plus ou moins dans l'obligation de lui présenter des excuses.

— Si je t'ai fait de la peine, dit-elle, j'en suis désolée.

— Je ferais mieux d'en venir à la raison de mon appel, dit-il en feignant d'ignorer sa dernière remarque. Tu m'as fait perdre le fil. En homme civilisé, je tenais à te présenter mes félicitations. J'espère que tu seras très heureuse.

— Merci, Alistair. C'est très gentil de ta part.

— Je voulais aussi te dire que j'ai quelque chose pour toi. Un cadeau de mariage.

Mary n'en revint pas.

— Tu m'as fait un cadeau de mariage ?

— Est-ce donc si étrange ? Ne me disais-tu pas il y a quelques semaines, avant de prendre mystérieusement la fuite, que tu espérais que nous conserverions des relations amicales, selon le cliché consacré ?

— Bien sûr que je l'espère. Mais je ne pensais pas que tu le souhaitais.

— Mary, reprit-il, j'ai ton cadeau de mariage. Ne me demande pas de te l'envoyer. Je veux te le remettre en mains propres.

Elle s'aperçut qu'elle n'avait aucune envie de le rencontrer, de le voir débarquer ici et gâcher son week-end avec Leo. Le simple fait d'attendre sa venue, d'appréhender sa réaction, allait lui faire vivre des heures d'angoisse. Elle se souvint de cette soirée où Bean était passé à l'improviste et où elle avait cru qu'il s'agissait d'Alistair, avant que Leo n'aille ouvrir la porte.

— Lundi, dit-elle avec réticence. Est-ce que lundi te convient ? (Mais elle ne voulait pas qu'il vienne ici.) Peux-tu passer au musée en sortant de ton travail ? Nous irons boire du thé ou prendre un verre.

— Tu ne t'enfuiras pas, au moins, cette fois-ci ?

La quantité de fiel qu'il avait réussi à mettre dans ces mots anodins était effrayante. La pulsion qui poussait Mary à se montrer conciliante se dissipa bien vite sous l'effet de la colère qui la gagnait.

— Je t'ai dit que j'acceptais de te rencontrer, Alistair. Pour la dernière fois.

Sa poussette ayant disparu, et la Grotte passée au peigne fin par la police n'offrant plus un refuge convenable, Roman se mit en quête d'un nouvel endroit où passer la nuit. Toutes ses affaires étaient rassemblées dans le sac à dos en plastique bleu qu'il venait d'acheter : il était bon marché mais on voyait bien qu'il était neuf et avait nécessité un certain investissement. Chaque nouvelle étape semblait désormais le ramener inexorablement vers le monde.

Des gens avaient organisé une réception sur l'une des maisons flottantes, dans le bassin de Cumberland. Il s'arrêta sur le pont pour les regarder. Ils étaient jeunes. L'un des hommes était torse nu. Une femme brandissait une bouteille de champagne dont la mousse débordait. Une autre tenait une guitare sur laquelle elle plaquait des accords tristes, prolongés. Une jeune fille qui tendait son verre afin qu'on la resserve l'aperçut et lui adressa un petit signe de la main. Rien n'aurait mieux pu lui faire comprendre que son éloignement de l'univers des rues était désormais perceptible, apparent.

Dans Albert Road, à la lisière de Primrose Hill, il arriva devant l'église Saint Mark, l'un de ces sinistres édifices néo-gothiques qui l'amenaient souvent à se demander pourquoi les victoriens désiraient tant restaurer dans leurs constructions le culte des éléments les plus lugubres et les plus tarasbicotés de l'architecture médiévale. Son portail et ses portes étaient peints en bleu ciel, une couleur incongrue destinée peut-être à atténuer l'aspect sinistre du décor. Le cimetière qui l'entourait évoquait plutôt un jardin, avec ses chardons duvetés et ses arbustes encore en fleurs à la fin de l'été. Il traversa la route qui franchissait les eaux, car à ce niveau le canal bifurquait vers le nord pour rejoindre Camden Lock. On surnommait cet endroit « la Rencontre des eaux et du pont ».

Sur le pont, une plaque verte servait de support à un bouclier d'or où l'on pouvait lire : *Avec sagesse et courage*. C'étaient les qualités dont il avait besoin et qu'il aurait aimé posséder. Peut-être en avait-il acquis davantage à présent, par rapport à autrefois. Du parapet, il contempla les berges du canal jusqu'au pont suivant. À cet endroit, la végétation et les mauvaises herbes rejoignaient le bord du chemin de halage et les arbres du cimetière qui les surplombaient.

Il bifurqua dans Saint Mark's Square, puis dans Regent's Park Road, qui rejoignait le pont suivant. Avec un léger frisson d'effroi, il remarqua la rangée de grilles couronnées de pointes qui se dressaient derrière le chœur de l'église. Une seconde rangée tenait lieu de balustre le long des marches menant à une porte qui était peut-être celle de la sacristie. Quelqu'un avait attaché une gerbe de ballons multicolores à l'une des pointes. Sans doute y avait-il eu un rassemblement d'enfants par ici. En songeant à Daniel, qui adorait les ballons mais avait horreur du bruit qu'ils faisaient en éclatant, il poussa le portail qui donnait sur le jardin et s'engagea dans le sentier.

Les corolles blanches des anémones japonaises scintillaient dans l'obscurité. L'endroit était envahi par les moustiques et par d'autres insectes de taille plus modeste mais tout aussi redoutables : moucherons et cousins qui dansaient dans l'air chaud. Une chauve-souris plongea vers lui, suivie d'une autre. Il se souvint que Sally avait ces bestioles en horreur, une étrange superstition — la seule qu'elle ait jamais manifestée — lui faisant croire qu'elles adorent se nicher dans les cheveux des femmes avant de les mordre. Roman se moquait des chauve-souris mais la présence des moustiques, surtout en telle quantité, deviendrait vite insupportable.

Il n'y avait pas une seule pierre tombale. Il se demanda pourquoi. À leur place, on apercevait des chaises de jardin, en assez grand nombre pour accueillir une douzaine de personnes. Au-delà il n'y avait plus rien, en dehors des arbres, des buissons de symphorine et des grandes herbes qui rejoignaient un peu plus bas le sentier et l'eau sombre, jaunâtre. Une clôture métallique érigée à cet endroit formait une barrière impressionnante entre la lisière du jardin et la berge du canal, mais on pouvait la franchir. Roman l'escalada, les yeux fixés sur le pont suivant, où il serait en sécurité. Les sans-abri vont traditionnellement dormir sous les ponts — n'y avait-il pas une chanson sur ce thème ? Une ballade de Merle Haggard, évoquant le royaume que s'inventent ceux qui dorment sous les ponts ?

Il sauta de l'autre côté et rejoignit le sentier. Il commençait à faire sombre, une lumière émanant du pont se reflétait sur l'eau huileuse. Une rambarde métallique formait une sorte de protection pour ceux qui se seraient approchés trop près du bord, sous l'arche du pont. La lumière brillait sur sa ligne argentée. Il ne se trouvait plus qu'à quelques mètres lorsqu'il s'aperçut que la zone protégée par la voûte de brique sombre abritait déjà un occupant. Quelle que soit la couleur d'origine de leurs vêtements, les sans-abri donnent toujours l'impression d'être habillés en noir. Leurs tenues s'assombrissent, maculées par la crasse et le temps, et de loin, lorsqu'ils sont en groupe, ils font penser à des statues de bronze.

Aux premiers temps de ses errances dans les rues, Roman était dans le même cas. Et l'individu qu'il apercevait ne faisait pas exception à la règle. Avec son baluchon, ses couches de haillons noirâtres, graisseux, retenus par des ficelles — malgré la chaleur de la nuit — et sa peau qui avait à peu près la même teinte que ses bottes avachies ou que le lambeau de tissu noué autour de son cou, il semblait une vivante incarnation de la saleté. Son visage émergea entre son foulard chiffonné et son chapeau cabossé — un visage aussi sombre que celui d'un Noir, mais au profil acéré, au long nez crochu, à la peau rugueuse et grêlée.

Il aurait pu parler en apercevant Roman, reconnaître en lui un membre de la même confrérie, mais il ne le fit pas. À cet instant précis, Roman eut brusquement conscience de sa propreté, de son nouveau sac à dos, de ses habits scrupuleusement lavés et pour certains même flambant neufs. Il eut envie de rire, lorsque l'homme sous le pont le dévisagea d'un air mauvais et lui fit signe de déguerpir, en brandissant le poing. Pour qui le prenait-il ? Pour un touriste égaré ? Mais il comprit soudain qu'il devait en avoir l'allure, qu'il s'était bel et bien égaré et qu'il ne lui restait plus qu'à agir comme le touriste en question.

— D'accord, lança-t-il. Je ne vous importunerai pas. Bonne nuit.

Ce fut l'ultime déclic. Il remonta la berge, franchit dans l'autre sens la clôture du cimetière, repassa devant la porte bleue et prit ensuite la direction de Camden Town où, grâce à sa respectabilité retrouvée, un petit hôtel bon marché accepterait sans difficulté de l'héberger pour la nuit.

25

À 8 HEURES ET DEMIE, Bean ne s'étant toujours pas présenté, elle emmena elle-même Gushi dans le Parc. Il faisait déjà très chaud. L'herbe était humide et couverte de rosée. Aucun souffle de vent n'agitait les arbres, dont le feuillage retombait et semblait dégouliner des branches comme un liquide poisseux. Le soleil, dont les rayons transformaient lentement les pelouses et les parterres en désert, lui brûlait le visage et les bras.

Elle remonta la Grande Allée, longea le restaurant et traversa le pont principal. Les moustiques avaient déjà entamé leur sarabande à la surface de l'eau brune et écumeuse. La première fois qu'elle était venue par ici, quelques mois plus tôt, la juxtaposition incongrue des deux Cercles, intérieur et extérieur, l'avait déroutée, et elle avait eu tendance à s'égarer dans le dédale des parterres. Mais à présent, elle aurait pu dessiner le plan du Parc les yeux fermés. Elle obliqua sur la gauche, s'engagea dans l'allée qui prenait juste derrière le théâtre et croisa une femme qu'elle n'avait jamais vue auparavant mais dont Gushi connaissait visiblement fort bien le chien.

Le terrier et lui s'immobilisèrent museau contre museau, en agitant la queue, avant de se flairer le derrière. Ils se mirent ensuite à jouer, faisant mine de se battre en grognant et en se roulant dans l'herbe. La femme se retourna et esquissa un sourire. Mary se souvint avoir vu ce petit chien noir, vif et enjoué, parmi la troupe qui attendait, attachée au portail de Charlotte Cottage.

La femme ne se présenta pas, même après que Mary lui eut dit qui elle était.

— Ce fichu Bean nous a une fois de plus laissées tomber, dit-elle.

— Je croyais avoir mal compris la date de son retour, dit Mary.

— Oh, non. Il devait reprendre le travail ce matin. Je suppose que le temps était bien trop agréable au bord de la mer. Nous le verrons réapparaître demain, la queue entre les jambes.

L'image était involontairement si appropriée que Mary faillit pouffer de rire, mais elle se retint. Elle rappela Gushi et dut même aller le tirer par la laisse, puis poursuivit son chemin sans avoir appris le nom de la propriétaire de McBride. Lorsqu'elle repassa par le Parc pour se rendre au musée, il faisait nettement plus chaud. Le ciel bleu blanchissait déjà et l'atmosphère était chargée d'humidité. Les animaux qu'elle apercevait dans le zoo ne semblaient pas souffrir davantage de cette chaleur que du froid en hiver : ils déambulaient placidement dans leurs cages et ne s'animaient que pour attraper la nourriture qu'on leur lançait. Un peu plus haut, dans Albert Road, planait une odeur infecte, âcre et chaude, d'essence et de gaz d'échappement. Elle aperçut un groupe de sans-abri étendus sur la pelouse, dans le jardin de l'église. On aurait pu les prendre pour de simples badauds profitant du soleil s'ils n'avaient arboré ces haillons, ces visages meurtris, ces mains calleuses et rudes.

Dorothea dit à Mary qu'elle pouvait s'absenter toute la semaine prochaine : cela ne posait aucun problème, Gordon viendrait la seconder. Il était normal qu'elle prenne quelques jours de congé à l'occasion de son mariage. Mais Mary se souvint qu'Alistair devait passer lundi pour lui apporter son mystérieux cadeau et songea que la modification de ce rendez-vous risquait d'entraîner de nouvelles difficultés. De surcroît, elle n'avait pas vraiment de grands préparatifs à faire pour le mariage. Elle lui répondit donc qu'elle s'absenterait seulement à partir du mercredi matin, si cela convenait à Gordon et Dorothea.

— Dans ce cas, rentre plus tôt cet après-midi, lui dit Dorothea. Personne ne va venir admirer des crinolines et des corsets par une journée pareille.

Effectivement, aucun visiteur ou presque ne se présenta au musée. À 16 heures, Mary était chez elle, prête à accueillir

Bean qui devait passer à 16h15. Mais cette fois encore, il ne se montra pas. Elle attendit une demi-heure, puis composa le numéro de Bean, à York Terrace. Personne ne répondit. Leo arriva juste après 17 heures et ils allèrent s'asseoir à l'ombre, dans le jardin, burent du thé, puis débouchèrent une bouteille de vin. Le jardin était envahi de papillons orangés et de petits lépidoptères aux ailes cuivrées. Gushi s'était allongé sous un buisson de lilas et haletait bruyamment, la langue pendante.

Leo se rappelait le nom de la propriétaire de Spots et ils trouvèrent son numéro dans l'annuaire. Mais Mrs Sellers n'avait pas revu Bean ni eu de ses nouvelles depuis plus d'une semaine. Mary et Leo sortirent promener Gushi eux-mêmes lorsqu'il fit un peu moins chaud, bien que la fraîcheur fût toute relative. Sur le chemin du retour, tandis qu'ils marchaient en se tenant par la taille, il lui demanda de venir passer la nuit chez lui, à Edis Street. Mais si elle acceptait, elle ne serait pas là lorsque Bean se présenterait le lendemain matin, comme elle était convaincue qu'il le ferait. Leo n'insista pas. Il l'embrassa et lui dit qu'il passerait à Charlotte Cottage avant son réveil. Il entrerait sans faire de bruit et irait la rejoindre dans son lit, si elle était d'accord.

— Cela me convient tout à fait, dit-elle en souriant.

Le lendemain, après avoir fait l'amour à moitié réveillée avec Leo, elle se rendormit dans ses bras. Leurs corps nus étaient encore moites de sueur lorsqu'elle regarda enfin le réveil. Il était presque 9 heures.

Bean n'était pas venu. Il avait la manie de sonner en appuyant de toutes ses forces sur le bouton et en insistant jusqu'à ce qu'on vienne lui ouvrir. Elle l'aurait forcément entendu. Il se serait arrangé pour que ce soit le cas.

Elle enfila une robe de chambre et descendit au rez-de-chaussée. Leo avait ramassé le courrier en arrivant et l'avait posé sur la table de l'entrée à son intention. Une lettre des Blackburn-Norris, postée à Cape Cod, lui annonçait leur retour plus tôt que prévu. Ils regagneraient Londres le 19 août.

Elle prépara du thé pour Leo, le lui monta et lui montra la lettre :

— L'ordre de libération...

— Je pensais bien qu'il s'agissait de ça, dit Leo. Tu pourras donc venir vivre avec ton époux deux jours après notre mariage.

Pendant une heure ou deux, cette nouvelle éclipsa dans son esprit le problème de Bean. Mais à 10 heures et demie, elle appela Mrs Sellers, chez qui il ne s'était pas davantage présenté. Mrs Sellers lui communiqua le numéro de l'actrice Lisl Pring, à qui Mary téléphona ensuite. Loin d'être simplement ennuyée, Lisl Pring se faisait du souci. Elle n'avait pas de problèmes concernant Marietta, son caniche chocolat : son petit ami l'emmenait se promener deux fois par jour en le faisant trotter derrière sa bicyclette. Il tenait à garder la ligne et si cet exercice devait se prolonger, cela ne le dérangeait pas. Mais qu'était-il arrivé à Bean ? Jamais il ne se serait absenté de la sorte, à moins d'être à l'article de la mort. Elle transmit à Mary le nom des autres clients de Bean.

Mary et Leo sortirent pour promener Gushi. Il faisait trop chaud pour aller bien loin. Au retour, Gushi avala quasiment un demi-litre d'eau et retourna s'étendre sous le buisson de lilas. Après avoir appelé l'Express Tikka & Pizza et demandé qu'on leur livre deux *thali* pour le déjeuner, ainsi que des condiments et des *nan*, elle téléphona à Erna Morosini.

Non, ce n'était pas elle que Mary avait croisée au Parc la veille. Son chien n'était pas un terrier.

— Le mien, c'est le briquet qui est toujours en chaleur, lui dit-elle. Vous le connaissez sûrement. Mon compagnon prétend que je devrais le faire opérer, mais j'espère encore avoir des petits chiots un jour.

— Bean..., commença Mary.

Mrs Morosini l'interrompit.

— Oui. Il s'est volatilisé, n'est-ce pas ? Il m'avait laissé son numéro à Brighton, sur mon insistance. J'ai appelé là-bas et j'ai parlé à sa sœur : elle n'a pas vu pointer le bout de son nez. Enfin, elle-même n'est rentrée qu'hier, mais elle n'a pas aperçu la moindre trace de son passage.

Comme si Bean était un terrier qui s'était échappé et allait revenir sans son collier, l'oreille basse et le poil ensanglanté...

Leur repas arriva juste avant 13 heures, livré par la camionnette rouge et blanche. Le chauffeur avait renoncé à sa toque de cuisinier et portait en tout et pour tout un short et une veste rouge et blanche. Ils mangèrent leurs *thali* dehors, à l'ombre du cytisier et du cerisier du Japon. Tout se déroula bien jusqu'à ce que Leo sorte pour le dessert des framboises et des nectarines qu'il avait apportées : une nuée de guêpes les obligea à se réfugier à l'intérieur. Ils installèrent Gushi dans le coin le plus frais de la maison, sur une banquette de la chambre orientée au nord. Mary s'apprêtait à demander à Leo comment il avait prévu d'occuper l'après-midi, mais il devança sa question et l'attira sur le lit.

— Ne redescendons pas tout de suite, dit-il.

Les grilles avaient été ouvertes une heure plus tôt et ils emmenèrent le chien dans le Parc avant que la température ne monte. Un marathon s'y déroulait. Le circuit faisait le tour du Cercle extérieur, passait par Chester Road, longeait une partie du Cercle intérieur, ressortait à York Bridge et débouchait à nouveau sur le Cercle extérieur. Le parcours prévoyait sans doute deux ou trois tours. Tous les coureurs étaient des hommes, remarquablement maigres, le visage tordu par l'effort ou la douleur. Les tee-shirts qui adhéraient à leurs poitrines osseuses étaient aussi trempés que s'ils sortaient du lavage.

Leo dit qu'il se sentait fatigué rien qu'à les regarder. Mary le dévisagea avec inquiétude.

— Tu te sens bien, n'est-ce pas ? Ces promenades ne te demandent pas trop d'efforts ?

— C'est une fatigue par procuration, dit-il en riant. Je me sens épuisé à leur place.

Mais tandis qu'ils rentraient, tendrement enlacés, serrés l'un contre l'autre, elle repensa à la transplantation et eut l'étrange sentiment que le processus se poursuivait en permanence : que lorsqu'ils se promenaient ensemble comme en ce moment ou qu'ils étaient au lit, serrés l'un contre l'autre, le flux d'énergie qui émanait d'elle continuait à se déverser en lui, tel un sérum qu'on aurait injecté dans une veine perpétuellement transfusée. Elle se pencha vers lui, l'embrassa sur la joue et sentit l'étreinte de Leo se resserrer, sa main lui caresser la taille.

— Si jamais Bean se présentait maintenant, nous serions obligés de le laisser repartir bredouille, dit Leo lorsqu'ils furent rentrés et que Gushi alla s'allonger, épuisé, sur le carrelage de la cuisine. Mais je ne pense pas qu'il viendra. Et toi ?

— Non, je ne crois pas. Tu sais, Leo, il a peut-être eu un malaise à son domicile, il est peut-être mort. Je ne pense pas que quelqu'un soit allé jeter un coup d'œil chez lui. C'est un homme âgé, il est plus vieux qu'il n'en a l'air.

— Il a un peu plus de soixante-dix ans.

Mary le dévisagea, étonnée.

— Comment le sais-tu ?

— Comment le sais-je ? Voyons voir... Il a dû me le dire le soir où il est passé ici, pour le certificat. Regarde-moi, Mary. Éprouves-tu de l'affection pour Bean ?

— De l'affection ? Je ne me suis pas posé la question. Non, je n'ai pas la moindre affection pour lui. À vrai dire, je ne l'aime pas beaucoup.

— Dans ce cas, tout va bien. Ne te fais pas de souci pour lui. Oublie-le.

Leo sortit pour acheter les journaux du dimanche. Ils parcoururent ensemble les pages immobilières, à la recherche d'éventuelles maisons à vendre dans le quartier de Saint John's Wood et de Hampstead. Leo téléphona même au numéro qu'indiquait l'une des petites annonces, mais personne ne répondit. Bean n'était pas venu. Juste avant le repas, Lisl Pring appela, tout excitée parce qu'elle avait trouvé quelqu'un d'autre pour s'occuper de son chien. Une femme, une certaine Amelia Walker — Walker la promeneuse, n'était-ce pas hilarant ?

Mary la remercia mais lui dit qu'elle pouvait difficilement engager quelqu'un pour s'occuper de Gushi en l'absence de ses propriétaires. D'ici leur retour, elle continuerait à le promener elle-même. Leo déclara que la température était bien trop élevée pour faire quoi que ce soit, hormis se reposer, et que le lit était plus confortable que le canapé des Blackburn-Norris. Il faisait plus de trente-cinq degrés.

— Pourquoi donne-t-on toujours les températures sous abri ? demanda-t-il. C'est aussi absurde que mesquin. Il doit faire plus de quarante degrés en plein soleil. Pourquoi les prend-on toujours à l'ombre ?

— Sans doute parce que le soleil ne brille pas en permanence.

— Mon amour... Tu as l'air triste. Ne sois pas si mélancolique.

— D'accord, dit-elle. Je vais faire un effort.

Ils firent l'amour lentement, leurs corps s'étreignaient et s'écartaient l'un de l'autre avec de petits bruits de succion. La sueur était comme une nouvelle sécrétion amoureuse, plus fine, plus fraîche et fortement salée. Mary goûta cette saveur du bout de la langue, en perçut la légère âcreté lorsqu'elle coula dans ses yeux. Ils s'endormirent à moitié, leurs paumes moites refermées sur le relief humide d'un ventre ou d'une épaule. La sueur ruisselait entre ses seins.

Les fenêtres étaient grandes ouvertes, mais aucune brise n'agitait les lourds rideaux tirés. Le bourdonnement saccadé d'une abeille, tour à tour paniquée et rassurée, réveilla Mary. Étendue, elle la regarda chercher une issue à la croisée des rideaux et trouver enfin le chemin de la liberté. Leo dormait toujours. Elle se leva, prit une douche et revint dans la chambre, enveloppée dans un drap de bain. Le spectacle qu'elle découvrit lui fit pousser un cri : des larmes ruisselaient sur le visage assoupi de Leo. Ce n'était pas de la transpiration, mais de véritables larmes. Il pleurait dans son sommeil.

Elle savait qu'elle devait lui en parler, l'interroger à ce sujet, mais repoussa la chose à plus tard. Il avait l'air si heureux lorsqu'il se réveilla, lui proposant d'aller manger quelque part en fin de soirée, lorsque la chaleur se serait estompée et que la nuit commencerait à tomber. Et s'ils retournaient dans ce petit restaurant italien où ils étaient allés au tout début, le lendemain de leur première rencontre ?

D'ici là, il fallait promener Gushi. Il faisait trop chaud pour aller bien loin. Dans le Parc, la plupart des gens étaient allongés sur les pelouses jaunies par le soleil.

— On dirait qu'ils sont morts, dit Leo. Ils me font penser à des cadavres sur un champ de bataille, après la fin des combats.

C'était l'occasion rêvée. Elle lui demanda gentiment, tendrement :

— Pourquoi pleurais-tu dans ton sommeil, Leo ? Ton visage était inondé de larmes.

— C'était sans doute de la sueur, dit-il d'un ton léger.

Elle aurait difficilement pu s'exprimer avec plus de douceur si elle s'était adressée à un enfant effrayé :

— C'étaient des larmes, mon amour. Tu pleurais pour de bon.

— J'ai dû faire un cauchemar. Cela nous arrive à tous.

— Il devait être épouvantable.

Il refusa d'en dire davantage et se mit au contraire à parler des gens qui s'étendaient au soleil, de cette manie du bronzage, caractéristique de la deuxième moitié du XXe siècle, qui disparaîtrait aussi vite qu'elle était apparue. Ils mirent sa laisse à Gushi et prirent le chemin du retour, en longeant le terrain de jeux pour enfants et en sortant par Gloucester Gate. Une voiture de police était garée devant Charlotte Cottage. Les policiers avaient abandonné leur véhicule pour aller s'abriter à l'ombre du porche. Lorsque Mary et Leo arrivèrent devant la porte, le plus âgé d'entre eux sortit sa plaque d'identité.

— Inspecteur Marnock.

Son acolyte, un sergent, marmonna un nom que Mary ne saisit pas.

— Pouvons-nous entrer ?

Ce fut Leo qui répondit.

— De quoi s'agit-il ?

— Et vous êtes monsieur...

— Nash. Leo Nash.

— Eh bien, Mr Nash, c'est au sujet de Leslie Bean. Connaissez-vous un individu de ce nom ?

La main se Mary se crispa sur le bras de Leo.

— Que lui est-il arrivé ?

Ils avaient tous rejoint le salon. Gushi, telle une petite boule de fourrure, sauta sur les genoux du sergent et s'y allongea, fixant le visage peu avenant du policier avec un air d'admiration servile.

— Pouvez-vous nous dire ce qui lui est arrivé ? demanda Leo.

— Peut-être. Mais à condition que vous nous aidiez. Ainsi que vous, miss Jago. J'ai cru comprendre que vous le connaissiez. Il promenait votre chien. Vous le voyiez régulièrement ?

— Oui, tous les jours.

— Vous pourriez donc le reconnaître ?

— Bien sûr que oui.

Elle eut l'impression que Marnock luttait contre une tendance innée à réfréner ses propos devant ses interlocuteurs. Certains préceptes tels que « Je ne suis pas autorisé à vous le dire », ou « Il m'est impossible de répondre à cette question » devaient être gravés, enracinés en lui. Mais visiblement, il était en train de se demander ce qu'il pouvait leur révéler sans se montrer pour autant trop indiscret, afin de s'assurer leur collaboration.

— Une certaine miss Bean nous a contactés pour nous signaler la disparition de son frère. Nul ne l'a plus revu depuis la soirée du vendredi 4.

— Et puis ? demanda abruptement Leo.

— Le samedi 5, le cadavre d'un homme non identifié a été découvert dans les parages de Kent Terrace.

— Mais il s'agissait d'un sans-abri, dit Mary.

— C'est ce que nous avons pensé au début. Depuis plusieurs jours, nous avons abandonné cette hypothèse. Vous ne croyez sûrement pas tout ce que vous lisez dans les journaux. Eh bien, nous ne pensons pas qu'il faille attribuer ce meurtre à celui que la presse a surnommé l'Empaleur.

— Pourquoi donc ?

Comme Marnock hésitait, le sergent répondit :

— Nous ne sommes pas autorisés à vous le dire. (De toute évidence, c'était un amoureux des chiens, et il caressa les oreilles de Gushi.) Les vêtements que portait la victime ne lui appartenaient pas. On les lui a mis après l'avoir tué.

— En guise de plaisanterie, sans doute, ajouta Marnock. Les psychopathes ont parfois un macabre sens de l'humour. Eh bien, miss Jago, Mr Nash... Nous avons fait preuve d'une franchise tout à fait inhabituelle à votre égard. Dans un certain but, cela va sans dire. Nous avons un service à vous demander. Les autres clientes de Mr Bean n'ont naturellement guère envie...

— Envie de quoi ? demanda Leo.

— D'identifier le cadavre, monsieur.

Mary le regarda, horrifiée.

— Sa sœur peut assurément s'en charger ! s'exclama-t-elle.

— Elle a quatre-vingts ans, répondit le sergent. De surcroît, cela fait vingt-cinq ans qu'elle ne l'a pas revu. (Il émit un petit rire, brusquement plus confiant.) Oui, cela paraît un peu étrange mais c'est pourtant la vérité. Il allait passer quelques jours chez elle en son absence et quittait les lieux avant son retour. Et cela se reproduisait tous les ans. Ils ne s'étaient pas retrouvés face à face depuis un quart de siècle.

Ils s'y rendirent tous les deux.

Il faisait froid à la morgue, où régnait une odeur prégnante et glacée. Mary crut qu'il s'agissait de l'odeur de la mort, de la décomposition impossible à chasser, mais Leo lui dit que c'étaient les effluves du formaldéhyde.

Elle était là pour identifier le corps, dans la mesure du possible, et Leo pour la soutenir, la réconforter. Il n'avait entrevu Bean qu'une fois — et encore très brièvement, le soir, sous une lumière artificielle.

Les cadavres étaient conservés dans des tiroirs métalliques et verts, semblables à des rangées de fichiers. Mary se dit qu'il était affreux d'échouer dans un pareil endroit au terme de sa vie, même s'il ne s'agissait que d'un séjour provisoire. On tira l'un des tiroirs et on souleva devant elle une bâche en plastique.

Elle s'attendait à éprouver un choc, une violente répulsion, et s'était préparée tout le long du trajet, mais ce fut avec calme et sans ressentir d'émotion particulière qu'elle contempla le visage du mort. Il s'agissait bien de Bean, cela ne faisait aucun doute, mais on aurait dit son effigie en cire, telle qu'on aurait pu l'exposer chez Mme Tussaud. Ces traits figés, ce visage livide semblaient n'avoir jamais été vivants : on aurait dit qu'ils sortaient d'un moule, qu'ils avaient été modelés ainsi.

— Oui, dit-elle. C'est... c'est bien Mr Bean.

— Vous en êtes certaine, miss Jago ?

Avait-elle donné l'impression d'hésiter ? Impossible d'expliquer à ce policier le sentiment d'horreur que la mort faisait planer dans ces lieux désolés, l'étonnement qu'elle éprouvait en constatant ce qu'un homme devenait, au terme de son périple — une simple effigie dans un tiroir métallique.

— J'en suis absolument certaine, dit-elle.

Cette visite les avait tous les deux ébranlés, Leo et elle. Encore sous le choc, ils déclinèrent l'offre des policiers, qui proposaient de les reconduire chez eux. Ils avaient besoin d'échapper à cette atmosphère, aux questions de la police, à la présence du cadavre de Bean. Ils leur dirent qu'ils rentreraient par leurs propres moyens. Ils abandonnèrent l'idée de retourner manger dans ce petit restaurant italien. Mary n'avait plus le moindre appétit. Ils marchèrent un moment, main dans la main, en échangeant de temps en temps des regards moroses, jusqu'à ce que Leo lui dise :

— Souris donc, je t'en prie. Pour moi. Tu as été formidable, là-bas. Tu n'as pas bronché, tu étais impassible, solide comme un roc. Pourquoi dit-on d'ailleurs que les rocs sont solides ? Ils le sont, bien évidemment, tout le monde le sait. Mais pourquoi les avoir choisis eux, plutôt que les falaises ou les murs de béton ?

— Il faudrait poser la question à un géologue.

— Ce qui m'a le plus remué dans cette affaire, c'est que je dois me rendre demain à un enterrement.

Elle se tourna vers lui, surprise par cette banale déclaration, alors que les tentatives antérieures de Leo pour la distraire s'étaient révélées vaines.

— Tu ne m'en avais pas parlé, dit-elle.

— Non. Il s'agit d'un vieil ami de ma famille. Quelle barbe... Je parle de l'enterrement, pas de l'ami en question.

Il n'en dit pas davantage jusqu'à ce qu'ils aient regagné la maison. Elle remarqua qu'il avait les yeux gonflés, comme s'il avait retenu ses larmes. Lorsqu'il reprit la parole, sa voix était rauque, éraillée.

— Les funérailles auront lieu l'après-midi. Ma mère sera présente et je dois la raccompagner après la cérémonie. Je ne te verrai sans doute pas de la journée.

— Leo, puisque ta mère est à Londres, ne pourrais-je pas la rencontrer ? Et pourquoi n'assisterait-elle pas à notre mariage ?

Il l'attira à lui et prit doucement son visage dans ses mains.

— Tu es si belle... Je ne me lasserai jamais de contempler ton visage. Pas un seul jour ne passera sans que j'aie envie de te regarder.

— Je t'ai posé une question au sujet de ta mère, dit-elle en souriant.

— À partir de demain, je compte tirer un trait sur ma famille. Ce seront nos dernières retrouvailles. Ils n'en sauront rien, mais je n'ai pas l'intention de les revoir.

Ellc s'agenouilla devant le fauteuil où il était assis et Leo se pencha pour l'enlacer.

— Je ne rentrerai donc pas chez moi ce soir, dit-il. Rien au monde ne me fera bouger d'ici.

— Essayons tout de même de monter jusqu'au premier, dit-elle.

26

AU COURS DE LA NUIT, une fois de plus, il pleura dans son sommeil. Il n'émettait pas le moindre son mais lorsqu'il se tourna et que son visage toucha celui de Mary, elle sentit de l'humidité sur sa joue. C'était l'aube et elle vit distinctement briller ses larmes.

Le matin, il se leva avant elle et lui remonta du thé, ainsi que le courrier : le journal, divers prospectus, une notification des impôts destinée à Sir Stewart Blackburn-Norris, des publicités pour des locations de voitures. Il paraissait si enjoué, évoquant ironiquement et avec des mimiques faussement accablées l'épreuve qui l'attendait, qu'elle décida de ne rien lui dire. Il avait l'intention de porter un costume sombre pour les funérailles : Mary l'approuvait, car cela correspondait à sa propre conception des convenances et de la bienséance.

Pourtant, il refusait toujours de lui parler de l'enterrement, de lui expliquer qui était cet ami de la famille et pour quelles raisons sa mère devait y assister. Elle finit par se demander si c'était à cause de la mort de cet ami que Leo avait pleuré durant la nuit, mais elle avait le sentiment qu'il valait mieux éviter de lui poser la question. Peut-être, un jour, lui en parlerait-il. Il prit sa main dans la sienne au cours du petit déjeuner. Puis ils allèrent promener Gushi dans le Parc. Lorsqu'ils arrivèrent devant la fontaine des Parsis, Leo la quitta pour prendre la direction du pont Saint Mark et de Primrose Hill.

Cette séparation rappela à Mary l'après-midi où il l'avait laissée à Covent Garden. Elle regarda sa silhouette disparaître, comme en ce jour lointain. Il ne lui avait jamais expliqué de manière satisfaisante pourquoi il l'avait brusquement quittée ce jour-là, alors qu'il avait apparemment l'intention de passer la soirée avec elle. Mais cela importait-il encore ? Aujourd'hui, il l'avait embrassée tendrement en la serrant dans ses bras et en lui murmurant qu'il l'aimait.

Un groupe d'une douzaine d'enfants débarqua au musée à 16 heures. C'étaient des Écossais de Lanark qui effectuaient un voyage scolaire à Londres et qui, après avoir visité la maison de Sherlock Holmes, étaient venus jusqu'ici à bord de leur minibus. Mary leur montra les lieux, se chargeant elle-même de la visite guidée : leur professeur, qui était sur les rotules, avait préféré cette solution plutôt que de confier une cassette et un baladeur à chaque enfant.

C'était le genre de journée où elle aurait bien aimé qu'il y ait l'air conditionné ; mais l'installation aurait été trop compliquée pour cette petite maison aux pièces minuscules, dans un pays où la canicule ne dure jamais bien longtemps. La porte d'entrée restait constamment ouverte, ainsi que la fenêtre de la boutique, mais il régnait tout de même une chaleur intenable. Le soleil tapait et il n'y avait pas un souffle d'air. Dans la boutique où les enfants, comme la plupart des visiteurs, semblaient plus intéressés par les reproductions destinées à la vente que par les objets originaux exposés dans le musée, les brochures et les cartes postales étalées sur le comptoir commençaient à se racornir sous l'effet de la chaleur.

À 17 heures, l'atmosphère ne s'était pas rafraîchie et Alistair n'était toujours pas arrivé. Mary se dit qu'elle n'avait plus qu'à l'attendre. Elle aurait eu honte à présent de le fuir. Cela lui semblait relever d'une forme de puérilité dont elle voulait s'affranchir mais qui était loin de déplaire à Alistair, en dépit de ses critiques. La faiblesse et la déraison des femmes accentuaient son sentiment de supériorité, de puissance, et lui permettaient de justifier sa propre condescendance.

Après le départ de Stacey, Mary sortit et alla s'asseoir à l'ombre, sur la petite murette qui bordait le jardin. Lorsqu'il faisait aussi chaud, le soir, la vie dans les rues de Londres prenait une allure quasi méditerranéenne. Les restaurateurs installaient sur les trottoirs des tables, des chaises et des parasols bariolés à l'attention des clients qui préféraient dîner en plein air. Les marchands s'asseyaient sur le seuil de leurs boutiques une demi-heure avant la fermeture. Tous les auvents étaient baissés et devant le café de Saint John's Wood Terrace, de l'autre côté de la rue, quelqu'un déversait des seaux d'eau sur le dallage.

Elle regarda la vapeur qui s'élevait du trottoir mouillé. Ses pensées se tournèrent vers Leo, comme cela avait été le cas pendant une bonne partie de la journée. Elle avait l'intuition que le fait de se retrouver en compagnie de sa mère et de son frère devait être aussi pénible pour lui que l'enterrement lui-même. Les relations qu'il entretenait avec son frère lui paraissaient de jour en jour plus mystérieuses. S'il l'aimait autant, pourquoi voulait-il rompre avec lui ? Elle venait de décider de ne plus jamais demander à Leo de lui présenter sa mère ou son frère lorsqu'elle releva les yeux et aperçut Alistair qui arrivait, descendant Ordnance Hill depuis la station de métro. Son cadeau devait être minuscule. Il n'avait pas de veste et ne tenait à la main que la mince sacoche qu'elle lui avait offerte jadis, non sans avoir déjà songé à l'époque qu'elle était trop petite et ne pouvait quasiment rien contenir, en dehors de quelques feuilles de papier et d'un agenda.

Il lui adressa un petit signe en l'apercevant mais n'accéléra pas l'allure. Il faisait trop chaud pour se hâter. Malgré elle, elle se souvint qu'autrefois, en le voyant apparaître au loin, son cœur se mettait à battre et un frisson parcourait tout son corps. Elle n'éprouvait plus rien pour lui à présent, pas même un infime soupçon de regret. Il souffrait visiblement de la chaleur, son visage écarlate ruisselait de sueur et la transpiration plaquait ses cheveux sur son crâne. Lorsqu'il posa la main sur son épaule, elle lui parut moite à travers l'étoffe légère de son chemisier. Elle se dégagea et fit demi-tour en direction du musée. Puis elle songea brusquement, comme si l'idée ne l'avait encore jamais effleurée, que c'était peut-être la dernière fois qu'ils se rencontraient, qu'ils n'auraient probablement plus jamais l'occasion de se revoir. Ils avaient eu une liaison, ils avaient cru s'aimer autrefois — et peut-être avait-ce été le cas, bien que cela n'ait pas duré. Il était triste, un peu sinistre même de voir leur histoire se terminer ainsi.

— Allons prendre un verre au café d'en face, lui dit-elle.

Il haussa les sourcils. Elle n'avait jamais remarqué jusque-là à quel point son expression était déplaisante, lugubre, menaçante.

— Bien sûr, dit-il, et pendant que j'irai commander deux Perrier, tu en profiteras pour décamper, selon ta bonne habitude.

— Non, je te promets que ce ne sera pas le cas. (Ils avaient fait demi-tour et traversaient la rue, non sans réticence de la part d'Alistair.) Je pense, ajouta-t-elle, que nous ne devrions pas nous séparer sans une certaine...

— Cérémonie ?

— Du moins, sans nous être quittés correctement. Et nous être dit, peut-être, que nous n'éprouvons aucune rancune l'un pour l'autre.

Il éclata de rire. La serveuse arriva et il passa commande sans demander à Mary ce qu'elle souhaitait boire.

— Tu sembles croire, lui dit-il en pesant ses mots, que j'éprouve toujours à ton égard les mêmes sentiments qu'avant. J'imagine que cela flatte ton amour-propre. Eh bien, ce n'est pas le cas. Je ne t'aime plus. Quant à la rancune, j'en ai à revendre, on pourrait même dire que c'est la seule chose qui me reste. Et tout ce que je souhaite à présent, franchement, c'est ne plus entendre parler de toi.

Elle ne sut quoi lui répondre. La commande arriva : une grande bouteille de Perrier et deux verres garnis de glace et de rondelles de citron. Alistair se servit. Mary eut tout à coup l'affreux pressentiment qu'il allait remplir l'autre verre et le lui lancer au visage. Elle recula même légèrement sa chaise. Elle songea que durant une longue période, sa vie avait été gâchée par les pensées qui la traversaient, concernant tout le mal qu'Alistair risquait de lui faire, et que ces fantasmes excédaient de très loin ce dont il était effectivement coupable. Il vida les dernières gouttes de son verre, se pencha, ouvrit sa sacoche et en sortit un petit paquet rectangulaire d'un centimètre d'épaisseur et de la taille d'une cassette vidéo. Il l'avait visiblement emballé lui-même dans du papier rose, entouré d'un fin ruban argenté dont le nœud était orné de boucles tarabiscotées : les bords étaient grossièrement pliés et le ruban entortillé par endroits. Il y avait adjoint une carte où était imprimé le nom de Mary, en capitales relativement grandes mais irrégulières.

— Merci, dit-elle d'une voix faible.

— Il y a une dernière chose que je tiens à te dire : ne t'imagine surtout pas que tu pourras revenir me trouver. Je veux dire, quand les choses tourneront mal.

— Je suppose que tu as voulu dire : *si* les choses tournent mal..., répliqua-t-elle en se forçant à manifester une ironie qu'elle n'éprouvait guère.

— Non, Mary. Ça, c'est ce que tu crois *toi*. Jusqu'à ce que tu apprennes la vérité. Mais ne compte pas sur moi. Je ne viendrai pas te consoler. J'aurai trouvé quelqu'un pour te remplacer.

Lorsqu'elle avait pensé à cette rencontre, elle avait prévu de lui dire toutes sortes de choses, de lui souhaiter bonne chance pour l'avenir et même d'exprimer l'impossible espoir qu'ils puissent en arriver à mieux se connaître un jour. Mais maintenant, elle ne trouvait plus rien à lui dire, elle éprouvait seulement en sa présence une sorte de désespoir qui, elle le savait, se dissiperait aussitôt après son départ. C'était le genre d'homme qui lui donnerait toujours envie de fuir et elle se demanda pourquoi elle ne l'avait pas fait beaucoup plus tôt, des années auparavant.

Il paya l'addition et se leva brusquement, adoptant une pose dramatique. Elle le dévisagea, un peu inquiète, déjà sur le qui-vive.

— J'ignore si nous nous reverrons un jour, déclara-t-il avec emphase. Il vaut donc mieux nous dire définitivement adieu. Adieu, Mary, adieu à tout jamais !

Quelques touristes qui s'installaient à la table voisine se retournèrent pour le dévisager. Il répéta sa phrase :

— Adieu à tout jamais, Mary !

Il repoussa sa chaise, qui alla valdinguer sur le trottoir avant de se renverser. Puis il s'éloigna et disparut rapidement. Quelqu'un se mit à rire. Mary se sentait gênée et passablement secouée. Elle ramassa le paquet mais il était trop grand pour rentrer dans son sac minuscule. Elle allait devoir le porter à la main. Il faisait trop chaud pour marcher mais tant pis, elle rentrerait à pied. Elle resterait du côté ombragé en espérant qu'il était exact, comme on le prétendait, que les endorphines libérées par l'organisme lorsqu'on fait de l'exercice ont un effet apaisant et procurent une sensation de bien-être.

Plus que des endorphines, elle avait surtout besoin que quelqu'un la console. Leo, bien sûr. Mais au fond, c'était auprès de sa grand-mère qu'elle aurait aimé trouver refuge : celle-ci l'aurait prise dans ses bras comme lorsqu'elle était petite et l'aurait étreinte en silence. Mais sa grand-mère était morte, elle n'était plus que cendre et poussière. Leo était vivant, lui, il finirait par venir la rejoindre, même s'il devait passer la soirée avec sa famille. Lorsqu'il arriverait, elle irait lui ouvrir la porte et il la prendrait dans ses bras.

Elle pensa à l'homme qu'elle avait surnommé Nikolaï et songea qu'il était bizarrement l'une des rares personnes à qui elle aurait voulu parler, qui l'aurait écoutée et aurait accueilli des confidences dont elle-même comprenait à peine la nature. Mais lorsqu'elle atteignit Gloucester Gate, traversa la rue devant la servante de bronze et jeta un coup d'œil vers la Grotte, elle ne vit personne, et n'aperçut aucune trace de sa présence. Un paquet de cigarettes qu'on avait jeté par-dessus le mur flottait à la surface du bassin. À ce détail près, l'endroit était aussi propre qu'un jardin de banlieue.

Elle déposa le paquet d'Alistair sur la table de l'entrée. Gushi avait trop chaud pour se précipiter à sa rencontre. Elle le trouva étendu sur le carrelage froid de la cuisine, la langue pendante. Il était inutile de songer à le faire sortir pour l'instant. Peut-être attendrait-elle le retour de Leo, afin qu'ils aillent le promener ensemble. Elle caressa la tête du petit chien, lui versa de l'eau fraîche puis alla prendre une douche au premier, avant d'enfiler un pantalon et un tee-shirt.

Le téléphone sonna à cet instant précis. C'était Leo. Un jour, plusieurs années auparavant, elle avait parlé au téléphone avec Gordon, le mari de Dorothea, qui venait de subir une anesthésie. La voix de Leo lui rappela celle de Gordon ce jour-là : sourde, éraillée, rauque, comme s'il avait tout d'un coup terriblement vieilli.

— Je ne pourrai pas me libérer ce soir, lui dit-il. J'ignore quand ce sera possible. Les choses ne se sont pas... très bien passées. Je te verrai demain. (Il s'interrompit et elle crut percevoir un sanglot étouffé.) Ça ira comme ça ?

— Mais évidemment, Leo. Est-ce que je peux...

— Non. J'ignore ce que tu t'apprêtais à dire, mais tu ne peux rien faire. Personne ne le peut. Je m'en sortirai. Tu as vu Alistair ?

— Pour la dernière fois, j'en suis sûre. Il m'a donné son cadeau de mariage.

— De quoi s'agit-il ?

— Je ne sais pas. Je ne l'ai pas encore ouvert.

— Tu ferais peut-être mieux de t'en abstenir. Je ne serais pas surpris qu'il y ait une bombe à l'intérieur. (Sa voix avait pris une intonation hystérique et elle crut percevoir un nouveau sanglot.) Mary... Je suis désolé de ne pouvoir revenir ce soir.

— Ce n'est pas grave, dit-elle, je comprends.

Mais elle n'était pas certaine, en fin de compte, que ce soit réellement le cas. Et elle ressentait une amère déception. Pourquoi est-il toujours plus éprouvant de se retrouver seule par une belle soirée d'été que lorsqu'il pleut ou qu'il fait froid ? La nourriture qui était au frigo ne lui disait rien. Elle but un verre d'eau gazeuse, mangea une pêche et alla s'asseoir pour apporter les ultimes retouches au petit catalogue du musée. Il devait partir chez l'imprimeur d'ici la fin de la semaine. Lorsqu'il paraîtrait, elle ne s'appellerait plus Mary Jago, mais Mary Nash.

Allait-elle opter pour ce nouveau patronyme ou garder son nom de jeune fille ? Elle ne s'était pas encore posé la question. Quelque part dans le catalogue, une ligne indiquerait : « conception : Mary Jago », ou « Mary Nash ». Elle rédigea ce dernier nom pour voir de quoi il avait l'air, quelle réaction il lui inspirait. Beaucoup de gens lui auraient dit que cela porte malheur, qu'on ne doit pas écrire son nom d'épouse avant d'en avoir réellement le droit, c'est-à-dire avant que le mariage ait eu lieu. Elle essaya sa nouvelle signature, qui lui déplut, et prit quasiment la décision de conserver son nom de jeune fille.

Gushi, dans l'entrée, poussa un aboiement strident. Elle alla voir ce qui l'avait ainsi alarmé et aperçut sur le paillasson un nouveau prospectus de l'Express Tikka & Pizza. Le cadeau d'Alistair était toujours sur la table de l'entrée, là où elle l'avait posé, sous son emballage rose et argenté, son ruban emberlificoté et ses bords maladroitement pliés. Elle s'en empara et le rapporta au salon. Gushi sauta sur ses genoux et s'y pelotonna, roulé en boule comme un chat.

Des bouts de Scotch maintenaient l'emballage, sous le ruban. Ils se révélèrent particulièrement résistants et elle dut déloger Gushi pour aller chercher des ciseaux. Les paroles de Leo, prétendant que le paquet pouvait contenir une bombe, lui revinrent à l'esprit. C'était absurde, évidemment, il n'avait pas parlé sérieusement. Elle porta néanmoins le paquet à son oreille, comme pour y détecter un mécanisme d'horlogerie, et alla même jusqu'à le secouer, mais rien ne remua à l'intérieur.

Elle découpa le Scotch, puis les bords du paquet. Après avoir déplié l'emballage, elle découvrit une petite boîte plate et argentée, comme on en trouve au rayon des fournitures pour cadeaux, dans les papeteries. Le couvercle était retenu par un morceau de Scotch. Elle reprit les ciseaux et finit par en venir à bout. La boîte contenait du papier froissé et du coton tenant lieu de rembourrage, ainsi qu'une carte glissée dans une enveloppe.

C'était un drôle de choix de la part d'Alistair. Telle fut sa première réaction lorsqu'elle aperçut l'image des deux mariés, semblables à des poupées, l'homme en haut-de-forme et en jaquette, la femme en crinoline et en voile transparent, tous deux debout sur le glaçage décoré et alambiqué d'un gâteau enrobé de rubans. Au-dessous, la légende disait : *En vous souhaitant beaucoup de bonheur pour votre mariage.*

C'était donc ça, son cadeau ? Il n'y avait rien d'autre ? À l'intérieur de la carte une feuille était glissée, pliée en quatre : il s'agissait évidemment d'une lettre. Il n'y avait rien d'écrit sur la carte elle-même, pas même son nom. Elle songea un instant à ne pas déplier la lettre, à la jeter sans se donner la peine de la lire, redoutant les reproches et les sarcasmes d'Alistair. Mais ç'aurait été faire preuve de lâcheté. Cette lettre ne pouvait lui faire aucun mal. Ce n'étaient que des mots, émanant de quelqu'un qui ne représentait désormais plus rien pour elle. Elle la tenait entre le pouce et l'index, ne l'ayant toujours pas dépliée, lorsque la sonnerie du téléphone retentit à nouveau. Elle la garda à la main en allant décrocher : c'était une simple feuille de papier, de format standard, pliée en quatre.

— Je suis désolé... (C'était la voix de Leo.) Je suis désolé pour ce... pour ce débordement, tout à l'heure. Je suis chez mon frère mais il est sorti un instant et je t'ai rappelée dès que j'ai pu. Tu me pardonnes ?

— Il n'y a rien à pardonner. Tu te sens bien ?

— Ça va.

— J'aimerais que tu puisses revenir ici, dit-elle avec un peu de tristesse.

— Mary... Ma mère veut que je passe la nuit ici. Elle s'est déplacée. Nous ne nous reverrons peut-être plus pendant des années, si nous nous revoyons un jour. Tu sais bien ce que je t'ai dit : que ce serait notre dernière rencontre.

— Ne t'inquiète pas, dit-elle. Bien sûr que tu dois rester là-bas, tout ira bien de mon côté. (Après coup, elle se demanda pourquoi elle avait ensuite ajouté :) J'ai ouvert le paquet. Il n'y avait pas de bombe à l'intérieur, juste une carte et une lettre, et beaucoup de papier d'emballage.

— Je t'aime, dit-il. Je voulais simplement t'appeler pour te dire ça. Jeudi prochain, tu seras ma femme. C'est trop beau pour être vrai.

— C'est pourtant vrai, dit-elle.

Son frère devait être revenu dans la pièce. Il lui dit au revoir, ajouta qu'il la reverrait demain soir et raccrocha. Le fait de lui avoir rappelé qu'il revoyait sa famille pour la dernière fois la troubla vaguement et lui parut tout à coup peu naturel, dénué de fondement. Elle regretta de ne pas l'avoir interrogé sur ses motivations, ou de ne pas lui avoir simplement demandé plus de précisions. Quoi qu'il en soit, il n'était pas trop tard. Elle lui poserait la question demain.

Elle déplia la feuille de papier, qu'elle tenait toujours à la main.

Elle reconnut le sigle écarlate du Harvest Trust, en forme de champignon, l'adresse de leur siège à Battersea et, en face, ses propres coordonnées : Ms Mary Jago à Chatsworth Road, NW 10. Juste au-dessous, une ligne indiquait que la lettre émanait de Deborah Cox, la personne chargée de l'intérêt des donneurs. Elle avait été rédigée six jours plus tôt.

La première pensée de Mary fut de se dire que la lettre n'aurait pas dû être expédiée à son ancienne adresse. Mais elle se souvint qu'elle n'avait jamais prévenu le Trust d'un changement définitif de domicile, qu'elle leur avait seulement demandé d'envoyer une lettre — la dernière qu'elle pensait recevoir de leur part — aux bons soins de sa grand-mère. Elle se mit à lire :

Chère miss Jago,

Il est fort possible que vous soyez déjà informée de la nouvelle que je m'apprête à vous transmettre puisque vous étiez, me semble-t-il, en correspondance avec Mr Nash et l'avez même rencontré. Ce qui semble confirmé par le fait que nous n'avons reçu aucune réponse de votre part aux lettres que nous vous avons récemment adressées, pour vous informer de sa rechute et de la dégradation de son état de santé.

J'espère donc ne pas vous causer un trop grand choc, malgré la tristesse qu'implique une telle nouvelle, en vous informant que Mr Nash est mort hier. Il a rendu l'âme au cours de la nuit, à l'hospice où il avait été transféré deux semaines auparavant. Sa mère et son frère étaient à ses côtés.

En dépit de toute l'affliction que vous devez ressentir, sachez que grâce à votre généreux don, vous lui avez permis de vivre plus longuement, et dans de bien meilleures conditions qu'il n'aurait pu l'espérer autrement...

Mary reposa la lettre sur ses genoux. C'était tout bonnement incompréhensible. Comment la mort de Leo aurait-elle pu lui faire un choc alors qu'elle venait de lui parler, cinq minutes plus tôt ? Ils avaient fait une erreur. Ils les avaient confondus, Leo et elle, avec d'autres personnes, ils s'étaient embrouillés dans leurs dossiers.

Elle reprit la lettre et la relut. *Ce qui semble confirmé par le fait que nous n'avons reçu aucune réponse de votre part aux lettres que nous vous avons récemment adressées...* De quelles lettres parlaient-ils ? Des rapports concernant l'évolution de la greffe, qu'Alistair avait reçus, ouverts et subtilisés ? Elle se sentit brusquement frigorifiée et alla se placer au soleil, devant les fenêtres ouvertes, laissant ses rayons la réchauffer. *Mr Nash est mort hier...*

À 19 heures, il était trop tard pour les appeler et leur demander des explications. Le choc initial cédait lentement place à la colère et à l'indignation. Alistair était tout autant à blâmer que le Trust, puisqu'il avait entériné leur erreur, évidemment par méchanceté. Il lui avait envoyé cette lettre comme cadeau de mariage, ce qui était l'acte le plus vindicatif qu'il ait jamais commis à son égard.

La sonnerie retentit plusieurs fois. Il décrocha enfin :

— Alistair Winter.

— Alistair, c'est Mary. J'imagine que tu entrevois les raisons de mon appel...

Il raccrocha et la tonalité se déclencha. Mary fixa le combiné d'un air incrédule. Le sang lui monta au visage, à l'endroit où il l'avait frappée : elle posa sa main glacée sur sa joue et sentit qu'elle était brûlante. Au bout de quelques secondes, elle alla se verser une rasade de cognac et l'avala d'un trait. L'alcool la fit s'étrangler mais sa chaleur se diffusa dans tout son corps. Elle se força à inspirer profondément, à plusieurs reprises. La malveillance d'Alistair l'avait profondément secouée. Derrière son silence, à l'autre bout du fil, il lui avait semblé percevoir son triomphe et sa jubilation.

Mais elle songea ensuite que ce n'était pas lui qui avait écrit cette lettre. Il s'était contenté de la lui transmettre. Il s'agissait d'un document réel, émanant d'une institution existante, et non d'un faux qu'Alistair aurait rédigé. Il n'avait été que l'instrument, l'intermédiaire ayant fait en sorte qu'elle lui parvienne.

Il n'était plus temps de se laisser aller à ses tergiversations anciennes. Évitant de réfléchir, elle composa le numéro du frère de Leo, à Redferry Road. La sonnerie retentit longuement dans le vide : de toute évidence, personne n'allait répondre. Leo lui avait dit qu'il resterait là-bas mais n'y était visiblement plus. Ce qui ne signifiait pas grand-chose. Son frère et lui pouvaient être allés boire un verre, à moins qu'il n'ait raccompagné sa mère, quel que soit l'endroit où celle-ci logeait. Simplement, il était étrange — et cela lui parut même tout à coup suspect, incongru — qu'il ait prétendu vouloir rompre avec son frère et ne plus jamais revoir sa mère, alors qu'il s'attardait en leur compagnie et s'apprêtait à passer une longue soirée avec eux.

Elle avait besoin de montrer cette lettre, de parler de ces événements à quelqu'un qui aurait porté sur eux un regard détaché, dénué de passion. Au bout d'un moment, elle appela Dorothea; mais au lieu de lui révéler le contenu de la lettre, elle lui demanda sans la moindre préméditation si cela ne la dérangeait pas qu'elle s'abstienne de venir le lendemain. Il était convenu qu'elle prendrait une semaine de congé à partir de mercredi, mais pouvait-elle entamer ses vacances un jour plus tôt?

— Bien sûr, lui dit Dorothea. Où est le problème? Gordon te remplacera. Tout va bien? Tu as l'air un peu tendue... Un soupçon d'angoisse prénuptiale?

— Je suppose, dit Mary en se forçant à sourire au combiné, comme si Dorothea pouvait la voir. Merci, Dorrie.

— Souviens-toi qu'il s'agit de ton mariage. Pas de ton enterrement.

— Oui.

Il était impossible, il aurait même été grotesque de lire la lettre ou d'en parler à Dorothea. Ainsi qu'à n'importe qui, sans doute. Elle la reprit, la relut une fois de plus et découvrit un détail qui lui avait jusqu'alors échappé. Sous l'adresse du Harvest Trust figurait le numéro de téléphone personnel de Deborah Cox. Mary ne se sentait pas très bien. Peut-être était-ce dû au cognac, ou au fait de ne pas avoir mangé depuis un bon moment. Elle se demanda pourquoi elle avait dit à Dorothea qu'elle n'irait pas au musée le lendemain. Que redoutait-elle ? Quel spectre l'attendait ?

La peur de savoir commençait à l'emporter sur la peur de ne pas savoir. Et si elle détruisait cette lettre maintenant, la déchirait et la brûlait dans un cendrier ? Ou en faisait un feu de joie dans le jardin ? Elle ferait mine de ne jamais l'avoir reçue, prétendrait que le paquet d'Alistair contenait une simple carte de vœux, ne révélerait rien de tout cela à Leo... Elle composa le numéro de Deborah Cox.

Celle-ci décrocha à la seconde sonnerie. Sans attendre que Mary lui ait expliqué ce qui motivait son appel, elle lui demanda si elle avait besoin d'assistance. Le Trust serait heureux de lui fournir tout le soutien psychologique nécessaire. Elle le lui conseillait d'autant plus que Mary avait écrit à Leo Nash, qu'elle avait fait sa connaissance.

— Vous l'avez vraiment rencontré ? ajouta-t-elle.

Mary hésita. Elle s'était mise à trembler, ses genoux s'entrechoquaient. Elle ne sut jamais comment elle réussit à mentir de façon aussi éhontée.

— Non, dit-elle. Non, nous ne nous sommes pas rencontrés.

— Mais vous étiez en contact avec lui ? Par correspondance ?

— Oui. Nous étions en contact. (Mary dut s'éclaircir la gorge.) À quoi ressemblait-il ?

— Je vous demande pardon ?

— À quoi ressemblait-il ? répéta-t-elle. Leo Nash. (Elle s'étranglait en parlant mais le mensonge passa facilement.) Je lui avais demandé une photo mais il ne m'en a pas envoyé.

— Blond, assez petit, 1,65 m environ, les yeux foncés. Il est sans doute préférable que vous ne l'ayez pas rencontré. Un donneur peut se trouver affectivement attiré par le bénéficiaire.

Cela découle de la nature même de la greffe et rend les choses plus difficiles, en cas de décès.

— Vous disiez qu'il avait un frère...

— C'est exact. De dix ans plus âgé. Ils partageaient un appartement. Mais je vous déconseille de vous mettre en rapport avec lui, si c'est ce que vous me demandez. Eh bien, voulez-vous que nous prenions rendez-vous pour ce soutien psychologique...

Mary lui répondit que non, qu'elle la remerciait mais que ce n'était pas nécessaire, et reposa très doucement le combiné.

27

HOB ÉTAIT en pleine forme.

Cela faisait plus d'une semaine qu'il n'avait pas eu de crise. Il avait presque oublié ce qu'il éprouvait dans ces cas-là, ou lorsqu'il était simplement mal en point, car il faisait en sorte de ne jamais retomber des hauteurs où il planait au point de s'en souvenir. Il était suffisamment riche pour rester en forme pendant des mois, un an peut-être, sans même avoir besoin de travailler. Le plus comique, c'est qu'on lui avait proposé ces jours-ci autant de travail qu'au cours des années écoulées et que bien évidemment, cela lui avait rapporté encore plus d'argent pour garder la forme.

Il se demandait pourquoi les choses avaient tourné ainsi et avait interrogé Lew à ce sujet. Il n'aurait jamais osé poser la question à quelqu'un d'autre depuis que Carl avait disparu. Lew était vieux, décati, il était dans le circuit depuis sa jeunesse, dans les années 70, et il lui avait répondu que c'était simplement la conséquence de l'attitude positive de Hob. Il était sûr de lui et en harmonie avec son moi profond. Les gens le sentaient et venaient le trouver lorsqu'ils avaient besoin de quelqu'un pour un boulot quelconque. On lui avait confié trois missions depuis le gros contrat — le plus gros de sa carrière — et ironiquement, l'une d'elles consistait à tabasser une deuxième fois ce connard qui se prenait pour ce qu'il n'était pas, celui qui habitait à Saint Mark's Crescent.

Hob n'avait pas passé beaucoup de temps chez lui. Son appartement était une vraie poubelle, de toute façon. En dépit des promesses du syndic, les ouvriers n'étaient pas venus remplacer les vitres. Peut-être avait-il mal compris la lettre, d'ailleurs, et n'avait-il jamais été question que les travaux soient faits. Quoi qu'il en soit, il ne pouvait pas vivre cloîtré de la sorte dans un cube sans lumière, où régnait une chaleur intenable : on se serait cru dans un four à micro-ondes. Il s'était donc plus ou moins résolu à vivre en plein air, ce qui s'était révélé très agréable. Il avait l'impression d'être en vacances, c'était beaucoup plus drôle que de partir à Corfou. D'ailleurs, il n'avait jamais aimé les bains de mer.

Il errait dans le Parc, à Primrose Hill et dans les jardins de Saint John's Church, s'asseyant sur les bancs ou s'allongeant dans l'herbe. Le jour, il allait s'attabler à la terrasse de l'un ou l'autre des débits de boisson. Il buvait mais mangeait rarement, en dehors d'une glace Magnum ou d'un sachet de chips. Lorsqu'il était en forme, il se souciait peu de se nourrir. Il buvait surtout de la vodka et parfois, pour changer, de la tequila. Au bout de quelques jours, il en avait acheté une bouteille de chaque et les trimballait avec lui, mais dans un vrai sac à dos, pas dans un de ces sachets en plastique qu'affectionnaient les mendiants. Le sac à dos contenait également son matériel, le pommeau d'arrosoir, le briquet, une provision de pailles — il les récupérait au comptoir quand il allait payer —, ainsi bien sûr que des réserves de came. Il n'était pas question de se trouver à court. La simple idée qu'une crise puisse se profiler à l'horizon le faisait frissonner.

Il disséminait ses pailles à travers tout le Parc. Il se demandait parfois, en gloussant intérieurement, si quelqu'un l'avait remarqué et avait été intrigué par ce phénomène : d'où provenaient toutes ces pailles qui émergeaient des rosiers, jonchaient les parterres ou flottaient sous les ponts, à la surface écumeuse de l'eau. Comme c'était un petit plaisantin, il en avait fiché une entre les lèvres de la servante de bronze et avait tressé une couronne avec six autres pailles, qu'il avait déposée au sommet de la fontaine de Sir Cowasjee Jehangir. Cela l'avait bien fait rigoler. Une autre fois, il avait acheté une carte postale représentant le lac et ses embarcations et se l'était adressée. Il était obligé de repasser chez lui de temps à autre pour changer de vêtements et regarder des extraits de la retransmission des championnats d'athlétisme de Trent Bridge à la télé. Lorsqu'il avait pénétré dans cette étuve qu'était son appartement, il avait trouvé la carte sur son paillasson et avait lu : « Quel tant superbe, domage que tu soi pas là. Je t'enbrasse, Hob. »

Cela l'avait fait rire aux larmes. Il n'avait jamais rien vu d'aussi tordant : recevoir une carte qu'il s'était écrite à lui-même, comme s'il était quelqu'un d'autre. Il se roulait par terre de rire et se sentait si excité qu'il lui fallut une bonne dose de vodka pour retrouver son calme. Il avait commencé à perdre du poids. Cela ne se voyait pas sur son visage — qui restait aussi massif, épais et charnu que jamais —, mais son corps maigrissait et sa peau formait des plis, retombait autour de sa taille, aussi flasque qu'une vieille chaussette qu'on vient d'ôter. Un jour, Leo lui avait parlé d'une fille de sa connaissance qui était assez grosse, il l'avait même qualifiée d'obèse, et qui pour une raison quelconque était devenue anorexique : sa peau pendouillait, suspendue à ses os comme des lambeaux d'étoffe et il avait fallu l'opérer, en couper des morceaux et la recoudre de tous les côtés, tout ça aux frais de la Sécu Il commençait à se demander s'il n'allait pas devoir subir le même sort. Mais c'était évidemment impossible : jamais il ne supporterait d'être hospitalisé, il aurait une crise dès le premier jour.

Maintenant qu'il était riche, il pouvait s'offrir tout le crack qu'il voulait, ainsi que de l'extasy et de la poussière d'ange quand il y en avait dans le secteur. L'héroïne pure ne lui était d'aucune utilité car il ne supportait pas les piqûres, ce pourquoi l'arrivée du crack avait été une telle bénédiction, un tel don des dieux. L'unique fois où il avait tenté de se piquer, il était tombé dans les pommes. Dieu sait ce qui s'était passé quand il était môme et qu'on l'avait vacciné contre la polio ou autre... Il n'avait jamais posé la question à sa mère, mais sans doute était-elle trop saoule ce jour-là, ou trop flemmarde pour l'accompagner.

Il ne voulait plus penser à l'époque — cela remontait à un an ou deux — où il en était réduit à renifler l'ozone contenu dans les bombes aérosol de ces infects détachants. Il préférait songer aux deux autres boulots qu'on lui avait confiés : briser la jambe d'un crétin, du côté de Chalk Farm, et passer à tabac un autre enfoiré, derrière Lisson Grove. Il avait reçu un Hawaï pour chacune des opérations mais estimait que ce n'était pas cher payé, surtout pour le travail de Chalk Farm : fracturer une jambe n'était pas une mince affaire, même pour un crack comme lui. Sa plaisanterie l'enchanta et il partit d'un nouvel éclat de rire.

Le soir, la plupart du temps, il allait effectuer son rituel dans la Grotte, au bord du bassin. Le mendiant à l'accent distingué avait fichu le camp. Les propriétaires de la maison en reconstruction — le chantier avait débuté depuis des mois — avaient érigé de nouvelles clôtures et des montagnes de barbelés. Il ne comprenait même pas qu'on puisse déployer autant d'efforts pour décourager les intrus. Ce n'était pas ce genre de barrière qui l'empêcherait d'entrer, pas plus que n'importe quel vagabond un tant soit peu dégourdi. Il s'assit sur la margelle du bassin, dans la pénombre saturée d'insectes, plaça le petit caillou dans l'entonnoir, vissa l'embout, inséra deux pailles neuves, alluma la substance avec le briquet, fixa le couvercle métallique.

La substance cristalline grésilla et s'effrita. Bien qu'il fût loin d'être en manque, il ressentit un frisson, une excitation intense lorsque la fumée douce et veloutée pénétra dans ses poumons. Plus tard dans la soirée, il prendrait une tablette d'extasy, à moins qu'il ne fume un peu de PCB. Et si cela l'excitait trop, il se calmerait en avalant deux cycles — du cyclobarbitone de calcium au cas où vous l'ignoreriez, pauvres incultes... Il faut être alcoolique pour comprendre l'alcoolisme, et il n'y a qu'un camé pour saisir la nature du long voyage vers l'oubli.

Il se mit à glousser, sans pouvoir se retenir. Il donna libre cours à son rire, le laissa éclater franchement, en se roulant sur les dalles et le sol poussiéreux, au milieu des feuilles sèches qui craquaient sous son poids. Quelqu'un se pencha au-dessus du parapet et le dévisagea. Hob distinguait à peine dans l'obscurité son visage longiligne et grêlé. L'homme le considéra un bon moment, fasciné par le spectacle de ce type qui se roulait par terre comme un chien dans la boue.

Lorsqu'il sentit que cela avait assez duré, il cessa de rire et de se contorsionner. Il était parfaitement maître de lui. Il remballa son matériel dans le sac à dos, but une rasade de vodka et aperçut les objets qu'il trimballait avec lui depuis plus d'une semaine : une casquette de base-ball rouge et un tee-shirt représentant une famille d'éléphants. Ce qui serait du dernier comique, songea-t-il, ce serait de les apporter demain matin à la succursale d'Oxfam, dans Camden High Street, en s'assurant qu'ils les mettent bien en vitrine.

Il quitta la Grotte et traversa aux feux, au bout d'Albany Street. Resongeant à son idée, il se remit à glousser. Après s'être assuré que personne ne l'observait, mais sans cesser de ricaner, il escalada les grilles effilées de Gloucester Gate et disparut dans les ténèbres immobiles du Parc.

Sa solitude la rendait d'autant plus vulnérable. Elle était dans le même état d'esprit que quelqu'un qu'on vient d'abandonner sur une île déserte et qui regarde le bateau s'éloigner sur l'immensité de la mer : personne au monde ne sait ou ne s'inquiète de savoir où il est ni ce qui lui est arrivé.

Elle tenait Gushi serré contre elle. Longtemps, bien longtemps plus tard, il lui arriva parfois de songer que la présence du petit chien blotti dans ses bras et lui léchant les mains l'avait empêchée de sombrer dans la folie. En le serrant contre elle, en recherchant sa chaleur malgré cette journée caniculaire, elle se rendait compte qu'elle avait été victime d'une monstrueuse imposture, mais ne comprenait ni comment ni pourquoi celle-ci avait été perpétrée. Elle ne savait même pas qui en était l'auteur, puisqu'elle n'avait aucun moyen de découvrir l'identité de Leo. Le simple fait de chercher à résoudre cette énigme la faisait frissonner. Elle avait aussi froid que s'il avait gelé à l'extérieur et que la neige avait recouvert le Parc.

Elle était sans doute restée assise plus d'une heure ainsi, immobile, en état de choc, réfléchissant à peine, car lorsqu'elle regarda l'horloge il était 21 heures et l'obscurité était tombée. Elle alluma la lampe sur la table et une nuée de papillons s'engouffra aussitôt dans la pièce. C'était la lumière qui les attirait et ils se pressaient autour de la lampe. Leurs ailes étaient jaunes, brunes, noir et blanc pour l'un d'eux, tacheté comme un dalmatien. Elle pensa au rire de Leo, à ce fameux « certificat pour un dalmatien » et poussa un petit cri de douleur. Elle éteignit, sachant que les ténèbres chasseraient les insectes, et composa une fois encore le numéro de Redferry House, la bouche sèche et la gorge serrée. Personne ne répondit. Elle ne rappellerait plus. Elle en prit brusquement la décision. Ne serait-ce que parce que, de manière absurde, elle n'avait pas la moindre idée de ce qu'elle allait dire.

La perspective de la nuit qui l'attendait était affreuse. Elle allait être interminable, solitaire, insupportable. Mary monta au premier, se rendit à la salle de bains et trouva dans l'armoire à pharmacie des Blackburn-Norris un flacon de gélules dont l'étiquette indiquait, outre le nom de Lady Blackburn-Norris et la mention « en cas d'insomnie », l'intitulé du médicament et la posologie recommandée : un ou deux cachets avant de se coucher.

Elle fit sortir Gushi dans le jardin. La nuit était chaude et douce ; sur la voûte violette et veloutée du ciel, quelques étoiles étaient visibles, ce qui à Londres est un phénomène rarissime. Gushi se mit à gémir à cause des chauve-souris qui voltigeaient au-dessus de lui, aussi le ramena-t-elle à l'intérieur. Après avoir verrouillé les portes et installé le petit chien au pied de son lit, elle ouvrit en grand les fenêtres de la chambre, se déshabilla, alla chercher un verre d'eau et avala successivement deux gélules. Elle eut à peine le temps de s'étendre : le sommeil s'abattit sur elle tel un spectre encapuchonné, drapé dans son manteau noir, l'enveloppant et l'absorbant dans ses bras déployés comme des ailes.

Au petit matin, vers 5 ou 6 heures, elle s'éveilla, totalement hébétée par le somnifère. Elle se souvint de la présence de Leo à ses côtés et de leurs étreintes passionnées. Quelle que soit son identité réelle, il avait fait l'amour avec elle à d'innombrables reprises, la caressant doucement ou l'étreignant au contraire avec passion, en lui murmurant des mots doux. Elle se leva et se précipita juste à temps dans la salle de bains. Elle avait des haut-le-cœur, de violentes nausées lui tordaient l'estomac et montaient à sa gorge. Elle vomit abondamment avant de s'écrouler sur le carrelage, totalement vidée.

Elle se rendormit au bout d'un moment, jusqu'à ce que Gushi vienne lui réclamer une sortie en collant sa truffe froide comme un glaçon contre son épaule nue. Elle se releva, enfila une robe de chambre. Dehors, une nouvelle journée splendide avait commencé, le ciel était bleu et le soleil brillait intensément, bien qu'invisible d'ici.

Le téléphone se mit à sonner alors qu'elle revenait du jardin. Personne ne connaissait ce numéro en dehors de Leo, ou plutôt de l'individu qui s'était fait passer pour lui. Alistair le possédait aussi mais elle avait la certitude, comme s'il s'agissait là d'une loi naturelle, qu'il ne la rappellerait pas, qu'ils n'auraient plus jamais l'occasion de se reparler. Elle laissa retentir longuement la sonnerie, en regardant l'appareil, et finit par décrocher.

C'était Deborah Cox.

La première question qui lui vint à l'esprit était parfaitement secondaire :

— Comment avez-vous déniché ce numéro ? demanda-t-elle. Je ne vous l'avais pas donné.

— J'ai appelé le service où l'on peut obtenir le numéro de son dernier correspondant.

— Ah, oui. Bien sûr. Qu'est-ce que vous voulez ? (Elle ne s'était jamais exprimée de manière aussi impolie.) Excusez-moi, se reprit-elle. Que puis-je pour vous ?

— Je voulais vous informer de quelque chose. Vous sembliez tellement intéressée par Leo Nash, par sa personnalité, son physique... Je ne suis pas certaine d'avoir le droit de vous le dire, cela restera entre nous, et je sais que vous êtes discrète.

Elle ne savait quasiment rien d'elle...

— De quoi s'agit-il ?

— Lorsqu'il a rechuté, dit Deborah Cox, Leo a refusé qu'on vous demande si vous accepteriez de subir un second prélèvement. Vous étiez le seul donneur possible, mais il s'est formellement opposé à ce qu'on vous fasse cette proposition.

— Je ne comprends pas, dit Mary d'un ton distant.

— Il nous a dit qu'il ne voulait pas vous imposer cette épreuve une seconde fois — l'hospitalisation, l'anesthésie générale qui comporte toujours un risque, la convalescence qui s'ensuit, etc. Il s'y refusait. Nous avons fait tout ce qui était en notre pouvoir pour le convaincre, mais il n'a pas changé d'avis. J'ai pensé que vous aimeriez le savoir.

— Vous voulez dire qu'il s'est comporté en héros ? dit Mary. Comme un chevalier dans son armure étincelante, ou un ascète détaché de tout — c'est bien ça ? Quelqu'un qui renonce noblement à la vie afin de m'éviter une semaine d'inconfort ?

À l'autre bout du fil, le silence de son interlocutrice était visiblement scandalisé.

— Franchement, Mary, reprit enfin Deborah Cox, je ne m'étais pas rendu compte que vous étiez à ce point perturbée.

Vous avez indéniablement besoin d'un soutien thérapeutique, aussi le rendez-vous que je vous proposais...

Non sans se demander si elle n'était pas en train d'abandonner ses bonnes manières et de se comporter avec goujaterie, Mary reposa doucement le combiné sur son support.

L'homme, quel que soit son nom, celui qui l'avait abusée et menée en bateau, finirait par revenir ici, comme il le faisait toujours lorsqu'il n'avait pas passé la nuit avec elle. La chaleur s'étendait déjà, comme si l'on avait plaqué un gigantesque couvercle sur une marmite afin d'y maintenir la vapeur. En quittant la relative fraîcheur de Charlotte Cottage, Mary eut l'impression de plonger dans une étuve, dont la chaleur moite l'enveloppait comme une couverture. Elle avait laissé Gushi à la maison. Il faisait trop chaud pour le promener ces temps-ci, et il se contentait de prendre l'air deux fois par jour dans le jardin. Elle sortait pour éviter l'homme qui avait été son amant mais auquel elle ne pouvait plus penser en ces termes sans avoir de nouveau la nausée.

Elle regrettait à présent d'avoir demandé ce jour de congé à Dorothea. Au musée, elle se serait au moins sentie protégée, en sécurité, dans un endroit où il ne risquait pas de la retrouver. Elle ne savait pas où aller, en dehors du Parc, mais lorsqu'elle y pénétra, en prenant soin de passer par Chester Gate — plus au nord, près du zoo, elle risquait de le rencontrer —, elle songea que cette fuite ne pouvait pas durer. Ils allaient forcément se revoir, c'était inévitable. Il ne pouvait pas savoir qu'Alistair l'avait démasqué et qu'elle avait découvert le pot aux roses. Aujourd'hui sans doute, à un quelconque moment de la journée, ils allaient se retrouver face à face. Elle se remit à trembler. Elle se sentait affaiblie, diminuée, le somnifère agissait encore sur elle et elle alla s'asseoir sur un banc, à l'ombre des arbres, le long de la Grande Allée.

C'était le surlendemain qu'ils auraient dû se marier. Il l'aurait épousée, bien sûr. C'était cela, son seul et unique but : l'épouser pour mettre la main sur sa fortune et sur cette immense maison de Belsize Avenue. Les larmes lui montèrent aux yeux et coulèrent le long de ses joues. Il avait été si convaincant, si doux, si *gentil*... C'était un merveilleux acteur. Mais qui pouvait-il être pour avoir été en mesure de lui montrer l'acte de naissance officiel de Leo Nash, lui déclarer qu'il avait un frère du nom de Carl et prétendre avoir reçu son don de moelle épinière ? Comment pouvait-il à la fois être *mort* et en vie ?

L'homme qu'elle avait jadis surnommé Nikolaï était venu s'asseoir à l'autre bout du banc. Elle ne l'avait pas entendu arriver, peut-être était-il là depuis cinq minutes, un quart d'heure... Ses larmes et ses pensées l'avaient coupée du monde extérieur.

— Ne pleurez pas, dit-il avant d'ajouter : Que se passe-t-il ?

Elle leva la tête, tourna les yeux vers lui. Sa vue était brouillée par les larmes mais elle était certaine qu'il n'avait plus le même aspect. Le changement était subtil, indéfinissable, car il avait toujours sa barbe et portait les mêmes vêtements — jeans, tee-shirt, veste en toile — et les mêmes godillots qu'avant. Mais c'était un homme ordinaire à présent, et non plus un clochard. Cela devait venir de l'éclat affermi de ses yeux ou de sa contenance, de son maintien plus assuré.

Mary s'en tint à la réplique classique, mais que pouvait-elle dire d'autre à un étranger :

— Ce n'est rien.

— Vous êtes malheureuse, dit-il. Préférez-vous que je m'en aille ?

Sa récente goujaterie avait tout de même des limites.

— Non, bien sûr que non, dit-elle en détournant les yeux. Je suis malheureuse. Et personne n'y peut rien.

L'homme parut hésiter.

— Voulez-vous m'en parler ? dit-il. Je veux dire : en parler à quelqu'un ?

Il songea brusquement qu'il n'avait raconté à personne ce qui était arrivé à sa femme et ses enfants. Il n'en parlait qu'à ce double de lui-même qui vivait au fond de lui. Tout ce que savaient les autres vagabonds, c'est qu'une tragédie quelconque avait bouleversé sa vie, comme d'autres tragédies avaient bouleversé la leur.

— Vous savez, reprit-il, le vieux cliché dit vrai : il est parfois préférable de parler à un étranger.

Elle secoua la tête et se leva. Comme l'homme protestait — c'était à lui de partir, pour rien au monde il ne voulait la chasser —, elle hocha de nouveau la tête et fit un geste de la main pour lui faire comprendre qu'il pouvait rester à sa place.

— Je suis incapable de parler, dit-elle. Ce n'est pas de... de l'inhibition. Mais je ne vois pas quoi vous dire. Je ne sais pas, vous comprenez, je *ne sais pas*.

Il lui adressa un regard sans expression, pour n'avoir l'air ni de l'encourager, ni de la décourager.

— Je ne sais pas ce qu'on m'a fait au juste, sauf que c'était affreux. Et cruel.

— Cela aide parfois de se mettre en colère, dit-il. Vous devriez essayer la colère.

Elle acquiesça machinalement. Il la regarda s'éloigner. Il était convaincu qu'un événement terrible venait de la frapper et, à cette pensée, il eut un brusque sentiment d'échec. Par sa présence, à ses côtés, il avait absurdement cru pouvoir lui épargner la souffrance, la protéger des affres de la vie. Pour qui se prenait-il ? Il n'avait pas été capable de se sauver lui-même, comment pouvait-il espérer sauver quelqu'un d'autre ?

Mais désormais, lorsqu'elle sortirait de chez elle, il ne la perdrait plus de vue.

28

EN REDESCENDANT de Saint Barbara's House, le foyer d'accueil pour femmes de Camden High Street où elle allait parfois passer la nuit, Effie s'arrêta pour regarder la devanture de la succursale d'Oxfam. Elle s'y attardait comme d'autres femmes le faisaient devant les vitrines de Selfridges ou de D. H. Evans. Les tarifs pratiqués par Oxfam étaient généralement bien au-dessus de ses moyens, mais une affaire était toujours possible : ils n'étaient pas forcément inabordables, contrairement à ceux de Harrod's par exemple. Elle avait besoin d'un tee-shirt, car il faisait horriblement chaud. Le seul exposé en vitrine était orné d'un motif censé représenter une famille d'éléphants : le père, la mère et leur progéniture. Il y avait belle lurette que Effie avait cessé d'avoir la moindre coquetterie, mais tout de même : se promener en exhibant sur sa poitrine une famille d'éléphants... D'ailleurs, il était nettement trop petit pour elle.

Quant à la casquette de base-ball, elle pouvait s'en passer. Son visage à la Humpty Dumpty aurait eu l'air d'un œuf surmonté d'une monstrueuse excroissance, coiffé d'un engin pareil. Peut-être ferait-elle bien de passer chez Sue Ryder pour le tee-shirt, si elle parvenait à se rappeler où se trouvait la boutique. Après avoir changé de main pour porter son barda, le transférant de gauche à droite, elle se remit en route et prit la direction de Gloucester Gate.

Dill passa un peu plus tard dans les parages pour aller encaisser son mandat mais ne regarda même pas la vitrine d'Oxfam, car il n'achetait jamais de vêtements. Les religieuses d'Eversholt Street, qui distribuaient de la soupe et des petits pains aux sans-abri cinq jours par semaine, avaient également des stocks de vêtements usagés, qu'elles leur donnaient. La nourriture de son briquet le préoccupait davantage, car il avait épuisé ses réserves : aussi attacha-t-il son chien à un parcmètre avant de se rendre au petit supermarché indien. Il y acheta cinq boîtes de Cesar, un menu de luxe, mais facilement transportable grâce à son emballage léger, en aluminium. Le briquet n'en ferait qu'une bouchée.

Roman passa également par là, en sortant de l'Hôtel Hawley pour se rendre à Lisson Grove, où se trouvait le siège de l'Agence pour l'emploi. Cela représentait une sacrée trotte, mais pour quelqu'un qui avait quotidiennement, ou presque, parcouru des kilomètres au cours des deux dernières années, la distance n'avait rien d'insurmontable. Lorsqu'il passa devant la succursale d'Oxfam, un vague sentiment de gêne l'empêcha de regarder la vitrine et il détourna délibérément les yeux. La veille, il leur avait donné tous les vêtements qu'il avait portés dans les rues — ceux du moins qui avaient survécu et qui étaient encore dans un état correct — après les avoir lavés et repassés avec le vieux fer de l'hôtel. Ils étaient très probablement exposés en devanture. Bien évidemment, il n'en avait pas retiré un centime, mais il était vaguement troublé par le fait que certaines personnes soient prêtes à acheter et à porter ses vieux habits. Aussi évita-t-il de regarder la vitrine.

Nello ne la regarda pas davantage en allant lui aussi encaisser son mandat, avant d'en dépenser la moitié au *Red Lion*. Le lycéen qui avait hérité des chiens de Bean (il s'était même débrouillé pour récupérer Marietta, initialement confiée à Amelia Walker) traînait sa troupe derrière lui lorsqu'il passa devant la devanture : il se rendait à la pharmacie où les ordonnances répétées de sa mère pour l'achat de tranquillisants étaient imperturbablement honorées. Les chiens n'apercevaient guère l'herbe du Parc ces derniers temps. Le gamin était trop occupé à faire ses emplettes ou à rester planté devant les machines à sous.

Il ne lui avait fallu que deux jours pour obtenir que la promenade du matin débute deux heures plus tard. Il attacha les chiens devant la pharmacie en faisant des nœuds si serrés que Ruby pouvait à peine lever la patte, ou Spots renifler le derrière de Charlie. Il demanda un nouveau flacon de cent chlormomachin-chose, ainsi que le produit qui figurait sur une autre ordonnance, destiné à son petit frère : celui-ci, encore bébé, empêchait régulièrement la famille de dormir. Il s'agissait d'un sirop au valium pour enfants. Le lycéen comptait le revendre, après l'avoir réparti dans des petites fioles de quarante millilitres. Il y avait un marché pour ce genre de produit, chez les accros qui s'en servaient pour faire baisser leur tension. Il remplirait ensuite le flacon de Valergon avec du sirop pour la toux et son frère continuerait sans doute à brailler une bonne partie de la nuit.

Seul l'un des clients de Bean aurait pu remarquer le tee-shirt et la casquette de base-ball, mais ils avaient rarement l'occasion de contempler les vitrines des boutiques de charité, et encore moins d'y pénétrer. De surcroît, Camden High Street était trop populaire, ou simplement trop bohème pour les Barker-Pryce, Erna Morosini, Mrs Sellers ou Edwina Goldsworthy, et pas assez à la mode aux yeux de Lisl Pring. Ce qui était d'ailleurs préférable pour le lycéen : sinon, ses employeurs auraient pu apercevoir leurs chiens saucissonnés aux lampadaires devant la galerie des machines à sous. Et par le plus grand des hasards, alors qu'elle n'avait même pas l'intention de pénétrer dans la boutique, ce fut Valerie Conway qui regarda la vitrine.

Elle habitait avec son petit ami juste derrière Camden High Street et se rendait à son travail : elle avait déniché un nouvel emploi, un poste de réceptionniste dans une succursale Peugeot. Lorsqu'ils avaient appris qu'elle avait bien connu Bean, qu'elle le voyait et lui parlait quotidiennement, ses voisins de Jamestown Road n'en étaient pas revenus. Ils s'étaient même étonnés que la police ne se soit pas adressée à elle pour identifier le corps.

— Ils ne savaient pas où me joindre, leur avait dit Valerie. Nous jouions à cache-cache en quelque sorte.

Mais elle n'était pas dénuée de sens civique. Et elle ne roulait pas sur l'or au point de mépriser les boutiques d'Oxfam. Sa sœur avait déniché une guêpière adorable dans une de leurs succursales et l'avait portée au cours de sa lune de miel à Bodrum. Valerie était à la recherche d'un bustier. Il y en avait justement un qui était exposé en plein milieu de la vitrine : on suggérait visiblement de le porter avec la casquette de base-ball rouge qui trônait sur la tête du mannequin en plâtre. Valerie pénétra dans la boutique. Son cœur battait désagréablement.

— Où avez-vous récupéré ce couvre-chef ? demanda-t-elle. Vous en souvenez-vous ?

— Vous voulez dire : qui nous l'a apporté ? répondit l'employé bénévole au visage morose. Je revois fort bien cette personne, mais il n'est pas dans nos habitudes d'exiger de nos donateurs qu'ils révèlent leur identité.

— À votre guise, dit Valerie. Je vous prends le bustier. Je vous posais la question, à propos de cette casquette de baseball, parce que la dernière fois que je l'ai vue, elle était sur le crâne d'un de ces types qu'on a retrouvés empalés sur les grilles.

Le jour prévu arriva, puis s'acheva. Le jour de leur mariage. Il ne s'était pas remontré et Mary comprit que d'une manière ou d'une autre, il avait dû apprendre qu'il était démasqué. La comédie était terminée. S'il était proche du véritable Leo Nash — et c'était forcément le cas —, peut-être le Harvest Trust l'avait-il informé qu'ils lui avaient communiqué la nouvelle. Après tout, elle aurait reçu cette lettre beaucoup plus tôt si Alistair n'avait pas tant tardé à la lui renvoyer.

Elle fut à la fois soulagée et déçue de ne pas le voir reparaître. Soulagée parce qu'elle avait honte de tout ce qu'elle lui avait dit, de ses aveux, de ses déclarations d'amour, de la relative rapidité avec laquelle elle s'était donnée à lui et, par la suite, du plaisir qu'elle y avait pris. Et déçue parce qu'elle était dans une rage folle. Même si, sur l'instant, elle avait eu l'air indifférente, elle avait suivi le conseil de Nikolaï : *Vous devriez essayer la colère*. Elle avait essayé, sans doute pour la première fois de sa vie.

La colère était venue, avait monté en elle et, en se développant, l'avait en quelque sorte libérée. Pourquoi ne lui avait-elle pas donné libre cours auparavant ? À l'égard d'Alistair par exemple ? Mais la colère qu'elle nourrissait à présent avait besoin de s'exprimer, de se manifester et ne pouvait éclater que devant *lui*. Et il n'était pas revenu, ne reviendrait plus jamais.

À sa place, ce fut la police qui débarqua.

Ils avaient encore besoin de son aide pour identifier cette fois-ci une casquette de base-ball rouge et un tee-shirt représentant des éléphants. Ces objets appartenaient-ils à Bean ? Les avait-elle vus sur lui ?

— Très souvent, leur dit-elle. Il portait cette casquette tous les jours lorsqu'il faisait chaud. Quant au tee-shirt, je ne l'ai vu qu'une fois, mais il était à lui.

Il devait y avoir en elle un tranchant, une fermeté inattendus, car elle eut l'impression que Marnock lui lança à une ou deux reprises un regard étonné. Avait-elle parfois vu Bean en compagnie de quelqu'un ? Lui arrivait-il, par exemple, d'être accompagné lorsqu'il venait prendre ou ramener Gushi ? Elle répondit par la négative à ces deux questions, sans la moindre hésitation. Les policiers la remercièrent et s'en allèrent.

Dorothea devait venir passer la soirée avec elle. Mary lui avait téléphoné la veille pour lui annoncer que le mariage était annulé, sans lui fournir de plus amples explications. Elle avait procédé de la même manière avec sa cousine de Guilford. Après tout, elle ne comprenait pas elle-même ce qui s'était passé : comment aurait-elle pu l'expliquer à d'autres ? Elle dénicha une bouteille de vin, le Chardonnay que Leo appréciait tant, puis appela l'Express Tikka & Pizza et commanda pour 20 heures du poulet *korma* accompagné de riz pilaf et de pommes de terre de Bombay.

L'une des qualités qu'elle appréciait le plus chez Dorothea était la facilité avec laquelle celle-ci acceptait qu'on refuse de s'expliquer ou d'aborder un sujet quelconque. Elle était discrète, savait garder un secret et comprenait que les gens aient envie de préserver un territoire intime, un domaine privé.

— Ne me pose pas de questions, lui dit Mary. Je te dis ça parce que je n'en sais vraiment rien moi-même. Peut-être trouverai-je un jour l'explication : dans ce cas, je t'en ferai part. Mais peut-être qu'alors tu n'auras plus envie de le savoir, que cela n'aura plus à tes yeux la moindre importance.

Dorothea avait apporté un panier de pêches et un bocal de crème caillée.

— Tu ferais mieux de mettre ça au frigo jusqu'à ce que nous mangions. (Puis elle ajouta sur le même ton :) Es-tu très malheureuse ?

— Je n'en sais rien. C'est une drôle de réponse mais franchement je l'ignore. Je suis folle de rage. Je n'ai jamais été à ce point en colère contre personne et c'est une impression étrange, nouvelle pour moi. Mais je suis incapable de donner libre cours à ma colère, parce que je ne sais pas où *il* est.

Elles s'installèrent sur la terrasse et burent du Campari avec de la glace, du jus d'orange et des rondelles de citron. Gushi s'était allongé dans l'herbe, à l'ombre du buisson de lilas, et faisait claquer ses mâchoires dès qu'un papillon passait à sa portée. Le ciel était d'un bleu très pâle, comme s'il avait été délavé à la suite d'une trop longue exposition sous un soleil de plomb. Mary perçut une odeur de fumée : les barbecues étant interdits, il devait s'agir d'un buisson qui avait pris feu quelque part, le long de la ligne de chemin de fer d'Euston. Il fallait régulièrement enrayer des débuts d'incendie provoqués par des mégots écrasés dans l'herbe sèche, laquelle s'enflammait comme de l'amadou.

— Je t'ai apporté le journal pour te changer les idées, dit Dorothea. Enfin, disons plutôt un torchon, une feuille à scandales. As-tu entendu parler d'un député du nom de Barker-Pryce ?

— Je ne crois pas.

— Le type qui a été assassiné, ton fameux Bean, a longtemps promené son chien. Gushi devait le connaître. Un golden retriever, baptisé Charlie.

— Je me souviens du chien.

Dorothea lui passa le journal. Il n'y avait pas beaucoup de texte en première page. La une était essentiellement occupée par des photos, coiffées d'un gros titre : *Le député et sa poupée*, suivi de la question : *Quel lien avait-il avec la dernière victime ?* L'une des photos montrait un homme âgé au regard courroucé, aux favoris broussailleux et aux cheveux en bataille, assis à une table dans un endroit qui ressemblait à un night-club mais qui aurait pu être un appartement privé, à côté d'une jeune femme outrageusement maquillée, dont les cheveux descendaient à la taille. Il avait un cigare vissé au coin des lèvres et ses doigts boudinés se détachaient nettement sur le bras de la fille, qu'il tenait enlacée et dont la tête était posée sur son épaule. La légende disait : *Une poupée reste une poupée mais rien ne vaut un bon cigare. James Barker-Pryce, député conservateur du district de Somers Town et South Hampstead, s'accorde un moment de détente en compagnie d'une amie*. L'autre photo, prise sur une plage quelconque, représentait Bean.

Mary ne se sentait pas vraiment concernée. Il n'est pas toujours évident de se changer les idées. Elle n'arrivait pas à se concentrer ; les lignes imprimées dansaient devant ses yeux.

— Tiens, dit-elle à Dorothea. Je préfère que tu me le lises.

— D'accord, j'adore faire la lecture. « Le chaînon manquant. Il est temps que le public sache la vérité. Quel lien unissait James Barker-Pryce, membre du Parlement, et Leslie Arthur Bean, l'homme qui gagnait sa vie en promenant des chiens et qui a récemment été assassiné ?

« Il y a quelques jours, la police a révélé que Bean n'était pas la nouvelle victime de l'Empaleur, mais que son meurtrier avait maquillé son crime de manière à le laisser penser. Leslie Bean était bien connu de l'amie dc Mr Barker-Pryce, miss Toy Townsende, vingt-trois ans, qui en a informé la police. “J'ai connu Les à l'époque où il était au service de mon ami, Mr Maurice Clitheroe. C'était il y a trois ou quatre ans. Les a ultérieurement été engagé par mon ami James Barker-Pryce pour promener Charlie, son splendide retriever, mais je crois qu'un désaccord a surgi entre eux, car Les avait cessé de s'occuper du chien, même s'il lui arrivait parfois de se rendre au domicile de Mr Barker-Pryce, à Regent's Park...” »

Dorothea s'interrompit.

— Tu as déjà entendu quelqu'un s'exprimer de cette façon ? Dans la réalité ?

— Tout cela me semble relever de la diffamation. Comment espèrent-ils s'en tirer ?

— Sans doute s'en moquent-ils... « En réponse aux questions que nous lui avons posées aujourd'hui par téléphone, Mr Barker-Pryce, soixante-huit ans, nous a déclaré qu'il n'avait aucun souvenir d'avoir été photographié en compagnie de miss Townsende et qu'il s'agissait peut-être de la jeune fille qui l'avait abordé tandis qu'il garait sa Bentley dans Paddington Street, London W1, il y a environ deux mois. Mrs Julia Barker-Pryce, soixante-deux ans, l'épouse du député depuis trente-trois ans, était dans l'incapacité de faire le moindre commentaire. Son mari et elle... » La suite page 2.

Dorothea tourna la page.

— Tiens, il y a une photo de la fille en maillot de bain. Difficile de la qualifier de poupée, pas vrai ? « Son mari et elle passent le week-end dans leur maison de campagne, à Upper Slaughter, dans le Gloucestershire... » Upper Slaughter ? C'est une plaisanterie ou quoi[1] ?

— Il y a réellement un village qui porte ce nom. Dorrie, tu n'as pas entendu la sonnerie de l'entrée ?

— Il ne me semble pas. Écoute la suite : « Mr Barker-Pryce a ultérieurement déclaré à l'un de nos reporters — ils ont dû faire le siège de sa maison de campagne... — qu'il ne s'était nullement disputé avec Mr Bean. "Comment cela aurait-il été possible ? C'était un simple employé, un ancien domestique, si j'ai bien compris. Je l'avais renvoyé à cause de son incompétence, et la rumeur selon laquelle il m'aurait rendu visite par la suite ou que j'aurais continué à lui verser de l'argent est totalement infondée"... » Ah ! Ce coup-ci, je suis sûre qu'on a sonné !

L'employé de l'Express Tikka avait fait le tour de la maison pour les dénicher. Vêtu d'un jean écarlate et de son habituel tee-shirt rouge et blanc, il portait un plateau garni de plats protégés par des couvercles et retenu devant lui par des bretelles, comme un sac à dos.

— Je suis désolée, lui dit Mary. Nous n'étions pas certaines d'avoir entendu sonner.

— Dois-je déposer cela à la cuisine ?

— Oui, s'il vous plaît.

Il pénétra dans la maison et réapparut quelques instants plus tard. Il fixa Dorothea d'un air hésitant, esquissa un sourire et lui dit :

— Je ne me trompe pas, madame ? Nous nous connaissons, n'est-ce pas ?

— Oui... Oui, vous conduisiez la camionnette du pressing, c'est ça ? Mais cela remonte bien à cinq ans...

— Vous avez mis dans le mille. Et vous habitiez à Charles Lane, en haut de Saint John's Wood ?

Ils se mirent à évoquer quelques souvenirs. Mary se rendit à la cuisine, brancha le four au minimum et y plaça le *korma*, le riz et les légumes. Elle portait toujours au doigt l'anneau

1. *Upper Slaughter* signifie littéralement « abattoir supérieur ». *(N. d. T.)*

de fiançailles que Leo lui avait offert et qu'il avait acheté dans une boutique de Camden Passage. Elle l'ôta en se demandant ce qui se passerait si elle le jetait dans le broyeur d'ordures et pressait le bouton... Cela risquerait de détraquer le mécanisme. Il valait mieux le donner à un mendiant pour qu'il en tire un peu d'argent. Elle le rangea provisoirement dans le tiroir des couverts. Puis elle éplucha deux pêches, les coupa en tranches, chercha de l'alcool pour les arroser et tomba sur la bouteille d'Amaretto que Leo avait apportée la semaine passée...

Il valait mieux qu'elle cesse de l'appeler Leo, fût-ce en son for intérieur. Ce n'était pas son nom. Pas plus qu'Oliver, d'ailleurs : elle ne pouvait même pas se servir du pseudonyme sous lequel elle avait si longtemps connu le bénéficiaire de son don, puisqu'il ne s'agissait pas de lui. Ce n'était pas dans ses os que la moelle avait été transfusée, mais dans ceux d'un inconnu qui était mort.

Elle sortit le vin du réfrigérateur, alla chercher deux verres, un tire-bouchon et disposa le tout sur un plateau. Dorothea s'était étendue sur une chaise longue et contemplait le ciel pâle qui disparaissait à présent derrière un rideau de brume. Gushi s'était installé sur ses genoux. L'employé de l'Express Tikka était parti.

— Le malheureux... dit Dorothea en se redressant. Il n'a pas eu de chance. On l'a envoyé en prison parce qu'il avait écrasé quelqu'un, alors qu'il conduisait la camionnette du pressing. Je n'y ai pas fait allusion devant lui, cela va sans dire. Mais cette histoire m'est revenue à l'esprit. J'estime qu'on ne devrait pas emprisonner quelqu'un qui n'a pas eu *l'intention* de commettre un meurtre. Tu n'es pas de mon avis ?

— Je me dis parfois qu'on ne devrait jamais mettre personne en prison, quel qu'en soit le motif, dit Mary. Mais cela poserait quelques problèmes... Que s'était-il passé ? Il avait pris de la drogue ? Il était saoul ?

— Il avait bu, dit Dorothea. À ce propos, veux-tu que je débouche cette bouteille ?

Le week-end, les voitures roulent beaucoup plus vite dans Marylebone Road. La circulation est plus fluide, elles ont donc moins l'occasion de ralentir ou de s'arrêter à tout bout de champ. Le dimanche, à la mi-août, le nombre des véhicules qui empruntent l'artère atteint sans doute son niveau le plus bas, et on a l'impression de se retrouver sur une autoroute des années 50 ou 60, du temps où l'air était relativement pur et où c'était encore un plaisir de conduire.

Mais le samedi, comme beaucoup de gens sont partis en vacances et que les piétons, touristes ou non, sont les plus nombreux, les voitures roulent à toute allure, sur trois files, remontant en rugissant vers le tunnel d'Euston ou descendant dans l'autre sens en direction de Chapel Street, de l'échangeur de Marylebone et du M 40. Certaines freinent parfois dans un crissement de pneus lorsqu'un feu rouge les contraint à s'arrêter, au niveau de Baker Street ou de Park Crescent. En semaine, on y roule à vingt à l'heure, pare-chocs contre pare-chocs, mais le samedi, en été, l'artère prend des allures de circuit de formule 1 et devient beaucoup plus dangereuse.

Mary réfléchissait à tout cela en regagnant Charlotte Cottage, le samedi matin, après être allée acheter du pain dans Marylebone High Street. Elle portait Gushi sous son bras. Elle l'avait emmené pour lui offrir une promenade supplémentaire, mais le vacarme de la circulation l'effrayait et il enfouissait craintivement son museau dans la paume de la jeune femme. Ils se hâtèrent de traverser et rejoignirent les pelouses moins hostiles du Parc. Gushi courut jusqu'à la berge du lac et se désaltéra avec avidité. Une brume chaude planait déjà au-dessus des vastes étendues d'herbe, jaunies et par endroits totalement brûlées par la sécheresse. L'eau dont on avait soin d'arroser les parterres chaque matin s'était déjà évaporée et la plupart des fleurs courbaient la tête. Mary resta du côté ombragé de l'allée.

Sur un banc, un homme lisait *L'Attrape-cœurs* en édition de poche. Assise à l'autre bout du banc, une femme parcourait un journal dont les gros titres proclamaient : *Le député porte plainte pour diffamation*. Mary essayait de penser à son avenir, à ce qu'elle allait faire, à son futur domicile. Leo, Oliver, enfin... cet homme, quel que soit son nom, lui avait dit : *Deux jours après notre mariage, mon épouse pourra venir s'installer chez moi...*

Ce fut alors que la mémoire lui revint : les Blackburn-Norris devaient rentrer aujourd'hui. Il lui avait dit ça parce qu'ils allaient reprendre possession de leur maison et que Mary allait donc se retrouver libre. Elle chercha Gushi des yeux. Il était en train de lier connaissance avec un Jack Russell, museau contre museau, frétillant de la queue de concert. Elle alla le rechercher et lui mit sa laisse, repoussant doucement l'autre chien de la pointe du pied.

— Ils reviennent aujourd'hui, dit-elle à Gushi. Ton maître et ta maîtresse — ou tes propriétaires, comme tu voudras. Allez, viens. Rentrons vite.

Voilà où j'en suis arrivée, songea-t-elle : à parler avec un chien, en public qui plus est... Gushi lui lécha la main. Mais non, se dit-elle, il ne s'apitoie pas sur ton sort, il ne peut pas comprendre, ce n'est qu'un chien. Un chien affectueux, mais un chien tout de même.

Ils rejoignirent Albany Street en passant par Cumberland Gate et Cumberland Terrace. Ils atteignirent Park Village West au moment où le taxi des Blackburn-Norris redémarrait et quittait le portail de Charlotte Cottage.

Ce vendredi soir, il était allé dormir chez lui pour voir le film d'épouvante *Comment fabriquer un monstre*. Les planches de hêtre brut qui bardaient les fenêtres dégageaient une forte odeur de résine et transformaient l'appartement en une étuve poussiéreuse, étouffante. Il était impossible d'aérer les lieux, à moins de laisser la porte d'entrée ouverte, mais personne ne s'y serait risqué. Il avait accompli son rituel et consommé deux doses avant le début du film, puis il avait continué à la vodka, en y ajoutant une goutte de Tabasco et un soupçon de moutarde. Il n'avait pas besoin de se justifier mais s'il l'avait dû, il aurait répondu que c'était pour chasser de son esprit la puanteur et la chaleur des lieux. Afin de ne pas avoir l'estomac vide, il grignota un Duchy Original parfumé au gingembre en sirotant sa boisson.

La télé était encore allumée lorsqu'il se réveilla. Sa montre s'était arrêtée et il ne savait pas quelle heure il était. De jour comme de nuit, l'appartement avait toujours le même aspect, ou presque. Lorsque le soleil était haut dans le ciel, il filtrait à travers les interstices des planches de hêtre et formait des rais lumineux sur le tapis crasseux qui recouvrait le sol. Il réalisa brusquement que l'odeur émanait de son propre corps : on aurait dit les effluves provenant de la boutique de hamburgers installée à côté de chez Mme Tussaud et dont les gens du quartier, entre le musée de cire et le Parc, se plaignaient qu'ils infestaient leurs appartements d'un constant relent d'oignon et de graisse animale. Il se demanda si cela avait de l'importance et s'il devait y remédier. Dans la pénombre, quelque chose frôla son pied.

Hob poussa un cri. Il se leva d'un bond, cogna du plat de la main sur l'interrupteur pour avoir de la lumière et aperçut les souris qui s'enfuyaient, regagnant à toute allure les plinthes rongées de trous. Ce n'étaient que des souris, après tout, venues se régaler des miettes de Duchy Original. Il gagna la salle de bains en titubant et urina abondamment. Son demi-frère lui avait dit qu'on pisse toujours beaucoup après avoir éprouvé un choc, et il avait raison. La baignoire débordait de vaisselle sale, entassée là depuis des semaines. Il y avait belle lurette qu'il avait épuisé sa réserve de plats, de récipients ou d'assiettes, qui se retrouvaient empilés là, couverts de poussière et d'un dépôt d'infimes boulettes, blanches et cireuses d'aspect : on aurait dit des graines mais c'étaient en fait des œufs de mouches. Hob crut voir une forme remuer entre un verre et une assiette et détourna les yeux. C'était curieux, parce qu'il n'avait jamais eu d'hallucinations. L'acide ne l'avait jamais intéressé, pas plus que le microdot, les champignons ou autres substances du même genre.

Il renonça à prendre un bain. Qu'aurait-il fait de la vaisselle ? Il regagna le salon et arrêta la télé. Il éteignit également la lumière et s'allongea sur le canapé. Dieu sait pourquoi, il se mit à penser à son beau-frère — enfin, à celui qui était son beau-frère avant que sa sœur ne divorce. Hob l'aimait bien et l'avait pris en pitié parce que dans son adolescence il avait marché à l'acide : des années plus tard, il était encore hanté par ces visions de rats. Ils surgissaient n'importe quand et venaient ramper sur son corps. L'ex-beau-frère de Hob était terrifié par les rats, il éprouvait une sorte de phobie à leur égard et sa vie était donc infernale. Quelle pitié, songea Hob. Mais il ne s'attardait jamais bien longtemps sur un sujet quelconque. Comme les alcooliques à l'égard de la boisson, il était surtout préoccupé par les substances qu'il absorbait : il y réfléchissait, s'en émerveillait, monologuait intérieurement à leur sujet. Il en aurait volontiers discuté avec d'autres gens, mais il n'avait personne à qui parler.

Les souris étaient de retour, il les entendait trottiner. Une femme qui habitait en dessous lui avait raconté qu'elle s'était un jour réveillée en pleine nuit et avait entendu des grattements identiques : en promenant sous son lit le rayon de sa lampe, elle avait aperçu une souris en train d'emporter un Smartie qui avait roulé jusque-là, le poussant avec son museau vers un orifice du mur. C'était une histoire impayable. Il remarqua qu'un rai de lumière s'étirait en travers du plancher, bientôt suivi d'un autre. Ce devait être le matin.

Il devait se rendre aujourd'hui à Agar Grove pour régler son compte à un type qui avait joué un sale tour à Lew : il lui avait promis d'acheter un sachet d'héroïne en même temps que sa came habituelle mais s'était dédit au dernier moment. Lew avait vu rouge. Hob devait toucher cent livres, plus quatre petits cailloux en prime, pour mettre ce connard hors d'état de nuire pendant deux ou trois semaines. Ses pensées s'attardèrent sur les cailloux en question, mais il ne lui en restait plus que deux, et le fait d'y penser au lieu d'en faire usage devint vite intolérable. Il se mit à farfouiller dans la pièce à la recherche de ce qu'il avait récupéré la veille. Il avait laissé la came avec la sacoche de velours rouge. Elle devait être dans la cuisine...

Il finit par la retrouver et versa la poudre dans un sachet métallisé qui avait jadis contenu un produit pour les photocopieuses, sensible à la lumière. Comme l'essentiel de son matériel, Hob l'avait déniché en fouillant une poubelle dans l'un des quartiers riches. Il déchira le fond du sachet et le plaça au-dessus de la poudre, après avoir versé celle-ci dans l'une des soucoupes de la baignoire ; puis il enroula l'extrémité supérieure du sachet et colla ses lèvres à l'embouchure ainsi pratiquée. Ce n'était pas aussi sophistiqué ni aussi efficace que le pommeau d'arrosoir, mais cela ferait l'affaire pour l'instant. Et c'était bien supérieur aux tuyaux ordinaires. Il fit brûler la poudre avec une allumette.

C'était de la poussière d'ange, ou phencyclidine, aujourd'hui passée de mode et donc relativement bon marché. Hob avait entendu dire à la télé qu'il s'agissait en gros du même produit qu'on injecte aux rhinocéros et aux éléphants, à l'aide de cartouches hypodermiques, afin de les immobiliser lorsqu'on veut les mettre à l'abri des chasseurs d'ivoire ou autres. Le PCP le changeait de sa routine habituelle et, du reste, il en appréciait les effets : il avait l'impression d'être irréel, comme s'il était l'un des personnages de ce film, *Comment fabriquer un monstre*, vivant à l'intérieur de la télé sous les yeux de millions de gens, ou au contraire totalement invisible, indétectable, ignoré. Les deux sensations étaient relativement agréables.

La sueur se mit à ruisseler de partout sur son corps. C'était l'un des effets de la poussière d'ange, tout comme cette sensation de flottement. Il se leva et arpenta la pièce, esquissant quelques pas de danse. Il avait brusquement l'impression d'être très grand, maigre, élancé, avec une toute petite tête et des pieds de ballerine. Il ferait peut-être aussi bien de sortir et d'aller régler son compte à ce connard avant que la journée n'ait vraiment commencé.

Il entendit battre son cœur. L'idée qu'on ne perçoive pas en permanence les battements de son cœur l'amusa, et il éclata de rire en dansant à travers la pièce, ramassant ce dont il avait besoin. Impensable de sortir sans la petite sacoche de velours rouge, sans emporter quelque chose qui le maintienne en forme ou qui l'apaise, au cas où son cœur se mettrait à battre à une telle vitesse qu'il en deviendrait douloureux. Il avait abandonné l'idée de prendre un bain ou de changer de vêtements. À quoi bon toutes ces conneries ?

Son cœur venait de s'arrêter. Durant un instant il s'immobilisa, tétanisé par la peur. Il avait oublié la pensée qui l'avait fait rire un instant plus tôt : qu'on ne perçoit généralement pas ses battements cardiaques. Il se secoua, boxa dans le vide et entendit bientôt au fond de lui le martèlement des pulsations qui innervaient tout son corps. Il éclata une nouvelle fois de rire, en se donnant de grands coups sur la poitrine à l'endroit où, sous la peau et la cage thoracique, s'égrenait le tic-tac du mécanisme qui pompait son sang.

Après avoir glissé la sacoche de velours rouge dans la poche de sa veste, il sortit de l'appartement et déboucha sur l'allée en ciment. La carcasse d'une camionnette gisait, amputée de ses roues, sur ce qui restait d'herbe et une couche de verre brisé, dont l'épaisseur égalait bien celle d'une plage de galets, jonchait les emplacements vides du parking. Dans le quartier, les mômes utilisaient des bombes de peinture rouge sang pour leurs graffitis. Malgré tout, la matinée était belle, le ciel bleu aussi transparent qu'une perle, la température agréable et presque fraîche, comme si une partie de l'air du Parc avait dérivé jusqu'ici durant la nuit. Hob remarqua seulement qu'il n'y avait personne dans les rues, que tout était désert. Cela n'arrivait qu'aux toutes premières heures du jour et en regardant sa montre, il vit qu'il était à peine 6 heures et demie.

Il descendit les marches de ciment en essayant de réfléchir au trajet qu'il fallait suivre pour se rendre à Agar Grove, mais pour une raison quelconque il ne parvenait à se représenter que la voie ferrée de la ligne qui traverse l'étendue désolée d'Euston, tandis que sous ses yeux s'érigeaient des ponts, des passerelles et des grues dont la forme évoquait des dinosaures en Meccano. Il fallait qu'il décompresse, qu'il prenne quelque chose pour se calmer. De l'extasy, ou du Valium. Qu'avait-il sous la main ? Il saisit deux Nembutal et les avala avec sa salive.

L'endroit était toujours aussi désert lorsque la police arriva pour l'embarquer, une demi-heure plus tard. Il était à peine 7 heures. Les pneus du véhicule crissèrent sur le verre brisé et s'immobilisèrent devant la carcasse de la camionnette. Marnock était accompagné d'un sergent et d'un homme en uniforme, qui faisait office de chauffeur. Ils aperçurent les fenêtres barricadées, échangèrent un regard et haussèrent les épaules. Il n'y avait pas de sonnette. Le sergent tambourina deux fois à la porte, puis cria à travers la fente de la boîte aux lettres :

— Police ! Ouvrez !

Comme personne ne répondait, ils durent forcer la porte, ce qui ne présentait aucune difficulté. Elle céda au bout de deux coups d'épaule et d'un coup de talon du chauffeur. L'odeur qui s'échappa de l'appartement était si infecte qu'ils crurent tout d'abord qu'il y avait un cadavre à l'intérieur.

29

Ils avaient emporté un Camcorder et filmé minute par minute le moindre détail de leur long séjour. Du moins Mary eut-elle cette impression. Elle avait accepté de regarder leurs cassettes, ce qu'ils avaient accueilli avec un plaisir enfantin — mais aussi avec un certain étonnement, car ils pensaient sans doute qu'elle allait trouver une excuse pour éviter la projection. Mais Mary était heureuse de pouvoir rester assise, sans dire un mot, dans le salon aux rideaux tirés. Tout en suivant les exploits de Sir Stewart et Lady Blackburn-Norris engoncés dans des maillots de bain fluo, au bord d'une piscine, ou chevauchant un âne, revêtus d'un poncho, visitant des ruines incas ou dégustant du homard dans un restaurant tournant au sommet d'un gratte-ciel, elle pouvait réfléchir à l'avenir qui l'attendait : qu'allait-elle faire, où allait-elle s'installer ?

Dieu merci, elle n'avait fait aucune allusion à son mariage imminent dans ses lettres aux Blackburn-Norris, ce qui lui avait épargné leurs questions et leurs éventuelles condoléances. Ils étaient gentils, charmants même avec elle, mais d'un autre côté elle n'était visiblement pour eux qu'une auditrice attentive, disposée à écouter leurs souvenirs de vacances, ainsi qu'une employée modèle, la personne idéale dont ils avaient rêvé pour garder leur maison et s'occuper de leur chien en leur absence.

Ce fut seulement une fois la projection terminée qu'ils firent allusion à la mort de sa grand-mère : et même alors, ce fut davantage pour déplorer la perte d'une amie chère que pour s'inquiéter d'elle, qui venait de perdre la seule parente qu'elle avait au monde. Mais elle évita de s'apitoyer sur son propre sort et changea rapidement de sujet pour leur parler de Bean.

Ils étaient âgés l'un et l'autre, et en dépit du bronzage qui avait tanné leurs visages, ils paraissaient plus fragiles qu'avant leur départ. Il convenait de leur annoncer une mort aussi affreuse avec un certain ménagement, et elle commença par leur dire que Bean ne serait désormais plus en mesure de promener leur chien. Comme Sir Stewart s'exclamait d'un air hargneux : « Mais pourquoi donc, nom de nom ? », elle leur annonça doucement que Bean n'était plus, avant d'ajouter que sa mort avait été violente. Sur leurs visages, la fragilité céda alors la place à une évidente curiosité.

— Vous voulez dire qu'il a été assassiné ?

— Oui.

— Par ce type ? Par cet Empaleur ?

Ils avaient dû être informés de l'affaire d'une manière ou d'une autre. Peut-être par la presse américaine. Celle-ci avait-elle fait une entorse à sa règle non écrite, considérant que les trois meurtres de Regent's Park méritaient finalement les honneurs de ses colonnes ?

— Apparemment non, dit-elle. La police n'a pas mis la main sur le meurtrier de Bean, mais a la certitude qu'il ne s'agit pas de l'auteur des deux autres crimes.

— Bean..., murmura Lady Blackburn-Norris, que la surprise avait jusqu'alors rendue muette. Qu'a-t-il donc fait pour qu'on l'assassine de la sorte ? Quelqu'un le sait-il, ma chère Mary ?

Il leur fallut un certain temps pour entrevoir les autres conséquences de ce meurtre, mais cela finit par arriver. Tout en servant un verre de porto à son épouse et à Mary, après s'être versé un whisky sec, Sir Stewart déclara lentement, comme si la situation ne lui apparaissait dans toute son horreur qu'à l'énoncé de ces mots :

— Mais alors, qui a promené ce satané clébard ?

— Eh bien, je m'en suis chargée.

— Oh, Mary, ma chérie... Quel calvaire cela a dû être ! En plus de votre travail... et sans parler du reste. Nous ne vous aurions jamais demandé de venir ici si nous avions pu deviner que vous seriez obligée de promener cette petite boule de poils !

Le peu d'enthousiasme qu'ils avaient manifesté en retrouvant Gushi n'avait eu d'égal que l'indifférence de celui-ci à leur égard. Lady Blackburn-Norris lui avait tapoté le crâne et s'était contentée de dire qu'au moins il n'avait pas grossi. Quant à Sir Stewart, il l'avait tout bonnement ignoré.

— Cela ne me dérangeait pas de le promener, dit Mary. C'est un petit chien adorable. Et cela n'a duré que deux semaines. Il y a un jeune homme, un lycéen, qui a apparemment pris la succession de Bean mais je n'ai pas voulu... Enfin, il m'a semblé préférable que vous le rencontriez avant de prendre une décision.

— Mais à qui faire confiance ? s'exclama Lady Blackburn-Norris en levant les bras au ciel. (Pendant un instant, Mary crut qu'elle s'inquiétait pour le Shih Tzu.) Quelqu'un à qui l'on doit confier ses clefs, qui peut pénétrer chez vous...

Sir Stewart se resservit, remplissant son verre à ras bord.

— Il est hors de question d'engager un freluquet que personne ne connaît, dit-il.

— Je ne peux pas le promener moi-même, poursuivit sa femme. Pas à mon âge. Et avec mon arthrite...

— Ce satané chien nous donne plus de soucis que de satisfaction.

Ils proposèrent à Mary de rester pour le déjeuner. Cette invitation, qui relevait de la stricte bienséance, rappela brusquement à Mary qu'elle allait devoir quitter Charlotte Cottage — et cela aujourd'hui même. Elle le savait, bien sûr. Ils l'avaient informée très longtemps à l'avance de leur date de retour et elle pouvait difficilement les taxer d'ingratitude ou de déloyauté. À l'étage, dans le sac à main dont elle s'était à peine servie, se trouvait la clef de Lamballe House, la grande demeure poussiéreuse et sombre de Belsize Avenue, où depuis des semaines nul n'avait mis les pieds. Du moins disposait-elle d'un toit, contrairement à tous ces malheureux qui erraient dans les rues, sans argent et sans abri...

Le type d'Agar Grove avait voulu lui résister et, au cours de la bagarre, Hob s'était fendu la lèvre et avait récolté un œil au beurre noir. L'autre n'y avait pas gagné grand-chose. Il aurait mieux fait de filer doux et de laisser son agresseur en finir au plus vite. Hob avait pris sa revanche et tabassé copieusement ce connard. Il s'était estimé satisfait en entendant craquer une de ses côtes.

Il avait pris le métro pour se rendre là-bas, mais décida de revenir à pied. Il avait déjà parcouru une certaine distance lorsqu'il s'aperçut que ses chaussures étaient maculées de sang. Peut-être même avait-il laissé des empreintes sanguinolentes derrière lui. Une profonde angoisse l'envahit brusquement, comme si on l'avait repéré. Tout le monde le regardait. Il jetait sans arrêt des coups d'œil dans son dos et aperçut un type, quelques mètres plus loin : il devait être sur sa piste, le suivre à la trace grâce à ses empreintes. Où qu'il aille, on finirait par le retrouver. Même s'il allait se planquer au fin fond de Kentish Town, ce type serait toujours sur ses talons. Si ça continuait, il allait être obligé de le tuer, de l'attirer dans un coin, dans une ruelle obscure protégée par les arbres et de l'éliminer.

Mais peu après, lorsqu'il regarda de nouveau derrière lui, le type n'était plus là. Il avait disparu dans une boutique de paris, au coin de la rue. Hob se souvint qu'on était samedi, le jour du tirage de la loterie. S'il gagnait le gros lot, il pourrait se payer la totalité de la production mondiale de cocaïne et suffisamment de PCP pour mettre KO toute une réserve d'éléphants. Mais il n'acheta pas de billet : cela l'aurait obligé à parler à quelqu'un, à sortir de l'argent, à se retrouver au milieu d'autres gens. Et cette idée avait quelque chose de vaguement déplaisant.

Il entra dans un magasin, un petit supermarché totalement désert en dehors de son propriétaire et d'une fillette, l'un et l'autre d'origine indienne. Il alla prendre un Coca dans l'armoire frigorifique et le paya sans dire un mot. On lui demanda s'il voulait un ticket de tombola. Il acquiesça et gratta la surface grise, pour des prunes évidemment. Il ouvrit la cannette de Coca. Il n'avait d'ailleurs pas vraiment soif, mais il fallait bien faire passer les deux beautés noires et la méthédrine. Il avait besoin d'un petit remontant.

La boisson lui donna envie de pisser. Il n'y avait jamais un endroit convenable pour ça et il ne pouvait pas attendre d'avoir atteint les toilettes de la Grande Allée. Il se glissa dans une ruelle et, tel un chien, arrosa copieusement la poubelle d'un inconnu. Une fois au Parc, il essaya de nettoyer dans l'herbe le sang qui tachait ses chaussures, mais il avait déjà séché. Ça n'avait aucune importance, et d'ailleurs on ne risquait pas de distinguer le sang avec ce soleil aveuglant. Parvenu au pont de Saint Mark's Square, il sauta pour rejoindre la berge. Un bateau arrivait, en provenance de Camden Lock, sous Albert Road, et une femme sur le pont lui fit un signe de la main. Elle avait le visage aussi rouge qu'un homard, à cause du soleil. Hob ne lui répondit pas. Il était à la recherche de Lew, ou de Carl. Gupta ne se montrait jamais dans la journée.

Il n'y avait personne sur la berge du canal, hormis trois ou quatre sans-abri, mais ils ne comptaient pas. C'étaient à peine des hommes. L'un d'eux était allongé sur le dos, un bras ballant, ses doigts effleurant l'eau. Une bouteille vide avait glissé de ses lèvres béantes mais restait coincée, à demi inclinée contre son bras. Il avait la même attitude qu'un nourrisson qui vient de prendre sa tétée et qui replonge dans le sommeil avant même que sa bouche n'ait quitté le sein maternel. Hob résista à la tentation de lui balancer un coup de pied dans la tronche en passant.

Il dénicha un recoin abrité, s'assit au milieu des arbres et entama son rituel, avec le contenu de la sacoche de velours. Et s'il s'offrait une double dose ? Mais il ne lui restait plus que deux cailloux. Il eut alors un de ses rares sursauts de lucidité et comprit que quel que soit le nombre de doses dont il disposerait, de ces petits sachets protégés par une fermeture Éclair, il serait incapable d'en mettre de côté, d'en garder un seul en réserve. Il les fumerait tous, jusqu'au dernier. Cela n'aurait jamais de fin, son désir ne pouvait être comblé. Mais cette lucidité fut de courte durée et s'estompa tandis que les effluves des deux cailloux produisaient leur effet. Elle prit fin et se dissipa comme la fumée elle-même se dissipait dans les vapeurs d'essence, la puanteur du canal, l'étendue paisible du ciel bleu.

Il sentit son cœur battre, l'entendit cogner dans sa poitrine. Il se releva. Il ne se sentait plus mal à l'aise ni oppressé, la paranoïa s'était dissipée et il se mit à danser sur la berge du canal. Les sans-abri ne lui accordèrent pas un regard. Ils étaient tous les jours témoins de spectacles plus incongrus que celui de cet individu à la tête énorme et au corps décharné, trépignant comme un possédé. Petit à petit, il oublia tout et n'eut plus conscience que de son énergie, de son bonheur et de la drogue qui les lui procurait. Il décida d'aller chez Lew. Normalement, il n'en avait pas le droit mais il y passerait quand même.

Lew l'accueillit sur le porche de sa maison et ne le laissa pas entrer — il avait une femme et des enfants, et c'était samedi — mais lui vendit tous les cailloux qui lui restaient : il en avait une quinzaine. Il devait en récupérer d'autres dans l'après-midi. Hob eut même droit à une ristourne, d'autant qu'il avait acheté quelques Tueys en prime pour conclure l'affaire. Il prit un taxi pour rentrer, ignorant les reniflements insistants du chauffeur et ses requêtes répétées afin qu'il baisse les vitres à l'arrière. Mais au moment où le véhicule allait tourner pour quitter Albert Road, il demanda au chauffeur de le déposer là. Il n'avait plus envie d'aller chez lui — qu'est-ce qui l'attendait là-bas, nom de Dieu ?

— C'est un contrat verbal que nous avons passé, lui dit le chauffeur.

— Quoi ?

— Un accord entre gentlemen, comme quoi je devais vous conduire à Plangent Road, c'est-à-dire du côté d'Euston.

— Je descends aux feux, dit Hob. Si ça ne vous plaît pas, je n'y peux rien. (Il se mit à rire.) Mais si vous préférez, je ne vous paierai pas, à vous de voir.

Il descendit. Le chauffeur grommela : « 1,60 livre » et Hob lui tendit l'argent, sans ajouter de pourboire.

— Vous devriez vous laver, de temps en temps ! lui lança le chauffeur. Je vais être obligé de faire désinfecter cette voiture.

Tout cela plongea Hob dans une intense hilarité. Rien n'était plus comique à ses yeux que d'aller chez les gens ou s'asseoir dans leurs voitures et d'imaginer tout le fric qu'ils allaient devoir dépenser pour chasser les odeurs qu'il laissait derrière lui. Il traversa la rue aux feux et cracha sur le capot d'une Jaguar qui attendait. Le plus fumant, c'est que le conducteur ne pouvait pas abandonner son luxueux véhicule pour lui courir après.

Il y avait peut-être bien des ouvriers qui venaient travailler sur le chantier de la maison en reconstruction, comme le laissait penser le matériel entreposé, mais ils devaient être de relâche le samedi. Hob constata avec stupéfaction qu'il était déjà 14 heures. Comment le temps avait-il passé ? Où filaient toutes ces journées ? Il poussa le portail du jardin et descendit en rampant dans la Grotte, en essayant d'éviter les barbelés dont les pointes acérées s'accrochaient à ses vêtements.

Un préservatif à moitié rempli d'eau flottait à la surface du bassin en forme de huit. Il le repêcha et le jeta dans les buissons. Il se sentit soudain très fatigué. C'était une sensation familière, elle survenait toujours à l'improviste et marquait le début du sentiment de manque, les prémices d'une crise. Il resta néanmoins assis au même endroit, sans faire un geste, les yeux fixés sur l'eau qui, malgré les débris végétaux qui flottaient à la surface, était relativement claire : on apercevait même les morceaux de brique et les éclats de verre qui tapissaient le fond du bassin.

La sensation qu'il éprouvait à l'intérieur de son crâne n'était pas précisément douloureuse. C'était un peu comme si on lui avait enfoncé une casquette sur la tête et qu'on avait tiré pour resserrer l'élastique de l'ourlet. Cela dura quelques minutes pendant lesquelles il resta assis en regardant le bassin et en se mettant peu à peu à trembler. Puis la douleur surgit, une migraine plutôt bénigne au début mais dont l'intensité croissait à toute allure, au point de devenir atroce — comme si l'on avait ajouté par-dessus la casquette un casque métallique, trop petit pour son énorme tête, et qu'on avait cherché à le visser de force sur son crâne, tout en plaquant sur les côtés des leviers, des verrous, des taquets.

Les mains tremblantes, il ouvrit la sacoche de velours rouge et se mit à l'ouvrage. Il ne lui restait plus qu'une demi-paille. Il avait eu l'intention d'en récupérer d'autres mais cela lui était sorti de l'esprit. Il était impossible de boucher l'un des trous pratiqués dans le bouchon de vodka, aussi colla-t-il directement ses lèvres à l'appareil ; puis il alluma le petit bloc émietté à travers les perforations et inhala la vapeur blanche. Elle lui parut plus âcre, moins douce que d'habitude. Il se mit à tousser mais n'en replaça pas moins l'engin entre ses lèvres.

Quelque chose se produisit alors. Ses mains avaient cessé de trembler, la migraine se dissipait, mais il éprouvait à l'intérieur de son crâne une sensation qu'il n'avait jamais ressentie auparavant. On aurait dit le bruit d'un train sortant d'un tunnel à toute allure, ou d'une voiture percutant violemment l'arrière d'un autre véhicule. Cela ressemblait à la fois à un sifflement strident, à un souffle violent et à une interminable explosion.

Il sentit un changement se produire en lui. Et cela l'effraya, parce qu'il n'en comprenait pas la nature. Il semblait n'être plus le même qu'une minute auparavant. Quelques instants plus tôt il était telle personne, et maintenant il était quelqu'un d'autre. Il voulut tendre les mains, mais la gauche ne lui obéissait plus. C'était comme lorsqu'il se réveillait certains matins avec le bras engourdi : il fallait l'agiter, le frictionner pour le sentir à nouveau. Mais cette fois-ci, l'engourdissement ne passait pas. Et il ne distinguait plus le contour des objets. Il ne percevait plus qu'une lueur éblouissante — et lorsque ses jambes glissèrent et heurtèrent la surface de l'eau, il entrevit l'arc-en-ciel étincelant d'une gerbe d'écume.

Je n'ai plus mal, Maman
Mais j'ai si soif à présent :
Emmène-moi à la brasserie
Et laisse-moi mourir en paix...

Le décalage horaire et leur âge avancé eurent raison des Blackburn-Norris en milieu d'après-midi. Les paupières de Sir Stewart retombaient lourdement, en dépit des efforts agacés qu'il faisait pour les garder ouvertes.

— Vous n'allez pas partir tout de suite ? demanda sa femme à Mary. Vous n'allez pas nous quitter ainsi ?

— Vous voudriez que je reste une nuit de plus ? répondit Mary d'un air hésitant.

— Oh, ma chérie, j'aimerais que vous restiez ici définitivement ! s'exclama Lady Blackburn-Norris, qui gâcha aussitôt le bel effet de sa remarque en ajoutant : Qu'allons-nous faire de ce malheureux chien ? Nous l'avions simplement recueilli parce que son propriétaire était mort. Je ne peux pas le promener moi-même. Quant à lui, conclut-elle en désignant son mari assoupi, il ne voudra jamais en entendre parler.

— Je resterai jusqu'à demain, si vous êtes sûre que cela ne vous dérange pas. Et peut-être arriverai-je à retrouver cette jeune femme ou ce lycéen qui se chargent des chiens. Vous pourrez ainsi vous entendre avec l'un d'eux. Qu'en pensez-vous ?

— Je préférerais ne pas avoir à penser, répondit Lady

Blackburn-Norris. Je suis si fatiguée que je me demande si le ressort de cette pendule n'est pas détraqué.

Mary la regarda s'endormir. Puis elle alla tirer les rideaux pour protéger la pièce des rayons du soleil. Gushi était allongé dans l'entrée, la langue pendante. Elle le porta jusqu'à la cuisine, lui versa de l'eau et l'étendit sur les carreaux frais. Il lui lécha les doigts. Au cours de leurs brèves rencontres, elle avait appris à lire dans les pensées de Lady Blackburn-Norris et à entrevoir le tour qu'elles allaient prendre. Si, comme elle en était convaincue, elle lui faisait cette proposition, elle l'accepterait.

Encore une nuit à Charlotte Cottage et elle serait partie. Quel que soit le destin qui l'attendait, elle n'avait pas l'intention de passer les mois ou les années à venir en compagnie d'un riche couple âgé. Elle monta au premier et rangea ses vêtements dans l'une des valises. Il était presque 18 heures, l'heure de la promenade de Gushi était passée depuis longtemps. Les Blackburn-Norris dormaient toujours. Gushi s'était assoupi à son tour. Elle se versa un verre d'eau fraîche, en but la moitié, écouta le vrombissement d'un avion qui passait dans le ciel, puis le bourdonnement plus proche, plus insistant d'une guêpe qui cognait à la vitre. Elle eut brusquement l'impression qu'il n'y avait plus rien à faire sur cette terre, plus rien à lire, plus rien à voir, plus rien dont se soucier — et personne avec qui parler ou passer un moment. Si je reste ici, songea-t-elle, je vais me mettre à pleurer.

Elle fourra la clef de la maison dans la poche de son jean, jeta un dernier coup d'œil au vieux couple endormi — Sir Stewart s'était mis à ronfler bruyamment — puis elle quitta Charlotte Cottage et rejoignit Albany Street. La température s'était rafraîchie, les ombres commençaient à s'étirer. Elle traversa aux feux, devant la fresque de Saint Pancras, regarda derrière elle et aperçut Nikolaï qui s'engageait sur la chaussée, quelques mètres plus loin. Un autocar rempli de touristes remontait l'avenue en direction de Primrose Hill. Un drapeau britannique fiché sur le guidon d'une bicyclette lui rappela qu'on célébrait aujourd'hui le jubilé de la Victoire. Les événements nationaux lui avaient un peu échappé ces derniers jours.

Elle adressa un petit signe de la main à Nikolaï. À Gloucester Gate, le terrain de jeux pour enfants était encore bondé.

Des vieillards en uniforme et couverts de médailles déambulaient devant elle, comme s'ils s'étaient égarés au sortir d'un quelconque défilé. Elle se demanda pourquoi elle était venue ici, où elle comptait aller. Et tout à coup quelqu'un l'appela, cria son prénom, d'une voix familière qui la fit frémir au tréfonds d'elle-même.

— Mary !

L'homme qu'elle avait connu sous le nom de Leo était assis sur les marches de granite gris de la fontaine des Parsis.

30

CE FUT MARNOCK lui-même qui découvrit Hob.

Ils étaient à sa recherche depuis le début de la matinée et avaient inspecté toutes ses planques connues. La dernière personne à l'avoir vu était un type d'Agar Grove qui, depuis son lit d'hôpital, avait pu désigner son agresseur. Il avait perdu quatre dents, avait une clavicule et deux côtes cassées, mais il ne demandait pas mieux que de parler de Harvey Owen Bennett.

Il était convaincu que Bennett et l'Empaleur ne faisaient qu'un, que c'était lui qui avait assassiné les deux sans-abri. Marnock n'était pas de cet avis, mais se garda de le lui dire. Il estimait que le type d'Agar Grove avait de bonnes raisons pour proférer de telles accusations et accabler ainsi son agresseur. Car ce n'était pas un ange, loin de là : il avait un casier judiciaire aussi long que la Grande Allée et Marnock allait sans doute devoir le charger davantage. Il avait la conviction que c'était l'homme d'Agar Grove qui avait agressé Bean dans le tunnel des Nourrices.

La délation entre truands le réjouissait toujours. Elle lui permettait d'envisager l'avenir plus sereinement. Concernant Harvey Owen Bennett, par exemple. Il avait tué Bean et l'avait empalé sur ce bouquet de pointes en fer forgé : mais quelqu'un l'avait payé pour faire ce boulot, et Marnock espérait maintenant que Bennett allait leur dire de qui il s'agissait. Le type d'Agar Grove venait de créer un heureux précédent.

Marnock appela ce jour-là tous les membres de la vaste famille de Bennett. Ce n'étaient pas à proprement parler des gens de confiance mais cette fois-ci, en dépit de sa méfiance, il les crut sur parole lorsqu'ils lui déclarèrent l'un après l'autre qu'ils n'avaient pas aperçu Hob. Sa mère lui affirma même qu'elle ne l'avait pas revu depuis plus de six mois, ce qui fit sourire Marnock, attendu qu'en juin dernier, au moment de l'assassinat de Pharaon, elle avait prétendu que Hob avait passé toute la nuit avec eux, lors de la fête qu'elle avait organisée pour ses noces d'argent, à Holloway Road.

Ils ratissèrent le Parc afin de le trouver. Marnock pensait que la Grotte était le refuge plus ou moins attitré de ce clochard prétentieux à l'accent d'Oxford et pour un peu, il n'y serait même pas allé. Ce fut une paille rouge et blanche dont la spirale évoquait l'enseigne d'un coiffeur, fichée dans les branches d'un arbre, qui attira son regard alors qu'il était assis à l'arrière de son véhicule. Le rituel auquel se livrait Harvey Bennett nécessitait l'usage de ce genre de paille...

Il gisait allongé, le corps à demi immergé dans l'eau putride du petit bassin. Ils perçurent le bruit de sa respiration bien avant de l'avoir rejoint et ils comprirent ainsi qu'il était encore en vie. Le sergent qui accompagnait Marnock avait appelé une ambulance sur son portable avant même qu'ils n'aient pris le pouls de Hob.

— Il est encore jeune, dit le sergent. Enfin, relativement. Mais j'ai l'impression qu'il a eu une attaque.

En hissant Hob sur la civière, l'ambulancier commença par leur déclarer qu'il n'était pas médecin — ce qui était parfaitement superflu — et ajouta que, selon lui, Hob avait été victime d'une crise cardiaque.

— Ou de plusieurs, rétorqua Marnock. J'ai connu un type, à peine plus âgé que lui, et accroché au même genre de came, qui a eu une vingtaine de crises cardiaques à la suite, le même jour.

— Bon Dieu, s'exclama l'ambulancier. Et ça l'a tué ?

— D'une certaine façon, répondit Marnock. Au bout de deux semaines, on a dû renoncer à le réanimer.

Fâche-toi, songea Mary. Montre-lui ta colère. Ignore-le et passe ton chemin, comme s'il n'existait pas. Ou va te planter devant lui et déballe tout ce que tu as sur le cœur. Elle serra violemment les poings. Il était devant elle à présent.

— Je suis ici depuis 8 heures du matin, dit-il. Je t'attendais.

— Je ne suis pas venue au Parc ce matin, dit-elle.

— Il faisait tellement chaud... J'avais apporté une bouteille d'eau, mais elle n'est pas restée fraîche bien longtemps. J'ai lutté contre le sommeil mais j'ai fini par m'endormir et, en me réveillant, j'ai cru que je t'avais manquée.

— Que veux-tu ?

Elle savait qu'il ne l'avait jamais entendue s'adresser à lui sur ce ton.

— J'imagine que c'est ainsi que tu me considères : comme quelqu'un qui veut toujours quelque chose, qui n'agit qu'en fonction du profit qu'il peut en tirer.

— Cela ne correspond-il pas à la réalité ?

— Pas tout à fait.

Elle fit quelques pas pour se mettre à l'abri des arbres, posa les mains sur l'écorce fraîche et rugueuse d'un tronc et baissa la tête.

— Je pensais ne jamais te revoir, dit-elle. Je l'espérais. Je sais ce que tu as fait. J'y ai réfléchi ces jours derniers — à quoi d'autre pouvais-je penser ? —, et rien de ce que tu pourras dire n'atténuera la portée de ce que tu m'as fait.

Elle se tourna pour le dévisager, brièvement, et se souvint d'une chose à laquelle elle n'avait pas repensé depuis quelques heures — des moments où ils avaient fait l'amour. Cela lui revint brusquement et le rouge lui monta au visage sous l'effet de la colère. Il dut s'en apercevoir et en comprendre la raison.

— Cela ne signifie sans doute rien pour toi, reprit-elle, mais c'est la pire de toutes les trahisons.

Que représentaient les petites perfidies d'Alistair, comparées à une telle offense ?

— Veux-tu... Pouvons-nous... Puis-je te raccompagner jusqu'à la maison ?

— Les Blackburn-Norris sont rentrés.

— Dans ce cas, accepterais-tu de t'asseoir un moment quelque part et de parler avec moi ?

Elle baissa de nouveau les yeux et se rendit compte qu'elle hochait la tête de droite à gauche. Elle reprit d'une voix rauque :

— Quel est ton nom ?

— Quoi ?

— Je t'ai demandé ton nom. Je ne peux pas t'appeler Leo, ce n'est pas ton véritable nom.

— Je m'appelle Carl, dit-il. Carl Nash. Leo était mon frère.

Elle s'assit sur la pelouse. Il s'installa à côté d'elle mais recula lorsqu'elle lui fit comprendre d'un geste irrité de la main qu'il s'était mis trop près. Elle le regarda ensuite longuement, pour la première fois, d'un air profondément méprisant, et s'aperçut que ses yeux étaient remplis de larmes.

— J'ai élevé Leo. Il avait dix ans de moins que moi. Ah, oui... je n'ai pas vingt-quatre ans, évidemment. Je ne suis pas plus jeune que toi, Mary, mais plus âgé. J'ai trente-cinq ans.

— On a tendance à croire ce que les gens nous disent, rétorqua Mary. Moi, en tout cas. Je te faisais confiance. Et j'avais vu ton certificat de naissance.

— C'était le sien. Quand les médecins ont diagnostiqué la leucémie et ont dit qu'une greffe était nécessaire, je croyais que cela ne poserait aucun problème. Il y avait notre mère — bien qu'elle se soit désintéressée de Leo depuis qu'il avait dix ans et m'ait laissé le soin de l'élever — et j'étais là, moi aussi, sans parler de nos deux demi-sœurs. Mais aucun d'entre nous n'était compatible. Est-ce que tu te rends compte ?

— Tu me l'as déjà raconté. À ceci près que tu n'avais pas précisé que c'était ton frère qui avait besoin de cette greffe. Si tu te lances dans les explications, tu ferais mieux de me dire...

— Pourquoi je me suis fait passer pour Leo ?

— C'était pour mon argent, dit-elle avec amertume.

Il haussa les épaules, sans repousser l'accusation.

— J'étais acteur autrefois. Mais je ne trouvais pas de travail. Puis j'ai été instituteur. Plutôt comique, non ? Ensuite, j'ai gagné un peu d'argent. En trafiquant, pour l'essentiel.

Elle savait bien qu'elle était naïve, mais elle ne voyait pas à quoi il faisait allusion. Toutefois, le regard de son compagnon était suffisamment éloquent : de toute évidence, il ne devait pas s'agir de ferraille ou d'antiquités...

— De la drogue, précisa-t-il rapidement. J'avais besoin d'argent afin de trouver un donneur pour Leo. C'était avant le Harvest Trust. Je m'étais dit qu'il faudrait peut-être que j'aille dans un pays du tiers-monde et que j'achète quelqu'un, que je le paie pour qu'il accepte de nous donner sa moelle. C'est alors que tu es arrivée.

— Je n'étais pas riche à l'époque. Je vivais dans un deux pièces à Willesden et je gagnais à peine douze mille livres par an. Qu'est-ce qui t'a fait croire que j'étais fortunée ?

— L'en-tête de ton papier à lettres, dit-il simplement. À cause de l'adresse : Charlotte Cottage, Park Village West.

Elle ferma un instant les yeux. Sentant qu'il s'était rapproché, elle recula. Puis elle le regarda.

— Et lorsque tu as découvert que la maison ne m'appartenait pas, tu m'as laissée tomber. Tu n'avais nullement l'intention de me revoir. Voilà ce qui s'est passé. Tu n'étais pas malade, tu ne l'as jamais été.

— C'est exact, dit-il. Ce fut une amère déception.

Elle le dévisagea et le vit avec incrédulité grimacer un sourire. Il avait pris un coup de vieux depuis quelques minutes : on lui aurait facilement donné la quarantaine. Le sourire creusait de profondes rides sur son visage livide.

— J'avais besoin d'argent, tu comprends, reprit-il. Je savais que Leo allait rechuter. J'en apercevais les signes, j'étais devenu un véritable spécialiste de sa maladie. (L'expression d'ironie amusée s'effaça brusquement de son visage.) Je l'aimais tant... Je conçois que tu ne puisses plus guère me faire confiance, mais il faut que tu me croies, au moins sur ce point. Je ne cherche pas à susciter ta pitié ou ta compassion, mais je ne voudrais pas que tu me considères comme un monstre intégral. Je l'aimais comme s'il avait été mon fils. Du moins je le suppose, puisque je n'ai jamais eu d'enfant.

— Et en raison de cet amour fraternel, il était donc parfaitement naturel que tu te serves de moi ?

— Non, Mary, ce n'était pas naturel. Mais je ne voyais pas d'autre solution. Ta grand-mère est morte et lorsque je l'ai appris, je suis revenu. Tu m'as révélé le montant de la somme qu'elle t'avait laissée et cela dépassait de très loin tout ce que j'avais pu imaginer dans mes rêves les plus fous.

Malgré elle, sa curiosité s'était éveillée. L'incroyable aplomb dont il avait fait preuve et les risques qu'il avait pris la poussèrent à lui demander :

— J'aurais pu découvrir la vérité à tout moment. Le Trust aurait pu m'avertir que Leo... que ton frère avait rechuté, que son état s'était aggravé. Qu'aurais-tu fait dans ce cas ?

— Ce que j'ai fait lorsque cela s'est produit, dit-il. J'aurais disparu dans la nature. Mais j'avais soin de surveiller ton courrier. Je... je me levais généralement le premier, ajouta-t-il en détournant les yeux.

— C'était donc pour ça que tu restais, dit-elle avec amertume, sans employer les mots qui lui venaient à l'esprit, parce qu'elle ne les avait jamais prononcés. C'était pour cette raison que tu passais toutes ces nuits avec moi : pour guetter le courrier qui arrivait le matin. Pour cette raison que tu couchais avec moi, que tu me *baisais*.

Il répondit avec une telle simplicité qu'elle ne put s'empêcher de croire qu'il parlait enfin sincèrement :

— C'était le cas au début. Et puis je suis tombé amoureux de toi. Tu ne t'en es pas aperçue ?

Depuis une demi-heure, elle n'avait plus conscience de ce qui l'entourait ni des gens qui passaient dans le Parc : plus rien n'existait en dehors d'eux. Mais un enfant poussa un cri, un ballon bleu et blanc rebondit sur l'herbe, vint s'immobiliser à leurs pieds et elle se souvint tout à coup qu'ils n'étaient pas seuls. Elle se releva, épousseta les brins d'herbe qui collaient à son jean et réexpédia la balle à son propriétaire. Carl la dévisageait, guettant anxieusement sa réaction.

— Que veux-tu que je te dise ? reprit-elle avec lassitude.

— Que tu me crois, simplement.

Oui, sans doute s'en était-elle aperçue... Quand sa façon de faire l'amour avait changé, qu'il avait abandonné son attitude de malade affaibli, diminué, pour donner libre cours à sa passion, elle en avait eu conscience, sans lui en demander la raison. Elle s'était simplement dit qu'il avait repris des forces, que son état s'était amélioré.

— Je te crois.

Elle prononça ces mots avec tristesse, car plusieurs secondes s'écoulèrent avant qu'elle n'éprouve un certain soulagement et comprenne qu'elle n'avait plus besoin de se sentir honteuse ou humiliée : il l'avait réellement désirée, il n'avait pas eu à se forcer.

— Je voulais vraiment t'épouser à ce moment-là, reprit-il. Je n'avais jamais eu ce désir auparavant. (Il plissa les yeux et se releva.) Accepterais-tu de me faire une dernière faveur et de marcher un moment avec moi ?

— Je ne sais pas... (Elle avait failli l'appeler Leo.) Je ne sais pas, Carl.

Il rougit en l'entendant prononcer son prénom, comme si cela scellait définitivement sa véritable identité.

— Tu te souviens de l'endroit où nous sommes allés dîner la première fois ? dit-il. Le petit restaurant italien ?

— Le jour où tu as prétendu avoir un malaise ?

Cette pique le fit tressaillir.

— Je suis désolé, répliqua-t-il. J'étais obligé d'agir ainsi, ou je croyais l'être. J'ai fait des choses bien pires pour gagner de l'argent, Mary.

— Je ne veux pas le savoir, dit-elle.

— Je pensais... je me demandais si tu accepterais que je t'emmène là-bas ce soir ? Car après... nous n'aurons plus l'occasion de nous revoir, n'est-ce pas ?

Elle acquiesça. Elle n'avait pas obtenu toutes les réponses qu'elle attendait.

— Faisons quelques pas ensemble, dit-elle.

— Et après, nous irons au restaurant ?

— Peut-être.

Il tendit la main pour l'aider, mais elle refusa d'un hochement de tête. Ils traversèrent la pelouse en silence, puis Chester Road, et s'engagèrent dans la Grande Allée.

— Leo était au courant, dit-il. Au début il trouvait ça drôle, cela nous amusait beaucoup tous les deux. Il me demandait de lui raconter les choses en détail mais je... j'ai cessé de lui en parler au bout d'un certain temps.

Mary savait que l'ironie ne lui réussissait pas, qu'elle avait de la peine à se montrer caustique. Elle essaya néanmoins :

— À titre purement informatif, dit-elle, pourquoi Leo ne s'est-il pas présenté lui-même ? Mais sans doute est-il beaucoup moins drôle d'agir honnêtement...

— Oh, Mary... Ce n'était qu'un enfant. Il était tout petit, sans instruction, perpétuellement mal en point. Je l'adorais et peut-être aurais-tu fini par l'aimer toi aussi si tu l'avais connu, mais pas de cette façon. Tu n'aurais jamais accepté d'épouser le véritable Leo.

Tout à coup, alors qu'ils descendaient le sentier et rejoignaient le lac, elle cessa de penser à elle : non sans réticence — et même avec une certaine inquiétude —, elle se mit à songer à lui. Sa colère s'était dissipée, elle n'avait jamais été profondément ancrée en elle. Elle passa la main sous son bras et le dévisagea.

— Tu dois être très malheureux, dit-elle.
— Merci d'avoir dit ça, murmura-t-il.
— Oh, Carl... C'est comme si tu avais perdu ton enfant.
— Sans doute. Pire, même. Car vois-tu, c'est moi qui l'ai tué.
— *Quoi ?*
— Oh, ce n'est pas ce que je voulais dire. Je ne l'ai pas tué de mes propres mains, comme cet Empaleur qui trucide des inconnus. Je l'ai tué parce que je l'ai privé de l'unique possibilité de guérison qui s'offrait à lui.
— Je ne comprends pas.
— Tu aurais accepté un second prélèvement, n'est-ce pas ? Si on te l'avait demandé, tu aurais été d'accord ?
— Oui, mais...
— Tu me l'as dit. Quand nous étions dans la maison de ta grand-mère, le jour où je t'ai demandé de m'épouser. Tu aurais accepté un nouveau prélèvement de moelle, tu aurais fait ce sacrifice pour ton mari... Mais ce n'était pas moi qui en avais besoin, c'était le véritable Leo Nash. Leo était mourant à ce moment-là. Peut-être aurais-tu pu le sauver, mais il m'était impossible de te le demander. Je ne pouvais pas laisser le Harvest Trust te contacter à ce sujet. Je m'étais dit qu'une fois mariés, si je t'avais demandé de m'avancer une certaine somme — disons, cinquante mille livres —, tu me l'aurais certainement prêtée : et je serais allé en Inde pour acheter la moelle osseuse dont Leo avait besoin. Mais il est mort avant.

Elle songea à ce qu'il venait de lui dire. Lorsqu'il avait prétendu avoir tué son frère, elle avait retiré sa main de son bras ; mais elle finit par la reposer et l'y laissa. Ils avaient quitté le Parc en passant par York Gate et, devant eux, le clocher de Marylebone Church se mit à carillonner. En raison peut-être de la célébration du Jubilé, la circulation était intense.

— C'était d'une monstrueuse ironie, reprit-il. Moi qui aimais tant Leo, qui aurais fait — et qui ai fait — n'importe quoi pour lui, j'ai gâché son unique chance de survie. En choisissant cette stratégie, dans le but de réunir une somme importante et de sauver Leo, j'ai tout foutu en l'air. C'est en ce sens que je l'ai tué. Comme on peut dire qu'on a tué quelqu'un qui, sans notre intervention, serait toujours en vie. Si je n'étais pas intervenu, Leo serait toujours en vie.

Ils étaient arrivés au bord du trottoir et se dirigèrent vers les feux, au carrefour d'Harley Street. Le vacarme de la circulation était tel qu'il dut hausser le ton, criant presque :

— Le vieux qui promenait les chiens... commença-t-il.

— Bean, rétorqua Mary. Eh bien ?

— Il voulait me faire chanter. Il avait l'intention de te révéler... certaines choses à mon sujet. (Il esquissa un sourire.) Pas ce que je viens de te raconter — des choses plus anciennes, que tu aurais encore moins appréciées. Je ne pouvais pas le laisser faire.

— Je t'entends mal, dit-elle. Il y a trop de circulation.

— C'est sans doute préférable, dit Carl à mi-voix, comme s'il se parlait à lui-même. Je sais que tu ne me pardonneras pas, quoi qu'il en soit, mais jamais tu n'aurais fermé les yeux sur le fait que j'ai payé quelqu'un pour... pour s'occuper de Bean.

Il se tourna vers elle et la saisit par les épaules, hurlant presque :

— Mary ! Tu m'entends à présent ? J'ai tout bousillé aussi en ce qui nous concerne, je le sais bien. Par simple curiosité, comment as-tu récupéré la lettre du Harvest Trust ?

À son tour elle dut hausser la voix :

— C'est Alistair qui me l'a donnée. Comme cadeau de mariage.

— Le salopard...

Pas une seule fois elle n'avait regardé derrière elle. Roman la vit poser la main sur le bras de l'homme et durant un instant il crut que tout allait bien, avant de comprendre que c'était loin d'être le cas. Il eut soudain l'intuition qu'un drame imminent était sur le point de se produire. Il avait failli faire demi-tour mais changea d'avis et leur emboîta le pas.

La tension qui régnait entre eux était si forte que leurs corps semblaient s'être raidis. Il s'en étonna en les suivant à quelques mètres. Elle retira sa main, eut un mouvement de recul et s'exclama : « Carl... », suffisamment fort pour que Roman l'entende. Il s'appelait donc Carl. Mais elle, quel était son nom ? Curieusement, en dépit du temps écoulé et du nombre de fois où le hasard les avait mis en présence, il l'ignorait toujours.

— Quoi ? l'entendit-il s'écrier. Quoi ?

Carl lui expliquait quelque chose. Elle hocha vigoureusement la tête mais au bout de quelques secondes reposa la main sur le bras de son compagnon, quoique de manière distante, comme si son geste était davantage guidé par la pitié que par l'affection. Tu as trop d'imagination, songea Roman, et tu ne devrais pas les espionner de la sorte. Laisse-les se débrouiller tout seuls. C'est une simple dispute entre amants.

Mais il les suivit tout de même lorsqu'ils franchirent York Gate. Le clocher de Saint Marylebone égrena 7 heures. Les trottoirs de Marylebone Road étaient envahis par une foule compacte et les voitures dévalaient l'artère à toute allure, en direction du tunnel d'Euston. Il était juste derrière eux à présent, au point que si la jeune femme s'était retournée et l'avait aperçu, il aurait été obligé de trouver une excuse pour justifier sa présence ; et il ne voyait pas laquelle. Mais elle ne se retourna pas. Elle dévisageait Carl — sans amour ni passion, et néanmoins comme s'ils étaient seuls au monde, l'un et l'autre.

Elle n'avait pas haussé le ton et sa voix était couverte par le vacarme de la circulation, mais le dénommé Carl s'était mis à crier, comme s'il lui était bien égal qu'on l'entende ou non :

— Je ne peux pas vivre sans lui, tu comprends. Je ne peux pas supporter cette idée.

Durant un bref instant, Roman se trouva si près d'elle qu'il lui aurait suffi de tendre la main pour la toucher. Puis, comme cela arrive fréquemment dans la foule, deux personnes se faufilèrent devant lui, s'interposant entre eux et l'obligeant à reculer. Ils étaient au milieu d'un groupe qui attendait, au bord du trottoir, que les feux aient changé pour traverser. On attendait généralement une éternité à cet endroit et lorsque les feux obligeaient enfin les voitures à s'arrêter, ils restaient si peu de temps au rouge qu'on avait à peine le temps de passer. Sept ou huit personnes se tenaient au bord de la chaussée, prêtes à s'y engager. Carl et la jeune femme se trouvaient au premier rang, tandis que la circulation s'écoulait sur trois files.

Tout se passa alors très vite. En se tordant le cou, bien qu'il dépassât d'une tête ceux qui le précédaient, Roman vit Carl repousser doucement la jeune femme en arrière pour l'éloigner du bord du trottoir. Puis il baissa la tête et se précipita sur la chaussée. Les bras tendus en avant, il plongea dans le flot des véhicules, se jeta devant un taxi, puis sur la trajectoire d'un camion, heurtant de plein fouet les capots et disparaissant rapidement sous les roues des voitures.

Une femme s'était mise à crier dès qu'il s'était élancé du trottoir. Roman perçut sa propre exclamation étouffée et serra les poings. Des freins crissèrent, des coups de klaxon retentirent. Le corps de Carl fut projeté en l'air, décrivant une courbe sur le ciel bleu et le soleil couchant, dont les rayons se reflétaient sur la tôle et le chrome. Le brusque rayon d'un phare l'éclaira tandis qu'il retombait et s'écrasait au sol, dans le conglomérat métallique des voitures.

Il y avait du sang quelque part. Roman crut apercevoir une longue giclée qui s'élevait et allait consteller l'émail blanc d'un capot. Il joua des coudes pour rejoindre la jeune femme, la saisir au moment où elle s'effondrait, mais les gens qui s'attroupaient, agenouillés autour d'elle, l'empêchaient de passer. Il renonça et resta à l'écart, les yeux baissés, la tête entre les mains dans la rue brusquement dépeuplée.

Les sirènes hurlaient déjà.

31

PLUSIEURS JOURS DURANT, Marnock et le sergent qui l'assistait se relayèrent au chevet de Harvey Owen Bennett dans l'espoir qu'il leur livre un nom, qu'il émerge de son coma et leur dise qui l'avait payé pour assassiner Bean. L'un des divers membres de son innombrable famille était généralement présent : un demi-frère ou une sœur, sa mère, une belle-sœur, un beau-père ou l'un des hommes qui prétendaient être ses oncles. Certains serraient sa main inerte.

Pas une fois il ne bougea. Il était nourri par intraveineuse et un appareil maintenait en vie son cœur et ses poumons. Des gouttes de sueur perlaient parfois sur ses joues épaisses et sur son large front.

Au bout de trois semaines d'hospitalisation, le médecin chargé de son dossier déclara à Marnock que Harvey Bennett ne retrouverait jamais l'usage de la parole. Ses yeux constamment ouverts ne se refermeraient plus. Selon toute vraisemblance, il n'était plus en mesure de penser, de se souvenir, de réfléchir, ni même de souffrir. De vastes zones de son cerveau avaient été détruites.

James Barker-Pryce attaqua le journal en justice et obtint de confortables dommages-intérêts. Ses poursuites ne concernaient pas les allégations selon lesquelles il avait été aperçu en compagnie d'une prostituée notoire : il avait reconnu ce fait et on se demandait d'ailleurs si son parti lui renouvellerait son investiture, lors des prochaines élections. Il avait intenté cette action parce que le journaliste avait insinué qu'il était impliqué dans une affaire de meurtre.

Le lycéen retourna au lycée, ou plus exactement en classe préparatoire d'entrée à l'université, et tous les chiens de Bean à l'exception de Gushi se virent confiés à Amelia Walker, qui n'éprouvait apparemment aucune difficulté à s'occuper de dix-sept animaux à la fois.

Mary Jago avait toujours eu l'intention de vendre la maison de sa grand-mère et d'en acheter une autre, mais comme elle s'y était installée après la mort de Carl Nash, elle finit par y rester. Elle fit faire des travaux afin de transformer les étages supérieurs en appartements indépendants, et son amie Anne Symonds vint en occuper un. Le Harvest Trust lui demanda si elle souhaitait rester inscrite dans leur fichier, et en décembre elle accepta un nouveau prélèvement de moelle osseuse, destinée cette fois-ci à une adolescente de seize ans qu'elle connaissait sous le nom de « Susan », elle-même ayant choisi le pseudonyme de « Barbara ».

Roman Ashton loua deux pièces dans une maison de Princess Road, à Primrose Hill, où il ne se sentait pas spécialement à l'aise. Il avait investi tout l'argent que lui avait rapporté la vente de sa maison dans un projet hasardeux, en compagnie de Tom Outram, Talisman Press ayant été racheté et absorbé par un important groupe de presse. Avec le soutien de capitaux américains, ils avaient décidé de monter une maison d'édition spécialisée dans les romans historiques, directement publiés en livre de poche. Jusque-là l'entreprise était un succès, mais combien de temps cela durerait-il ?

Leurs bureaux se trouvaient dans Marylebone Road et lorsqu'il ne pleuvait pas, Roman se rendait à son travail à pied, en traversant le Parc. Il n'avait jamais revu la jeune femme blonde. Elle ne franchissait plus Gloucester Gate, ne longeait plus la limite sud du zoo, jusqu'au pont Charlbert. Pas plus qu'elle ne traversait en courant Chester Road ou la roseraie.

Et puis, un beau jour, il l'aperçut. Il allait travailler et franchissait le Cercle extérieur lorsqu'il la vit émerger d'une voiture qu'elle venait de garer à côté de Monkey Gate, en compagnie de son petit chien.

— Bonjour, lui dit-elle.

— Bonjour, répondit-il.

— Je vous ai souvent cherché par ici, vous savez, mais je ne vous ai jamais aperçu. Je pensais que vous aviez... déménagé.

— Moi aussi je vous ai cherchée, dit-il.

Ils franchirent le portail, traversèrent la Grande Allée et s'arrêtèrent sur la pelouse. Elle détacha la laisse fixée au collier du chien pour qu'il déambule à sa guise. Puis elle se redressa et tendit la main.

— Mary Jago, dit-elle.

— Roman Ashton.

— La dernière fois que je vous ai vu, je gardais une maison dont les propriétaires s'étaient absentés. Ils m'ont donné leur chien. Ils ne l'aimaient pas beaucoup, vous comprenez, et je m'étais attachée à lui. Je vis à Belsize Park à présent et j'ai acheté une voiture, ce qui me permet de l'emmener au Parc. Mais je suis passablement en retard aujourd'hui.

— Voilà pourquoi nous ne nous sommes jamais rencontrés, dit-il.

— Vous ne vivez plus dans les rues ?

— Plus depuis le mois d'août. (Il la vit tressaillir et s'empressa d'ajouter :) J'avais opté pour ce genre de vie dans l'espoir d'oublier, de me délivrer de quelque chose. Mais c'est une chose dont je ne guérirai jamais, et d'ailleurs je ne le souhaite pas réellement. Mais je suis heureux d'avoir vécu ces deux années dans la misère, elles m'ont procuré... d'autres sujets de réflexion. J'ai un travail à présent, et je cherche à louer un appartement.

— La dernière fois que nous nous sommes rencontrés, dit-elle, vous m'aviez recommandé d'essayer la colère.

— Vraiment ? Je ne m'en souviens pas. L'avez-vous fait ?

— Personne ne méritait ma colère, dit-elle en baissant les yeux et en regardant ses chaussures. Excepté moi-même. Je crois que je suis devenue un peu plus forte. Un peu moins conciliante. Plus méfiante aussi. Je ne sais pas pourquoi je vous raconte tout ça. Cela ne vous intéresse probablement pas. (Elle rappela son chien.) Gushi ! Gushi, où es-tu ?

— Je vais vous avouer quelque chose, dit-il. Quand vous habitiez à Park Village, je me considérais un peu comme votre garde du corps. Je m'étais dit qu'il fallait veiller sur vous, que vous aviez besoin d'être protégée. Un jour, un homme vous avait poursuivie et je l'ai envoyé dans la mauvaise direction.

Elle le regarda tout d'abord avec incrédulité, puis un sourire éclaira son visage.

— Mais je n'ai pas été très efficace, n'est-ce pas ? reprit-il. Je n'ai pas pu faire grand-chose, ni vous protéger contre... le danger qui vous menaçait, quel qu'il fût.

Le visage de Mary redevint soudain grave.

— Vous ne pouviez rien faire contre ça, dit-elle. Tout cela m'est arrivé parce que j'étais seule. C'était affreux. Mais c'est fini maintenant.

Je m'en rends compte, songea-t-il. Cela se voit. Le Shih Tzu arriva en courant et s'assit aux pieds de la jeune femme en levant les yeux vers elle.

— Il veut toujours que je le porte, c'est un vrai bébé, dit-elle en soulevant le chien. Vous m'avez dit que... que vous cherchiez un appartement à louer. Il se trouve que... eh bien, que je possède une grande maison, où j'ai fait faire des travaux. Et puisque vous êtes à la recherche d'un appartement, je me demande... (Elle hésita, comme si elle se retenait volontairement au souvenir de ses imprudences passées.) Mais peut-être faudrait-il tout d'abord que nous nous connaissions un peu mieux.

— Cela me semble une excellente idée, dit Roman.

L'homme qui se trouvait sur la berge du canal venait s'installer là depuis des semaines, des mois même, depuis le milieu de l'été. Il n'y était pas en permanence — il avait d'autres obligations — mais il venait la nuit, au moins trois fois par semaine, et attendait en surveillant les environs. Il se postait là depuis que le cadavre de David George Kneller, plus connu de ses semblables sous le nom de Nello, avait été retrouvé empalé sur une des grilles, à l'extérieur du zoo.

Il s'estimait responsable de ce dernier meurtre. S'il s'était montré plus vigilant, s'il était venu se poster ici plus tôt, comme il le faisait depuis le mois d'août — on était maintenant en octobre —, Nello serait toujours en vie. Et il ne servait à rien de se demander si la vie que menait Nello — et qu'il menait lui-même à présent — méritait d'être vécue : le problème n'était pas là.

Lorsqu'il était venu s'installer là, la première fois, le barbu qu'on surnommait Rome était également descendu dans les parages, à la recherche d'un endroit où passer la nuit. Mais il l'avait fait déguerpir en le menaçant du poing et en lui lançant un regard d'autant plus hostile que son visage était affreusement laid. C'était la triste vérité — et alors ? On trouvait des produits contre l'acné à présent, des crèmes de beauté comme on disait par antiphrase, mais lorsqu'il avait quatorze ans cela n'existait pas. Et les cicatrices dont son visage était grêlé ne l'avaient pas empêché de se marier, de monter en grade et d'accomplir la mission qu'il s'était présentement fixée.

Pour la quinzième fois, ou peut-être un peu moins, il se faufila dans les taillis du cimetière, piétinant les buissons d'orties qui envahissaient la berge du canal. Les haillons noirâtres, usés et maculés dont il était vêtu — depuis sa casquette poisseuse jusqu'à ses bottes éculées — avaient jadis appartenu à des sans-abri aujourd'hui décédés. Il s'était parfois demandé comment il procéderait s'il trouvait sa tanière occupée par un vagabond venu y passer la nuit. Mais cela n'était jamais arrivé et ne fut pas davantage le cas ce soir-là. Une fois assis, il se mettait à écouter la rumeur de la circulation au-dessus de lui, dans l'espoir d'identifier le vrombissement de la camionnette, dont le moteur était forcément plus puissant que celui d'un taxi ou d'un véhicule ordinaire.

Le pont vibrait quand les voitures le franchissaient, et tremblait même bruyamment au passage des camions. L'obscurité était tombée depuis longtemps, vers 17 heures, mais la température était supportable. L'humidité régnait en permanence sous le pont, entre les briques suintantes couvertes de moisissures, le sol détrempé et les eaux noires du canal, plus brillantes qu'il ne l'aurait cru et striées de traînées huileuses, multicolores. Il y a toujours quelque chose d'inquiétant dans le spectacle d'une rivière dont l'eau reste stagnante, comme celle d'un fossé — sauf qu'ici le fossé était l'œuvre de l'homme. Jamais il n'avait réfléchi à tout ça avant de venir passer la nuit de la sorte, assis au bord du canal.

Il devait toujours lutter pour rester éveillé, mais il lui arrivait souvent de s'endormir. De toute façon, si l'événement qu'il attendait s'était produit, cela n'aurait pas manqué de le tirer du sommeil. Lorsqu'il se réveillait, généralement juste avant l'aube, il avait les jambes et le dos endoloris à force d'être resté si longtemps étendu sur le ciment humide. Et il se sentait sale, comme si, durant la nuit, on avait enduit son corps d'une matière poisseuse, qui formait une couche supplémentaire entre sa peau et ses habits.

Ce soir-là, il était peu probable qu'il s'assoupisse. C'était son jour de repos et il avait dormi une bonne partie de l'après-midi. La première fois, il avait oublié d'emmener de la nourriture, mais depuis il faisait toujours des provisions : une pizza — ce qui ne manquait pas d'ironie... —, deux ou trois petits pâtés à la viande et aux légumes, des saucisses froides, un paquets de chips, des bananes... Sa femme prétendait que la banane était le fruit rêvé des vagabonds et il voyait ce qu'elle voulait dire : indépendamment de ses qualités nutritives, elle était très facile à consommer. Il en mangea une et but un peu de café dans la Thermos qu'il avait apportée.

Il avait récupéré la poussette dans la Grotte. Dieu sait à qui elle appartenait avant d'être abandonnée là. Mais elle était à lui maintenant et il y stockait tout son matériel : une bâche, un sac de couchage, des coussins, une torche, les cigarettes dont il aurait mieux fait de s'abstenir mais qu'il aurait probablement fumées d'ici le lever du jour, ses provisions, la Thermos de café, une bouteille d'eau, ainsi que le dernier roman de Stephen King, *Aujourd'hui.* Quand celui-ci se déciderait-il à parler des canaux, de leur torpeur immobile, inquiétante, ou de l'angoisse que suscitent leurs infimes remous ? Mais peut-être l'avait-il déjà fait quelque part.

Un peu plus haut, dans Camden Town, un chien se mit à aboyer, puis à hurler comme un loup. Curieusement, les loups du zoo ne hurlaient apparemment jamais. Il coupa sa pizza en deux, puis en quatre et se mit à manger. On ne pouvait pas deviner l'heure en se fiant à l'obscurité, mais il était plus de 11 heures, presque minuit. Au-dessus, la circulation avait sensiblement diminué. Un long moment s'écoula avant qu'un véhicule ne passe et que le pont ne se mette à vibrer.

Il faisait trop sombre pour lire le livre ou le journal qu'il avait apportés et il n'avait pas suffisamment envie de s'y replonger pour sortir sa lampe. Il contemplait l'eau noire, agitée de remous infimes et constellée de taches lumineuses scintillant à sa surface. Il se mit à compter les secondes entre chaque vibration du pont, en se disant que s'il égrenait régulièrement les chiffres, il obtiendrait une estimation à peu près exacte. La première fois, il parvint à cent sept et la suivante, à cent quatre-vingts. Il s'était mis à compter pour la troisième fois — il en était déjà à deux cent dix-sept — lorsqu'il fut parcouru d'un brusque frisson et eut la nette impression que quelqu'un l'observait depuis le parapet du pont.

D'où il était assis, il ne pouvait pas voir le parapet et ne distinguait que la voûte inférieure de l'arche, recouverte d'une couche d'algues verdâtres. Une unique goutte d'eau tombait à intervalles réguliers entre deux briques rouges. Tâtonnant de la main dans le sol herbeux, il saisit un caillou plat et après l'avoir orienté parallèlement au sol, le lança à la surface du canal, où il fit des ricochets et laissa une traînée d'écume, comme les petits bateaux à moteur avec lesquels les enfants jouent sur les bassins. Il crut percevoir des pas sur le pont, au-dessus de lui.

Il appartenait à une profession dont les membres sont censés ignorer la peur. Comme dans les forces armées. Mais à notre époque, on n'exige plus des gens un pareil héroïsme : il suffit de savoir la dissimuler. Il avait peur et connaissait tous les trucs permettant de ne pas le montrer. Au moins, sa main ne trembla pas lorsqu'il saisit son paquet de cigarettes, en sortit une et la porta à ses lèvres. Il frotta une allumette et contempla la lueur qui éclairait l'arche du pont, son reflet sur la rambarde métallique, les ombres noires qui se profilaient sur l'eau du canal.

De quel côté l'homme allait-il surgir ?

Il tendit l'oreille, perçut un craquement, celui d'un objet dur, plastifié, qui traînait quelque part et que l'autre avait dû piétiner en descendant. Il regarda du côté d'où provenait le bruit et se prépara à jouer son rôle, à brandir le poing pour éloigner l'intrus, comme il l'avait fait lorsque le clochard à l'accent d'Oxford était apparu, la première fois.

Le dénouement était proche. L'heure avait sonné, pour le meilleur ou pour le pire, pour lui-même ou pour l'Empaleur. Finies les surveillances, les traques, les attentes. Avant de distinguer autre chose, il entrevit soudain la lame du couteau.

Il se mit lentement debout. Il fallait avoir l'air naturel. Un clochard installé sur la berge du canal se serait relevé, aurait reculé, lâché son mégot dans l'eau sombre. Il avait le dos collé à la paroi, sous l'arche du pont dont il ressentait la froideur à travers sa couche de vêtements. L'homme descendit et sa silhouette se profila dans cette obscurité qui n'était jamais complète : il était grand, relativement jeune, un pantalon de camouflage dissimulait son jean écarlate et il avait enfilé une vareuse de combat par-dessus sa veste rouge et blanche. Ses lèvres étaient retroussées et il montrait les dents, comme un chien.

Il se précipita sur le clochard adossé à la paroi avec une violence et une rapidité foudroyantes, mais son adversaire s'y attendait. Le couteau pénétra dans quelque chose de mou, d'épais, mais qui n'était pas de la chair. Le sang ne gicla pas. Il retira la lame pour frapper à nouveau mais n'atteignit pas sa cible. Le bras qu'il brandissait fut brusquement saisi, tordu, bloqué. Une jambe émergea du tas de haillons noirs et un coup témoignant d'un long entraînement l'atteignit de plein fouet. L'homme en tenue de combat poussa un grognement sourd. Sa main brandie trembla, s'ouvrit et le couteau retomba bruyamment sur le ciment.

Un second coup l'atteignit, plus violent, plus assuré. L'homme leva les bras et durant un instant resta en équilibre sur la berge, à côté de la rambarde, la bouche grande ouverte, sur le point de crier. Le talon de la botte vint le frapper juste au-dessous de la cage thoracique, comme un coup de boutoir, et il bascula en arrière, lâchant enfin un cri. Une énorme gerbe s'éleva lorsqu'il heurta la surface de l'eau. L'écume gicla jusqu'au sommet du pont et inonda l'homme resté sur la berge, qui poussa un juron et s'ébroua.

Il se mit à plat ventre sur la berge mouillée pour s'assurer que l'autre était encore en état de nager. Il ne faisait pas des prouesses mais parvenait à barboter, s'ébrouant comme un chien dans l'eau glacée, en crachant et en toussant.

Il y avait également un téléphone portable dans la poussette. Il le sortit et lança son appel. Tout en leur expliquant où il était et comment le rejoindre, il songeait que tout le monde s'était demandé pourquoi l'Empaleur évitait obstinément le Parc : qu'avait-il donc de sacré, ou simplement de dangereux ? Qu'est-ce qui en faisait un lieu tabou ? Mais la réponse était extrêmement simple : on ne pouvait pas circuler en voiture dans le Parc. Son accès était interdit à tous les véhicules, hormis ceux de la police et de la voirie — interdit, donc, à une camionnette rouge et blanche livrant des repas à domicile...

L'homme qui pataugeait dans le canal pouvait tenir le coup cinq minutes et les renforts ne mettraient pas plus longtemps à arriver. Il le regarda se débattre dans l'eau, tenter vainement d'atteindre la berge, d'agripper la margelle de pierre.

Les yeux rivés à sa montre, il attendit encore deux minutes. Puis il remonta un peu plus haut et inspecta la berge jusqu'à ce qu'il ait déniché un bâton suffisamment long, une branche de deux mètres où pendaient encore des feuilles mortes. Après avoir rejoint le sentier boueux, il tendit la branche pour repêcher l'homme. Deux mains livides, blanchies par leur séjour dans l'eau, agrippèrent l'extrémité de la branche. Il le hissa, en calant son pied à l'endroit où la paroi de brique rejoignait le sentier cimenté. Puis il prononça le nom de l'individu, lui débita la formule d'usage et ajouta :

— Je vous arrête pour le meurtre de John Dominic Cahill, de James Victor Clancy et de David George Kneller, ainsi que pour tentative d'assassinat sur la personne de l'inspecteur William Marnock...

Dans la collection « Suspense »

AMBROSE David
Cyber Killer, 1997

DEAVER Jeffery
Dix-Huit Heures pour mourir, 1996
Le Désosseur, 1998

DIBDIN Michael
Coups tordus, 1993
Spectre noir, 1996

EVANS Penelope
La Locataire, 1996
Voyage au cœur des ténèbres, 1998

FRANCIS Dick
À couteaux tirés, 1996

GERRITSEN Tess
Donneur sain, 1997

HEGARTY Frances
Jeux d'enfants, 1992
Peinture au couteau, 1994

HIGHSMITH Patricia
L'Inconnu du Nord-Express, 1952
Monsieur Ripley (Plein Soleil), 1957-1980
Eaux profondes, 1958
Le Meurtrier, 1960
Jeu pour les vivants, 1963
Le Cri du hibou, 1964-1987
Ce mal étrange (Dites-lui que je l'aime), 1966
Ceux qui prennent le large, 1968
L'Empreinte du faux, 1969
Ripley et les ombres, 1970
La Rançon du chien, 1972
Ripley s'amuse (L'Ami américain), 1974-1982
L'Amateur d'escargots, 1975
Le Rat de Venise et autres histoires de criminalité animale à l'intention des amis des bêtes, 1977
Le Journal d'Édith, 1978-1991
L'Épouvantail, 1979
Sur les pas de Ripley, 1980
La Proie du chat, 1981
Les Deux Visages de Janvier, 1982
Le Jardin des disparus, 1982
Ces gens qui frappent à la porte, 1983

L'Homme qui racontait des histoires, 1983
Les Sirènes du golf, 1984
La Cellule de verre, 1984-1991
Carol (Les Eaux dérobées), 1985-1990
Une créature de rêve, 1986
Catastrophes, 1988
Les Cadavres exquis, 1990
Ripley entre deux eaux, 1992
Small g, 1995
On ne peut compter sur personne (nouvelles), 1996

KENNEY Charles
Le Code Hammourabi, 1996

KORELITZ Jean Hanff
Un jury sur mesure, 1996

NOLL Ingrid
Rien que pour moi, 1996

RENDELL Ruth
Un enfant pour un autre, 1986
L'Homme à la tortue, 1987
Vera va mourir, 1987
L'Été de Trapellune, 1988
La Gueule du loup, 1989
La Maison aux escaliers, 1989
L'Arbre à fièvre (nouvelles), 1991
La Demoiselle d'honneur, 1991
Volets clos (nouvelles), 1992
Fausse Route, 1993
Plumes de sang (nouvelles), 1993
Le Journal d'Asta, 1994
L'Oiseau-crocodile, 1995
Une mort obsédante, 1996
En toute honnêteté (nouvelles), 1996
Noces de feu, 1997

SEE Lisa
La mort scarabée, 1998

VINE Barbara
Ravissements, 1991
Le Tapis du roi Salomon, 1992

WALKER Mary Willis
Cri rouge, 1997
Statues de sang, 1997

Photocomposition CMB *Graphic (Saint-Herblain)*
Achevé d'imprimer en août 1998
sur les presses de Brodard et Taupin à La Flèche
pour le compte des Éditions Calmann-Lévy, 3, rue Auber, Paris 9[e]

N° d'impression : 6492U-5
Dépôt légal : septembre 1998
N° d'éditeur : 12615/01